2023 湖州统计年鉴

HUZHOU STATISTICAL YEARBOOK

湖 州 市 统 计 局
国家统计局湖州调查队 编

中国统计出版社
China Statistics Press

图书在版编目（CIP）数据

湖州统计年鉴. 2023 = Huzhou Statistical Yearbook 2023 / 湖州市统计局, 国家统计局湖州调查队编. -- 北京 : 中国统计出版社, 2023.10
ISBN 978-7-5230-0221-6

Ⅰ. ①湖… Ⅱ. ①湖… ②国… Ⅲ. ①统计资料—湖州—2023—年鉴 Ⅳ. ①C832. 553-54

中国国家版本馆CIP数据核字（2023）第175912号

湖州统计年鉴2023

作　　者/ 湖州市统计局　国家统计局湖州调查队
责任编辑/ 钟　钰
装帧设计/ 湖州吴兴立达数码快印有限公司
出版发行/ 中国统计出版社有限公司
地　　址/ 北京市丰台区西三环南路甲6号　邮政编码/ 100073
电　　话/ 邮购（010）63376909　书店（010）68783171
网　　址/ http://www.zgtjcbs.com
印　　刷/ 湖州吴兴立达数码快印有限公司
经　　销/ 新华书店
开　　本/ 890mm×1240mm　1/16
字　　数/ 649.5千字
印　　张/ 27　彩页 0.25
版　　别/ 2023年10月第1版
版　　次/ 2023年10月第1次印刷
定　　价/ 300.00元

如有印装差错，由本社发行部调换。

编 辑 说 明

一、《湖州统计年鉴2023》是一本信息密集、资料翔实的资料性年刊。它通过大量的统计数据全面系统地记载了湖州经济和社会发展情况以及改革开放以来取得的新进展、新成就。

二、全书内容共分综合，人口、劳动力、职工人数、基本单位，农林牧渔业，工业、能源、用水，交通运输、邮政、电信，固定资产投资、建筑业，国内贸易、外资、外贸、旅游，财政、金融、保险、证券，职工工资、居民生活、物价，科技、教育、文艺、体育、卫生、广电，城建、环保、水利、气象、林业、民政福利、社保、公积金、治安、档案、技术监督，全省分市县、长三角城市主要经济指标等共12个篇章。为便于读者使用，每篇章后附有主要统计指标解释。

三、本年鉴收录的数据以2022年为主，增列了历年来我市部分重要指标的统计数据，部分指标增列了主要年份数据，以满足不同的需要。主要行业统计范围：①规模以上工业，年主营业务收入2000万元及以上的工业法人单位；②限额以上批发和零售业，年主营业务收入2000万元及以上的批发业、年主营业务收入500万元及以上的零售业法人单位；③限额以上住宿和餐饮业，年主营业务收入200万元及以上住宿和餐饮业法人单位；④固定资产投资，计划总投资500万元及以上项目和全部房地产开发投资；⑤房地产开发经营业包括全部房地产开发经营业法人单位。

四、本年鉴对以往发布的数据资料重新予以核实，对部分数据作了调整，凡与本年鉴有出入的，均以本年鉴为准。

五、本年鉴中“#”表示其中项，“空格”表示无该项指标数据或数据不详，“…”表示数据不足该表最小单位数。

六、本年鉴涉及吴兴区的统计指标分两种口径，请注意区别：一是包括全区整个区域范围的大口径，即包括南太湖新区，年鉴中一般以“吴兴区”表示；二是不包括南太湖新区的小口径，年鉴中一般以“吴兴”表示。

在《湖州统计年鉴》编辑过程中我们得到了各级领导和有关部门的大力支持与协助，在此表示衷心的感谢！同时，我们殷切期望社会各界继续给予支持并欢迎提出宝贵意见。

目　录

一、综 合

二、人口、劳动力、职工人数、基本单位

三、农林牧渔业

四、工业、能源、用水

五、交通运输、邮政、电信

六、固定资产投资、建筑业

七、国内贸易、外资、外贸、旅游

八、财政、金融、保险、证券

九、职工工资、居民生活、物价

十、科技、教育、文艺、 体育、卫生、广电

十一、城建、环保、水利、气象、林业、民政福利、社保、公积金、治安、档案、技术监督

十二、长三角城市主要经济指标

一、综 合

1-1 地理位置

四　周	位　置
东经	119° 14’-120° 29’
北纬	30° 22’-31° 11’
东西长度	126 公里
南北宽度	90 公里
四邻	东接江苏省苏州（吴江）市、本省嘉兴（桐乡）市；
	南连本省杭州（余杭）市；
	西邻安徽省广德、宁国两县；
	北靠江苏省宜兴市和太湖；与苏州、无锡隔湖相望。

1-2 行政区划

地　区	乡（个）	镇（个）	街道（个）	居委会（个）	村委会（个）	土地面积（平方公里）	户籍人口（万人）	人口密度（人/平方公里）
全　市	6	38	28	296	916	5820	268.83	462
吴兴区	1	5	13	69	146	863	64.84	751
南浔区		8	2	34	211	702	48.43	690
德清县		8	5	37	137	938	44.32	472
长兴县	2	9	4	69	206	1431	63.71	445
安吉县	3	8	4	41	168	1886	47.53	252
△市　区	1	13	15	149	405	1565	113.26	724

1–3 主要年份国民经济主要指标

指 标	单位	1980 年	1990 年	2000 年	2010 年	2015 年	2016 年	2017 年	2018 年	2019 年	2020 年	2021 年	2022 年
年末总人口	万人	223.90	245.28	255.79	259.98	263.71	264.84	266.14	267.06	267.57	268.06	268.50	341.30
#非农业人口	万人	32.27	43.66	65.56	82.90								
年末从业人员数	万人	124.83	150.55	157.50	179.92	184.48	187.11	188.93	191.50	193.90	198.35	199.49	198.21
生产总值	亿元	12.23	54.99	325.23	1385.48	2223.06	2391.14	2607.86	2881.21	3122.27	3203.90	3645.92	3849.95
第一产业增加值	亿元	4.91	18.85	44.64	104.22	122.60	124.22	125.75	128.37	134.11	141.05	153.16	161.14
第二产业增加值	亿元	4.92	24.14	175.45	797.74	1180.73	1250.24	1360.86	1491.53	1599.62	1599.15	1856.02	1966.15
#工业增加值	亿元	4.32	21.38	153.80	716.62	1050.03	1111.95	1195.92	1321.42	1421.22	1433.24	1667.52	1771.85
第三产业增加值	亿元	2.39	12.00	105.13	483.51	919.72	1016.68	1121.25	1261.32	1388.55	1463.70	1636.73	1722.66
人均 GDP（按户籍人口计算）	元	548	2247	12733	53375	84287	90478	98227	108072	116801	119632	135901	143301
人均 GDP（按常住人口计算）	元				48241	72530	76836	82254	89215	94816	95653	107565	112902
农林牧渔业总产值	亿元	7.29	29.05	86.94	176.32	213.44	214.48	213.86	216.42	226.61	238.94	252.84	266.60
全社会用电量	亿千瓦时	6.53	15.77	41.72	140.15	198.91	222.20	244.33	274.80	295.02	302.23	345.02	360.21
#工业用电量	亿千瓦时	4.27	13.11	30.59	108.23	151.16	165.73	182.16	203.47	215.51	217.68	248.25	247.24
客运量	万人	1537	3078	6675	9964	6047	5006	5261	5340	5645	3542	643	335.10
客运周转量	亿人公里	3.86	9.71	26.75	33.29	20.91	17.87	17.17	18.48	19.32	10.60	7.20	5.47
货运量	万吨	1088	3142	6541	18108	13565	14526	16756	18783	21002	19743	22372	21838
货物周转量	亿吨公里	12.76	26.92	61.12	213.46	146.73	152.78	176.35	186.58	199.55	199.62	225.60	229.36
财政总收入	亿元	1.75	5.03	21.06	172.35	327.82	360.89	408.89	490.71	540.55	582.09	683.80	674.50
#地方财政收入	亿元			9.89	97.27	191.31	211.18	237.43	287.10	316.07	336.56	413.50	387.30
地方财政支出	亿元	0.61	2.54	13.25	127.12	273.74	288.62	325.02	397.54	466.87	484.42	524.50	601.90
金融机构年末人民币存款余额	亿元	3.40	24.23	268.87	1789.70	3034.64	3476.80	3963.05	4514.08	5163.75	5856.70	6722.99	7752.18
#住户存款	亿元	1.07	18.42	160.28	818.37	1548.15	1744.76	1904.64	2121.37	2444.97	2784.70	3102.05	3678.70
金融机构年末人民币贷款余额	亿元	3.36	24.65	192.52	1419.97	2509.83	2740.36	3266.82	3871.53	4818.46	5923.47	7186.05	8784.82

1-3　主要年份国民经济主要指标

续 1

指　标	单位	1980 年	1990 年	2000 年	2010 年	2015 年	2016 年	2017 年	2018 年	2019 年	2020 年	2021 年	2022 年
全社会固定资产投资	亿元	0.87	11.75	109.34	719.98	1402.64	1592.18	1730.98					
社会消费品零售总额	亿元	5.35	21.32	149.18	516.09	963.92	1068.86	1188.15	1297.24	1409.94	1424.43	1556.18	1594.74
合同外资	亿美元		0.03	1.23	20.37	16.63	21.32	23.60	34.01	48.32	39.25	54.71	71.90
实到外资	亿美元		0.02	0.82	9.19	9.42	10.01	10.53	12.71	18.99	12.06	12.14	15.77
进出口总额	亿美元			6.93	69.28	102.07	102.22	113.95	134.19	136.34	163.34	230.70	244.64
#出口额	亿美元			4.63	58.61	88.55	90.16	100.56	116.83	121.60	147.98	209.85	225.19
市区商品零售物价指数	%		102.4	99.7	104.1	99.6	100.5	101.4	102.3	102.9	101.4	103.2	
市区居民消费价格指数	%		102.9	101.4	104.0	101.0	101.6	101.8	102.2	103.0	102.3	102.1	102.3
城镇居民人均可支配收入	元		1988	8684	25668	42238	45794	49934	54393	59028	61743	67983	71044
农村居民人均纯收入	元	343	1270	4335	13288	24410	26508	28999	31767	34803	37244	41303	44112
普通高校在校学生数	人	1067	956	3991	24768	26947	26668	26383	26941	28834	33770	37405	40887
普通中专在校学生数	人	750	3040	7759	11886	11726	11894	11880	11496	10639	10973	11383	12157
普通中学在校学生数	万人	9.54	7.15	12.92	14.63	11.64	11.09	11.25	11.43	11.62	11.69	11.95	12.33
小学在校学生数	万人	27.18	19.44	21.6	16.01	15.58	15.79	16.03	16.66	17.28	18.07	18.88	19.34
卫生机构数	个	432	492	392	1321	1377	1391	1393	1460	1506	1496	1596	1634
#医院、卫生院	个	167	158	143	125	124	146	149	151	157	157	149	169
床位数	张	6789	7395	7487	10129	13568	14113	15669	16873	18276	18420	20087	20159
#医院、卫生院	张	6080	7005	7377	9639	13254	12836	14370	15532	16925	17080	19258	20155
卫生技术人员	人	6074	7201	8634	15973	20556	21407	22762	24660	25830	27120	29008	30572
#医师医士	人	2249	3092	4106	5871	7370	7619	8080	8847	9422	9851	10988	10029
职工工资总额	亿元	1.61	6.24	20.05	128.78	258.60	285.34	305.71	330.65	380.97	428.21	511.39	503.42
职工平均工资	元	741	2275	9806	36485	60454	64384	71388	80513	89631	70712	106718	79262

注：城镇居民人均可支配收入，2004 年起为全市口径，以前年份为市区口径；规上工业，2010 年及以前为 500 万元及以上，2011 年起为 2000 万元及以上；职工工资，2008–2019 年为在岗职工工资口径，2020 年为规上单位口径；固定资产投资，2011 年起为 500 万元以上；因户籍制度改革，2015 年起取消农业和非农划分口径；根据人民银行总行调整，2015 年起城乡居民储蓄变更为住户存款。

1-4 主要年份湖州的一天

指 标	单位	2005年	2010年	2013年	2014年	2015年	2016年	2017年	2018年	2019年	2020年	2021年	2022年
生产总值	万元	17613	37958	52898	57094	60906	65511	71448	78937	85546	87710	99859	105478
#工业增加值	万元	8590	19633	25775	27712	28768	30464	32765	36203	38961	38908	38961	48544
农林牧渔业总产值	万元	2906	4831	5835	5792	5848	5876	5859	5929	6209	6546	6915	7304
社会消费品零售总额	万元	6514	14140	20992	23868	26409	29284	32552	35541	38628	39026	42636	43691
财政总收入	万元	2034	4722	7443	8102	8981	9887	11203	13444	14810	15948	18734	18479
#一般公共预算收入	万元	1089	2665	4237	4598	5241	5786	6505	7866	8659	9221	11329	10611
一般公共预算支出	万元	1208	3483	5414	6153	7500	7907	8905	10892	12791	13272	14370	16491
进出口总额	万美元	622	1898	2612	2737	2810	2801	3122	3676	3735	4475	8698	44646
#出口	万美元	547	1606	2216	2413	2439	2470	2755	3201	3331	4054	7850	41099
合同外资	万美元	463	558	461	431	456	584	647	932	1324	1075	1499	1970
实到外资	万美元	178	252	290	270	258	274	289	348	520	330	333	432
全社会固定资产投资	万元	9944	19725	29316	34053	38429	43621	47424					
#工业性投入	万元	6089	11493	14477	15606	16785	18576	19633					
房地产开发	万元	1892	3921	7333	9390	8860	7513	8251					
商品房竣工面积	平方米	6221	8577	6653	12438	6959	12140	26537					
商品房销售面积	平方米	6808	11282	8452	8355	10932	15261	20381	22164	22569	24552	24103	15586
客运周转量	万人公里	806	912	777	607	573	490	470	506	529	290	197	150
货物周转量	万吨公里	4178	5848	5540	3927	4020	4186	4831	5112	5467	5469	6181	6284
保险业务收入	万元	428	1135	1618	1732	1803	2153	2479	2757	3134	3499	3134	3868
通信业务收入	万元	486	715	866	846	857	893	987	999	1050	1118	1050	1427
结婚登记	对	45	57	69	61	58	56	55	51	46	43	40	42
离婚登记	对	9	14	18	17	17	20	22	21	21	20	12	14

注：2011年起固定资产投资为500万元以上投资。

1-5 历年湖州的人均水平

（按户籍人口计算） 单位：元

年 份	生产总值（GDP）	在岗职工平均工资	城镇居民可支配收入	农村居民可支配收入	住户本外币	#人民币
1978						
1979						
1980						
1981						
1982						
1983	701	796		422		108
1984	837	924		549		134
1985	1072	1167		629		187
1986	1264	1366		701		268
1987	1485	1498		824		343
1988	1877	1839		1104		395
1989	2049	2048		1210		549
1990	2247	2275		1270		751
1991	2460	2440		1250		942
1992	3235	2923		1406		1173
1993	5101	4028		1741		1442
1994	7222	5442		2393		2023
1995	8569	6267		3052		2742
1996	9836	6777		3440		3523
1997	10602	7287		3648		4315
1998	11393	7536		3865		5299
1999	11769	8416		4011		5896
2000	12733	9806		4335		6266
2001	14170	12307		4695		7096
2002	15463	16019		5052		8350
2003	17887	19250		5536	10435	10147
2004	21475	21477		6380	11482	11222
2005	24977	23488	15375	7288	13053	12848
2006	29414	25674	17503	8333	15200	15004
2007	34537	28053	19663	9536	16187	16058
2008	39981	31455	21604	10751	20974	20853
2009	46190	33843	23280	11745	26559	26429
2010	53375	36485	25668	13288	31606	31478
2011	60627	41107	29367	15381	36562	36415
2012	66922	45933	32987	17188	41426	41260
2013	73712	51075	36220	19044	47384	47193
2014	79196	55972	38959	22404	52120	51934
2015	84287	60454	42238	24410	58987	31405
2016	90478	64384	45794	26508	66304	65879
2017	98227	71388	49934	28999	72299	71915
2018	108072	80513	54393	31767	79955	79571
2019	116801	89631	59028	34803	91834	91464
2020	119632	70712	61743	37244	104259	103884
2021	135901	106718	67983	41303	116241	115628
2022	143301	79262	71044	44112	137383	136927

注：在岗职工平均工资口径：2007 年及以前年份为单位职工，2008 年开始为城镇以上单位，2020 年为规上单位口径；“医院床位数”“卫技人员数”“医生数”三项指标为每万人；农村居民纯收入 2014 年起变更为农村居民可支配收入；根据人民银行总行调整，2015 年起城乡居民储蓄变更为住户存款。

1-5　历年湖州的人均水平（续表1）

（按户籍人口计算）　　单位：个

年　份	医院床位数	卫技人员数	#医生数	财政总收入（元）	#地方财政收　入	#税收收入	财政支出（元）
1978			9	73			22
1979			9	74			24
1980			10	79			27
1981			10	84			23
1982			11	97			25
1983	26	29	11	106			32
1984	27	29	11	113			46
1985	27	28	10	146			52
1986	28	28	10	158			70
1987	28	28	10	173			70
1988	28	28	13	183			86
1989	29	28	13	202			96
1990	29	29	13	206			104
1991	29	30	13	212			115
1992	29	30	13	225			123
1993	30	31	13	302	115		166
1994	30	32	14	337	137		194
1995	30	32	15	380	157	158	223
1996	30	34	16	418	170		254
1997	32	34	16	476	184		280
1998	31	33	15	559	228		331
1999	29	33	16	620	278		408
2000	29	34	16	825	387	420	519
2001	29	34	16	1151	638		751
2002	30	34	15	1501	725	750	948
2003	31	37	17	1993	983	969	1186
2004	32	38	17	2428	1254	1087	1421
2005	34	42	18	2884	1544	1427	1713
2006	35	47	19	3561	1932	1711	2170
2007	35	49	20	4424	2392	2183	2669
2008	34	54	20	5182	2774	2609	3348
2009	36	59	22	5667	3091	2898	4192
2010	37	61	23	6640	3747	3593	4897
2011	40	62	23	8410	4688	4491	5824
2012	42	68	24	9451	5304	5063	6413
2013	45	69	25	10371	5905	5538	7544
2014	44	72	26	11238	6378	5941	8534
2015	50	78	28	12429	7254	6419	10379
2016	53	81	29	13656	7991	6911	10921
2017	53	86	31	15401	8943	7625	12242
2018	58	92	33	18406	10769	9035	14912
2019	63	97	35	20221	11824	10127	17465
2020	69	101	37	21715	12555	11674	18072
2021	70	108	40	25533	15440	14174	19584
2022	75	114	37	25106	14416	12784	22404

1–5 历年湖州的人均水平（续表 2）

（按户籍人口计算） 单位：元

年 份	全社会用电量（千瓦时）	#工业用	#生活用	固定资产投资额	社会消费品零售总额	进出口总额（美元）	#出口	实到外资（美元）
1978				27	148			
1979				31	189			
1980				39	240			
1981				44	265			
1982				54	273			1
1983				102	299			
1984				154	350			0
1985	465			231	481			0
1986	579	455	29	320	571			2
1987	649	513	37	423	661			2
1988	680	531	47	504	827			1
1989	667	523	45	464	886			1
1990	702	536	57	480	871			1
1991	782	600	63	533	964	12	11	1
1992	874	683	68	995	1138	19	18	7
1993	1015	799	73	1831	1684	64	51	14
1994	1164	898	88	2324	2555	88	61	20
1995	1248	964	103	2876	3416	122	81	26
1996	1311	996	134	3152	3964	124	89	22
1997	1275	960	132	3302	4414	121	98	24
1998	1283	927	145	3698	4859	112	94	20
1999	1373	1003	158	3777	5303	142	107	24
2000	1633	1198	192	4281	5840	271	181	32
2001	1783	1325	209	5667	6214	292	225	82
2002	2092	1601	228	7386	6655	346	276	140
2003	2533	1934	285	9610	7097	474	394	209
2004	2873	2338	255	12750	8097	661	563	238
2005	3312	2666	306	14101	9265	882	775	253
2006	3719	2980	360	15801	10689	1168	1035	294
2007	4155	3312	400	17776	12496	1654	1426	327
2008	4357	3411	456	20484	14985	2165	1899	311
2009	4754	3701	508	24579	17099	1867	1575	313
2010	5399	4169	593	27737	19882	2669	2258	354
2011	6048	4705	637	30888	23411	3325	2824	361
2012	6349	4843	736	37162	26946	3345	2832	393
2013	6984	5256	845	40851	29252	3639	3088	404
2014	7282	5616	750	47235	33108	3796	3346	374
2015	7542	5731	815	53188	36552	3870	3358	357
2016	8408	6271	991	60117	40358	3860	3404	378
2017	9203	6861	1059	65358	44862	4302	3797	397
2018	10308	7632	1177		48658	5025	4375	477
2019	11026	8062	1253		52744	5101	4549	710
2020	11275	8121	1331		53139	6094	5521	450
2021	12882	9271	1430		58107	8629	7850	453
2022	11570	9203	1837		59357	60655	55837	587

1-6 湖州占全省比重

指 标	单位	湖州市	占浙江省%
年末户籍人口	万人	268.83	5.3
生产总值	亿元	3849.95	5.0
#第一产业增加值	亿元	161.14	6.9
第二产业增加值	亿元	1966.15	5.9
第三产业增加值	亿元	1722.66	4.1
一般公共预算收入	亿元	387.30	4.8
一般公共预算支出	亿元	601.90	5.0
社会消费品零售总额	亿元	1594.70	5.2
外贸出口	亿元	225.19	4.4
实到外资	亿美元	15.77	8.2
工业用电量	亿千瓦时	247.20	6.5
金融机构年末本外币存款余额	亿元	7898.00	4.0
#住户存款	亿元	3691.00	4.5
金融机构年末本外币贷款余额	亿元	8797.90	4.6

1-7 历年分县区生产总值

单位：万元

年 份	全 市	吴兴区			南浔区	德清县	长兴县	安吉县	△市区
			吴兴	南太湖新区					
1978	88828					14188	17680	13223	43737
1979	111903					17943	23254	15841	54865
1980	122262					19146	24812	17209	61095
1981	137237					21680	28618	20529	66410
1982	153716					24454	33675	21580	74007
1983	160436					25513	34452	22001	78470
1984	192316					30908	39339	26244	95825
1985	248121					42961	51788	32372	120989
1986	295964					53087	61324	35607	145946
1987	351864					63380	70804	41809	175868
1988	449892					85319	106250	53238	205085
1989	497157					90581	118218	56072	232286
1990	549910					99023	121214	60616	269057
1991	605189					106094	132685	72079	294331
1992	800391					134372	175989	99536	382610
1993	1268238					209235	276481	156002	598465
1994	1806522					316327	404725	231026	821548
1995	2157554					354300	485170	298133	985756
1996	2494399					399261	530480	348700	1167320
1997	2698764					434772	574957	384676	1246047
1998	2901967					471274	610327	420179	1344473
1999	3000455					504800	634644	435973	1393828
2000	3252262					558414	671610	480489	1515243
2001	3629457					635865	750529	520567	1693981
2002	3970650					724836	837040	578377	1845086
2003	4595432					831860	970728	662696	2139931
2004	5518809	1570653	1178787	391866	995678	1018826	1154711	769304	2566332
2005	6428892	1820154	1351597	468557	1169465	1193177	1340146	889588	2989619
2006	7581084	2146102	1571580	574523	1356908	1390193	1605402	1028686	3503011
2007	8905035	2514375	1822293	692082	1594811	1652489	1903990	1219393	4109186
2008	10321040	2890365	2122847	767517	1872057	1914427	2211697	1463494	4762422
2009	11955476	3562652	2662437	900215	2073184	2154089	2464633	1676729	5635835
2010	13854758	4058120	3006381	1051740	2372557	2507360	2928573	1970204	6430677
2011	15794028	4605649	3388335	1217314	2670927	2870896	3400376	2263506	7276576
2012	17481084	5154138	3805613	1348525	2866166	3185282	3783886	2537999	8020304
2013	19307769	5680081	4172048	1508033	3084438	3503968	4200660	2819267	8764519
2014	20839466	6131904	4535606	1596299	3314162	3727332	4588106	2933442	9446066
2015	22230569	6644158	4967769	1676389	3491822	3924638	4844385	3241748	10135980
2016	23911367	7173072	5394005	1779068	3638668	4169233	5265441	3487537	10811741
2017	26078618	8005388	6006524	1998864	3876938	4517416	5781493	3903684	11882325
2018	28812134	8895384	6689499	2205885	4264716	4943400	6376176	4332491	13160100
2019	31222746	9640140	7269786	2370354	4587944	5360992	6929609	4707257	14228084
2020	32014061	10016315	7527509	2488806	4678302	5441498	7023938	4870578	14694695
2021	36459189	11331438	8501376	2830062	5282858	6179189	8019122	5663490	16614296
2022	38499535	11951733	8972649	2979084	5592367	6582070	8533656	5823726	17544099

注：从 2019 年开始取消开发区，新设南太湖新区。

1-8 历年分县区生产总值增长速度

（按可比价格计算）　　单位：%

年份	全市	吴兴区	吴兴	南太湖新区	南浔区	德清县	长兴县	安吉县	△市区
1979	17.4					17.0	23.2	13.7	16.4
1980	8.4					5.2	0.1	6.2	11.0
1981	7.5					13.5	5.7	10.1	5.8
1982	10.7					10.2	19.5	0.4	9.4
1983	3.3					3.8	–0.5	5.5	5.1
1984	18.1					18.1	15.8	19.5	18.9
1985	20.1					30.2	16.1	15.9	20.1
1986	13.1					18.1	13.1	9.7	13.2
1987	8.9					9.7	9.2	8.2	9.0
1988	5.6					3.6	20.1	10.9	1.1
1989	2.5					–1.0	4.3	–4.0	4.4
1990	5.4					6.0	3.4	1.0	7.1
1991	8.5					8.6	9.7	14.0	9.2
1992	22.7					25.3	23.2	29.2	30.2
1993	27.6					23.9	36.4	31.9	25.4
1994	19.8					26.3	20.0	26.3	18.4
1995	10.0					5.1	9.9	17.0	10.1
1996	13.5					10.7	5.3	15.1	16.9
1997	8.4					9.3	7.0	10.3	7.0
1998	9.4					10.5	10.5	10.3	9.5
1999	7.4					10.4	8.3	7.5	7.8
2000	9.6					11.2	10.8	10.2	9.6
2001	10.7					12.4	11.6	8.1	10.5
2002	11.6					12.2	12.8	11.8	10.1
2003	13.8					15.2	15.5	13.7	14.5
2004	14.9					17.3	15.9	12.3	15.2
2005	13.6	13.0	12.3	15.2	14.8	13.6	12.9	13.0	13.7
2006	13.8	14.0	12.6	17.9	11.6	12.2	15.6	12.0	13.1
2007	14.0	13.9	12.8	17.0	13.7	15.3	15.2	15.0	13.9
2008	10.4	9.5	10.7	6.4	11.4	10.3	10.5	14.5	10.3
2009	10.5	21.6	23.6	16.1	11.0	11.9	11.3	12.8	9.8
2010	12.2	7.4	6.7	9.4	8.1	10.1	12.0	11.5	11.7
2011	10.7	7.1	6.5	8.7	6.6	8.4	11.6	10.8	10.9
2012	9.8	11.9	12.5	10.2	7.7	11.2	11.2	10.2	8.4
2013	9.0	10.2	10.0	10.7	8.8	11.3	10.6	11.0	8.7
2014	8.4	8.3	8.8	7.1	8.0	6.9	8.8	8.0	8.2
2015	8.3	9.8	11.0	6.5	6.7	6.3	7.9	8.9	8.8
2016	7.6	8.6	9.7	5.2	3.6	6.4	8.2	9.1	7.1
2017	8.5	10.2	10.5	9.3	7.5	7.4	8.2	9.9	8.9
2018	8.2	8.4	8.3	8.6	7.6	8.0	8.5	8.3	8.2
2019	7.9	7.7	7.8	7.5	7.3	8.3	8.2	7.8	7.6
2020	3.3	3.5	3.3	3.9	3.3	2.7	2.6	4.3	3.6
2021	9.5	9.7	9.7	9.5	8.5	8.7	9.5	10.8	9.3
2022	3.3	3.4	3.5	3.2	3.5	3.8	4.2	0.9	3.4

1-9 历年分县区生产总值发展指数

（以 1978 年为 100）

年份	全市	吴兴区			南浔区	德清县	长兴县	安吉县	△市区
			吴兴	南太湖新区					
1978	100.0					100.0	100.0	100.0	100.0
1979	117.4					117.0	123.2	113.7	116.4
1980	127.2					123.1	123.3	120.7	129.2
1981	136.8					139.7	130.3	132.9	136.7
1982	151.4					153.9	155.7	133.5	149.6
1983	156.4					159.8	154.9	140.8	157.1
1984	184.6					188.7	179.4	168.3	186.9
1985	221.7					245.7	208.3	195.0	224.4
1986	250.7					290.2	235.5	214.0	254.0
1987	273.0					318.3	257.1	231.5	276.9
1988	288.3					329.8	308.9	256.7	280.0
1989	295.5					326.5	322.1	246.5	292.5
1990	311.3					346.1	333.1	248.9	313.3
1991	337.8					375.8	365.3	283.8	342.0
1992	414.3					470.7	450.1	366.6	445.4
1993	528.5					583.1	613.9	483.5	558.3
1994	633.4					736.5	736.7	610.8	661.1
1995	696.5					774.0	809.7	714.6	728.2
1996	790.2					857.2	852.5	822.4	851.4
1997	856.5					936.7	912.5	906.9	910.6
1998	936.8					1035.0	1007.8	1000.0	996.9
1999	1006.4					1142.5	1091.5	1074.8	1074.3
2000	1103.2					1271.0	1209.0	1184.2	1177.9
2001	1220.9					1428.0	1349.0	1280.1	1301.7
2002	1362.3					1602.4	1521.7	1431.7	1433.4
2003	1550.9					1846.2	1757.7	1627.8	1642.0
2004	1782.4	100.0	100.0	100.0	100.0	2166.4	2037.9	1827.4	1891.6
2005	2025.4	113.0	112.3	115.2	114.8	2461.4	2300.5	2065.4	2150.5
2006	2304.5	128.8	126.5	135.8	128.1	2760.6	2659.4	2312.8	2432.4
2007	2626.7	146.7	142.7	158.9	145.7	3182.0	3062.8	2659.6	2769.9
2008	2900.1	160.7	157.9	169.1	162.3	3510.1	3383.7	3045.2	3054.8
2009	3204.4	195.4	195.2	196.3	180.2	3928.1	3764.8	3433.6	3353.6
2010	3594.0	209.9	208.3	214.8	194.8	4326.2	4214.9	3828.4	3745.4
2011	3980.4	224.7	221.8	233.5	207.7	4688.3	4702.1	4241.9	4153.9
2012	4371.8	251.4	249.5	257.2	223.8	5211.8	5230.0	4676.5	4502.8
2013	4766.3	277.0	274.5	284.6	243.5	5802.1	5783.4	5188.8	4894.0
2014	5164.6	300.1	298.5	304.8	262.9	6200.5	6291.3	5603.9	5295.9
2015	5592.9	329.6	331.4	324.5	280.5	6590.8	6786.1	6102.7	5759.9
2016	6017.0	357.8	363.6	341.2	290.5	7010.1	7342.1	6658.0	6168.7
2017	6530.4	394.2	401.6	372.8	312.3	7527.6	7941.7	7319.2	6717.6
2018	7064.4	427.3	435.1	404.9	336.2	8128.9	8615.3	7929.5	7265.4
2019	7619.2	460.0	469.2	435.2	360.7	8806.1	9324.0	8551.3	7820.6
2020	7867.3	476.1	484.4	452.2	372.5	9043.8	9562.9	8921.2	8102.2
2021	8614.5	522.2	531.6	495.3	404.2	9834.9	10475.7	9887.1	8856.9
2022	8898.8	540.1	550.1	511.2	418.3	10207.8	10910.7	9973.2	9161.4

1-10 历年分县区人均生产总值

单位：元

年 份	全 市		吴兴区			南浔区	德清县	长兴县	安吉县	△市区
	按户籍	按常住		吴兴	南太湖新 区					
1978	402						394	333	336	473
1979	504						496	435	400	590
1980	548						528	461	434	654
1981	610						591	527	514	707
1982	677						659	614	536	781
1983	701						682	624	541	822
1984	837						823	710	639	1000
1985	1072						1140	919	786	1257
1986	1264						1397	1064	855	1506
1987	1485						1648	1214	993	1795
1988	1877						2202	1800	1263	2067
1989	2049						2298	1984	1305	2308
1990	2247						2491	2029	1398	2642
1991	2460						2656	2216	1621	2871
1992	3235						3340	2920	2281	3714
1993	5101						5173	4566	3539	5779
1994	7222						7752	6704	5218	7883
1995	8569						8588	7993	6706	9403
1996	9836						9678	8603	7791	11061
1997	10602						10366	9316	8580	11730
1998	11393						11191	9923	9385	12647
1999	11769						11954	10309	9750	13097
2000	12733						13191	10882	10741	14208
2001	14170	13520					15003	12137	11630	15808
2002	15463	14714					17105	13512	12899	17147
2003	17887	16920					19637	15648	14788	19869
2004	21475	20164	26968	24318	40121	19674	24109	18616	17181	23803
2005	24977	23323	31106	28121	44834	23100	28116	21630	19752	27691
2006	29414	27290	36508	33275	49719	26914	32777	25997	22632	32401
2007	34537	31792	42580	38976	56288	31726	38888	30899	26822	37937
2008	39981	36593	48753	45498	60779	37381	44881	35847	32249	43908
2009	46190	42104	59920	57357	69047	41522	50371	39802	36764	51924
2010	53375	48241	67992	64985	78354	47592	58414	47099	43075	59142
2011	60627	54154	76727	73183	88683	53584	66633	54443	49347	66693
2012	66922	59158	85392	82104	96270	57559	73708	60443	55224	73286
2013	73712	64574	93534	90417	103398	62920	80682	66989	61201	79860
2014	79196	68823	100187	98709	104639	67522	85391	72902	63381	85650
2015	84287	72530	107823	108158	106841	71212	89808	76897	69868	91600
2016	90478	76836	115681	117944	109323	74439	95187	83458	74982	97501
2017	98227	82254	128146	131893	118065	79225	102622	91272	83530	106657
2018	108072	89215	141545	147687	125694	86924	111867	100343	92258	117598
2019	116801	94816	152702	161398	131047	93471	121085	108811	99853	126793
2020	119632	95653	157720	167583	133886	95573	122788	110181	103841	130663
2021	135901	107565	176907	189369	147707	108320	139440	125770	119537	147259
2022	143301	112902	185012	199753	151368	115220	148538	133900	122653	155071

注：分县区人均 GDP 按户籍人口计算。

1-11　历年分县区人均生产总值增长速度

（按可比价格计算）　　　　单位：%

年　份	全　市		吴兴区			南浔区	德清县	长兴县	安吉县	△市区
	按户籍	按常住		吴兴	南太湖新　区					
1979	16.9						16.8	22.5		16.0
1980	6.4						4.7	–0.7		19.7
1981	6.5						12.5	4.8		–3.1
1982	9.9						99.0	18.3		8.4
1983	2.3						2.2	–1.3		4.3
1984	17.4						–35.1	15.5		18.5
1985	19.0						29.7	14.1	15.1	19.6
1986	11.7						17.1	9.6	8.5	12.4
1987	7.7						8.4	8.8	7.0	7.7
1988	4.4						2.3	18.8	–4.9	0.3
1989	1.2						–2.2	3.2	–0.1	2.5
1990	4.5						5.1	3.1	13.2	5.9
1991	8.1						8.0	9.4	28.5	8.4
1992	22.3						24.4	22.4	35.5	29.6
1993	27.7						23.2	35.7	30.6	24.7
1994	19.2						25.2	20.4	25.8	17.7
1995	9.3						4.0	9.3	16.5	9.5
1996	13.0						10.7	3.6	14.3	16.1
1997	8.1						7.5	6.9	10.1	6.3
1998	9.4						10.0	10.8	10.4	9.4
1999	7.4						10.1	8.2	7.6	7.6
2000	9.4						11.0	10.5	10.1	9.4
2001	10.4						12.2	11.4	8.0	10.0
2002	11.3	11.0					12.2	12.6	11.6	9.7
2003	13.8	13.1					15.3	15.3	13.8	14.4
2004	14.9	14.0					17.3	15.9	12.3	15.0
2005	13.5	12.8	12.4	13.2	15.9	14.8	13.4	13.5	12.4	13.5
2006	13.6	12.9	13.5	14.6	6.1	12.0	12.2	15.9	11.0	12.9
2007	13.9	13.0	13.4	14.0	27.9	14.0	15.2	15.5	15.0	13.7
2008	10.3	9.6	9.1	10.9	20.4	11.5	9.9	10.5	14.7	10.1
2009	10.2	9.8	21.3	24.3	6.0	11.5	11.5	11.0	12.2	9.7
2010	11.8	10.9	7.0	7.1	15.9	8.2	9.7	11.5	11.2	11.5
2011	10.4	9.1	6.4	6.4	12.1	6.6	8.0	11.1	10.5	10.5
2012	9.5	8.4	11.3	12.4	4.5	7.9	10.8	10.8	10.0	8.1
2013	8.7	7.7	9.5	10.5	13.5	10.5	10.8	10.4	10.2	8.4
2014	7.9	7.0	7.5	9.2	5.3	7.9	6.3	8.5	7.5	7.7
2015	8.0	7.0	9.1	11.1	18.9	6.8	6.1	7.6	8.6	8.4
2016	7.4	6.0	7.9	10.5	8.9	4.1	6.1	8.4	8.8	6.9
2017	8.0	6.5	9.4	10.9	7.3	7.4	6.8	7.9	9.4	8.4
2018	7.7	6.2	7.8	8.9	18.2	7.4	7.5	8.1	7.8	7.7
2019	7.6	5.8	7.3	8.4	4.3	7.2	8.1	8.0	7.4	7.2
2020	3.1	1.5	2.8	3.5	1.1	3.5	2.5	2.5	4.0	3.2
2021	9.3	8.2	8.8	9.8	6.3	9.0	8.8	9.5	10.6	9.0
2022	3.2	2.7	2.5	3.4	0.5	4.0	3.8	4.2	0.7	3.2

注：分县区人均 GDP 按户籍人口计算。

1-12　历年分县区人均生产总值发展指数

（以 1978 年为 100）

年　份	全　市		吴兴区			南浔区	德清县	长兴县	安吉县	△市区
	按户籍	按常住		吴兴	南太湖新　区					
1978	100.0						100.0	100.0		100.0
1979	116.9						116.8	122.5		116.0
1980	124.4						122.3	121.7		138.9
1981	132.5						137.7	127.5		134.6
1982	145.6						274.0	150.8		146.0
1983	148.9						279.9	148.9		152.3
1984	174.8						181.7	172.0	100.0	180.4
1985	208.1						235.7	196.3	115.1	215.9
1986	232.4						276.0	215.1	124.9	242.7
1987	250.3						299.1	234.1	133.6	261.4
1988	261.3						306.0	278.0	127.1	262.2
1989	264.5						299.3	287.0	127.0	268.9
1990	276.4						314.5	296.0	143.7	284.7
1991	298.7						339.7	323.9	184.7	308.7
1992	365.4						422.7	396.6	250.2	400.1
1993	466.7						520.8	538.3	326.7	499.0
1994	556.3						652.0	648.0	410.9	587.2
1995	607.9						678.1	708.3	478.8	642.9
1996	687.0						750.7	734.2	547.3	746.7
1997	742.9						807.0	785.0	602.5	793.4
1998	812.9						887.7	870.1	665.3	868.0
1999	872.9						977.3	941.5	716.0	934.3
2000	955.4						1084.8	1040.1	788.5	1022.3
2001	1054.3	100.0					1217.4	1158.7	851.9	1124.4
2002	1173.6	111.0					1366.3	1304.7	951.1	1233.0
2003	1335.3	125.6					1574.7	1504.3	1082.0	1411.1
2004	1534.1	143.1	100.0	100.0	100.0	100.0	1847.3	1743.5	1215.6	1623.4
2005	1740.5	161.5	112.4	113.2	115.9	114.8	2095.7	1979.0	1365.9	1843.1
2006	1977.7	182.3	127.6	129.8	122.9	128.6	2351.8	2292.8	1515.6	2081.7
2007	2253.3	206.1	144.7	147.9	157.2	146.6	2709.0	2647.7	1742.5	2366.2
2008	2484.9	226.0	157.9	164.0	189.4	163.4	2977.0	2926.4	1998.7	2606.0
2009	2738.4	248.1	191.4	203.8	200.7	182.2	3319.0	3248.1	2242.5	2858.9
2010	3062.6	275.1	204.8	218.3	232.6	197.1	3641.8	3622.3	2493.2	3187.3
2011	3379.6	300.0	218.0	232.2	260.7	210.2	3932.1	4023.7	2754.6	3522.9
2012	3702.0	325.2	242.6	260.9	272.4	226.7	4357.6	4460.2	3030.9	3807.1
2013	4024.9	350.4	265.7	288.4	309.2	250.5	4828.9	4922.3	3341.3	4126.2
2014	4341.4	374.9	285.5	314.9	325.6	270.2	5134.7	5340.4	3591.7	4443.2
2015	4690.5	401.1	311.5	349.7	387.3	288.5	5449.7	5747.1	3901.6	4816.4
2016	5036.0	425.0	336.1	386.3	421.7	300.3	5784.5	6229.5	4246.2	5147.5
2017	5440.7	452.7	367.5	428.6	452.4	322.5	6180.4	6719.9	4645.7	5579.4
2018	5861.2	480.8	396.0	466.8	535.0	346.3	6646.7	7263.8	5007.0	6007.4
2019	6304.6	508.6	424.7	506.2	557.9	371.4	7186.7	7843.9	5378.9	6440.0
2020	6497.8	516.3	436.6	524.1	564.0	384.4	7369.7	8036.6	5596.3	6648.3
2021	7102.4	558.6	475.4	575.5	599.2	418.9	8017.5	8804.4	6189.0	7252.6
2022	7326.3	573.6	487.5	595.2	602.0	435.5	8321.9	9174.1	6229.4	7481.2

注：分县区人均 GDP 按户籍人口计算。

1-13　历年分产业生产总值

单位：万元

年　份	生　产 总　值	第一产业 增 加 值	第二产业 增 加 值	#工业增加值	第三产业 增 加 值
1978	88828	40076	32259	27801	16493
1979	111903	55007	37433	32805	19463
1980	122262	49135	49180	43195	23947
1981	137237	58044	51556	45710	27637
1982	153716	67344	55009	48441	31363
1983	160436	65791	60439	54763	34206
1984	192316	75985	76342	69690	39989
1985	248121	82599	110383	101464	55139
1986	295964	96933	134140	123337	64891
1987	351864	115981	160177	147281	75706
1988	449892	161459	196176	181646	92257
1989	497157	160492	225434	198757	111231
1990	549910	188527	241389	213767	119994
1991	605189	184818	283529	250607	136842
1992	800391	205288	404506	352747	190597
1993	1268238	257612	711150	620800	299476
1994	1806522	352022	991492	855293	463007
1995	2157554	403851	1142823	953731	610881
1996	2494399	431833	1347738	1140396	714828
1997	2698764	446769	1473726	1278099	778268
1998	2901967	445099	1587187	1378225	869682
1999	3000455	436996	1631672	1431452	931787
2000	3252262	446423	1754491	1538034	1051347
2001	3629457	467684	1967246	1725275	1194527
2002	3970650	472169	2155215	1882010	1343267
2003	4595432	504063	2454353	2154044	1637017
2004	5518809	584700	3030424	2655095	1903685
2005	6428892	630966	3532468	3135326	2265458
2006	7581084	659011	4334271	3849058	2587802
2007	8905035	711113	5088924	4609467	3104998
2008	10321040	848268	5913379	5333855	3559392
2009	11955476	902588	6988117	6295976	4064772
2010	13854758	1042216	7977421	7166227	4835121
2011	15794028	1162184	8741182	7791869	5890661
2012	17481084	1226473	9622409	8635683	6632202
2013	19307769	1198028	10449921	9407757	7659820
2014	20839466	1203392	11306912	10114750	8329162
2015	22230569	1226044	11807289	10500339	9197235
2016	23911367	1242173	12502441	11119488	10166753
2017	26078618	1257474	13608639	11959209	11212505
2018	28812134	1283706	14915271	13214217	12613158
2019	31222745	1341080	15996153	14212156	13885512
2020	32039027	1410507	15991506	14332392	14637014
2021	36459189	1531646	18560195	16675244	16367348
2022	38499535	1611382	19661527	17718487	17226626

注：从 2013 年开始三次产业划分标准为 GB/T 4754—2011。

1-14　历年分产业生产总值增长速度

（按可比价格计算）　　单位：%

年　份	生　产总　值	第一产业增 加 值	第二产业增 加 值	#工业增加值	第三产业增 加 值
1979	17.4	17.9	16.6	18.7	17.5
1980	8.4	-11.4	29.0	28.8	16.6
1981	7.5	6.2	5.2	6.3	15.0
1982	10.7	14.9	6.3	5.7	11.0
1983	3.3	-5.6	9.5	12.4	9.5
1984	18.1	12.4	26.3	27.3	12.8
1985	20.1	-0.2	35.8	35.9	22.6
1986	13.1	5.3	15.9	15.4	17.5
1987	8.9	5.0	13.8	13.2	2.9
1988	5.6	6.0	5.3	5.1	5.9
1989	2.5	1.2	3.8	4.3	0.9
1990	5.4	6.7	5.6	3.6	3.1
1991	8.5	1.6	12.6	11.2	11.1
1992	22.7	4.0	30.2	29.8	34.1
1993	27.6	1.4	39.6	42.5	32.8
1994	19.8	4.2	20.8	19.2	31.1
1995	10.0	3.1	10.3	8.0	13.9
1996	13.5	2.5	18.4	19.9	11.0
1997	8.4	4.4	10.6	12.7	6.2
1998	9.4	1.0	10.8	10.8	11.2
1999	7.4	0.2	8.1	9.0	9.6
2000	9.6	2.2	10.0	10.3	12.4
2001	10.7	4.7	12.2	12.2	10.6
2002	11.6	2.7	12.6	12.6	13.5
2003	13.8	5.6	15.7	14.0	13.7
2004	14.9	7.3	18.2	18.7	11.9
2005	13.6	4.3	14.7	15.9	14.8
2006	13.8	5.5	16.2	15.5	12.4
2007	14.0	0.5	15.1	16.8	15.8
2008	10.4	7.1	10.7	11.3	10.6
2009	10.5	0.0	15.1	14.4	5.5
2010	12.2	4.6	12.8	13.4	12.6
2011	10.7	3.4	10.4	11.0	12.9
2012	9.8	2.4	10.5	11.0	10.2
2013	9.0	0.5	8.6	8.8	11.1
2014	8.4	0.2	9.2	8.7	8.4
2015	8.3	1.6	6.4	6.2	12.3
2016	7.6	2.2	6.6	7.3	9.5
2017	8.5	2.2	7.6	7.7	10.5
2018	8.2	2.9	8.4	9.9	8.6
2019	7.9	2.8	7.7	8.5	8.5
2020	3.3	2.5	2.0	3.1	4.9
2021	9.5	2.9	10.6	11.4	9.0
2022	3.3	4.6	2.7	2.7	3.8

1-15 历年分产业生产总值发展指数

（以1978年为100）

年 份	生 产 总 值	第一产业增加值	第二产业增加值	#工业增加值	第三产业增加值
1978	100.0	100.0	100.0	100.0	100.0
1979	117.4	117.9	116.6	118.7	117.5
1980	127.2	104.5	150.4	152.9	137.0
1981	136.8	110.9	158.2	162.5	157.6
1982	151.4	127.5	168.2	171.8	174.9
1983	156.4	120.3	184.2	193.1	191.5
1984	184.6	135.2	232.6	245.8	216.0
1985	221.7	135.0	315.9	334.0	264.8
1986	250.7	142.1	366.1	385.5	311.2
1987	273.0	149.2	416.7	436.4	320.2
1988	288.3	158.2	438.7	458.6	339.1
1989	295.5	160.1	455.4	478.3	342.1
1990	311.3	170.8	480.9	495.6	352.8
1991	337.8	173.5	541.5	551.1	391.9
1992	414.3	180.5	705.0	715.3	525.4
1993	528.5	183.0	984.4	1019.0	698.0
1994	633.3	190.7	1189.6	1214.4	914.8
1995	696.4	196.6	1312.5	1311.7	1041.8
1996	790.2	201.4	1554.1	1572.7	1156.4
1997	856.4	210.3	1719.0	1772.5	1228.5
1998	936.8	212.4	1903.9	1964.4	1365.8
1999	1006.3	212.8	2058.7	2140.8	1497.2
2000	1103.1	217.4	2264.1	2361.6	1682.1
2001	1220.8	227.6	2540.8	2649.2	1860.8
2002	1362.2	233.7	2860.6	2982.3	2111.1
2003	1550.7	246.8	3309.3	3399.7	2401.1
2004	1782.3	264.8	3912.1	4036.4	2686.7
2005	2025.2	276.1	4485.3	4677.9	3084.7
2006	2304.2	291.3	5210.3	5404.2	3466.3
2007	2626.4	292.6	5995.9	6313.8	4012.4
2008	2899.8	313.2	6640.2	7024.8	4438.8
2009	3204.1	313.2	7639.6	8038.1	4682.6
2010	3593.7	327.5	8617.0	9115.8	5273.8
2011	3980.0	338.6	9516.3	10122.5	5951.8
2012	4371.4	346.6	10520.0	11240.0	6556.3
2013	4765.8	348.3	11429.9	12233.5	7284.6
2014	5164.1	349.0	12476.5	13300.4	7895.0
2015	5592.4	354.6	13274.0	14119.1	8863.8
2016	6016.4	362.3	14155.8	15148.6	9706.3
2017	6529.7	370.5	15226.1	16309.2	10728.2
2018	7063.7	381.1	16498.8	17931.0	11647.4
2019	7618.5	392.0	17777.1	19450.5	12640.7
2020	7866.5	401.9	18136.8	20053.4	13260.1
2021	8613.8	413.5	20059.3	22339.5	14453.5
2022	8898.1	432.5	20601.6	22949.6	15007.2

1-16 历年分产业生产总值构成

单位：%

年 份	生 产 总 值	第一产业增加值	第二产业增加值	#工业增加值	第三产业增加值
1978	100.0	45.1	36.3	31.3	18.6
1979	100.0	49.2	33.4	29.3	17.4
1980	100.0	40.2	40.2	35.3	19.6
1981	100.0	42.3	37.6	33.3	20.1
1982	100.0	43.8	35.8	31.5	20.4
1983	100.0	41.0	37.7	34.1	21.3
1984	100.0	39.5	39.7	36.2	20.8
1985	100.0	33.3	44.5	40.9	22.2
1986	100.0	32.8	45.3	41.7	21.9
1987	100.0	33.0	45.5	41.9	21.5
1988	100.0	35.9	43.6	40.4	20.5
1989	100.0	32.3	45.3	40.0	22.4
1990	100.0	34.3	43.9	38.9	21.8
1991	100.0	30.5	46.8	41.4	22.7
1992	100.0	25.6	50.5	44.1	23.8
1993	100.0	20.3	56.1	48.9	23.6
1994	100.0	19.5	54.9	47.3	25.6
1995	100.0	18.7	53.0	44.2	28.3
1996	100.0	17.3	54.0	45.7	28.7
1997	100.0	16.6	54.6	47.4	28.8
1998	100.0	15.3	54.7	47.5	30.0
1999	100.0	14.6	54.3	47.7	31.1
2000	100.0	13.7	53.9	47.3	32.4
2001	100.0	12.9	54.2	47.5	32.9
2002	100.0	11.9	54.3	47.4	33.8
2003	100.0	11.0	53.4	46.9	35.6
2004	100.0	10.6	54.9	48.1	34.5
2005	100.0	9.8	54.9	48.8	35.3
2006	100.0	8.7	57.2	50.8	34.1
2007	100.0	8.0	57.1	51.8	34.9
2008	100.0	8.2	57.3	51.7	34.5
2009	100.0	7.5	58.5	52.7	34.0
2010	100.0	7.5	57.6	51.7	34.9
2011	100.0	7.4	55.3	49.3	37.3
2012	100.0	7.0	55.0	49.4	38.0
2013	100.0	6.2	54.1	48.7	39.7
2014	100.0	5.8	54.2	48.5	40.0
2015	100.0	5.5	53.1	47.2	41.4
2016	100.0	5.2	52.3	46.5	42.5
2017	100.0	4.8	52.2	45.9	43.0
2018	100.0	4.5	51.7	45.9	43.8
2019	100.0	4.3	51.2	45.5	44.5
2020	100.0	4.4	49.9	44.7	45.7
2021	100.0	4.2	50.9	45.7	44.9
2022	100.0	4.2	51.1	46.0	44.7

1–17　历年市区分产业生产总值

单位：万元

年　份	生　产 总　值	第一产业 增 加 值	第二产业 增 加 值	#工业增加值	第三产业 增 加 值
1978	43737	18345	16495	15213	8897
1979	54865	25507	19075	17793	10283
1980	61095	22795	25594	23327	12706
1981	70910	25334	26220	23898	14856
1982	78505	29830	27643	24857	16534
1983	84717	30346	30292	27564	17832
1984	102414	36562	38583	35304	20680
1985	128854	35321	56792	52173	28876
1986	155929	43084	69861	62844	33001
1987	187012	53513	83841	75480	38514
1988	220314	66099	93720	82170	45266
1989	247452	62921	112979	100170	56386
1990	284189	87532	119050	106264	62475
1991	294331	79614	143921	129119	70796
1992	390494	88001	198979	177959	95630
1993	626520	111191	338615	298301	148658
1994	854444	143124	446941	388091	231482
1995	1019951	166199	520708	450050	298848
1996	1215958	175397	644543	570306	347380
1997	1304359	181247	697663	625979	367138
1998	1400187	180203	755495	670356	408775
1999	1425038	180875	781464	688536	431489
2000	1541749	184518	839411	735750	491313
2001	1722496	195155	932957	818676	565869
2002	1830397	194351	1012625	884871	638110
2003	2130148	208122	1146616	1005262	785194
2004	2566332	238008	1371520	1197333	956804
2005	2989619	251045	1623748	1433518	1114826
2006	3503011	255665	2017653	1780256	1229693
2007	4109186	262171	2390037	2160021	1456977
2008	4762422	326077	2779060	2502612	1657285
2009	5635835	336752	3389792	3065891	1909291
2010	6430677	391905	3732504	3342853	2306269
2011	7276576	433476	4006303	3539872	2836797
2012	8020304	455230	4375166	3892682	3189908
2013	8764519	438866	4652795	4145826	3672858
2014	9446066	422628	5045798	4477016	3977641
2015	10135980	433534	5345781	4714593	4356666
2016	10811741	455205	5537843	4857210	4818693
2017	11882325	452015	6036860	5139031	5393450
2018	13160100	457019	6701010	5796372	6002071
2019	14228084	479714	7237779	6294187	6510591
2020	14696497	492653	7138743	6277198	7065101
2021	16614296	557350	8295454	7277759	7761492
2022	17544097	590919	8771716	7726441	8181462

1-18　历年市区分产业生产总值增长速度

（按可比价格计算）　　　　单位：%

年　份	生　产 总　值	第一产业 增 加 值	第二产业 增 加 值	#工业增加值	第三产业 增 加 值
1979	16.4	15.9	15.9	17.2	18.5
1980	11.0	-10.6	36.9	34.3	17.1
1981	5.8	4.0	2.6	3.0	15.6
1982	9.4	14.2	5.7	4.4	8.1
1983	5.1	-3.5	11.1	12.7	9.2
1984	18.9	14.6	26.2	27.4	12.6
1985	20.1	-5.3	37.8	38.3	23.7
1986	13.2	1.4	16.3	14.4	20.1
1987	9.0	7.9	14.7	15.1	-2.2
1988	1.1	6.4	-1.1	-2.7	1.1
1989	4.4	2.9	5.0	5.5	4.9
1990	7.1	12.7	5.1	7.6	5.8
1991	9.2	-6.8	19.3	20.3	10.3
1992	30.2	13.1	37.0	37.3	34.7
1993	25.4	3.2	32.4	32.8	30.6
1994	18.4	-0.1	17.5	16.0	33.9
1995	10.1	3.3	11.5	11.5	11.2
1996	16.9	1.3	24.3	26.7	10.6
1997	7.0	3.0	9.5	10.6	3.4
1998	9.5	0.8	11.0	10.1	10.0
1999	7.8	2.4	8.3	7.8	8.7
2000	9.6	2.0	9.9	9.7	12.0
2001	10.5	5.7	11.0	11.3	11.5
2002	10.1	2.2	10.4	10.4	12.5
2003	14.5	5.0	15.4	14.3	16.1
2004	15.2	8.2	17.4	18.1	13.5
2005	13.7	1.8	14.0	14.5	16.2
2006	13.1	3.0	16.4	15.4	10.5
2007	13.9	-5.8	14.8	16.9	16.5
2008	10.3	5.9	10.1	10.5	11.2
2009	9.8	2.6	6.1	6.0	16.5
2010	11.7	3.7	9.9	9.8	15.3
2011	10.9	1.8	8.2	7.7	16.0
2012	8.4	2.3	7.8	8.1	10.1
2013	8.7	0.3	9.2	10.5	9.1
2014	8.2	-3.2	8.7	9.0	8.9
2015	8.8	1.6	7.0	6.7	11.6
2016	7.1	2.3	5.3	5.4	9.4
2017	8.9	1.8	8.8	8.7	9.6
2018	8.2	2.8	8.5	9.9	8.3
2019	7.6	3.6	8.6	9.6	6.9
2020	3.6	2.5	0.7	2.1	7.0
2021	9.3	2.8	10.4	10.8	8.6
2022	3.4	5.3	2.6	2.8	4.2

1–19 历年市区分产业生产总值发展指数

（以 1978 年为 100）

年 份	生 产 总 值	第一产业增 加 值	第二产业增 加 值	#工业增加值	第三产业增 加 值
1978	100.0	100.0	100.0	100.0	100.0
1979	116.4	115.9	115.9	117.2	118.5
1980	129.2	103.6	158.7	157.4	138.7
1981	136.7	107.7	162.9	162.1	160.4
1982	149.6	123.1	172.2	169.2	173.4
1983	157.1	118.7	191.3	190.7	189.4
1984	186.9	136.0	241.3	242.9	213.2
1985	224.4	128.9	332.5	336.1	263.7
1986	254.0	130.7	386.8	384.6	316.7
1987	276.9	140.9	443.7	442.7	309.7
1988	280.0	150.0	438.8	430.7	313.0
1989	292.5	154.3	460.7	454.6	328.3
1990	313.3	173.9	484.2	489.2	347.4
1991	342.0	162.0	577.5	588.5	383.1
1992	445.4	183.1	791.1	808.2	516.1
1993	558.3	188.9	1047.7	1073.2	674.2
1994	661.1	188.8	1230.8	1244.7	902.4
1995	728.2	195.0	1372.6	1387.3	1003.9
1996	851.4	197.6	1706.5	1758.0	1110.7
1997	910.6	203.5	1868.1	1945.2	1148.3
1998	996.9	205.2	2073.8	2140.9	1262.7
1999	1074.3	210.1	2246.6	2307.4	1372.7
2000	1177.9	214.4	2469.5	2531.4	1537.5
2001	1301.7	226.5	2740.8	2816.8	1715.0
2002	1433.4	231.4	3025.8	3109.1	1928.9
2003	1642.0	243.1	3493.0	3555.2	2240.1
2004	1891.6	263.0	4100.8	4198.6	2542.5
2005	2150.5	267.7	4674.5	4807.0	2954.1
2006	2432.4	275.8	5441.4	5547.6	3264.5
2007	2769.9	259.8	6245.4	6483.8	3802.4
2008	3054.8	275.1	6875.4	7163.8	4227.7
2009	3353.6	282.1	7294.7	7595.2	4925.8
2010	3745.4	292.5	8018.9	8342.7	5678.3
2011	4153.9	297.7	8676.2	8986.5	6586.2
2012	4502.8	304.4	9348.8	9714.3	7253.0
2013	4894.0	305.2	10208.1	10733.4	7914.6
2014	5295.9	295.5	11099.4	11698.9	8619.4
2015	5759.9	300.4	11880.5	12478.2	9617.2
2016	6168.7	307.4	12505.1	13156.0	10522.5
2017	6717.6	312.9	13604.1	14304.5	11537.9
2018	7265.4	321.7	14761.6	15725.3	12490.7
2019	7820.6	333.5	16028.8	17230.9	13352.0
2020	8102.2	341.9	16141.0	17592.8	14286.7
2021	8855.7	351.5	17819.7	19492.8	15515.3
2022	9160.1	370.0	18283.5	20033.1	16161.6

1-20　历年德清县分产业生产总值

单位：万元

年　份	生　产 总　值	第一产业 增 加 值	第二产业 增 加 值	#工业增加值	第三产业 增 加 值
1978	14188	7830	4398		1960
1979	17943	10748	4845		2350
1980	19146	9060	6952		3134
1981	21680	10270	8022		3388
1982	24454	11571	8559		4324
1983	25513	12118	9185		4210
1984	30908	13880	12054		4974
1985	42961	16340	18903		7718
1986	53087	18068	25330		9689
1987	63380	21178	30888		11314
1988	85319	33667	36802		14850
1989	90581	33519	38588		18474
1990	99023	34114	42673		22236
1991	106094	32673	50239		23182
1992	134372	35150	71778	62486	27444
1993	209235	42131	128367	110114	38737
1994	316327	60009	193627	165174	62691
1995	354300	66226	206233	165877	81841
1996	399261	71122	233286	191745	94853
1997	434772	75314	254848	210866	104610
1998	471274	75822	279121	235492	116331
1999	504800	76500	298283	256464	130017
2000	558414	79609	330270	285877	148535
2001	635865	83049	375977	327881	176839
2002	724836	86665	429825	376177	208346
2003	831860	91523	496895	435924	243442
2004	1018826	104331	615220	542511	299275
2005	1193177	109305	716832	645515	367040
2006	1390193	115438	858129	774891	416626
2007	1652489	126062	1016358	933231	510070
2008	1914427	149214	1162304	1060404	602909
2009	2154089	159950	1311625	1202582	682514
2010	2507360	178290	1520741	1401768	808329
2011	2870896	203108	1715489	1587192	952298
2012	3185282	213002	1910120	1778023	1062160
2013	3503968	201118	2066288	1936831	1236562
2014	3727332	200972	2224965	2069272	1301395
2015	3924638	203573	2304932	2124255	1416132
2016	4169233	212971	2432815	2232022	1523448
2017	4517416	217773	2640591	2418013	1659052
2018	4943400	224060	2898724	2647403	1820616
2019	5360992	233729	3099072	2826965	2028191
2020	5441511	250984	3056972	2790258	2133556
2021	6179189	267682	3544430	3238892	2367076
2022	6582070	279002	3806143	3482136	2496925

1-21 历年德清县分产业生产总值增长速度

（按可比价格计算）　　单位：%

年份	生产总值	第一产业增加值	第二产业增加值	#工业增加值	第三产业增加值
1979	17.0				
1980	5.2				
1981	13.5				
1982	10.2				
1983	3.8				
1984	18.1				
1985	30.2				
1986	18.1				
1987	9.7				
1988	3.6				
1989	-1.0				
1990	6.0	7.9	2.0		14.5
1991	8.6	0.8	18.4		1.5
1992	25.3	13.7	34.0		22.8
1993	23.9	1.8	34.1	34.4	22.8
1994	26.3	6.8	29.2	27.7	38.6
1995	5.1	4.5	2.3	-1.8	14.1
1996	10.7	3.1	13.8	16.2	8.3
1997	9.3	7.2	10.6	11.3	7.1
1998	10.5	2.1	12.4	14.0	11.1
1999	10.4	5.1	10.6	12.5	13.3
2000	11.2	3.2	12.4	12.8	13.0
2001	12.4	4.2	13.8	14.8	13.6
2002	12.2	4.5	13.3	13.7	13.5
2003	15.2	5.0	15.8	16.2	18.5
2004	17.3	9.1	18.8	19.3	17.5
2005	13.6	1.2	14.0	16.3	17.2
2006	12.2	6.7	13.2	13.0	11.7
2007	15.3	0.3	16.0	17.5	18.0
2008	10.3	4.8	9.1	9.3	14.0
2009	11.9	0.0	17.1	18.0	4.8
2010	10.1	4.3	10.0	10.9	11.7
2011	8.4	4.5	8.4	9.3	9.3
2012	11.2	1.9	13.4	14.0	9.0
2013	11.3	-0.1	12.5	13.3	11.2
2014	6.9	-0.6	8.7	8.1	4.5
2015	6.3	0.3	4.8	4.1	10.2
2016	6.4	4.2	6.5	7.1	6.5
2017	7.4	3.1	7.9	8.4	7.2
2018	8.0	3.9	8.4	8.3	7.8
2019	8.3	2.7	7.9	8.5	9.7
2020	2.7	1.7	1.6	2.1	4.5
2021	8.7	2.7	10.0	10.6	7.6
2022	3.8	4.1	3.9	3.7	3.7

1-22 历年德清县分产业生产总值发展指数

（以 1978 年为 100）

年 份	生 产 总 值	第一产业增加值	第二产业增加值	#工业增加值	第三产业增加值
1978	100.0				
1979	117.0				
1980	123.1				
1981	139.7				
1982	153.9				
1983	159.8				
1984	188.7				
1985	245.7				
1986	290.2				
1987	318.3				
1988	329.8				
1989	326.5	100.0	100.0		100.0
1990	346.1	107.9	102.0		114.5
1991	375.8	108.8	120.7		116.2
1992	470.7	123.7	161.8	100.0	142.6
1993	583.1	125.9	217.0	134.4	175.2
1994	736.5	134.5	280.3	171.6	242.8
1995	774.0	140.6	286.8	168.4	277.0
1996	857.2	144.9	326.4	195.7	299.9
1997	936.7	155.2	361.0	217.9	321.2
1998	1035.0	158.5	405.7	248.3	356.9
1999	1142.5	166.6	448.8	279.3	404.4
2000	1271.0	172.0	504.4	315.1	457.2
2001	1428.0	179.2	573.8	361.8	519.2
2002	1602.4	187.3	650.3	411.3	589.3
2003	1846.2	196.7	753.1	478.0	698.5
2004	2166.4	214.6	894.6	570.1	820.7
2005	2461.4	217.3	1020.3	662.8	961.9
2006	2760.6	231.8	1155.4	748.7	1074.0
2007	3182.0	232.5	1340.5	879.7	1267.7
2008	3510.1	243.5	1462.8	961.1	1444.8
2009	3928.1	243.6	1713.3	1134.2	1514.5
2010	4326.2	254.0	1884.3	1257.4	1691.5
2011	4688.3	265.3	2041.8	1374.9	1848.0
2012	5211.8	270.4	2315.4	1567.8	2013.4
2013	5802.1	270.2	2603.7	1776.7	2239.3
2014	6200.5	268.6	2830.9	1920.5	2339.5
2015	6590.8	269.5	2966.7	1999.5	2578.5
2016	7010.1	281.0	3158.5	2142.3	2746.1
2017	7527.6	289.5	3407.0	2322.2	2944.0
2018	8128.9	300.9	3693.7	2514.8	3174.6
2019	8806.1	309.0	3986.1	2727.3	3484.1
2020	9043.8	314.3	4048.5	2783.7	3640.8
2021	9830.6	322.8	4453.4	3078.8	3917.5
2022	10203.4	336.0	4625.6	3193.5	4060.6

1-23 历年长兴县分产业生产总值

单位：万元

年 份	生 产 总 值	第一产业增 加 值	第二产业增 加 值	#工业增加值	第三产业增 加 值
1978	17680	7994	6372		3314
1979	23254	11409	7760		4085
1980	24812	10192	9530		5090
1981	24118	13328	9304		5986
1982	29177	16227	11050		6398
1983	28205	14140	12666		7646
1984	32750	14930	15878		8531
1985	43934	18235	22585		10968
1986	51341	21571	26716		13037
1987	59663	23486	31769		15549
1988	91021	38355	47028		20867
1989	103052	40391	56197		21630
1990	106082	38179	60856		22179
1991	132685	40216	66682		25787
1992	175989	43316	96115	81210	36558
1993	276481	54792	159165	143317	62524
1994	404725	84147	227482	203810	93096
1995	485170	97625	257482	216753	130063
1996	530480	105992	272140	227854	152348
1997	574957	110044	289530	258445	175383
1998	610327	108672	316461	286207	185194
1999	634644	106241	332602	299291	195801
2000	671610	110737	355332	318424	205541
2001	750529	115595	394918	353943	240016
2002	837040	119672	444469	395791	272899
2003	970728	127903	525528	469689	317297
2004	1154711	141788	631039	562814	381884
2005	1340146	153242	730885	656294	456019
2006	1605402	158962	906099	804899	540341
2007	1903990	174896	1076946	967384	652147
2008	2211697	196731	1277446	1142890	737519
2009	2464633	221080	1397903	1232266	845650
2010	2928573	255665	1679031	1479830	993877
2011	3400376	288423	1900204	1661971	1211749
2012	3783886	304807	2093796	1845123	1385283
2013	4200660	304900	2280484	1992867	1615277
2014	4588106	316510	2527647	2213417	1743949
2015	4844385	319082	2614813	2284126	1910489
2016	5265441	330635	2814337	2471000	2120470
2017	5781493	339415	3033099	2692012	2408979
2018	6376176	334617	3315336	2953566	2726223
2019	6929609	352353	3523563	3149067	3053693
2020	7024106	397680	3476141	3145635	3150285
2021	8019122	414506	4007194	3668621	3597422
2022	8533656	440236	4362134	4015249	3731286

1-24 历年长兴县分产业生产总值增长速度

（按可比价格计算） 单位：%

年 份	生 产 总 值	第一产业增加值	第二产业增加值	#工业增加值	第三产业增加值
1979	23.2	27.3	18.5		20.7
1980	0.1	-12.5	9.5		18.2
1981	5.7	3.4	2.5		16.3
1982	19.5	28.0	18.2		5.2
1983	-0.5	-12.7	4.5		19.0
1984	15.8	10.5	26.1		9.0
1985	16.1	1.9	30.2		15.5
1986	13.1	12.3	12.0		12.3
1987	9.2	1.5	15.6		12.1
1988	20.1	9.6	27.8		18.8
1989	4.3	3.0	12.7		-12.4
1990	3.4	-2.5	8.7		-2.6
1991	9.7	2.8	12.2		13.7
1992	23.2	9.9	22.8		44.7
1993	36.4	5.1	45.1	57.7	52.0
1994	20.0	12.3	19.5	18.2	28.5
1995	9.9	3.2	8.5	4.0	18.7
1996	5.3	4.2	5.9	5.6	4.8
1997	7.0	3.8	9.0	14.3	4.6
1998	10.5	0.6	12.0	13.1	13.3
1999	8.3	0.6	9.9	9.5	9.1
2000	10.8	4.9	10.8	10.6	14.0
2001	11.6	4.1	11.0	11.3	16.6
2002	12.8	3.7	14.2	13.8	15.0
2003	15.5	6.3	17.2	18.0	16.8
2004	15.9	8.2	16.1	16.1	18.7
2005	12.9	4.4	13.4	13.8	15.3
2006	15.6	4.8	17.4	15.4	16.4
2007	15.2	3.4	16.6	17.3	16.4
2008	10.5	4.2	12.9	13.6	8.4
2009	11.3	4.8	9.9	8.6	15.1
2010	12.0	4.2	11.3	11.4	14.8
2011	11.6	4.5	9.2	10.6	17.0
2012	11.2	2.7	11.3	12.0	13.1
2013	10.6	1.1	11.4	11.6	11.3
2014	8.8	3.8	9.5	10.2	8.7
2015	7.9	-0.1	6.9	7.2	10.7
2016	8.2	2.1	8.6	9.3	8.7
2017	8.2	2.5	6.0	8.5	11.7
2018	8.5	2.7	8.2	8.7	9.6
2019	8.2	2.9	8.4	9.9	8.6
2020	2.6	3.7	1.5	2.8	3.8
2021	9.5	3.0	9.6	11.3	10.4
2022	4.2	5.4	5.3	5.6	2.7

1-25 历年长兴县分产业生产总值发展指数

（以 1978 年为 100）

年 份	生产总值	第一产业增加值	第二产业增加值	#工业增加值	第三产业增加值
1978	100.0	100.0	100.0		100.0
1979	123.2	127.3	118.5		120.7
1980	123.3	111.4	129.8		142.7
1981	130.3	115.2	133.1		166.0
1982	155.7	147.5	157.3		174.7
1983	154.9	128.7	164.4		207.9
1984	179.4	142.2	207.3		226.7
1985	208.3	144.9	270.0		261.8
1986	235.5	162.7	302.3		293.9
1987	257.1	165.1	349.6		329.5
1988	308.9	180.9	446.7		391.5
1989	322.1	186.3	503.4		342.8
1990	333.1	181.6	547.2		333.9
1991	365.3	186.7	614.1		379.7
1992	450.1	205.1	754.3	100.0	549.3
1993	613.9	215.6	1094.8	157.7	834.8
1994	736.7	242.0	1308.0	186.5	1072.4
1995	809.7	249.8	1419.8	193.8	1272.6
1996	852.5	260.3	1502.9	204.8	1333.1
1997	912.5	270.2	1637.9	234.2	1394.1
1998	1007.8	271.8	1834.7	264.9	1579.4
1999	1091.5	273.3	2016.3	290.1	1722.6
2000	1209.0	286.7	2233.6	320.8	1963.2
2001	1349.0	298.3	2479.6	356.9	2289.3
2002	1521.7	309.5	2830.5	406.0	2631.7
2003	1757.7	329.1	3316.2	478.9	3073.4
2004	2037.9	356.0	3850.4	556.1	3649.2
2005	2300.5	371.7	4364.8	632.9	4206.4
2006	2659.4	389.5	5123.0	730.4	4896.6
2007	3062.8	402.9	5973.0	856.4	5699.9
2008	3383.7	419.8	6742.3	972.7	6177.3
2009	3764.8	439.9	7409.7	1056.2	7112.7
2010	4214.9	458.3	8245.9	1177.0	8165.3
2011	4702.1	479.2	9005.0	1302.0	9552.6
2012	5230.0	492.0	10018.6	1458.1	10804.1
2013	5783.4	497.2	11161.7	1627.4	12024.0
2014	6291.3	515.9	12217.4	1793.1	13071.8
2015	6786.1	515.5	13054.7	1922.2	14468.8
2016	7342.1	526.4	14175.9	2100.1	15725.2
2017	7941.7	539.7	15032.5	2279.3	17561.4
2018	8615.3	554.4	16272.2	2477.1	19246.2
2019	9319.9	570.3	17632.4	2723.4	20895.3
2020	9558.7	591.5	17893.6	2799.2	21680.2
2021	10466.8	609.3	19611.4	3115.6	23935.0
2022	10901.4	642.2	20650.2	3290.6	24591.1

1–26 历年安吉县分产业生产总值

单位：万元

年 份	生 产 总 值	第一产业增 加 值	第二产业增 加 值	#工业增加值	第三产业增 加 值
1978	13223	5907	4846		2470
1979	15841	7343	5753		2745
1980	17209	7088	7104		3017
1981	20529	9112	7787		3630
1982	21580	9716	7502		4362
1983	22001	9187	8004		4810
1984	26244	10612	9829		5803
1985	32372	12702	12105		7565
1986	35607	14210	12233		9164
1987	41809	17801	13685		10323
1988	53238	23338	17837		12063
1989	56072	23661	17670		14741
1990	60616	28702	18810		13104
1991	72079	32315	22687		17077
1992	99536	39241	39993	33440	20302
1993	156002	50063	72627	57568	33312
1994	231026	65588	106389	83949	59049
1995	298133	74310	137807	107013	86016
1996	348700	79983	167001	129675	101716
1997	384676	81118	189616	151644	113942
1998	420179	82470	204274	165428	133435
1999	435973	81551	206627	170436	147795
2000	480489	83953	223004	183460	173532
2001	520567	86713	247345	203525	186509
2002	578377	88246	273038	223106	217093
2003	662696	92227	311887	258969	258582
2004	769304	100575	364920	304900	303809
2005	889588	116263	441217	380464	332108
2006	1028686	126020	532455	468498	370212
2007	1219393	145597	638679	578493	435117
2008	1463494	176246	769572	702950	517676
2009	1676729	184806	893337	809792	598585
2010	1970204	216883	1037554	942297	715767
2011	2263506	237177	1147389	1042334	878940
2012	2537999	253434	1276607	1167037	1007958
2013	2819267	253145	1396360	1278218	1169761
2014	2933442	257261	1490345	1343093	1185836
2015	3241748	262647	1594729	1439850	1384372
2016	3487537	271309	1701991	1546381	1514237
2017	3903684	262683	1854910	1662022	1786091
2018	4332491	268010	2000182	1816877	2064299
2019	4707257	275284	2113814	1916004	2318159
2020	4908645	269187	2291591	2091324	2347867
2021	5663490	291327	2717200	2495075	2654964
2022	5823726	300380	2724709	2497859	2798637

1-27　历年安吉县分产业生产总值增长速度

（按可比价格计算）　　单位：%

年　份	生　产 总　值	第一产业 增 加 值	第二产业 增 加 值	#工业增加值	第三产业 增 加 值
1979	13.7				
1980	6.2				
1981	10.1				
1982	0.4				
1983	5.5				
1984	19.5				
1985	15.9	3.6	19.2		30.6
1986	9.7	9.8	2.3		21.0
1987	8.2	2.9	9.6		12.6
1988	10.9	1.7	14.2		16.9
1989	-4.0	2.9	-12.5		1.6
1990	1.0	-0.6	11.1		-12.1
1991	14.0	6.2	16.5		27.0
1992	29.2	9.3	60.2		22.3
1993	31.9	3.7	54.9	55.0	35.8
1994	26.3	8.3	27.0	25.5	47.5
1995	17.0	0.8	25.2	24.6	17.2
1996	15.1	2.6	21.4	21.8	12.7
1997	10.3	6.0	12.6	14.6	8.6
1998	10.3	3.2	9.4	10.2	17.2
1999	7.5	0.3	6.5	8.0	13.9
2000	10.2	3.0	7.9	7.7	18.4
2001	8.1	3.2	10.6	11.0	7.2
2002	11.8	2.1	11.0	11.3	17.5
2003	13.7	3.8	13.4	14.1	18.1
2004	12.3	5.2	13.2	13.9	13.7
2005	13.0	11.7	18.3	21.7	6.2
2006	12.0	9.5	14.3	15.9	9.8
2007	15.0	9.5	17.5	20.5	13.4
2008	14.5	13.1	14.8	16.8	14.5
2009	12.8	-1.8	20.5	19.9	6.5
2010	11.5	4.7	12.0	12.7	12.8
2011	10.8	2.6	11.1	12.1	12.8
2012	10.2	3.0	9.6	10.1	13.2
2013	11.0	-0.6	12.1	12.4	11.0
2014	8.0	1.4	7.7	7.6	9.1
2015	8.9	2.7	8.6	7.7	12.3
2016	9.1	2.1	6.5	8.3	12.1
2017	9.9	2.0	9.6	8.8	13.4
2018	8.3	0.6	6.2	8.0	11.4
2019	7.8	1.7	6.8	7.3	9.7
2020	4.3	1.4	5.3	5.9	3.8
2021	10.8	2.9	13.5	14.7	9.1
2022	0.9	2.7	-2.8	-3.1	4.2

1-28 历年安吉县分产业生产总值发展指数

（以 1978 年为 100）

年份	生产总值	第一产业增加值	第二产业增加值	#工业增加值	第三产业增加值
1978	100.0				
1979	113.7				
1980	120.7				
1981	132.9				
1982	133.5				
1983	140.8				
1984	168.3	100.0	100.0		100.0
1985	195.0	103.6	119.2		130.6
1986	214.0	113.8	121.9		158.0
1987	231.5	117.1	133.6		177.9
1988	256.7	119.0	152.6		208.0
1989	246.5	122.5	133.5		211.3
1990	248.9	121.8	148.4		185.8
1991	283.8	129.3	172.9		235.9
1992	366.6	141.3	276.9	100.0	288.5
1993	483.5	146.6	428.9	155.0	392.0
1994	610.8	158.8	544.7	194.6	578.3
1995	714.6	160.0	681.8	242.4	677.5
1996	822.4	164.2	827.9	295.3	763.4
1997	906.9	174.1	931.9	338.4	828.8
1998	1000.0	179.7	1019.4	372.9	971.2
1999	1074.8	180.3	1086.1	402.9	1105.9
2000	1184.2	185.7	1172.2	433.9	1309.2
2001	1280.1	191.6	1296.7	481.9	1404.0
2002	1431.7	195.6	1439.4	536.3	1649.6
2003	1627.8	203.0	1632.4	611.8	1947.6
2004	1827.4	213.5	1847.3	696.8	2214.4
2005	2065.4	238.4	2184.6	848.3	2352.8
2006	2312.8	261.0	2497.1	983.0	2582.6
2007	2659.6	285.8	2934.5	1184.2	2929.5
2008	3045.2	323.2	3369.1	1383.5	3354.9
2009	3433.6	317.3	4059.0	1658.4	3573.5
2010	3828.4	332.1	4544.7	1869.3	4032.0
2011	4241.9	340.7	5050.9	2096.4	4548.1
2012	4676.5	350.8	5536.2	2308.4	5146.6
2013	5188.8	348.6	6207.0	2595.7	5714.6
2014	5603.9	353.7	6683.8	2793.1	6235.5
2015	6102.7	363.1	7256.3	3008.5	7003.5
2016	6658.0	370.7	7731.0	3259.4	7849.7
2017	7319.2	378.3	8474.7	3546.7	8898.1
2018	7929.5	380.7	9000.4	3831.1	9913.6
2019	8551.3	387.1	9616.8	4110.0	10876.4
2020	8921.2	392.5	10126.0	4352.8	11284.5
2021	9884.7	403.9	11493.0	4992.7	12311.4
2022	9970.8	414.7	11176.3	4836.5	12833.0

1-29 分县区分行业生产总值

单位：万元

指　标	全　市	吴兴区	吴兴	南太湖新区	南浔区
地区生产总值	**38499535**	**11951732**	**8972649**	**2979084**	**5592367**
第一产业	1611382	278528	252444	26084	312391
第二产业	19661527	5523212	4211132	1312082	3248504
第三产业	17226626	6149992	4509073	1640918	2031472
农、林、牧、渔业	1716036	297620	269748	27872	351600
工业	17718487	4710597	3732789	977809	3015844
建筑业	1951557	818734	478716	340018	233099
交通运输仓储邮政业	888078	237703	72274	165429	45931
批发零售业	4747279	1899996	1608355	291641	434992
批发业	2371495	1091925	955993	135932	208391
零售业	2375783	808071	652362	155709	226601
住宿餐饮业	1006181	328027	249570	78457	96231
住宿业	99587	24848	17494	7354	2135
餐饮业	906594	303179	232076	71103	94096
金融业	3260942	1050866	742983	307883	547491
房地产业	1721789	698324	569231	129093	201717
其他服务业	5489188	1909865	1248983	660882	665462
营利性服务业	2455438	756001	484377	271624	339108
非营利性服务业	3033750	1153864	764606	389258	326354

1-29　分县区分行业生产总值（续表）

单位：万元

指　标	德清县	长兴县	安吉县	△市区
地区生产总值	**6582070**	**8533656**	**5823726**	**17544097**
第一产业	279002	440236	300380	590919
第二产业	3806143	4362134	2724709	8771716
第三产业	2496925	3731286	2798637	8181462
农、林、牧、渔业	304159	454995	306700	649220
工业	3482136	4015249	2497859	7726441
建筑业	324640	348091	226992	1051833
交通运输仓储邮政业	89298	357178	109676	283634
批发零售业	557213	1210675	736202	2334988
批发业	259260	679698	200390	1300316
零售业	297953	530977	535812	1034672
住宿餐饮业	166385	307221	140759	424258
住宿业	32877	24787	26005	26983
餐饮业	133508	282434	114754	397275
金融业	556347	580392	533957	1598357
房地产业	263640	266113	307023	900040
其他服务业	838252	993742	964558	2575326
营利性服务业	298453	472988	496706	1095109
非营利性服务业	539799	520753	467852	1480218

1-30 分县区分行业生产总值增长速度

单位：%

指 标	全 市	吴兴区	吴兴	南太湖新区	南浔区
地区生产总值	**3.3**	**3.4**	**3.5**	**3.2**	**3.5**
第一产业	4.6	4.9	4.9	4.9	5.6
第二产业	2.7	3.0	2.6	3.8	2.1
第三产业	3.8	3.7	4.2	2.7	5.2
农、林、牧、渔业	4.8	5.2	5.0	5.0	5.6
工业	2.7	3.2	2.6	5.2	1.9
建筑业	2.5	2.3	2.3	0.2	4.6
交通运输仓储邮政业	-4.3	-8.7	-3.2	-11.2	-6.8
批发零售业	3.8	6.0	7.3	1.9	3.9
批发业	3.0	7.5	8.4	4.9	1.3
零售业	4.6	3.9	5.6	-1.1	6.3
住宿餐饮业	2.0	0.7	0.4	0.8	4.2
住宿业	1.7	-3.1	6.0	-4.5	6.3
餐饮业	2.0	1.1	-0.1	1.6	4.1
金融业	10.7	11.1	10.5	10.6	10.5
房地产业	-8.1	-9.4	-8.1	-7.7	-6.5
其他服务业	6.1	5.7	4.7	6.8	7.2
营利性服务业	7.9	6.5	5.4	6.6	14.4
非营利性服务业	4.6	5.1	4.2	6.9	0.8

1–30　分县区分行业生产总值增长速度（续表）

单位：%

指　标	德清县	长兴县	安吉县	△市区
地区生产总值	**3.8**	**4.2**	**0.9**	**3.4**
第一产业	4.1	5.4	2.7	5.3
第二产业	3.9	5.3	–2.8	2.6
第三产业	3.7	2.7	4.2	4.2
农、林、牧、渔业	4.2	5.7	3.0	5.2
工业	3.7	5.6	–3.1	2.8
建筑业	5.4	1.9	1.5	1.5
交通运输仓储邮政业	1.8	–3.8	–6.4	–9.2
批发零售业	3.9	4.0	5.8	5.9
批发业	–2.4	3.7	6.2	6.7
零售业	10.3	4.5	5.6	4.9
住宿餐饮业	–0.9	3.7	2.2	1.9
住宿业	–5.3	6.1	1.0	–3.2
餐饮业	0.4	3.4	2.5	2.4
金融业	9.8	9.0	14.5	10.7
房地产业	–10.2	–6.1	–7.0	–9.5
其他服务业	5.8	2.7	3.7	6.7
营利性服务业	7.2	2.0	3.0	9.0
非营利性服务业	5.1	3.2	4.4	5.0

主要统计指标解释

生产总值 原名称为国内生产总值(英文缩写 GDP),它反映一国(或地区)范围内所有常住单位生产活动的最终成果，它有三种表现形式。

从价值形态看，它是所有常住单位在一定时期内所生产的全部货物和服务的价值超过投入的全部非固定资产货物和服务价值的差额，即所有常住单位的增加值之和，包括农林牧渔业、工业、建筑业、水利管理业、交通运输仓储邮政业、信息传输与计算机服务业、批零贸易业、住宿餐饮业、金融保险业、房地产业、社会服务业、教育文化艺术影视业、卫生体育社会福利业、科学技术研究和综合技术服务业、机关团体等行业部门的生产单位的新创造价值之和。

从收入形态看，它是所有常住单位在一定时期内所创造并分配给常住单位和非常住单位的初次分配收入之和，包括各类报酬收入(工资、奖金、补贴、津贴、福利等)、各类利前税收入(各类流转税及附加、各类规费及附加等)、固定资产折旧和营业盈余收入。

从产品形态看，它是最终使用的货物和服务加上净出口的货物和服务，包括总消费(城乡居民消费、社会消费)、总投资(固定资产形成、存货增加)、出口和进口的差额。

由于国内生产总值只统计核算经济活动的新创造价值部分，它比总产值指标更能确切地反映经济发展的成果；由于国内生产总值是国民经济各部门经济活动成果之和，它比工农业总产值更能全面反映整个国民经济的发展状况。因此，目前国际上一般以国内生产总值及人均水平来反映经济发展情况。国务院在 1992 年决定把衡量国民经济发展规模、速度、结构、效益的核心指标改为国内生产总值指标，并将国内生产总值作为日常考核评价经济运行情况的基础指标。

根据国家统计局 2004 年《关于改进和规范地区 GDP 核算的通知》要求，从 2004 年 1 月 1 日起，今后地区 GDP 的中文名称改为“地区生产总值”，各地区的 GDP 用行政区的名称作定语，再加“生产总值”字样，不再使用“地区国内生产总值”名称。

三次产业 是根据社会生产活动历史发展的顺序对国民经济部分的一种划分。我国将农业划为第一产业，工业和建筑业划为第二产业，其他各业均为第三产业，包括农林牧渔服务业、地质勘探和水利管理业、交通运输、邮电通信仓储业、批发和零售贸易餐饮业、金融保险业、房地产业、社会服务业、卫生体育和社会服务业、教育文化和广播电影电视业、科学研究和综合技术服务业、国家政党机关和社会团体等行业。

当年价格 指报告期的实际价格，如工厂的出厂价格，农产品的收购价格，商业的零售价格等。按当年价格计算，是指一些以货币表现的物量指标，如工农业总产值，国内生产总值等，按照当年的实际价格来计算总量。使用当年价格计算的数字，是为了使国民经济各项指标互相衔接，便于考察当年社会经济效益，便于对生产和流通，生产和分配，生产和消费进行经济核算和综合平衡。

可比价格 指在不同时期的价值指标对比时，扣除了价格变动的因素，以确切表示物量的变化。按可比价格计算有两种方法：一种是直接按产品产量乘以不变价格计算；一种是用物价指数换算。

不变价格 用某一时期的同类产品的平均价格作为固定价格，来计算各个时期的产品价值。新中国成立后，随着工农业产品价格水平的变化，国家统计局先后五次制定了全国统一的工业产品不变价格和农业产品不变价格，1949 年到 1957 年使用 1952 年不变价格，1957 年到 1971 年使用 1957 年不变价格，1971 年到 1981 年使用 1970 年不变价格，1981 年到 1990 年使用 1980 年不变价格，1991 年到 2000 年使用 1990 年不变价格，2001 年到 2005 年使用 2000 年不变价格，2006 年到 2010 年使用 2005 年不变价格，2011 年到 2015 年使用 2010 年不变价格，2016 年起使用 2015 年不变价格。

二、人口、劳动力、职工人数、基本单位

2-1 历年年末户籍户数、人口数

单位：万人

年 份	总户数（万户）	总人口	男 性 人 口	女 性 人 口	农 业 人 口	非农业 人 口
1978	53.21	221.46	117.69	103.77	192.12	29.34
1979	53.84	222.51	117.89	104.62	191.56	30.95
1980	54.53	223.90	118.29	105.61	191.63	32.27
1981	55.18	225.76	119.05	106.71	192.44	33.32
1982	56.56	228.18	120.13	108.05	193.23	34.95
1983	58.00	229.40	120.74	108.66	193.93	35.47
1984	58.83	230.00	121.11	108.89	193.91	36.09
1985	62.68	232.99	122.47	110.52	189.26	43.73
1986	64.41	235.47	123.61	111.86	192.16	43.31
1987	66.32	238.27	124.85	113.42	194.76	43.51
1988	68.44	241.15	126.09	115.06	197.22	43.93
1989	69.07	244.07	127.32	116.75	200.11	43.96
1990	70.05	245.28	127.43	117.85	201.62	43.66
1991	71.30	246.76	127.95	118.81	202.81	43.95
1992	73.18	248.02	128.48	119.54	203.00	45.02
1993	73.94	249.37	128.90	120.47	202.71	46.66
1994	74.49	250.95	129.71	121.24	202.07	48.88
1995	75.69	252.63	130.29	122.34	202.60	50.03
1996	76.71	254.56	131.20	123.36	202.74	51.82
1997	77.32	254.58	130.64	123.94	200.38	54.20
1998	79.24	254.81	130.57	124.24	195.83	58.98
1999	79.33	255.07	130.44	124.63	194.51	60.56
2000	79.87	255.79	130.56	125.23	190.23	65.56
2001	80.25	256.49	130.68	125.81	185.53	70.96
2002	80.34	257.05	130.81	126.24	184.84	72.21
2003	80.49	256.78	130.27	126.51	182.31	74.47
2004	82.06	257.21	130.27	126.94	180.84	76.37
2005	82.69	257.58	130.36	127.22	179.77	77.81
2006	83.28	257.89	130.19	127.70	179.48	78.41
2007	83.97	257.80	129.52	128.27	178.19	79.61
2008	84.59	258.50	129.67	128.83	177.75	80.75
2009	85.00	259.17	129.78	129.39	177.33	81.84
2010	84.13	259.98	129.88	130.10	177.08	82.90
2011	85.80	261.05	130.17	130.88	175.88	85.17
2012	85.54	261.38	130.09	131.29	171.92	89.47
2013	85.59	262.49	130.42	132.07	169.59	92.90
2014	85.98	263.78	130.89	132.89	168.94	94.84
2015	86.28	263.71	130.68	133.03		
2016	86.53	264.84	131.08	133.76		
2017	86.74	266.14	131.54	134.60		
2018	87.11	267.06	131.85	135.22		
2019	87.49	267.57	131.95	135.62		
2020	88.01	268.06	132.02	136.04		
2021	88.74	268.50	132.04	136.46		
2022	89.31	268.83	132.02	136.81		

注：因户籍制度改革，2015 年起取消农业和非农划分口径。

2-2 历年市区年末户籍户数、人口数

单位：万人

年　份	总户数（万户）	总人口	男　性人　口	女　性人　口	农　业人　口	非农业人　口
1978	23.45	92.64	49.02	43.62	77.96	14.68
1979	23.37	93.06	49.20	43.86	77.32	15.74
1980	23.35	93.67	49.44	44.23	77.21	16.46
1981	23.89	94.27	49.65	44.62	77.24	17.03
1982	24.38	95.26	50.12	45.14	77.58	17.68
1983	25.18	95.67	50.29	45.38	77.70	17.97
1984	25.57	96.01	50.56	45.45	77.51	18.50
1985	26.96	96.44	50.74	45.70	75.59	20.85
1986	27.63	97.38	51.16	46.22	76.17	21.21
1987	28.27	98.55	51.59	46.96	77.10	21.45
1988	28.85	99.89	52.15	47.74	78.09	21.80
1989	28.83	101.38	52.74	48.64	79.63	21.75
1990	29.35	102.28	53.00	49.28	80.47	21.81
1991	29.49	102.80	53.13	49.67	80.90	21.90
1992	29.84	103.25	53.18	50.07	80.92	22.33
1993	30.02	103.89	53.46	50.43	80.95	22.94
1994	30.21	104.54	53.71	50.83	80.69	23.85
1995	30.33	105.14	53.83	51.31	80.74	24.40
1996	30.74	105.93	54.13	51.80	80.37	25.56
1997	30.89	106.24	53.98	52.26	79.42	26.82
1998	31.27	106.37	53.91	52.49	76.67	29.70
1999	31.41	106.48	53.90	52.78	75.77	30.71
2000	31.42	106.80	53.88	52.92	75.33	31.47
2001	31.63	107.52	54.09	53.43	73.13	34.39
2002	31.83	107.68	54.11	53.57	72.53	35.15
2003	32.36	107.72	53.99	53.73	63.68	36.95
2004	33.14	107.91	53.99	53.92	68.89	39.02
2005	33.52	108.01	54.00	54.01	67.85	40.16
2006	33.66	108.22	54.05	54.17	67.30	40.92
2007	33.93	108.41	54.09	54.32	66.41	42.00
2008	34.21	108.52	54.10	54.42	65.63	42.88
2009	34.49	108.56	54.03	54.53	65.05	43.51
2010	33.38	108.90	54.07	54.83	64.59	44.31
2011	34.71	109.31	54.17	55.13	63.83	45.48
2012	34.64	109.57	54.16	55.41	62.74	46.83
2013	34.68	109.93	54.28	55.64	62.06	47.87
2014	34.75	110.65	54.55	56.10	61.33	49.32
2015	34.90	110.66	54.47	56.19		
2016	35.00	111.12	54.63	56.49		
2017	35.14	111.70	54.83	56.86		
2018	35.34	112.12	54.98	57.13		
2019	35.57	112.31	55.01	57.31		
2020	35.96	112.64	55.09	57.55		
2021	36.47	113.01	55.16	57.85		
2022	36.87	113.26	55.19	58.07		

注：因户籍制度改革，2015 年起取消农业和非农划分口径。

2-3 历年全市户籍人口变动情况

单位：人

年份	出生		死亡		自然增长率（‰）	迁入人口	迁出人口	人口密度（人/平方公里）
	出生人口数	人口出生率（‰）	死亡人口数	人口死亡率（‰）				
1978	26400	11.95	14259	6.46	5.49	34576	34740	381
1979	26756	12.05	13956	6.29	5.76	48321	50044	383
1980	24169	10.83	14045	6.29	4.54	38209	34978	385
1981	34226	15.22	14849	6.60	8.62	38376	38379	388
1982	38155	16.81	14858	6.55	10.26	35697	34746	392
1983	25759	11.26	16205	7.08	4.18	26483	24508	394
1984	20057	8.73	16326	7.11	1.62	25890	26322	395
1985	24092	10.41	15711	6.79	3.62	77650	57442	401
1986	36646	15.60	15705	6.70	8.90	41504	38358	405
1987	40131	16.90	16157	6.80	10.10	39558	33922	410
1988	36584	15.26	16902	7.05	8.21	39421	31697	415
1989	39089	16.11	15796	6.51	9.60	39822	32841	420
1990	38025	15.54	17265	7.06	8.48	25245	25104	422
1991	29458	11.97	16020	6.51	5.46	26644	25508	424
1992	30922	12.50	16966	6.87	5.63	25869	25750	426
1993	28900	11.62	16196	6.51	5.11	22801	21396	429
1994	28902	11.55	16889	6.75	4.80	28716	24753	431
1995	29313	11.64	17506	6.95	4.69	28198	23397	434
1996	29324	11.56	16890	6.66	4.90	74763	67761	438
1997	24654	9.68	16816	6.60	3.08	53004	54927	438
1998	24104	9.46	18183	7.14	2.32	39537	40282	438
1999	20654	8.10	17160	6.73	1.37	99567	100679	438
2000	26710	10.46	19051	7.46	3.00	32712	33991	440
2001	20181	7.88	15101	5.90	1.98	38090	35995	441
2002	18869	7.35	15311	5.96	1.39	33321	31209	442
2003	18557	7.22	19486	7.58	-0.36	36724	38788	441
2004	20876	8.12	17030	6.62	1.49	60211	59125	442
2005	19067	7.40	16856	6.54	0.86	34552	33180	443
2006	19182	7.44	17750	6.88	0.56	31109	29815	443
2007	19432	7.54	17665	6.85	0.69	24921	27746	443
2008	19112	7.40	18634	7.22	0.19	24334	18078	444
2009	19282	7.45	18866	7.29	0.16	21911	15586	445
2010	20428	7.87	20205	7.78	0.09	22363	14517	447
2011	20746	7.96	17694	6.79	1.17	20001	12213	449
2012	24135	9.24	24518	9.39	-0.15	17494	13548	449
2013	23524	8.98	17749	6.78	2.20	24799	18832	451
2014	27916	10.61	18843	7.16	3.45	20357	15428	453
2015	20237	7.67	19166	7.27	0.41	12151	8824	453
2016	24675	9.34	16974	6.42	2.91	12105	8020	455
2017	29073	10.95	21879	8.24	2.71	16501	10642	457
2018	24981	9.37	19966	7.49	1.88	16605	11599	459
2019	23066	8.63	18528	6.93	1.70	13526	12493	460
2020	19650	7.33	18849	7.03	0.30	14717	10669	461
2021	16866	6.29	19319	7.20	-0.91	18794	11919	461
2022	15025	5.59	19745	7.34	-1.76	16496	8425	462

2-4 历年市区户籍人口变动情况

单位：人

年份	出生		死亡		自然增长率（‰）	迁入人口	迁出人口	人口密度（人/平方公里）
	出生人口数	人口出生率（‰）	死亡人口数	人口死亡率（‰）				
1978	10005	10.80	7014	7.60	3.20	14576	14594	591
1979	10202	11.00	6609	7.10	3.90	27695	27064	594
1980	9596	10.30	6543	7.00	3.30	17719	15087	598
1981	14018	14.90	7139	7.60	7.30	15521	15030	602
1982	15540	16.40	6824	7.20	9.20	14720	13304	608
1983	10130	10.60	7559	7.90	2.70	9885	8823	611
1984	7344	7.70	7583	7.90	–0.20	12322	11755	613
1985	8657	8.99	7508	7.80	1.19	28618	25485	616
1986	13537	14.00	4346	7.60	6.40	20602	18044	622
1987	16462	16.80	7579	7.70	9.10	14538	10804	629
1988	15846	15.97	7734	7.79	8.18	15643	11260	638
1989	18305	18.19	7418	7.37	10.82	20030	14852	647
1990	16767	16.47	8126	7.98	8.49	6813	4761	653
1991	11349	11.07	7354	7.17	3.90	9321	8354	656
1992	11925	11.58	7839	7.61	3.97	5280	4137	659
1993	11552	11.15	7451	7.19	3.96	6414	4025	663
1994	12301	11.80	8054	7.73	4.07	8477	5384	667
1995	11852	11.31	8158	7.78	3.53	7408	4871	671
1996	11667	11.06	7901	7.49	3.57	9808	5466	676
1997	9087	8.56	7474	7.05	1.51	7700	5158	678
1998	8308	7.81	8147	7.66	0.15	7942	6775	679
1999	7608	7.15	7982	7.50	–0.35	8396	7320	680
2000	10214	9.58	9086	8.52	0.11	8737	7967	682
2001	8746	8.16	7238	6.75	1.41	13854	7993	686
2002	7714	7.17	7743	7.20	–0.03	11273	9505	687
2003	7295	6.77	8798	8.17	–1.40	9975	8968	688
2004	8287	7.68	7685	7.12	0.56	11283	9329	689
2005	7184	6.65	7981	7.39	–0.74	10168	8544	689
2006	7485	6.92	8106	7.49	–0.57	10199	7835	691
2007	7378	6.81	7896	7.29	–0.48	9943	7653	692
2008	7514	6.93	8500	7.84	–0.91	9843	7962	693
2009	7727	7.12	8545	7.88	–0.75	8187	6824	693
2010	8550	7.85	8381	7.70	0.16	10189	5572	695
2011	8865	8.11	8144	7.45	0.66	8220	4749	698
2012	10563	9.65	10327	9.44	0.22	6736	3920	700
2013	10038	9.15	8222	7.49	1.65	6353	4240	702
2014	12769	11.58	8415	7.63	3.95	6942	3582	707
2015	8437	7.62	8710	7.87	–0.25	6160	3871	707
2016	10178	9.18	7750	6.99	2.19	5660	3498	710
2017	12140	10.90	9778	8.78	2.12	8104	4595	714
2018	10189	9.10	8775	7.84	1.26	7707	4899	716
2019	9260	8.25	8530	7.60	0.65	6746	5407	718
2020	8060	7.16	8574	7.61	–0.46	8126	4360	720
2021	6908	6.12	8663	7.68	–1.56	10473	5009	722
2022	6172	5.45	8824	7.68	–2.23	1956	2260	724

2-5 分县区年末户籍人数与人口变动情况

指 标	单位	全 市	±%或千(百)分点	△市区	吴兴区	南浔区	德清县	长兴县	安吉县
总户数	户	893078	0.64	368714	153570	143459	135991	230003	158370
总人口数	人	2688270	0.12	1132641	449038	484287	443204	637136	475289
#乡村人口	人	1410812	11.56	562279	208103	301343	266221	289909	292403
城镇人口	人	1277458	−10.06	570362	387418	182944	176983	347227	182886
#男	人	1320203	−0.01	551936	315519	236417	216983	317281	234003
女	人	1368067	0.25	580705	332835	247870	226221	319855	241286
#18 岁以下	人	385346	−0.70	162226	107186	55040	61476	90141	71503
18–34 岁	人	488887	−4.45	204843	118451	86392	79954	120029	84061
35–59 岁	人	1050022	−0.86	422612	245405	177207	170650	259839	196921
60 岁以上	人	764015	5.22	342960	177312	165648	131124	167127	122804
出生人口	人	15025	−10.92	6172	3800	2372	2389	3625	2839
人口出生率	‰	5.59	−11.14	5.45	8.46	4.90	5.39	5.69	5.97
死亡人口	人	19745	2.21	8824	4475	4349	3277	4330	3314
人口死亡率	‰	7.34	2.01	7.79	9.97	8.98	7.39	6.80	6.97
自然增长人口	人	−4720	92.42	−2652	−675	−1977	−888	−705	−475
人口自然增长率	‰	−1.76	92.94	−2.34	−1.50	−4.08	−2.00	−1.11	−1.00
迁入人口	人	16496	−12.23	8842	6451	2319	2666	2299	2689
省内迁入	人	4041	−8.37	1956	1630	326	716	706	663
省外迁入	人	12455	−13.41	6886	4821	2065	1950	1593	2026
迁出人口	人	8425	−16.74	3593	2411	1182	1619	1943	1270
迁往省内	人	5936	−13.24	2260	1464	796	1296	1463	917
迁往省外	人	2489	−24.05	1333	947	386	323	480	353

注：因户籍制度改革，2015 年起取消农业和非农划分口径，改用城镇和乡村人口。

2-6 分县区计划生育情况

单位：人

指　标	全　市	吴兴区	南浔区	德清县	长兴县	安吉县	南太湖新　区	△市区
女性初婚人数	8119	1382	1383	1310	2092	1462	490	3255
育龄妇女人数	570030	96463	93089	92873	143750	104381	39474	229026
已婚育龄妇女人数	417623	68777	68661	66969	106871	77116	29229	166667
国家孕前优生健康检测率（%）	122.1	108.0	98.6	115.9	126.5	159.3		103.9

注：计划生育率根据现行《浙江省人口监测统计报表制度》相关要求，现已不作统计。

2–7 历年劳动力资源与从业人员数

单位：万人

年份	劳动力资源总数	从业人员总数	在岗职工人数	国有经济单位	城镇集体经济单位	城镇登记失业人员	城镇登记失业率（%）
1978	141.73	117.95	20.05	13.76	6.29		
1979	143.30	125.60	21.61	14.62	6.99		
1980	143.74	124.83	22.40	15.02	7.38		
1981	145.84	127.56	23.51	15.74	7.77		
1982	148.32	129.94	23.81	16.09	7.72		
1983	150.72	136.77	24.30	16.45	7.85		
1984	151.11	136.04	24.80	15.26	9.52		
1985	153.77	138.88	26.00	15.80	10.17		
1986	156.35	141.64	27.14	16.73	10.38		
1987	158.69	145.75	27.50	17.19	10.25		
1988	161.33	146.55	27.95	17.30	10.55		
1989	163.53	148.00	27.65	17.10	10.38		
1990	166.23	150.55	27.77	17.49	10.06		
1991	164.85	150.51	28.63	17.88	10.32		
1992	163.26	148.95	28.73	18.05	10.06		
1993	166.61	148.72	28.52	18.59	8.96		
1994	179.06	149.75	28.32	18.22	8.86		
1995	179.95	148.38	27.68	17.90	8.56		
1996	181.35	147.70	26.85	17.66	7.57		
1997	181.63	146.21	26.22	17.36	7.31		
1998	185.04	143.74	24.29	15.92	5.54		
1999	188.48	142.70	21.57	13.87	4.31		
2000	210.94	157.50	19.86	12.34	3.38		
2001	213.74	159.59	17.59	9.25	2.35	1.22	4.00
2002	216.58	161.72	15.63	8.54	1.79	1.15	4.20
2003	219.47	163.87	14.49	8.08	1.28	1.05	4.00
2004	222.40	166.06	19.10	8.10	1.75	1.05	3.80
2005	225.37	168.28	23.46	7.69	1.10	1.19	3.80
2006	228.39	170.54	25.72	7.78	1.10	1.23	3.80
2007	231.46	172.83	28.16	7.89	1.13	1.56	3.20
2008	234.58	175.15	30.78	8.24	1.19	1.66	3.30
2009	237.74	177.52	31.94	7.98	1.02	1.65	3.20
2010	240.96	179.92	35.95	8.16	1.29	1.36	3.20
2011	241.41	180.14	38.07	8.19	1.23	1.28	3.05
2012	241.88	180.32	41.17	8.52	1.28	1.31	3.10
2013	242.80	180.90	42.23	8.42	0.96	1.34	3.07
2014	244.06	182.97	42.73	8.50	0.71	1.73	2.98
2015	245.71	184.48	42.76	8.87	0.28	1.68	2.67
2016	247.82	187.11	43.50	9.05	0.27	1.59	2.52
2017	249.51	188.93	42.75	9.08	0.27	1.49	2.22
2018	252.23	191.50	40.96	8.79	0.24	1.71	2.32
2019	254.95	193.90	42.33	9.65	0.16	1.50	1.86
2020	284.36	198.35				1.51	1.50
2021	287.26	199.49				2.58	1.81
2022		198.21				2.60	

注：1.2000 年及以后年份的劳动力资源总数、从业人员数按人口普查常住人口测算；2.2020 年制度调整，在岗职工仅统计四上单位；3.登记失业率自 2022 年开始取消统计。

2-8 历年全社会从业人员数

单位：万人

年份	年末从业人数	按城乡分		按三次产业分			三次产业从业人员构成（%）		
		城镇从业人数	农村从业人数	第一产业	第二产业	第三产业	第一产业	第二产业	第三产业
1978	117.95	20.13	97.82	89.05	19.22	9.68	75.5	16.3	8.2
1979	125.60	21.71	103.89	92.71	22.19	10.70	73.8	17.7	8.5
1980	124.83	22.51	102.32	90.25	23.72	10.86	72.3	19.0	8.7
1981	127.56	23.69	103.87	89.51	25.14	12.91	70.2	19.7	10.1
1982	129.94	24.03	105.91	91.22	25.57	13.15	70.2	19.7	10.1
1983	136.77	24.74	112.03	93.63	29.00	14.14	68.5	21.2	10.3
1984	136.04	25.42	110.62	89.79	31.09	15.16	66.0	22.9	11.1
1985	138.88	26.74	112.14	78.74	43.61	16.53	56.7	31.4	11.9
1986	141.64	27.90	113.74	77.28	45.29	19.07	54.6	32.0	13.4
1987	145.75	28.38	117.37	77.79	47.27	20.69	53.4	32.4	14.2
1988	146.55	29.00	117.55	76.82	47.98	21.75	52.4	32.7	14.9
1989	148.00	28.70	119.30	79.71	45.37	22.92	53.9	30.6	15.5
1990	150.55	28.91	121.64	86.70	43.38	20.47	57.6	28.8	13.6
1991	150.51	29.82	120.69	84.45	44.67	21.39	56.1	29.7	14.2
1992	148.95	30.00	118.95	79.94	45.03	23.98	53.7	30.2	16.1
1993	148.72	31.00	117.72	72.78	50.17	25.77	48.9	33.7	17.4
1994	149.75	31.86	117.89	68.57	51.88	29.30	45.8	34.6	19.6
1995	148.38	31.88	116.50	66.48	51.92	29.98	44.8	35.0	20.2
1996	147.70	31.94	115.76	66.13	50.02	31.55	44.8	33.8	21.4
1997	146.21	30.77	115.44	66.87	47.58	31.76	45.7	32.6	21.7
1998	143.74	29.90	113.84	67.31	44.78	31.65	46.8	31.2	22.0
1999	142.70	31.72	110.98	65.91	43.83	32.96	46.2	30.7	23.1
2000	157.50	48.71	108.79	62.95	59.38	35.17	40.0	37.7	22.3
2001	159.59	53.39	106.20	60.96	61.82	36.82	38.2	38.7	23.1
2002	161.72	58.04	103.67	57.25	65.82	38.65	35.4	40.7	23.9
2003	163.87	62.66	101.21	54.40	68.99	40.48	33.2	42.1	24.7
2004	166.06	67.26	98.80	51.81	71.74	42.51	31.2	43.2	25.6
2005	168.28	71.83	96.45	49.14	74.72	44.46	29.2	44.4	26.4
2006	170.54	76.39	94.15	46.04	77.59	46.90	27.0	45.5	27.5
2007	172.83	80.92	91.91	43.21	80.71	48.91	25.0	46.7	28.3
2008	175.15	85.43	89.72	40.46	83.37	51.32	23.1	47.6	29.3
2009	177.52	89.93	87.59	36.82	85.74	54.96	20.7	48.3	31.0
2010	179.92	94.46	85.46	34.75	88.90	56.27	19.3	49.4	31.3
2011	180.14	97.26	82.88	30.35	90.91	58.88	16.8	50.5	32.7
2012	180.32	97.35	82.97	25.83	92.01	62.48	14.3	51.0	34.7
2013	180.90	97.66	83.24	24.95	92.43	63.52	13.8	51.1	35.1
2014	182.97	100.33	82.64	23.34	94.25	65.38	12.8	51.5	35.7
2015	184.48	104.49	79.99	22.87	94.73	66.88	12.4	51.3	36.3
2016	187.11	109.49	77.62	21.98	95.72	69.41	11.7	51.2	37.1
2017	188.93			21.04	95.94	71.95	11.1	50.8	38.1
2018	191.50			21.09	94.28	76.13	11.0	49.2	39.8
2019	193.90			20.56	94.60	78.74	10.6	48.8	40.6
2020	198.35			10.12	99.32	88.91	5.1	50.1	44.8
2021	199.49			10.18	100.68	88.63	5.1	50.5	44.4
2022	198.21			10.08	100.19	87.94	5.1	50.5	44.4

注：1.2000 年及以后年份的从业人员数按人口普查常住人口测算；2.2018–2019 年三次产业从业人员数根据四经普调整。

2-9 规上单位年末从业人员

单位：人

行业分类	单位从业人员	#女性	#在岗职工	#劳务派遣人员	#其他从业人员
总　　计	**724828**	**239529**	**656524**	**40652**	**27652**
按企业、事业、机关分组					
企业	724828	239529	656524	40652	27652
事业					
机关					
按国民经济行业分组					
农、林、牧、渔业					
采矿业	1415	137	1365	18	32
制造业	443643	165812	415348	22999	5296
电力、热力、燃气及水生产和供应业	5976	1238	5790	171	15
建筑业	138407	15507	116079	6480	15848
批发和零售业	31120	15172	28754	1920	446
交通运输、仓储和邮政业	8497	2923	7503	868	126
住宿和餐饮业	21685	12904	17589	1462	2634
信息传输、软件和信息技术服务业	5085	1982	4554	240	291
金融业					
房地产业	10851	4692	9801	707	343
租赁和商务服务业	37143	10195	33130	2536	1477
科学研究、技术服务业	6705	1546	4438	2100	167
水利、环境和公共设施管理业	2753	1098	2013	88	652
居民服务、修理和其他服务业	3262	1713	2497	553	212
教育	319	59	291	27	1
卫生和社会工作	3970	2763	3744	144	82
文化、体育和娱乐业	3997	1788	3628	339	30
公共管理、社会保障和社会组织					

2-10 分县区规上单位年末从业人员

单位：人

地 区	单位从业人员	#女性	#在岗职工	#劳务派遣人员	#其他从业人员
全 市	724828	239529	656524	40652	27652
吴兴区	209426	55875	180416	12229	16781
南浔区	116734	36040	106775	8298	1661
德清县	133149	49470	120616	8259	4274
长兴县	142450	50860	132939	6787	2724
安吉县	123069	47284	115778	5079	2212
△市区	326160	91915	287191	20527	18442

2-11 规上单位从业人员平均人数

单位：人

行业分类	单位从业人员	在岗职工	劳务派遣人员	其他从业人员
总　计	**723237**	**652251**	**43235**	**27751**
按企业、事业、机关分组				
企业	723237	652251	43235	27751
事业				
机关				
按国民经济行业分组				
农、林、牧、渔业				
采矿业	1453	1406	19	28
制造业	450573	420389	24612	5572
电力、热力、燃气及水生产和供应业	5969	5796	157	16
建筑业	134490	111890	6786	15814
批发和零售业	30806	28000	2322	484
交通运输、仓储和邮政业	8648	7498	873	277
住宿和餐饮业	21753	17436	1687	2630
信息传输、软件和信息技术服务业	4832	4473	249	110
金融业				
房地产业	11231	10064	800	367
租赁和商务服务业	32955	29060	2450	1445
科学研究、技术服务业	6640	4392	2087	161
水利、环境和公共设施管理业	2696	2056	83	557
居民服务、修理和其他服务业	3121	2318	635	168
教育	328	300	27	1
卫生和社会工作	3943	3710	152	81
文化、体育和娱乐业	3799	3463	296	40
公共管理、社会保障和社会组织				

2-12 分县区规上单位在岗职工人数

单位：人

行业分类	全市	吴兴区	南浔区	德清县	长兴县	安吉县	△市区
总　　计	**656524**	**180416**	**106775**	**120616**	**132939**	**115778**	**287191**
按企业、事业、机关分组							
企业	656524	180416	106775	120616	132939	115778	287191
事业							
机关							
按国民经济行业分组							
农、林、牧、渔业							
采矿业	1365	749	0	293	298	25	749
制造业	415348	67660	75396	90435	99369	82488	143056
电力、热力、燃气及水生产和供应业	5790	1331	673	837	2076	873	2004
建筑业	116079	67759	15770	4152	11664	16734	83529
批发和零售业	28754	11153	2366	4693	7074	3468	13519
交通运输、仓储和邮政业	7503	2925	390	1025	2463	700	3315
住宿和餐饮业	17589	6826	1555	2609	3958	2641	8381
信息传输、软件和信息技术服务业	4554	2942	20	1314	59	219	2962
金融业							
房地产业	9801	3503	698	1220	2803	1577	4201
租赁和商务服务业	33130	9282	9420	12353	629	1446	18702
科学研究、技术服务业	4438	2555	304	583	708	288	2859
水利、环境和公共设施管理业	2013	53	83	193	544	1140	136
居民服务、修理和其他服务业	2497	168	73	604	420	1232	241
教育	291	126	0	165	0	0	126
卫生和社会工作	3744	2343	0	0	647	754	2343
文化、体育和娱乐业	3628	1041	27	140	227	2193	1068
公共管理、社会保障和社会组织							

2-13 分县区法人单位数

单位：个

行业分类	全市							
	2010 年	2016 年	2017 年	2018 年	2019 年	2020 年	2021 年	2022 年
总计	**22168**	**60229**	**73939**	**80615**	**79056**	**104042**	**120087**	**122670**
按机构类型分组								
企业	17689	53009	66650	73265	71302	96447	112716	114416
事业	1526	1880	1871	1871	1802	1788	1736	1667
机关	406	454	464	464	463	412	402	426
社会团体	582	860	835	835	946	952	924	1445
民办非企业单位	271	488	467	467	789	731	726	1315
基金会	1	5	5	5	11	10	10	18
居委会	238	256	256	256	306	294	260	225
村委会	1001	1017	1011	1011	996	966	905	758
农民专业合作社		1447	1523	1584	1273	1269	1256	1288
农村集体经济组织						846	833	789
其他组织机构	454	813	857	857	1168	327	319	323
按三次产业分组								
第一产业	601	2651	2854	3051	2118	2428	2653	2854
第二产业	11006	22925	27372	29069	24803	30103	34369	35049
第三产业	10561	34653	43713	48495	52135	71511	83065	84767
按行业门类分组								
农、林、牧、渔业	601	2651	2854	3051	2118	2428	2653	2854
采矿业	275	159	151	155	109	108	105	104
制造业	10082	21007	24784	26128	21148	24833	27384	26912
电力、燃气及水的生产和供应业	141	284	394	431	295	335	373	411
建筑业	508	1475	2043	2355	3251	4827	6507	7622
批发和零售业	3051	14688	19080	20578	17885	24897	29916	30978
交通运输、仓储和邮政业	343	1250	1541	1693	2003	2541	2905	3028
住宿和餐饮业	210	1233	1483	1575	1648	2188	2573	2779
信息传输、软件和信息技术服务业	369	1097	1541	1828	2786	5054	6342	5920
金融业	106	258	271	365	264	366	419	426
房地产业	603	1562	1928	2252	2771	3402	3804	3705
租赁和商务服务业	1083	5317	7247	8563	9907	14519	16520	16300
科学研究和技术服务业	408	1692	2310	2641	3520	5623	6989	7312
水利、环境和公共设施管理业	217	559	626	677	756	993	1130	1238
居民服务、修理和其他服务业	146	788	937	1042	1237	1631	1979	2211
教育	660	1010	1089	1132	1742	2119	2302	2187
卫生和社会工作	322	499	553	582	678	749	827	1206
文化、体育和娱乐业	165	1134	1565	2023	3208	3768	3848	3610
公共管理、社会保障和社会组织	2878	3566	3542	3544	3730	3661	3511	3867

注：1.从 2020 年起按机构类型分组中农村集体经济组织从其他组织机构中单列出来；2.2020 年县区合计数与全市数稍有差异，原因是湖州市所管辖的单位中有几家区划代码不在三县三区。

2-13 分县区法人单位数（续表1）

单位：个

行业分类	市区							
	2010 年	2016 年	2017 年	2018 年	2019 年	2020 年	2021 年	2022 年
总　　计	**8604**	**28349**	**36761**	**39825**	**33613**	**45029**	**55150**	**54577**
按机构类型分组								
企业	6644	25199	33618	36670	30376	41996	52211	51330
事业	675	937	932	933	953	824	805	733
机关	184	221	223	223	229	201	196	210
社会团体	238	401	392	392	401	410	402	562
民办非企业单位	91	222	208	208	303	256	258	562
基金会		4	4	4	5	4	4	6
居委会	113	136	136	136	156	151	125	122
村委会	444	448	447	447	454	448	412	392
农民专业合作社		469	476	487	306	279	286	250
农村集体经济组织						309	301	258
其他组织机构	215	312	325	325	430	151	150	152
按三次产业分组								
第一产业	168	787	817	872	635	731	833	825
第二产业	3736	11475	14664	15486	11098	13944	16656	16113
第三产业	4700	16087	21280	23467	21880	30354	37661	37639
按行业门类分组								
农、林、牧、渔业	168	787	817	872	635	731	833	825
采矿业	30	22	22	24	13	13	16	18
制造业	3495	10727	13615	14282	9570	11538	13202	12063
电力、燃气及水的生产和供应业	48	99	136	155	91	114	134	150
建筑业	163	627	891	1025	1424	2279	3304	3882
批发和零售业	1551	7620	10536	11253	8729	12459	15140	14799
交通运输、仓储和邮政业	128	464	575	630	703	932	1144	1189
住宿和餐饮业	80	560	672	711	708	886	1087	1127
信息传输、软件和信息技术服务业	175	566	799	902	882	1727	2477	2532
金融业	62	137	149	236	150	198	220	217
房地产业	254	617	754	893	956	1305	1632	1557
租赁和商务服务业	373	1877	2755	3172	3042	4636	6412	6491
科学研究和技术服务业	186	724	988	1159	1515	2361	3019	3086
水利、环境和公共设施管理业	59	163	186	204	215	304	370	409
居民服务、修理和其他服务业	66	346	442	489	563	769	944	974
教育	248	419	458	481	808	1021	1176	1075
卫生和社会工作	118	190	223	241	289	333	382	647
文化、体育和娱乐业	65	608	958	1310	1459	1693	2014	1786
公共管理、社会保障和社会组织	1335	1796	1785	1786	1861	1730	1644	1750

2–13 分县区法人单位数（续表 2）

单位：个

行业分类	吴兴区							
	2010 年	2016 年	2017 年	2018 年	2019 年	2020 年	2021 年	2022 年
总　　计	**3428**	**15060**	**20969**	**22364**	**15084**	**19504**	**23673**	**22500**
按机构类型分组								
企业	2685	13686	19588	20979	13785	18281	22490	21273
事业	237	385	383	383	372	313	304	283
机关	63	80	79	79	72	65	62	68
社会团体	81	184	180	180	164	176	171	218
民办非企业单位	47	136	128	128	145	134	135	171
基金会		1	1	1	3	2	2	3
居委会	64	77	77	77	82	81	64	57
村委会	165	167	165	165	158	158	152	144
农民专业合作社		190	196	200	108	96	97	84
农村集体经济组织						131	130	131
其他组织机构	86	154	172	172	195	67	66	68
按三次产业分组								
第一产业	52	341	363	383	241	271	309	308
第二产业	1273	6214	8725	8927	4886	6127	7249	6580
第三产业	2103	8505	11881	13054	9957	13106	16115	15612
按行业门类分组								
农、林、牧、渔业	52	341	363	383	241	271	309	308
采矿业	24	16	17	18	8	7	9	11
制造业	1139	5833	8201	8336	4360	5284	6082	5263
电力、燃气及水的生产和供应业	12	40	55	61	28	38	45	53
建筑业	98	325	452	512	490	798	1113	1253
批发和零售业	821	4398	6631	6924	4235	5953	7280	6882
交通运输、仓储和邮政业	57	254	331	360	285	330	391	380
住宿和餐饮业	34	233	285	308	296	365	483	496
信息传输、软件和信息技术服务业	58	326	477	538	376	661	953	1003
金融业	31	70	76	78	69	74	79	84
房地产业	125	292	369	437	426	564	709	658
租赁和商务服务业	184	1005	1397	1603	1197	1650	2140	2163
科学研究和技术服务业	77	368	479	596	682	941	1214	1151
水利、环境和公共设施管理业	20	85	100	103	81	110	124	144
居民服务、修理和其他服务业	33	160	201	217	211	308	399	432
教育	105	206	230	244	388	476	546	495
卫生和社会工作	50	88	107	113	133	156	181	197
文化、体育和娱乐业	25	262	448	783	837	828	963	844
公共管理、社会保障和社会组织	483	758	750	750	741	690	653	683

2-13 分县区法人单位数（续表3）

单位：个

行业分类	南浔区							
	2010年	2016年	2017年	2018年	2019年	2020年	2021年	2022年
总　　计	**3639**	**8297**	**9282**	**10279**	**10829**	**14409**	**17569**	**17631**
按机构类型分组								
企业	2836	7143	8138	9127	9684	13268	16431	16276
事业	283	329	329	330	299	284	284	222
机关	49	63	63	63	57	55	53	59
社会团体	81	111	112	112	102	102	101	191
民办非企业单位	30	49	45	45	88	83	83	335
基金会		1	1	1	1	1	1	2
居委会	33	36	36	36	35	35	28	33
村委会	221	221	222	222	220	220	220	211
农民专业合作社		244	243	250	169	154	161	141
农村集体经济组织						144	144	98
其他组织机构	106	100	93	93	174	63	63	63
按三次产业分组								
第一产业	104	386	393	423	332	383	444	440
第二产业	2034	4443	4973	5485	5085	6269	7564	7487
第三产业	1501	3468	3916	4371	5412	7757	9561	9704
按行业门类分组								
农、林、牧、渔业	104	386	393	423	332	383	444	440
采矿业				1	1	1	1	1
制造业	1971	4283	4763	5215	4550	5449	6213	5900
电力、燃气及水的生产和供应业	31	53	70	83	45	56	68	71
建筑业	32	107	140	186	489	763	1282	1515
批发和零售业	413	1599	1874	2064	2418	3452	4261	4220
交通运输、仓储和邮政业	31	112	119	130	286	413	509	525
住宿和餐饮业	30	115	122	130	147	204	252	277
信息传输、软件和信息技术服务业	56	45	60	73	144	321	446	398
金融业	5	17	15	16	19	45	57	56
房地产业	70	164	176	202	232	339	417	412
租赁和商务服务业	86	279	337	478	582	840	1076	1044
科学研究和技术服务业	49	71	108	135	285	581	801	818
水利、环境和公共设施管理业	25	36	41	45	75	114	147	144
居民服务、修理和其他服务业	11	72	81	95	127	172	210	213
教育	99	124	133	138	234	324	384	352
卫生和社会工作	53	67	65	69	81	94	117	350
文化、体育和娱乐业	23	126	142	152	187	274	311	269
公共管理、社会保障和社会组织	550	641	643	644	595	584	573	626

2–13　分县区法人单位数（续表 4）

单位：个

行业分类	南太湖新区							
	2010 年	2016 年	2017 年	2018 年	2019 年	2020 年	2021 年	2022 年
总　　计	**1537**	**3969**	**5260**	**5901**	**7700**	**11116**	**13908**	**14446**
按机构类型分组								
企业	1123	3626	4924	5555	6907	10447	13290	13781
事业	155	116	114	118	282	227	217	228
机关	72	28	30	34	100	81	81	83
社会团体	76	40	34	36	135	132	130	153
民办非企业单位	14	27	26	27	70	39	40	56
基金会		1	1	1	1	1	1	1
居委会	16	17	17	17	39	35	33	32
村委会	58	41	40	40	76	70	40	37
农民专业合作社		26	27	26	29	29	28	25
农村集体经济组织						34	27	29
其他组织机构	23	47	47	47	61	21	21	21
按三次产业分组								
第一产业	12	36	37	40	62	77	80	77
第二产业	429	743	885	985	1127	1548	1843	2046
第三产业	1096	3190	4338	4876	6511	9491	11985	12323
按行业门类分组								
农、林、牧、渔业	12	36	37	40	62	77	80	77
采矿业	6	6	5	5	4	5	6	6
制造业	385	564	600	672	660	805	907	900
电力、燃气及水的生产和供应业	5	6	11	11	18	20	21	26
建筑业	33	167	269	297	445	718	909	1114
批发和零售业	317	1470	1854	2091	2076	3054	3599	3697
交通运输、仓储和邮政业	40	89	115	129	132	189	244	284
住宿和餐饮业	16	145	185	190	265	317	352	354
信息传输、软件和信息技术服务业	61	147	216	243	362	745	1078	1131
金融业	26	48	54	136	62	79	84	77
房地产业	59	126	160	197	298	402	506	487
租赁和商务服务业	103	491	899	955	1263	2146	3196	3284
科学研究和技术服务业	60	232	346	371	548	839	1004	1117
水利、环境和公共设施管理业	14	26	27	41	59	80	99	121
居民服务、修理和其他服务业	22	92	134	151	225	289	335	329
教育	44	48	54	59	186	221	246	228
卫生和社会工作	15	24	37	43	75	83	84	100
文化、体育和娱乐业	17	62	72	78	435	591	740	673
公共管理、社会保障和社会组织	302	190	185	192	525	456	418	441

2-13　分县区法人单位数（续表 5）

单位：个

行业分类	德清县							
	2010 年	2016 年	2017 年	2018 年	2019 年	2020 年	2021 年	2022 年
总　　计	**4826**	**10319**	**11924**	**13062**	**11925**	**14997**	**17438**	**18437**
按机构类型分组								
企业	4080	9203	10754	11876	10575	13685	16152	17116
事业	296	368	362	362	317	279	269	276
机关	73	71	74	74	74	67	67	71
社会团体	97	115	111	111	138	137	130	190
民办非企业单位	32	76	77	77	138	135	130	262
基金会	1	1	1	1	4	4	4	4
居委会	28	30	30	30	32	32	32	
村委会	166	151	150	150	139	135	134	1
农民专业合作社		232	258	273	297	313	313	309
农村集体经济组织						141	138	138
其他组织机构	53	72	107	108	211	69	69	70
按三次产业分组								
第一产业	126	650	703	734	496	522	530	528
第二产业	2718	4009	4267	4569	4400	4958	5433	5756
第三产业	1982	5660	6954	7759	7029	9517	11475	12153
按行业门类分组								
农、林、牧、渔业	126	650	703	734	496	522	530	528
采矿业	74	23	20	20	12	12	11	10
制造业	2523	3649	3820	4057	3900	4269	4599	4809
电力、燃气及水的生产和供应业	22	46	71	82	54	60	67	63
建筑业	99	291	356	410	434	617	756	874
批发和零售业	571	1948	2422	2713	2391	3172	3937	4084
交通运输、仓储和邮政业	74	164	191	212	255	345	400	417
住宿和餐饮业	49	190	231	252	247	305	327	356
信息传输、软件和信息技术服务业	78	230	325	407	401	563	712	831
金融业	17	36	38	39	41	50	56	57
房地产业	96	222	273	320	404	428	469	441
租赁和商务服务业	238	1287	1713	1943	1182	1799	2106	2200
科学研究和技术服务业	89	387	508	564	618	1197	1661	1859
水利、环境和公共设施管理业	55	98	103	113	143	168	177	194
居民服务、修理和其他服务业	21	75	89	104	129	154	193	281
教育	117	178	195	204	267	307	332	328
卫生和社会工作	90	128	136	140	149	152	164	189
文化、体育和娱乐业	25	172	187	205	250	364	438	482
公共管理、社会保障和社会组织	462	545	543	543	552	513	503	434

2–13　分县区法人单位数（续表 6）

单位：个

行业分类	长兴县							
	2010 年	2016 年	2017 年	2018 年	2019 年	2020 年	2021 年	2022 年
总　　计	**5337**	**12123**	**14188**	**16029**	**19828**	**26119**	**27725**	**28262**
按机构类型分组								
企业	4316	10532	12588	14407	18142	24411	26055	26170
事业	271	287	284	283	290	347	340	331
机关	73	81	89	89	73	70	70	77
社会团体	150	170	159	159	166	166	164	462
民办非企业单位	122	127	121	121	187	163	162	275
基金会					1	1	1	7
居委会	61	51	51	51	65	64	64	71
村委会	222	241	237	237	206	202	201	205
农民专业合作社	82	449	482	504	401	407	387	384
农村集体经济组织						219	219	218
其他组织机构	122	185	177	178	297	69	62	62
按三次产业分组								
第一产业	179	713	763	816	542	611	674	773
第二产业	2771	3929	4466	4867	5070	6015	6672	7161
第三产业	2387	7481	8959	10346	14216	19493	20379	20328
按行业门类分组								
农、林、牧、渔业	179	713	763	816	542	611	674	773
采矿业	91	29	30	30	20	17	16	17
制造业	2450	3524	3886	4190	4059	4593	4800	4946
电力、燃气及水的生产和供应业	38	70	100	106	77	86	91	100
建筑业	192	306	450	541	914	1319	1765	2098
批发和零售业	630	3162	3700	4026	3926	5487	6496	7233
交通运输、仓储和邮政业	96	489	595	655	770	881	925	957
住宿和餐饮业	42	184	227	242	309	519	586	649
信息传输、软件和信息技术服务业	80	176	229	312	1161	2118	2399	1675
金融业	14	71	71	72	42	63	76	76
房地产业	158	401	500	593	778	940	999	1021
租赁和商务服务业	304	1099	1521	2103	3842	5134	4499	3968
科学研究和技术服务业	73	352	477	559	862	1306	1454	1431
水利、环境和公共设施管理业	51	156	170	187	198	256	287	315
居民服务、修理和其他服务业	44	226	251	285	354	449	542	614
教育	181	239	248	255	380	461	476	464
卫生和社会工作	62	82	88	95	139	144	150	188
文化、体育和娱乐业	39	180	223	302	815	1036	796	719
公共管理、社会保障和社会组织	613	664	659	660	640	699	694	1018

2-13　分县区法人单位数（续表 7）

单位：个

行业分类	安吉县							
	2010 年	2016 年	2017 年	2018 年	2019 年	2020 年	2021 年	2022 年
总　　计	**3401**	**9438**	**11064**	**11699**	**13689**	**17892**	**19774**	**21394**
按机构类型分组								
企业	2649	8075	9688	10312	12208	16351	18298	19800
事业	284	288	293	293	242	338	322	327
机关	76	81	78	78	87	74	69	68
社会团体	97	174	173	173	241	238	228	231
民办非企业单位	26	63	61	61	161	177	176	216
基金会					1	1	1	1
居委会	36	39	39	39	53	47	39	32
村委会	169	177	177	177	197	181	158	160
农民专业合作社		297	307	320	269	270	270	345
农村集体经济组织						177	175	175
其他组织机构	64	244	248	246	230	38	38	39
按三次产业分组								
第一产业	128	501	571	629	445	564	616	728
第二产业	1781	3512	3974	4147	4235	5184	5608	6019
第三产业	1492	5425	6519	6923	9009	12144	13550	14647
按行业门类分组								
农、林、牧、渔业	128	501	571	629	445	564	616	728
采矿业	80	85	79	81	64	66	62	59
制造业	1614	3107	3462	3599	3619	4432	4783	5094
电力、燃气及水的生产和供应业	33	69	87	88	73	75	81	98
建筑业	54	251	346	379	479	611	682	768
批发和零售业	299	1958	2422	2586	2839	3778	4343	4862
交通运输、仓储和邮政业	45	133	180	196	275	383	436	465
住宿和餐饮业	39	299	353	370	384	478	573	647
信息传输、软件和信息技术服务业	36	125	188	207	342	645	754	882
金融业	13	14	13	18	31	55	67	76
房地产业	95	322	401	446	632	729	704	686
租赁和商务服务业	168	1054	1258	1345	1841	2950	3503	3641
科学研究和技术服务业	60	229	336	359	525	759	855	936
水利、环境和公共设施管理业	52	142	167	173	200	265	296	320
居民服务、修理和其他服务业	15	141	155	164	191	259	300	342
教育	114	174	188	192	287	330	318	320
卫生和社会工作	52	99	106	106	101	120	131	182
文化、体育和娱乐业	36	174	197	206	684	675	600	623
公共管理、社会保障和社会组织	468	561	555	555	677	718	670	665

主要统计指标解释

人口数　指一定时点全市行政管辖范围内的有生命的个人的总和。年度统计的年末人口数是指 12 月 31 日 24 时常住户口和未落户口的人口数。

性别比　指在总人口或各组年龄组人口中男性人数和女性人数之比。计算公式：

$$性别比=\frac{男性人口数}{女性人口数}\times 100$$

出生率　指一年内平均每千人所出生的人数比例，一般以千分率表示。计算公式：

$$出生率=\frac{全年出生人数}{年平均人数}\times 1000‰$$

出生人数指活产婴儿，即胎儿脱离母体时（不管怀孕月数），有过呼吸或其他生命现象。年平均人数是年初、年末人口数的平均数。

死亡率　指一年内平均每千人所死亡的人数比例，一般以千分率表示。计算公式：

$$死亡率=\frac{全年死亡人数}{年平均人数}\times 1000‰$$

人口自然增长率　指一年内人口自然增长数（出生人数减死亡人数）与平均人数之比例，一般以千分率表示。计算公式：

人口自然增长率=（年内出生人数 － 年内死亡人数）/年平均人数 × 1000‰

或

人口自然增长率=人口出生率 － 人口死亡率

人口密度　指在一定时点一定地区的人口数与该地区的面积之比，即一定时点的单位土地面积上的人口数，通常以每平方公里的居民人数来表示。计算公式：

$$人口密度=\frac{该地区的人口数}{该地区的土地面积数}$$

已婚育龄妇女独生子女领证率　指 15 － 49 岁已婚育龄妇女已领独生子女证的人数同 15 － 49 岁已婚育龄妇女人数之比，一般以千分比表示。计算公式：

已婚育龄妇女独生子女领证率=15 － 49 岁已婚育龄妇女已领独生子女证的人数/15 － 49 岁已婚育龄妇女人数 × 100%

城镇失业人员　指在一定年龄内，有劳动能力，无业而有要求就业并进行待业登记的人员，包括城镇年满 16 周岁至 25 周岁的初、高中毕业生中未能升学、参军的待业青年和年龄在 25 周岁至男 50 岁、女 45 岁以内的其他待业人员。

城镇失业率　是从另一个侧面反映城镇劳动者就业程度的指标。它的计算公式：

城镇失业率 ＝ 城镇失业人员/（城镇从业人员 ＋ 城镇失业人员）× 100%

劳动力资源　指劳动年龄内（16 周岁及以上），有劳动能力，在正常情况下，可能或实际参加社会劳动的人口。

经济活动人口　指劳动力资源中已经或要求参加社会经济活动的人口，各地区的经济活动人口不包括现役军人。

从业人员期末人数　指期末最后一日 24 时在本单位中工作，并取得工资或其他形式劳动报酬的人员数。该指标为时点指标，不包括最后一日当天及以前已经与单位解除劳动合同关系的人员。是在岗职工、劳务派遣人员及其他从业人员之和。从业人员不包括：（1）离开本单位仍保留劳动关系，并定期领取生活费的人员；（2）利用课余时间打工的学生及在本单位实习的各类在校学生；（3）本单位因劳务外包而使用的人员。

在岗职工　指在本单位工作且与本单位签订劳动合同，并由本单位支付工资的人员，以及有工作岗位，但由于学习、病伤产假等原因暂未工作，仍由本单位支付工资的人员。在岗职工还包括：（1）应订立劳动合同而未订立劳动合同人员（如使用的农村户籍人员）；（2）处于试用期人员；（3）编制外招用的人 员；（4）派往外单位工作，但工资仍由本单位发放的人员（如挂职锻炼、外派工作等情况）。在岗职工不包括：（1）本单位使用的且由本单位直接支付工资的劳务派遣人员，应统计在本单位“劳务派遣人员”指标中；（2）本单位因劳务外包而使用的人员，由承包劳务的单位统计为在岗职工。

劳务派遣人员　根据《中华人民共和国劳动合同法》

规定，指与劳务派遣单位签订劳动合同；并被劳务派遣单位派遣到实际用工单位工作；且劳务派遣单位与实际用工单位签订《劳务派遣协议》的人员。注意：无论用工单位是否直接支付劳动报酬，劳务派遣人员均由实际用工单位填报，而劳务派遣单位（派出单位）不填报这些人员。

其他从业人员 指本单位中不能归到在岗职工、劳务派遣人员中的人员。此类人员实际参加本单位生产或工作并从本单位取得相应劳动报酬的人员。具体包括：非全日制人员、聘用的正式离退休人员、兼职人员和第二职业者等，以及在本单位中工作的外籍和港澳台方人员。

人才资源 具体包括在各级国家行政机关和参照公务员制度管理的党政机关、人大、政协机关、法院检察院机关、民主党派和有关群众团体机关依照公务员制度管理的事业单位中工作的公务员；在企业、事业单位和其他非公有制经济组织中从事专业技术工作或专业技术管理工作的人员；在企业、事业单位和其他非公有制经济组织经营管理岗位上工作的人员；在各级机关、事业、企业单位和其他非公有制经济组织中技术工人岗位上工作的技术工人。

经营管理人员（管理人员） 在企业、事业单位和其他非公有制经济组织经营管理岗位上工作的人员。统计对象为企业、事业单位中的单位负责人、部门负责人以及在管理岗位上从事行政业务、行政事务工作的人员（不包括专业技术管理工作人员，专业技术管理工作人员作为专业技术人员统计）。

专业技术人员 专业技术人员指专门从事各种科学研究和专业技术工作的人员。从事本类职业的人员，要求接受过系统的专业教育，具备相应的专业理论知识，并且按规定的标准条件评聘专业技术职务。专业技术人员还包括未聘任专业技术职务，但在专业技术岗位上工作的人员。

三、农林牧渔业

3-1　分县区农业生产条件

指　标	单位	全　市	吴兴区	南浔区	德清县	长兴县	安吉县	△市区
一、农村人口与从业人员								
农村从业人员	万人							
#从事农业	万人	10.20	1.73	2.47	1.82	2.11	2.07	4.20
#从事农业	万人	7.85	1.24	1.90	1.34	1.85	1.51	3.14
二、农药使用量	吨	2328.62	311.47	490.59	344	777.56	405	802.06
三、农用化肥施用量	-							
按折纯法计算合计	吨	36343.05	4381.28	5970.48	4356.04	12904	8731.25	10351.76
氮　肥	吨	13508.58	1926.77	2528.48	1436.7	4024	3592.63	4455.25
磷　肥	吨	906.59	50.65	233.5	168.56	166	287.88	284.15
钾　肥	吨	3461.04	1098.71	1040.14	172.44	299	850.75	2138.85
复合肥	吨	18466.84	1305.15	2168.36	2578.34	8415	3999.99	3473.51
四、农用塑料薄膜使用量	吨	4815.09	1039.69	1305.81	580.74	1393.8	495.05	2345.50
其中：地膜使用量	吨	1288.99	300.32	361.07	109.5	352.25	165.85	661.39
地膜覆盖面积	亩	51891.02	15746	15400.22	7907.7	9805.1	3032	31146.22
五、农用柴油使用量	吨	17681.02	934.39	1201.1	2628	12087.33	830.2	2135.49

3-2 历年农林牧渔业产值

单位：万元

年 份	农林牧渔业总 产 值	农 业	林 业	牧 业	渔 业	农林牧渔服 务 业
1978	59671	41551	3505	12759	1856	
1979	81468	54951	3968	20171	2378	
1980	72947	46493	3853	20157	2444	
1981	83148	55230	4601	20293	3024	
1982	99071	66903	4994	23262	3912	
1983	98091	65147	5142	23207	4595	
1984	116783	76195	6095	27301	7192	
1985	126768	74359	7780	33904	10725	
1986	143284	83946	9036	34660	15642	
1987	177480	98673	12715	46024	20068	
1988	238956	116556	18254	80219	23927	
1989	250670	130145	16329	80829	23367	
1990	290508	150980	21609	86104	31813	
1991	291612	148622	25370	84617	33003	
1992	322593	167635	28044	89690	37224	
1993	419164	229031	41327	97008	51798	
1994	600930	328793	56997	139798	75337	
1995	696477	419251	61144	138417	77665	
1996	745258	445543	72069	133489	94157	
1997	779765	469165	71090	136664	102846	
1998	791775	477564	70748	133789	109674	
1999	793512	462244	81603	127826	121839	
2000	869351	472147	92982	147870	156352	
2001	787560	363043	100105	155741	168671	
2002	804384	371453	107016	144983	180932	
2003	864522	393154	117053	157965	196350	
2004	1020902	461598	127766	215792	215746	
2005	1060754	423333	143564	244826	241377	7654
2006	1137308	454993	150605	265576	257683	8451
2007	1290769	545721	159828	322009	211639	51572
2008	1444510	633944	171037	333720	246169	59640
2009	1530907	676188	188782	338789	264187	62961
2010	1763232	817961	196710	381581	297236	69744
2011	1985207	894007	214079	462146	341034	73941
2012	2084828	936259	231157	458268	379741	79403
2013	2129835	950085	231739	459351	403819	84841
2014	2114043	960387	214668	408522	436838	93628
2015	2134428	971134	217702	341373	505099	99120
2016	2144769	948404	221306	285385	583169	106505
2017	2138636	978978	224235	208547	615664	111212
2018	2164215	989939	218599	183097	655626	116954
2019	2266278	1026845	224019	213805	679911	121698
2020	2389393	1055439	223129	228072	749934	132819
2021	2528370	1094241	219156	214897	858612	141464
2022	2666020	1123008	227976	220177	938922	155937

注：2016 年、2017 年产值数据根据农业普查作相应调整。

3-3 历年农林牧渔业产值增长速度

（按可比价格计算）　　单位：%

年 份	农林牧渔业总产值	农 业	林 业	牧 业	渔 业	农林牧渔服务业
1979	15.2	11.6	-4.5	33.4	6.9	
1980	-10.6	-15.3	-2.8	-0.1	2.7	
1981	4.6	8.9	9.6	-7.6	13.6	
1982	17.1	19.0	6.8	12.7	27.3	
1983	-5.2	-6.8	-1.5	-4.5	12.4	
1984	14.0	15.1	7.3	9.9	26.7	
1985	2.6	-3.1	10.4	10.6	32.9	
1986	3.4	2.6	-0.6	0.3	25.6	
1987	8.8	3.9	15.9	4.6	53.7	
1988	6.0	0.7	6.6	2.3	19.9	
1989	3.6	12.3	-9.9	1.2	-6.5	
1990	2.3	-1.1	23.2	0.2	14.4	
1991	1.0	-7.3	10.6	-1.1	7.2	
1992	10.0	22.1	0.8	8.6	12.2	
1993	8.8	10.0	21.0	-2.8	20.7	
1994	7.8	10.9	8.2	-1.8	13.5	
1995	7.5	13.2	-1.8	-0.2	4.6	
1996	5.6	9.9	3.7	-4.1	4.0	
1997	7.8	9.1	2.2	8.4	5.0	
1998	3.1	2.4	2.6	5.0	3.4	
1999	3.7	3.0	6.4	-2.5	12.8	
2000	7.1	-1.1	18.7	4.1	29.8	
2001	6.7	0.1	-0.9	7.5	16.9	
2002	5.3	4.9	4.0	2.4	8.1	
2003	5.7	0.1	7.1	4.6	11.9	
2004	8.0	7.4	1.6	16.2	6.2	
2005	5.6	-2.2	5.8	15.6	10.2	
2006	5.6	3.9	5.7	7.4	6.0	10.4
2007	4.5	4.0	1.4	-1.1	12.7	8.1
2008	3.4	6.3	6.7	-6.2	6.0	11.2
2009	3.6	1.0	2.8	6.4	6.7	5.6
2010	3.8	2.8	5.4	2.7	5.3	10.8
2011	3.5	3.2	1.8	4.0	5.0	1.2
2012	2.3	1.3	2.2	-0.2	7.9	5.3
2013	0.6	0.3	2.5	0.3	0.4	4.4
2014	-1.0	0.1	-10.6	-6.5	6.2	8.0
2015	0.6	2.2	1.5	-18.8	14.0	4.8
2016	2.6	1.4	-2.4	2.0	6.6	7.5
2017	0.6	2.5	1.5	-22.3	10.8	6.0
2018	0.7	2.7	1.0	-19.4	4.6	1.4
2019	2.5	2.4	1.7	-6.6	4.9	5.4
2020	2.8	3.4	-2.5	-6.2	5.9	5.4
2021	4.1	2.1	-1.4	14.4	5.4	5.8
2022	5.1	1.7	2.2	7.6	8.9	8.8

3-4 历年农林牧渔业产值发展指数

（以 1978 年为 100）

年 份	农林牧渔业总产值	农 业	林 业	牧 业	渔 业	农林牧渔服务业
1978	100.0	100.0	100.0	100.0	100.0	
1979	115.2	111.6	92.5	133.4	106.9	
1980	103.2	94.5	92.8	133.3	109.8	
1981	107.9	103.0	101.6	123.2	124.7	
1982	126.4	122.6	108.5	138.9	158.7	
1983	119.8	114.3	106.9	132.6	178.3	
1984	136.6	131.6	114.7	145.6	226.0	
1985	140.2	127.6	126.7	161.1	300.4	
1986	145.0	131.0	126.0	161.6	377.4	
1987	157.7	136.1	146.1	169.0	580.2	
1988	167.2	137.1	155.7	172.8	696.0	
1989	173.2	153.9	140.3	174.8	651.1	
1990	177.1	152.3	172.8	175.2	745.0	
1991	178.9	141.2	191.1	173.3	798.7	
1992	196.8	172.5	192.6	188.2	896.3	
1993	214.2	189.8	233.1	183.0	1081.8	
1994	231.0	210.5	252.2	179.7	1227.5	
1995	248.4	238.3	247.7	179.4	1283.8	
1996	262.3	262.1	256.9	172.0	1335.2	
1997	282.7	285.9	262.6	186.4	1401.9	
1998	291.5	292.8	269.4	195.7	1449.6	
1999	302.3	301.6	286.6	190.8	1635.1	
2000	323.8	298.3	340.2	198.6	2122.4	
2001	345.5	298.6	337.1	213.5	2481.1	
2002	363.8	313.2	350.6	218.6	2682.1	
2003	384.5	313.5	375.3	228.7	3001.3	
2004	415.3	336.7	381.3	265.7	3187.4	
2005	438.6	329.3	403.4	307.1	3512.5	100.0
2006	463.2	342.1	426.4	329.8	3723.3	110.4
2007	484.0	355.8	432.4	326.2	4196.2	119.3
2008	500.5	378.2	461.4	306.0	4448.0	132.7
2009	518.5	382.0	474.3	325.6	4746.0	140.1
2010	538.2	392.7	499.9	334.4	4997.5	155.2
2011	556.8	405.4	508.8	347.9	5248.1	157.0
2012	569.6	410.6	519.8	347.1	5660.3	165.3
2013	573.0	412.0	532.6	348.2	5685.2	172.5
2014	567.2	412.4	476.0	325.6	6037.7	186.3
2015	570.6	421.5	483.1	264.4	6883.0	195.3
2016	585.5	427.4	471.5	269.7	7337.2	209.9
2017	589.6	439.0	476.2	217.4	7674.8	212.8
2018	593.7	450.8	481.0	175.2	8027.8	215.8
2019	608.5	460.3	474.3	200.4	8461.3	228.3
2020	633.5	470.0	467.6	229.3	8918.2	241.6
2021	659.5	479.8	461.1	262.3	9399.8	255.6
2022	692.8	487.8	471.3	282.3	10236.4	278.1

3-5　分县区农林牧渔业产值

（按现行价格计算）　　单位：万元

行业分类	全　市	吴兴区	南浔区	德清县	长兴县	安吉县	△市区
农林牧渔业总产值	2666019.96	445658.49	555439.83	485788.23	715866.80	463266.15	1001098.32
一、农业产值	1123007.73	146853.77	113341.67	88923.89	486362.55	287525.85	260195.44
（一）谷物及其他作物	180668.27	25650.02	36485.23	21931.69	70558.76	26042.57	62135.25
1.谷物	128018.63	20114.33	29345.18	16008.40	45223.33	17327.39	49459.51
其中：小麦	18540.21	2673.60	3734.47	1291.76	8487.60	2352.78	6408.07
稻谷	109443.25	17440.73	25610.71	14716.64	36700.56	14974.61	43051.44
玉米							
2.薯类	12651.50	1291.37	643.50	1851.08	4185.14	4680.41	1934.87
其中：马铃薯	1389.70	240.65	116.09	305.46	423.96	303.54	356.74
3.油料	14073.09	1539.97	3681.91	961.73	5140.51	2748.97	5221.88
其中：花生	726.61	2.07		19.28	131.24	574.02	2.07
油菜籽	13214.26	1534.57	3669.45	919.79	4953.56	2136.89	5204.02
4.豆类	10649.88	1432.98	1736.52	2624.34	3702.18	1153.86	3169.50
其中：大豆	7621.01	585.78	1183.57	2261.03	3005.31	585.32	1769.35
5.棉花	374.49		31.61	336.28	6.60		31.61
6.糖料	233.50		16.01	149.86		67.63	16.01
7.其他农作物	14667.18	1271.37	1030.50		12301.00	64.31	2301.87
（二）蔬菜、食用菌及花卉盆景园艺产品	565642.70	93356.84	60358.51	50734.82	274684.14	86508.39	153715.35
1.蔬菜（含菜用瓜）	338556.18	82673.67	45977.81	26984.33	107134.80	75785.57	128651.48
2.食用菌	2143.68	187.08	71.70	861.49	588.11	435.30	258.78
3.花卉苗木	222026.73	10496.09	14219.00	21566.00	165635.64	10110.00	24715.09
4.盆景园艺	2916.11		90.00	1323.00	1325.59	177.52	90.00
（三）水果、坚果、茶、饮料和香料	352200.71	27585.94	16437.76	14999.35	139180.34	153997.32	44023.70
1.水果	140541.12	17818.60	16421.42	8943.86	76669.57	20687.67	34240.02
其中：梨	5688.00	1041.21	271.00	558.63	2747.32	1069.84	1312.21
柑橘	11324.09	193.49	10098.47	34.85	942.88	54.40	10291.96

3-5 分县区农林牧渔业产值

续 1　　（按现行价格计算）　　单位：万元

行业分类	全　市	吴兴区	南浔区	德清县	长兴县	安吉县	△市区
2.食用坚果	7425.67			122.12	829.34	6474.21	
其中：核桃	4187.49					4187.49	
板栗	2192.27			122.12	141.18	1928.97	
3.茶及饮料原料	204233.92	9767.34	16.34	5933.37	61681.43	126835.44	9783.68
其中：茶叶	204233.92	9767.34	16.34	5933.37	61681.43	126835.44	9783.68
（四）中草药材	24496.05	260.97	60.17	1258.03	1939.31	20977.57	321.14
二、林业产值	227976.43	30683.04	57.78	53743.32	48671.07	94821.22	30740.82
（一）林木的培育和种植	7043.69	1190.41	57.78	1810.70	246.52	3738.28	1248.19
（二）竹木采运	74394.36	6648.95		8401.49	8739.34	50604.58	6648.95
（三）林产品	146538.38	22843.68		43531.13	39685.21	40478.36	22843.68
三、牧业产值	220176.94	42595.96	75805.48	42021.53	42604.39	17149.58	118401.44
（一）牲畜饲养	58584.93	11195.57	20477.09	10933.74	14234.38	1744.15	31672.66
其中：羊的饲养	55053.53	11162.26	20311.78	7932.81	13965.02	1681.66	31474.04
（二）猪的饲养	76805.42	9779.30	17046.45	21381.14	16912.02	11686.51	26825.75
（三）家禽饲养	76920.35	21468.50	35951.39	6934.17	9377.52	3188.77	57419.89
1.肉禽	53369.71	15638.55	27669.11	3242.94	3788.30	3030.81	43307.66
2.禽蛋	23550.64	5829.95	8282.28	3691.23	5589.22	157.96	14112.23
（四）其他畜牧业	7866.24	152.59	2330.55	2772.48	2080.47	530.15	2483.14
其中：蚕茧	6367.52	32.75	2122.38	2686.99	1027.70	497.70	2155.13
四、渔业产值	216.28		156.08	58.40	1.80		156.08
其中：养殖	938921.60	198597.64	308951.90	262667.49	114213.79	54490.32	507549.54
1.鱼类	922861.88	195685.03	308895.88	259461.51	105639.59	53180.25	504580.91
2.虾蟹类	638697.26	123753.95	251444.81	183948.32	61623.43	17927.13	375198.76
3.贝类	190074.90	51828.40	45166.10	39325.51	43587.69	10166.36	96994.50
4.其他	2902.19	228.79	2.71	322.70	2345.44	2.55	231.50
五、农林牧渔专业及辅助性活动产值	107247.25	22786.50	12338.28	39070.96	6657.23	26394.28	35124.78

3-6 农、林、牧、渔业增加值

单位：万元

年 份	农、林、牧、渔业增加值	农业增加值	林业增加值	牧业增加值	渔业增加值	服务业增加值
2010	1042216	537654	128928	130524	198066	47044
2011	1162184	586113	140371	158664	227227	49809
2012	1226473	612443	151477	157300	251826	53427
2013	1255563	621173	151389	157738	267728	57535
2014	1266123	627355	139987	146854	289196	62731
2015	1292456	629621	140980	122915	332528	66412
2016	1313509	614380	143350	102626	381817	71336
2017	1331938	633991	145231	75105	403147	74464
2018	1362012	645106	141587	67853	429160	78306
2019	1422755	669239	144722	80553	446566	81675
2020	1499646	687875	144147	85928	492557	89139
2021	1626586	728381	144602	82692	575970	94941

注：1.农林牧渔业增加值中包括服务业增加值；2.农林牧渔业增加值已与农普数衔接；3.2022 年数据暂未公布。

3-7 历年主要农产品生产

年　份	粮食播种面积（千公顷）	油料播种面积（千公顷）	茶园总面积（公顷）	蚕种饲养数（万张）	年末生猪存栏数（万头）	年末家禽存栏数（万只）	年末羊存栏数（万只）	年末兔存栏数（万只）	蔬菜播种面积（千公顷）	渔业内陆养殖面积（公顷）
1978	279.47	29.35	7180	53.86	116.28		80.60			14153
1979	275.26	31.02	7667	57.64	136.03		93.32			13260
1980	275.37	30.11	7860	63.39	115.64		86.44			13713
1981	271.52	35.09	8100	60.13	106.29		75.92			14087
1982	275.01	33.77	8513	65.81	112.70		67.93			14453
1983	280.94	28.99	8587	58.02	117.51		56.59			14493
1984	281.64	27.29	8540	58.52	108.43		45.42			15720
1985	257.45	37.49	8113	72.14	108.87		34.99			18780
1986	249.09	38.50	8287	81.59	107.07		28.94			21200
1987	253.36	40.01	7640	83.49	94.46		26.23			21207
1988	251.78	41.01	7767	94.11	86.53		24.58			21320
1989	249.13	41.91	7664	108.68	82.26	577.80	25.22	16.55	15.39	20768
1990	251.23	45.39	7576	113.65	76.32	588.90	26.20	16.13	14.57	20135
1991	249.93	46.75	7515	108.88	71.00	593.77	27.07	21.69	13.95	20473
1992	243.00	46.58	7257	110.34	69.25	635.42	27.64	54.28	13.18	20446
1993	209.07	40.86	7157	108.38	62.67	748.22	29.65	40.99	15.31	20986
1994	211.08	41.72	7126	95.54	57.77	837.78	31.57	32.83	16.62	21398
1995	211.46	54.13	7056	93.19	54.02	821.92	34.42	29.13	17.83	21404
1996	221.04	49.16	7092	69.14	50.44	709.24	27.48	26.46	18.68	21359
1997	224.80	46.11	6564	69.04	69.14	733.78	31.91	23.28	19.26	21248
1998	212.39	51.09	6887	76.13	68.76	693.07	32.63	21.73	20.92	21591
1999	204.36	51.39	7091	65.95	67.93	810.24	34.97	18.53	25.08	21194
2000	149.70	58.20	7485	59.61	70.96	827.77	40.55	16.68	28.47	20553
2001	117.49	55.51	8317	64.07	76.27	792.72	40.03	16.29	34.59	20197
2002	115.77	51.55	8168	53.24	78.45	803.67	40.86	15.59	38.00	20516
2003	112.07	44.03	9497	40.62	82.52	996.72	41.72	19.55	40.58	20547
2004	123.07	42.65	11235	45.42	80.89	1319.53	42.52	18.69	38.28	20351
2005	125.29	43.79	10069	45.71	83.98	1700.31	41.48	28.27	37.53	20078
2006	128.95	41.39	12341	49.97	55.25	1828.40	38.04	41.14	37.67	21126
2007	130.51	34.28	14620	49.62	54.71	2065.78	35.94	46.07	37.90	22599
2008	138.36	32.20	15466	40.09	70.45	1830.53	32.36	38.72	36.08	23220
2009	135.00	32.43	16358	29.88	85.81	1841.37	30.48	28.57	37.48	23511
2010	134.57	28.37	17096	29.86	93.28	1876.00	29.10	26.81	36.91	23848
2011	134.01	25.36	18210	31.05	103.16	1820.93	29.46	26.94	37.80	24094
2012	136.14	21.61	18542	27.14	107.94	1749.86	30.07	26.27	36.76	24577
2013	136.09	19.89	17210	24.86	97.06	1683.25	32.57	27.26	36.91	24831
2014	106.43	11.89	22423	20.57	60.45	1465.49	35.60	25.42	37.51	24896
2015	94.87	10.26	22711	15.68	54.22	1469.81	38.04	31.97	37.59	25801
2016	89.64	8.72	23209	14.13	26.75	1046.23	37.73	23.54	37.27	25725
2017	88.65	8.50	24539	11.25	18.75	719.27	32.13	18.58	37.87	34844
2018	78.55	8.60	24696	10.09	19.03	732.89	33.41	19.07	37.94	38458
2019	78.61	10.66	25211	9.01	16.63	833.65	39.34	15.72	38.42	38659
2020	79.11	9.71	26956		28.41	911.31	40.57	12.74	40.48	38439
2021	80.34	10.00	27358.2		27.81	822.12	50.43	10.03	40.74	37319
2022	81.07	10.10	27448		26.22	944.67	52.44	7.55	40.54	

注：1.2014 年起粮食油数据采用粮食监测调查数据；2.2018 年起粮食采用调查表队核定数据。

3-8 历年主要农产品产量

年　份	粮食 （吨）	油料 （吨）	茶叶 （吨）	蚕茧 （吨）	猪牛羊肉 （吨）	蔬菜 （吨）	园林水果 （吨）	水产品 （吨）	毛竹采伐量 （万支）
1978	1221265	30679	3220	15770	30004	38151	6428	17685	2088
1979	1379770	34111	3696	19605	43384	31836	5968	19060	1728
1980	1070035	28646	4175	21580	50435	39100	7448	19395	1446
1981	1142770	47747	4960	21095	43277	102084	3004	21650	1600
1982	1411315	54360	6039	22610	52387	110740	7584	26045	1738
1983	1335095	39782	5590	20485	52330	118368	3802	30090	1613
1984	1459310	42439	5558	22960	51454	124060	4663	36340	1922
1985	1268275	58838	5549	27600	54772	137480	4526	46555	1914
1986	1328137	52979	5949	27705	55090	158801	5070	55995	1846
1987	1276365	62000	6438	31970	52929	187045	5500	61558	2280
1988	1223285	63840	7101	35202	50246	228006	6930	67057	1960
1989	1314192	67828	6503	38227	48337	238751	7360	67372	1959
1990	1357880	74938	5998	38237	48246	218860	7920	70492	1609
1991	1355325	67050	5600	35475	47835	270900	6552	76372	2030
1992	1342554	84016	5337	40981	50059	280600	7834	82010	1962
1993	1299033	71283	6184	34812	48244	342200	10914	89980	2212
1994	1200529	67847	5444	33113	43915	358072	14064	95657	2140
1995	1249861	95788	5484	33120	48795	385067	15990	100730	2439
1996	1296467	93529	5523	23527	47483	373669	18723	110288	2621
1997	1337291	88336	6171	25942	56620	417651	22301	117707	2539
1998	1272181	63524	6475	27735	63292	452722	19916	124636	2637
1999	1164737	103464	7046	23851	65861	538285	23099	125017	2846
2000	953205	117113	7200	21580	71240	647272	31243	135673	2769
2001	806791	109082	7159	25211	78231	741325	39464	143955	2762
2002	821996	81284	7500	21726	83651	869183	43708	151922	2649
2003	790075	79120	7953	17237	94290	919273	53616	166944	2679
2004	874763	92746	8833	19506	98739	908957	61412	172987	3055
2005	822112	91378	8461	18920	107573	895009	69210	178382	3461
2006	912422	84896	8840	22049	79898	901456	70074	190423	3425
2007	869144	76527	9977	20559	82334	887361	74917	212700	3186
2008	926847	72556	11389	17373	91944	848865	82850	227562	3733
2009	914187	71808	11184	13836	108830	859453	90612	239019	3969
2010	901991	61308	10360	13718	111367	852827	95807	250197	4568
2011	902949	57871	10653	14058	115268	855906	119339	264746	5079
2012	899386	47721	10615	13334	118892	855433	120248	283544	5070
2013	905545	44893	10487	11620	124365	802771	126434	292010	5149
2014	737476	29320	10344	9338	105838	845965	132716	305810	5150
2015	669500	24987	10606	7884	76218	845585	136838	360594	5102
2016	629718	18887	10546	7261	78038	872969	135898	383076	4992
2017	625423	19686	10797	5842	45263	912422	135590	423123	5013
2018	518200	21037	10667	5254	30733	914511	136206	464797	5021
2019	518995	25158	10865	4893	28119	930565	133592	507526	4787
2020	525088	24118	11258	4064.5	26645	1015189	142144	532832	4736
2021	527400	24850.6	11775.2	3555	35005	1010088.96	157450.7	557507	4833
2022	529772	25360.8	11532.4		38130	1025876.4	157091.7		

注：2016 年后的猪牛羊肉产量根据 2016 年农业普查作相应调整；2014 年后粮食数据采用粮食监测数据；2018 年后粮食数据采用调查队核定数；2018 年后猪牛羊肉产量已调整为调查队数据。

3-9 主要年份农作物播种面积

单位：千公顷

行业分类	1985年	1990年	1995年	2000年	2005年	2010年	2015年	2016年	2017年	2018年	2019年	2020年	2021年	2022年
总　计	324.67	322.98	295.53	247.97	224.38	212.18	151.68	143.98	142.88	133.06	135.16	137.05	287.32	286.52
一、粮食	257.45	251.23	211.46	149.70	125.29	134.57	94.83	89.64	88.65	78.55	78.61	79.11	80.34	81.07
（一）稻谷	204.90	202.37	176.54	104.33	96.38	89.85	63.7	60.93	57.65			51.45	52.43	50.51
1.早稻	81.25	80.34	59.17	4.55	0.24	0.08	0	0.04	0.03			0.28	0.77	0.81
2.晚稻	123.65	122.03	117.37	99.78	96.16	89.77	63.7	60.90	57.62			51.17	51.63	49.70
#单季稻	27.33	26.95	47.81	92.46	93.59	88.70	63.29	60.71	57.21					
（二）小麦	19.51	13.02	9.06	10.25	2.52	15.70	22.51	16.50	16.56			12.64	15.91	20.22
（三）大麦	24.87	27.73	12.84	9.06	1.72	3.06	0.85	0.40	0.53					
（四）玉米	0.32	0.45	0.21	1.64	2.20	2.93	2.17	2.41	2.79			3.05	2.57	0.00
（五）其他谷物	0.01	0.01	0.01	0.03	0.50	0.38	0.14	0.36	0.37			0.39	0.03	0.04
（六）豆类	3.82	3.15	5.56	14.14	15.43	14.63	3.46	5.42	6.77			6.98	5.42	5.50
#大豆	2.05	1.64	2.95	8.00	9.23	8.51	2.45	2.67	4.46			5.46	4.21	4.21
蚕豆	1.89	1.31	2.05	4.02	3.31	3.26	0.76	2.12	1.65					
（七）薯类	4.02	4.50	7.24	10.25	6.54	8.01	2.04	3.67	3.97			4.59	3.97	4.81
二、油料	37.49	45.55	54.31	58.20	43.79	28.37	10.26	8.72	8.45	8.60	10.66	9.71	10.00	10.10
#油菜籽	37.39	45.39	54.13	57.72	43.05	27.63	9.76	8.23	7.99	8.23	10.25	9.26	9.68	9.82
三、糖料	0.24	0.08	0.15	0.30	0.23	0.10	0.05	0.05	0.04	0.03	0.03	0.03	0.04	0.03
四、药材	0.52	0.10	0.27	0.48	1.51	1.36	1.37	1.56	1.57	1.49	1.49	1.64	1.36	1.50
五、蔬菜	9.33	14.57	17.83	28.47	37.53	36.91	37.59	37.27	37.87	37.94	38.42	40.48	40.74	40.54
六、果用瓜	1.77	1.97	5.61	7.10	6.98	6.19	4.82	4.11	3.92	4.32	3.79	3.95	3.45	3.30
#西瓜	1.62	1.66	5.13	6.42	6.16	5.44	3.68	2.96	2.79	2.65	2.38	2.41	2.08	2.00
草莓			0.06	0.19	0.11	0.07	0.18	0.21	0.17	0.18	0.20	0.38	0.46	0.48
七、花卉苗木			0.01	0.37	8.70	12.45	21.21	22.59	23.03	23.08	23.59			
八、其他农作物	17.87	9.48	5.90	3.72	9.05	4.68	2.76	2.63	2.38	2.13	2.16	2.02	1.76	1.40
#绿肥	15.36	7.90	3.83	1.30	0.66	0.46	0.44	0.38	0.35	0.29	0.35			
席草				0.02	0.08	0.09	0.05	0.04	0.03					
饲料草			1.99	0.49	1.65	0.79	0.75	0.55	0.53	0.48	1.35	0.44	0.48	0.49

注：1.2018年起粮食数据采用调查队核定数，不分具体品种；2.农作物播种面积根据国家新统计制度不包括花卉苗木面积，已调整。

3-10 分县区农作物播种面积

单位：公顷

行业分类	全　市	吴兴区	南浔区	德清县	长兴县	安吉县	△市区
农作物总面积	138031	21874	27848	15016	47767	25526	49722
一、粮食	81074	11411	18368	9597	28501	13197	29779
(一)谷物	70767	10330	16804	7574	25184	10875	27134
1.稻谷	50505	7768	12163	6106	16680	7789	19931
①早稻	807	62	25	612	88	21	87
②中稻和一季晚稻	49410	7706	12095	5278	16592	7739	19802
③双季晚稻	288		42	217		29	42
2.小麦	20224	2562	4641	1468	8466	3086	7204
3.玉米							
4.其他谷物	38				38		
(二)豆类	5497	561	1246	1083	1984	624	1806
1.大豆	4207	287	907	887	1727	400	1193
2.其他豆类	1291	274	339	196	257	224	613
(三)薯类	4809	520	318	940	1333	1698	839
1.马铃薯	656	133	47	150	158	168	180
2.甘薯	4153	388	271	790	1175	1530	658
二、油料	10104	1086	2681	610	3844	1883	3767
1.油菜籽	9817	1084	2670	587	3761	1716	3754
2.花生	184	0		6	44	133	0
3.芝麻	103	2	11	16	40	33	13
4.其他							
三、棉花（皮棉）	82		6	73	3		6
四、生麻							
五、甘蔗	27		0	17		10	0
六、烟叶（未加工烟草）							
七、中草药材	1503	37	15	89	177	1185	53
八、蔬菜（含菜用瓜）	40541	8097	5741	4232	14108	8364	13838
九、食用菌（干鲜混合）							
十、果用瓜	3303	708	525	391	953	725	1233
1.西　瓜	1999	387	255	241	596	520	642
2.香瓜（甜瓜）	596	127	96	58	203	112	223
3.草莓	478	164	105	61	100	49	269
4.其他	230	30	69	31	55	45	99
十一、其他作物	1397	534	511	7	182	163	1045
#青饲料	486	233	209	7	23	15	441

注：2018 年起粮食数据采用调查队提供的核定数。

3-11 主要年份农作物产量

单位：吨

行业分类	1985 年	1990 年	1995 年	2000 年	2005 年	2010 年	2015 年	2016 年	2017 年	2018 年	2019 年	2020 年	2021 年	2022 年
一、粮食	1268275	1357880	1249861	953205	822112	901991	669500	629718	625423	518200	518995	525088	527432	529772
（一）稻谷	1111225	1194929	1118247	793978	703556	710489	531247	511640	493818			397926	403790	388677
1.早稻	464267	484890	323921	27939	1408	470		227	206			1501	3747	4507
2.晚稻	646958	710039	794326	756039	702148	710019	531247	511413	493612			396425	400043	384170
#单季稻	156191	154423	349505	709230	683907	702663	528124	510024	490535					
（二）小麦	52313	38835	30408	37182	8604	68638	100018	64556	69539			59662	71250	90987
（三）大麦	72588	91254	44538	32366	6124	12291	3573	1482	2195					
（四）玉米	508	603	731	8621	11411	16351	10810	12576	14159			15616	11545	
（五）其他谷物	45	48	51	117	2411	1511	512	1460	1551			1692	126	218
（六）豆类	7657	4896	12715	39651	46541	48208	11963	17413	21726			22711	13437	16985
#大豆	3326	2542	7045	23089	28321	27899	8630	9419	14547			18333	13437	12696
蚕豆	4251	2315	3920	9801	8887	9948	2389	5739	4828					
（七）薯类	23939	27315	43171	51290	43465	44503	11377	20591	22435			27480	23676	32905
二、油料	58838	74938	95788	117113	91378	61308	24987	18887	19686	21037	25158	24118	24851	25361
#油菜籽	58732	74692	95480	116296	89792	59662	23527	17790	18712	20237	24318	23073	24088	24707
三、糖料	8351	5154	5851	13336	10222	3787	1897	1696	1328	1058	934	1102	1754	1077
四、药材					7441	7127	7067	8765	9136	8627	9108	9386	8895	7871
五、蔬菜	137480	218860	385067	647272	895009	852827	845585	872969	912422	914511	930565	1015189	1010089	1025876
六、果用瓜	35843	40789	128916	201609	180403	164948	123500	106824	104407	103659	99419	103681	87670	85296
#西瓜	33583	36971	119293	182946	166243	150163	101106	84401	81226	76853	70398	70641	60173	59346
草莓			580	2483	2033	1392	4071	4390	3735	3991	4197	8149	8247	8227
七、其他农作物														
#席草				289	237	118	370	285	206					

注：2018 年起粮食数据采用调查队核定数。

3–12 分县区农作物产量

单位：吨

行业分类	全 市	吴兴区	南浔区	德清县	长兴县	安吉县	△市区
一、粮食	529772	79325	123435	60664	184847	81501	202760
㈠谷物	479882	74210	117159	51440	169364	67708	191370
1.稻谷	388677	62883	97114	44923	128456	55301	159997
①早稻	4507	379	163	3274	562	129	542
②中稻和一季晚稻	382034	62504	96607	40070	127894	54959	159111
③双季晚稻	2136		344	1579		212	344
2.小麦	90987	11327	20045	6517	40690	12407	31373
3.玉米							
4.其他谷物	218				218		
㈡豆类	16985	1888	4054	3444	5887	1712	5941
1.大豆	12696	980	2901	2891	4934	990	3881
2 .其他豆类	4290	907	1153	554	954	722	2060
㈢薯类	32905	3227	2222	5779	9596	12081	5449
1.马铃薯	2906	515	217	511	907	757	732
2.甘薯	29999	2713	2005	5268	8689	11324	4717
二、油料	25361	2782	7109	1609	9334	4528	9891
1.油菜籽	24707	2776	7091	1554	9166	4120	9867
2.花生	494	2		22	105	365	2
3.芝麻	160	4	18	32	63	42	22
4.其他							
三、棉花（皮棉）	119		9	107	3		9
四、生麻							
五、甘蔗	1077		11	731		335	11
六、烟叶（未加工烟草）							
七、中草药材	7871	279	56	155	632	6750	334
八、蔬 菜（含菜用瓜）	1025876	217193	127784	91033	400762	189105	344977
九、食用菌（干鲜混合）	2331	213	82	994	578	464	295
十、果用瓜	85296	21448	10631	7849	28028	17339	32079
1.西瓜	59346	14718	5744	5075	19568	14240	20462
2.香瓜（甜瓜）	13250	3261	1929	1141	4939	1980	5190
3.草莓	8227	2584	1942	979	2074	648	4526
4.其他	4472	884	1016	655	1447	471	1900
十一、其他作物							
#青饲料							

注：2018 年起粮食数据采用调查队核定数。

3-13 主要年份农作物单产

单位：公斤/公顷

行业分类	1985 年	1990 年	1995 年	2000 年	2005 年	2010 年	2015 年	2016 年	2017 年	2018 年	2019 年	2020 年	2021 年	2022 年
一、粮食	4926	5400	5911	6367	6562	6703	7057	7025	7055	6597	6602	6638	6565	6531
（一）稻谷	5423	5905	6334	7514	7300	7908	8340	8397	8566			7734	7702	7692
1.早稻	5714	6030	5474	6142	5842	6026		6306	6438			5308	4866	5581
2.晚稻	5232	5820	6768	7577	7137	7909	8340	8398	8567			7747	7748	7730
#单季稻	5715	5730	7310	7671	7308	7922	8344	8401	8575					
（二）小麦	2685	2985	3356	3629	3410	4373	4443	3914	4198			4720	4478	4497
（三）大麦	2925	3285	3469	3574	3571	4010	4184	4163	4157					
（四）玉米	1587	1340	3481	5254	5180	5586	4986	5227	5075			5115	4492	0
（五）其他谷物	4500	4800	5100	3545	4841	3915	3606	4022	4158			4388	4202	5724
（六）豆类	2004	1554	2287	2805	3017	3295	3454	3215	3209			3253	2479	3088
#大豆	1622	1550	2383	2885	3067	3280	3520	3530	3261			3360	3192	3016
蚕豆	2249	1770	1912	2437	2683	3047	3160	2711	2923					0
（七）薯类	5955	6070	5963	5002	6646	5554	5582	5611	5648			5981	5964	6839
二、油料	1569	1650	1764	2012	2087	2161	2434	2166	2331	2446	2361	2483	2486	2510
#油菜籽	1571	1650	1764	2015	2086	2159	2412	2161	2341	2460	2372	2493	2489	2517
三、糖料	34796	64425	39007	44752	43871	36413	36481	34612	32390	34129	32207	35548	47408	39296
四、药材					4921	5221	5143	5637	5819	5790	6109	5709	6536	5237
五、蔬菜	14735	15021	21423	22735	23848	23108	22493	23423	24094	24104	24220	25082	24795	25304
六、果用瓜	20250	20705	22980	28396	25849	26652	25633	25979	26628	23978	26253	26235	25421	25827
#西瓜	20730	22272	23254	28479	27005	27588	27445	28495	29166	29001	29542	29348	28868	29685
草莓			9667	13138	19362	18811	22246	21208	22232	21690	20574	21501	17818	17230
七、其他农作物				12042	2821									
#席草				12042	2821	1326	7872	8143	7923					

注：2018 年起粮食数据采用调查队核定数。

3-14　分县区农作物单产

单位：公斤/公顷

行业分类	全　市	吴兴区	南浔区	德清县	长兴县	安吉县
一、粮食	6531	6948	6717	6318	6482	6173
㈠谷物	6778	7180	6969	6789	6722	6223
1.稻谷	7692	8091	7981	7354	7698	7097
①早稻	5581	6126	6534	5351	6386	6173
②中稻和一季晚稻	7728	8107	7983	7589	7705	7098
③双季晚稻	7419		8127	7281		7419
2.小麦	4497	4419	4317	4438	4804	4018
3.玉米						
4.其他谷物	5724				5724	
㈡豆类	3088	3366	3253	3179	2966	2741
1.大豆	3016	3418	3198	3258	2856	2475
2 .其他豆类	3322	3311	3400	2819	3709	3215
㈢薯类	6839	6200	6975	6145	7196	7112
1.马铃薯	4427	3877	4568	3406	5730	4504
2.甘薯	7220	6995	7397	6664	7393	7399
二、油料	2510	2561	2652	2635	2428	2405
1.油菜籽	2517	2562	2656	2645	2437	2401
2.花生	2683	6000		3444	2382	2737
3.芝麻	1552	1750	1619	1969	1593	1262
4.其他						
三、棉花（皮棉）	1450		1358	1466	1238	
四、生麻						
五、甘蔗	39296		31800	42336		34194
六、烟叶（未加工烟草）						
七、中草药材	5236	7476	3595	1752	3568	5697
八、蔬菜（含菜用瓜）	25304	26823	22259	21510	28408	22610
九、食用菌（干鲜混合）						
十、果用瓜	25827	30291	20237	20060	29415	23913
1.西瓜	29685	38012	22526	21022	32837	27402
2.香瓜（甜瓜）	22241	25773	19998	19686	24363	17665
3.草莓	17230	15771	18519	16143	20820	13360
4.其他	19433	29015	14726	20928	26500	10507
十一、其他作物						
#青饲料						

3-15 主要年份畜牧业生产

指　标	单位	1985年	1990年	1995年	2000年	2005年	2010年	2015年	2016年	2017年	2018年	2019年	2020年	2021年	2022年
年末生猪存栏数	万头	108.87	76.32	54.02	70.96	83.98	93.28	54.22	26.75	18.75	18.8	16.39	28.41	27.81	26.22
#能繁殖母猪	万头	6.67	4.15	3.15	3.33	5.12	9.21	4.77	2.38	1.85	1.62	1.77	2.36	2.92	2.92
年末羊存栏数	万只	34.99	26.20	34.32	40.55	41.48	29.10	38.04	37.73	32.13	29.74	32.99	40.57	50.43	52.44
年末兔存栏数	万只	69.85	16.13	29.13	16.68	28.27	26.81	31.97	23.54	18.58	19.07	15.72	12.74	10.03	7.55
年末家禽存栏数	万只	541.61	588.90	821.92	827.77	1700.31	1876.00	1469.81	1046.23	719.27	833.38	944.76	911.31	822.12	944.67
生猪出栏数	万头	97.40	86.75	68.80	109.82	159.95	147.25	97.25	94.9	47.85	32.49	28.70	26.61	33.01	35.72
羊出栏数	万只	7.11	6.46	17.87	24.82	37.18	30.36	39.86	40.86	41.99	30.90	32.35	36.76	42.68	45.92
家禽出栏数	万只	764.02	706.54	1400.64	1402.14	4628.31	4977.16	3649.99	3679.10	2690.56	2311.23	2490.32	2628.95	2986.41	2962.58
肉产量合计	吨	62396	54930	62634	87679	163965	184554	129790	134361	88314	65255	66106	63267	77207	80094
#猪肉	吨	53678	47021	45153	66402	99737	104680	67973	69429	36180	25150	21913	19938	27198	29440
羊肉	吨	960	1169	3501	4663	7454	6298	7769	8358	8851	5450	6071	6561	7707	8588
禽肉	吨	7624	6639	13686	16305	55826	72483	53130	55908	42606	34126	37595	36388	42302	42066
禽蛋	吨	13067	13176	8558	24178	36908	54203	42608	42080	34327	28950	23859	22463	18173	21771
饲养蚕种	张	721445	1136456	931927	596097	457126	298611	156816	141266	112463	100898	90078			
春蚕	张	231720	442430	378522	279168	230017	163316	109743	99019	75383	64567	58711			
夏蚕	张	94227	95583	75926	28740	21520	7841	2322	2067	1660	2208	1688			
秋蚕	张	395498	598443	477479	288189	205589	127454	44751	40180	35420	34123	29679			
蚕茧产量	吨	27600	38237	33120	21580	18920	13718	7884	7261	5842	5254	4893	4065	3555	
春茧	吨	11908	18178	16538	11652	11667	8635	5794	5398	4239	3600	3414			
夏茧	吨	3023	2816	2512	1032	783	296	103	118	74	102	83			
秋茧	吨	12669	17243	14070	8896	6470	4787	1985	1746	1529	1552	1396			

注：1.2016 年后的主要畜牧品种根据农业普查作相应调整；2.2018 年后生猪、牛、羊、家禽的存栏、出栏、肉产量已调整这调查队数据。

3–16 分县区畜牧业生产

指　标	单位	全　市	吴兴区	南浔区	德清县	长兴县	安吉县	△市区
年末生猪存栏数	万头	26.22	2.98	6.69	4.66	6.62	5.28	9.67
#能繁殖母猪	万头	2.92	0.34	0.64	0.67	0.70	0.57	0.98
肥猪出栏数	万头	35.72	3.90	7.31	9.52	7.61	7.37	11.21
生猪全年饲养量	万头	61.94	6.88	14.00	14.18	14.23	12.65	20.88
年末牛存栏数	头	2212	26.00		1508.00	471.00	207.00	26.00
牛出栏数	头	709	8.00		215.00	356.00	130.00	8.00
年末羊存栏数	万只	52.44	7.91	18.58	8.20	16.34	1.41	26.48
羊出栏数	万只	45.92	6.52	17.98	7.53	12.49	1.40	24.50
年末家禽存栏数	万羽	944.67	184.87	439.77	97.01	167.72	55.31	624.64
家禽出栏数	万羽	2962.58	571.71	1650.01	240.50	373.97	126.39	2221.72
年末兔存栏数	万只	7.55		4.03	3.50	0.02	0.00	4.03
兔出栏数	万只	8.59		6.79	1.73	0.06	0.01	6.79
肉类产量	吨	80094	12605.29	31934.67	12909.38	14443.99	8200.32	44539.96
#猪肉	吨	29440	3212.25	6416.80	7845.00	5869.49	6096.11	9629.05
羊肉	吨	8588	1119.11	3484.43	1409.14	2320.73	254.60	4603.53
禽肉	吨	42066	8273.93	22033.45	3655.24	6253.77	1849.61	30307.38
鸡鸭鹅蛋产量	吨	21771	4508.77	7646.76	3191.04	6016.21	408.23	12155.53

3-17 分县区茶叶和园林水果生产

指 标	单位	全 市	吴兴区	南浔区	德清县	长兴县	安吉县	△市区
茶园总面积	公顷	27448	2559	2	1737	9154	13996	2561
#本年新增面积	公顷	27166	2559	0	1717	9147	13743	2559
茶叶总产量	吨	11532	600	1	668	6236	4027	601
果园面积	公顷	8247	768	580	909	4984	1006	1348
1.柑桔园	公顷	349	15	226	8	96	4	241
2.梨园	公顷	538	96	26	104	234	78	122
3.桃园	公顷	1470	424	77	121	670	179	501
4.柿子园	公顷	88	4	8	3	37	38	11
5.李子园	公顷	93	4	9	4	42	34	13
6.枇杷园	公顷	477	28	25	393	21	11	52
7.杨梅园	公顷	1626	47		93	1265	220	47
8.猕猴桃园	公顷	214	9	1	7	88	109	11
9.葡萄园	公顷	2261	94	162	140	1728	137	256
10.其他果园	公顷	1129	47	46	38	803	196	92
水果总产量	吨	150792	16529	11259	11458	103557	14290	27788
1.柑桔	吨	8037	455	5173	95	2196	118	5628
(1)柑	吨	5416	50	4413	6	947		4463
(2)桔	吨	2144	402	757	88	779	118	1159
(3)橙	吨	183		1		182		1
(4)柚	吨	187		3	1	184		3
2.梨头	吨	9784	1682	621	1017	4862	1602	2303
3.桃子	吨	28834	9081	1420	1674	13377	3282	10501
4.李子	吨	1445	68	79	38	619	642	148
5.杨梅	吨	18635	549		811	15519	1756	549
6.枇杷	吨	6635	790	212	5269	243	121	1002
7.柿子	吨	2158	85	110	30	437	1495	195
8.葡萄	吨	61345	2416	3028	2288	51322	2292	5443
9.猕猴桃	吨	2791	226	50	18	889	1609	276
10.其他水果	吨	17150	1149	564	204	13858	1375	1713

3-18　分县区林业生产

指　标	单位	全　市	吴兴区	南浔区	德清县	长兴县	安吉县	△市区
一、人工造林面积	公顷							
二、年末实有封山育林面积	公顷							
三、四旁（零星）植树	万株							
四、育苗面积	公顷							
五、森林抚育面积	公顷							
六、主要林产品产量								
1.油茶籽	吨	14	14					14
2.棕片	吨							
3.竹笋干	吨	27438	4151		10027	6030	7230	4151
4.山核桃	吨	477					477	
5.板栗	吨	2420			200	182	2038	
6.白果	吨	853				853		
7.箬叶	吨							
8.毛料	吨							
9.竹壳	吨							
10.人造板原料	吨							
11.木本药材	吨							
七、竹木采伐量								
1.商品材采伐	立方米	9133	1724		1086	2743	3580	1724
2.大径竹采伐	万根	4791	511		764	497	3019	511

3-19 分县区渔业生产

指 标	单位	湖州市	吴兴区	南浔区	德清县	长兴县	安吉县	△市区
一、淡水产品产量	吨	604646	114706	215433	173344	77802	23361	330139
1.鱼类	吨	484649	86064	194965	147130	43742	12748	281029
2.甲壳类	吨	48643	13376	14321	8775	8948	3223	27697
#养殖青虾	吨	41042	7845	13596	8774	7630	3197	21441
养殖河蟹	吨	7601	5531	725	1	1318	26	6256
3.贝类	吨	3943	193			3750		193
4.其他	吨	46646	13008	6104	14442	7152	5940	19112
#龟鳖类	吨	27736	6821	2352	12110	718	5735	9173
二、淡水养殖面积	公顷	40077	6458	14280	11697	5295	2347	20738
1.池塘	公顷	40077	6458	14280	11697	5295	2347	20738
2.河沟	公顷							
3.水库	公顷							
三、淡水鱼苗种生产								
1.鱼苗生产	亿尾	146.49	36.00	88.16	21.35		0.98	124.16
2.鱼种生产	吨	20332.64	7570	10387.2	8.44	2300	67	17957.2
3.投放鱼种	吨	24509	6450	7737		6570	3752	14187

3-20　分县区农业机械年末拥有量

指　标	单位	全　市	吴兴区	南浔区	德清县	长兴县	安吉县	△市区
农业机械总动力	千瓦	1384471	120569	320633	281486	394867	266916	441202
#柴油机	千瓦	578427	68612	69535	114677	204391	121212	138147
汽油机	千瓦	68695	7097	5868	5564	24511	25655	12965
电动机	千瓦	737050	44860	245230	161245	165965	119750	290090
一、耕作机械动力	千瓦	128436	11815	17691	17971	55342	25617	29506
1.大中型拖拉机	台	759	138	119	106	160	236	257
2.农用小型拖拉机	台	6261	182	876	1253	3000	950	1058
二、收获机械总动力	千瓦	79894	8212	8096	5988	41741	15857	16308
1.联合收割机	台	1340	160	152	103	680	245	312
2.机动脱粒（打稻）机	台	91	90				1	90
三、植保机械动力	千瓦	28350	4286	4516	3402	9098	7048	8802
机动喷雾机	架	11008	1905	1056	1317	2848	3882	2961
四、排灌机械动力	千瓦							
1.农用水泵	台	88093	5339	20769	24630	26942	10413	26108
2.节水灌溉机械	套	1444	400	194	113	633	104	594
五、农产品加工机械动力	千瓦	98933	5333	10737	9212	19930	53721	16070
1.粮食加工机械		2091	393	544	249	671	234	937
2.油料加工机械	台	315	34	73	55	78	75	107
六、运输机械动力	千瓦							
1.农用运输车	辆							
2.运输型拖拉机	辆							
七、水产机械动力	千瓦	153089	10350	77490	45065	13359	6825	87840
八、其他农业机械动力	千瓦							

3-21　分县区农田水利

指　标	单位	全　市	吴兴区	南浔区	德清县	长兴县	安吉县	△市区
一、有效灌溉面积	千公顷	135.01	13.27	13.51	17.47	23.69	15.84	26.78
二、除涝面积	千公顷	99.18	19.28	27.65	14.09	29.37	8.79	46.93
三、堤防总长度	公里	4305.13	1157.08	529.00	651.43	525.56	1442.06	1686.08
四、堤防保护耕地	千公顷	143.50	34.20	3.44	23.95	18.20	24.01	37.64
五、已建水库	座	155	22		16	35	82	22
六、已建水库总库容	万立方米	89258.71	11157		15299.20	19950.11	42852.40	11157
七、水利资金总投入	万元	540003	65235	66055	53962	139024	100205	115522

3-22 分乡镇基本情况

单位：万元

地区	村民委员会（个）	农村常住人口（人）	农村从业人员（人）	乡镇一般公共预算收入	乡镇一般公共预算支出
吴兴区					
康山街道	10			11197	11197
仁皇山街道	6			1000	400
滨湖街道	12			23100	23100
龙溪街道	6			3920	4817
杨家埠街道	11			5193	5193
织里镇	34			17851	17851
八里店镇	18			196180	15658
妙西镇	15			24089	12604
埭溪镇	20			44329	9946
东林镇	23			31764	17988
道场乡	7			11162	3017
南浔区					
东迁街道	21			61854	10358
旧馆街道	13			30176	10818
南浔镇	32			110989	10491
双林镇	28			39933	11093
练市镇	38			11671	11671
善琏镇	15			13244	8939
菱湖镇	26			26820	10315
和孚镇	22			33264	14437
千金镇	10			4327	4816
石淙镇	7			6681	5410
德清县					
武康街道	2			15677	15677
舞阳街道	9			8302	8302
阜溪街道	6			17979	17979
下渚湖街道	13			19076	9817
康乾街道	5			5716	5716
乾元镇	8			13776	13776
新市镇	19			20438	20438
洛舍镇	6			9997	9997
钟管镇	19			21491	21491
雷甸镇	10			25050	25050
禹越镇	10			10880	10880

3-22 分乡镇基本情况

续 1

地　区	村　民委员会（个）	农村常住人口（人）	农村从业人　员（人）	乡镇一般公共预算收入（万元）	乡镇一般公共预算支出（万元）
新安镇	11			11111	11111
莫干山镇	17			11756	11756
长兴县					
雉城街道				11408	7205
画溪街道	11			17027	16977
太湖街道	8			6404	6404
龙山街道	4			10636	10546
洪桥镇	21			21472	21472
李家巷镇	12			5697	5281
夹浦镇	13			8316	8316
林城镇	18			13765	10251
虹星桥镇	17			10991	7616
小浦镇	11			14849	12832
和平镇	23			26264	2411
泗安镇	27			27527	17140
煤山镇	24			57568	53042
水口乡	8			9263	8967
吕山乡	9			13885	13558
安吉县					
递铺街道	25			46021	46021
昌硕街道	4			47890	12956
灵峰街道	6			7205	7605
孝源街道	5			1935	1570
鄣吴镇	6			3443	3844
杭垓镇	18			11276	11276
孝丰镇	15			21542	21240
报福镇	10			5019	18700
章村镇	8			3615	2403
天荒坪镇	11			18538	18538
梅溪镇	22			42900	46879
天子湖镇	20			7530	7530
溪龙乡	5			4471	52369
上墅乡	7			5048	5048
山川乡	6			4217	10245

3-23 分乡镇基本情况（续表）

地 区	茶 叶 产 量	园林水果 产 量	油菜籽 种面积 （亩）	蔬菜播 种面积 （亩）
吴兴区				
康山街道	0	28.5	90	131
仁皇山街道	0	355	0	344
滨湖街道	0	21	0	4782
龙溪街道	0	40	50	85
杨家埠街道	8	792	15	2450
织里镇	0	2618	2686	22998
八里店镇	0	706	1730	14560
妙西镇	266	6833	2650	8764
埭溪镇	212	1173	1159	9411
东林镇	24	1360	4206	10295
道场乡	80	904	650	7895
高新区	0	1698	3020	39175
南浔区				
东迁街道	0	395	2000	4640
旧馆街道	0	1024	1100	3912
南浔镇	0	1614	2463	10583
双林镇	1	1278	3618	11803
练市镇	0	5362	5052	18487
善琏镇	0	437	2905	4549
菱湖镇	0	0	13545	9478
和孚镇	0	372	2002	12906
千金镇	0	232	4362	7750
石淙镇	0	544	3000	2004
德清县				
武康街道	13	76	65	603
舞阳街道	3	256	760	14850
阜溪街道	226	471	552	3995
下渚湖街道	7	881	790	2731
康乾街道	0	75	140	580
乾元镇	2	2433	441	8785
新市镇	0	206	1381	7210
洛舍镇	5	213	620	2104
钟管镇	0	423	1593	6500
雷甸镇	0	3153	682	3681

3-23 分乡镇基本情况（续表）

续 1　　单位：吨

地　区	茶　叶 产　量	园林水果 产　量	油菜籽 种面积 （亩）	蔬菜播 种面积 （亩）
禹越镇	0	742	691	3799
新安镇	0	550	1016	3002
莫干山镇	411	1978	80	5641
长兴县				
雉城街道	0	0	78	204
画溪街道	83	14192	4956	9282
太湖街道	2	2655	1520	6934
龙山街道	74	6644	2680	3647
洪桥镇	4	1939	1060	16137
李家巷镇	20	9526	2190	7020
夹浦镇	83	8946	4350	4874
林城镇	133	7237	9806	24176
虹星桥镇	1	10861	4883	25860
小浦镇	92	2522	5480	7192
和平镇	1643	19587	6075	29491
泗安镇	3778	8479	7403	34953
煤山镇	116	3835	2191	10021
水口乡	205	3603	1260	7958
吕山乡	1	3193	2433	22691
太湖图影旅游度假区	2	338	44	1173
安吉县				
递铺街道	1192	3081	2150	24878
昌硕街道	14	370	0	4500
灵峰街道	75	207	3121	5817
孝源街道	379	81	162	2172
鄣吴镇	88	465	2324	6451
杭垓镇	156	654	3309	9830
孝丰镇	330	608	1485	18454
报福镇	107	299	193	10182
章村镇	64	825	80	6205
天荒坪镇	43	365	639	3876
梅溪镇	511	2480	2227	10244
天子湖镇	387	4002	8833	12957
溪龙乡	555	672	135	1621
上墅乡	122	60	945	6218
山川乡	4	121	133	2053

主要统计指标解释

农村户数　是指长期（一年以上）居住在农村的住户数，户口不在本地而在本地居住一年及以上的住户也包括在本地农村住户内；有本地户口，但举家外出谋生一年以上的住户，无论是否保留承包耕地都不包括在本地农村住户范围内。不包括乡村地区内的国有经济的机关、团体、学校、事业单位的集体户。

农村人口数　指本行政区域内的以下四部分人口：居住在本行政区域，户口在本行政区域或者户口待定的人口；居住在本行政区域，户口在外县（市），离开户口登记地半年以上的人口；户口在本行政区域，居住在外县（市），离开户口登记地不到半年的人口；户口在本行政区域，居住在港澳台或国外的人口。

农村从业人员　指农村人口中 16 岁以上实际参加生产经营活动并取得实物或货币收入的人员，既包括劳动年龄内经常参加劳动的人员，也包括超过劳动年龄但经常参加劳动的人员。但不包括户口在家的在外学生、现役军人和丧失劳动能力的人，也不包括待业人员和家务劳动者。从业人员年龄为 16 岁以上。

自来水受益村数　是指符合卫生标准，并经公用设施处理的管道输送水。通自来水的村指乡镇行政区域内通自来水的村数。

通有线电视村数　指已开通有线电视线路，并开始使用的行政村。

通宽带村数　指能通过 XDSL、FTTX+LAN、WLAN 等有线和无线方式接入中国互联网的行政村个数。

农作物播种面积　指实际播种或移植有农作物的面积。凡是实际种植有农作物的面积，不论种植在耕地上还是非耕地上的，也不论面积大小，均应包括在内。统计播种面积，按种植一次算一次，但移植作物的，按移植后的面积计算。

粮食产量　统计上分为谷物、豆类、薯类。谷物包括稻谷、小麦、大麦、玉米和其他谷物，均按脱粒晒干后的原粮计算产量；豆类包括大豆、蚕（豌）豆、杂豆，按去豆荚后的干豆计算产量；薯类包括番薯、马铃薯，按 5 公斤鲜薯折 1 公斤粮食计算产量。

茶叶产量　指本年度内生产的全部茶叶产量。包括从成片茶园和零星种植的茶树以及荒芜未垦复的茶树上所采摘的全部产量。不论自食的或出售的，都应统计在内。茶叶的产量按经过初步加工的干毛茶的重量计算。根据制造方法的不同和品质上的差异，将茶叶分为绿茶、青茶、红茶、黑茶、黄茶、白茶、其他茶等。

农业机械总动力　是指主要用于农、林、牧、渔业的各种动力机械的动力总和，包括耕作机械、农用排灌机械、收获机械、植保机械、林业机械、畜牧机械、渔业机械、农产品加工机械、农用运输机械等其他农业机械。

造林面积　指本年度内在荒山、荒地、沙丘等一切可以造林的土地上，采取人工播种、植苗、飞机播种等方法，新植的成片乔木和灌木林，经检察验收，符合“造林技术规程”要求的株数，成活率达 85%以上（1986 年以前成活率按 40%以上计算）的面积。四旁植树在四行以上，连续面积在一亩以上，应统计造林面积内。

牲畜出栏数　是指饲养生产者在一定时期内将饲养的成年畜出售和自宰自食的全部头数。

肉产量　是指当年出栏并已屠宰的畜禽肉产量。即屠宰后除去头蹄下水后带骨的胴体重量。

水产品产量　是指人工养殖并已起捕的水产品和捕捞天然生长的全部水产品总量。

农林牧渔业总产值　是指以货币表现的农林牧渔业全部产品总量，反映一定时期内农林牧渔业生产的总成果和总规模。

农林牧渔业增加值　是指在报告期内农林牧渔业生产单位和农户从事农、林、牧、渔业生产经营活动所提供的最终成果的货币表现。1997 年起，农林牧渔业增加值采用生产法计算，取消分配法计算方法。

四、工业、能源、用水

4-1 分县区规模以上工业总产值

单位：万元

行业分类	全 市	吴兴区	吴兴	南太湖新 区	南浔区	德清县	长兴县	安吉县	△市区
规模以上工业	64680101	13214629	9346759	3867870	11248714	12316670	18238721	9661367	24463343
#轻工业	23523873	4375651	3490774	884878	2758498	4258074	7191892	4939758	7134149
重工业	41156228	8838978	5855986	2982992	8490216	8058595	11046830	4721609	17329194
#国有控股企业	3707647	433210	343030	90180	269352	637674	1757739	609672	702561
#大型企业	12609346	3607872	3335440	272433	1036246	1867754	3372120	2725354	4644118
中型企业	16081849	3819719	2151722	1667997	2422034	2738146	5163417	1938534	6241753
小型企业	35988906	5787038	3859598	1927440	7790434	7710770	9703184	4997480	13577472
1. 按登记注册类型分									
内资企业	53510250	10946114	7635512	3310603	9801949	9762230	15273100	7726857	20748064
#国有企业	2312	2312	2312						2312
集体企业	15019				9408	5611			9408
股份合作企业	7291	2439		2439		2526	2327		2439
有限责任公司	12237346	2352248	2028627	323621	571131	1930512	4771834	2611621	2923379
股份有限公司	6814765	2155970	1161390	994580	1490487	1241093	917401	1009813	3646457
私营企业	34411415	6433146	4443183	1989963	7730923	6560385	9581538	4105424	14164069
港澳台商投资公司	4241332	1325232	1218941	106291	432098	1285831	636355	561817	1757330
外商投资企业公司	6928519	943283	492307	450977	1014667	1268609	2329267	1372693	1957950
2. 按国民经济行业分									
采矿业									
非金属矿采选业	437642	208541	191286	17256		100794	126202	2105	208541
制造业									
农副食品加工业	959473	116045	60203	55842	291187	278530	73462	200249	407232
食品制造业	533426	107786	41047	66740	5815	120035	104261	195529	113601
酒、饮料和精制茶制造业	430093	190468	13907	176561	4195	88160	37119	110151	194664
纺织业	4258566	477211	408443	68768	1091487	484757	2125707	79404	1568698
纺织服装、服饰业	703250	227873	179615	48258	92684	240669	111655	30369	320557
皮革、毛皮、羽毛及其制品和制鞋业	64468	8106	4125	3981	12052	34422	4224	5665	20158
木材加工和木、竹、藤、棕、草制品业	1685936	40837	38748	2089	1009879	300411	78107	256702	1050716
家具制造业	3230607	36240	25849	10391	213904	618475	59389	2302600	250144

4-1 分县区规模以上工业总产值

续 1　　　　单位：万元

行业分类	全 市	吴兴区	吴兴	南太湖新区	南浔区	德清县	长兴县	安吉县	△市区
造纸和纸制品业	774089	26906	16683	10223	76130	361466	141537	168050	103036
印刷和记录媒介复制业	293885	63775	28656	35119	54343	105902	51299	18567	118118
文教、工美、体育和娱乐用品制造业	843610	37035	29975	7060	217708	269557	245221	74088	254743
石油、煤炭及其他燃料加工业	236941				14893	26604	187272	8172	14893
化学原料和化学制品制造业	3305200	268994	159711	109283	399232	1166064	1068785	402126	668226
医药制造业	1881404	82541	13327	69213	74412	571376	66049	1087027	156952
化学纤维制造业	4298246	2319692	2319692		239801	101897	1411308	225547	2559493
橡胶和塑料制品业	1741656	293822	111002	182820	99043	359187	388058	601547	392864
非金属矿物制品业	6187078	1157589	371184	786405	885030	1738972	2152320	253167	2042619
黑色金属冶炼和压延加工业	2138919	1381207	702281	678926	465412	211071	47851	33379	1846619
有色金属冶炼和压延加工业	2196978	775332	775332		69821	133585	208729	1009511	845153
金属制品业	2738980	412456	302264	110192	1336826	607020	183353	199327	1749281
通用设备制造业	5650977	1112571	677428	435142	1417393	1708695	851894	560423	2529964
专用设备制造业	1665634	654741	558068	96673	53343	453785	395749	108016	708084
汽车制造业	4191025	366320	76349	289971	33285	301782	2983798	505841	399605
铁路、船舶、航空航天和其他运输设备制	105005	28973	28973		8758	35291	13394	18588	37731
电气机械和器材制造业	8074143	1678285	1279942	398343	2413403	945917	2755148	281391	4091688
计算机、通信和其他电子设备制造业	2383237	567202	474020	93182	135403	454094	805936	420603	702604
仪器仪表制造业	252228	28903	13972	14931	8656	75445	133806	5418	37559
其他制造业	118654				7302	111352			7302
废弃资源综合利用业	780963	136603	102184	34418	190313	24637	398918	30492	326915
电力、燃气及水的生产和供应业									
电力、热力生产和供应业	1671219	88549	61630	26919	190419	135213	856812	400226	278968
燃气生产和供应业	721905	252062	222737	29325	130632	128388	155637	55187	382694
水的生产和供应业	114826	58126	58126		5955	23120	15722	11904	64081

4-2 分县区规模以上工业单位数

单位：个

指 标	全 市	吴兴区			南浔区	德清县	长兴县	安吉县	△市区
			吴兴	南太湖新区					
规模以上工业	4030	625	422	203	954	908	955	588	1579
#轻工业	1829	245	179	66	366	365	459	394	611
重工业	2201	380	243	137	588	543	496	194	968
#国有控股企业	77	10	7	3	12	23	21	11	22
#大型企业	39	9	7	2	3	10	6	11	12
中型企业	243	38	24	14	41	53	63	48	79
小型企业	3748	578	391	187	910	845	886	529	1488
按登记注册类型分									
内资企业	3694	560	394	166	907	817	871	539	1467
#国有企业	3	1	1			1		1	1
集体企业	2				1	1			1
股份合作企业	3	1		1		1	1		1
有限责任公司	291	65	48	17	37	65	72	52	102
股份有限公司	82	19	14	5	11	18	13	21	30
私营企业	3311	473	331	142	858	730	785	465	1331
港澳台商投资公司	151	22	11	11	25	49	28	27	47
外商投资企业公司	185	43	17	26	22	42	56	22	65

4-3 分县区规模

指　标	全 市	吴兴区	吴兴	南太湖新　区
工业企业单位数（家）	4030	625	422	203
#亏损企业	881	165	102	63
工业总产值（现价）	64680101	13214629	9346759	3867870
产成品	3583231	784852	537389	247463
资产合计	76819546	17386045	11787822	5598223
流动资产合计	46536423	10178336	6522844	3655492
应收账款	15686774	3415144	2341171	1073973
固定资产原价	28911499	6094144	4405148	1688996
本年折旧	1706795	364498	274205	90293
负债合计	45088371	10431170	7473353	2957817
流动负债	39550718	8781881	6169628	2612252
所有者权益	31731163	6954873	4314469	2640404
实收资本	14341403	3496360	2257583	1238777
营业收入	74001804	14595584	10313661	4281923
营业成本	64623981	12931487	9184489	3746998
税金及附加	366080	48900	33088	15813
销售费用	1836505	311761	180225	131535
营业利润	3398425	452212	346924	105288
利润总额	3587270	503708	389680	114028
亏损企业亏损额	658784	184936	108143	76793
利税总额	5386037	785402	572541	212860
本年应交增值税	1432687	232794	149774	83020
平均用工人数（人）	464350	77407	52543	24864

以上工业主要指标

单位：万元

南浔区	德清县	长兴县	安吉县	△市区
954	908	955	588	1579
127	222	222	145	292
11248714	12316670	18238721	9661367	24463343
524084	928521	848390	497384	1308936
11409361	14873399	21794247	11356494	28795406
7503662	9140054	13518388	6195983	17681998
3049234	3217372	4250027	1754996	6464378
3927507	5274932	8285684	5329233	10021650
244083	308909	518432	270873	608581
7125065	7978132	13753353	5800651	17556235
6429079	7027920	12543140	4768698	15210960
4284296	6895265	8040888	5555840	11239169
2014066	2938508	3904197	1988272	5510426
11888541	12666550	24927471	9923658	26484124
10427504	10439040	22786192	8039759	23358991
48011	58024	162939	48206	96912
294891	503935	437249	288669	606652
455502	789858	823602	877251	907714
491186	839873	854113	898390	994894
75661	70482	265803	61901	260597
804889	1227502	1350506	1217739	1590290
265691	329605	333454	271143	498485
83218	104344	107328	92053	160625

4-4 分行业规模

行业分类	企业单位数（家）	#亏损企业	营业收入	营业成本
总　计	**4030**	**881**	**74001804**	**64623981**
采矿业	13	1	433848	205905
非金属矿采选业	13	1	433848	205905
制造业	3950	872	70914181	61997325
农副食品加工业	61	13	1025493	922515
食品制造业	48	15	631360	520248
酒、饮料和精制茶制造业	25	9	572196	486267
纺织业	603	138	4675044	4253513
纺织服装、服饰业	93	32	767440	635466
皮革、毛皮、羽毛及其制品和制鞋业	13	5	66026	61062
木材加工和木、竹、藤、棕、草制品业	262	36	1820510	1492515
家具制造业	366	91	3458362	2831021
造纸和纸制品业	65	22	795204	726221
印刷和记录媒介复制业	39	8	308183	268281
文教、工美、体育和娱乐用品制造业	82	16	878314	742244
石油、煤炭及其他燃料加工业	10		237870	229496
化学原料和化学制品制造业	227	42	3437455	2823728
医药制造业	53	14	1637161	853537
化学纤维制造业	34	20	4602533	4467080
橡胶和塑料制品业	149	26	1842068	1595804
非金属矿物制品业	367	61	6370671	5477492
黑色金属冶炼和压延加工业	61	11	2276060	2058912
有色金属冶炼和压延加工业	54	9	2362333	2246903
金属制品业	220	43	3019726	2620634
通用设备制造业	380	79	5874130	4698702
专用设备制造业	163	30	1875885	1530150
汽车制造业	119	27	4322852	3855427
铁路、船舶、航空航天和其他运输设备制	13	3	105291	85021
电气机械和器材制造业	271	71	14283502	13375229
计算机、通信和其他电子设备制造业	106	36	2385792	1994389
仪器仪表制造业	33	7	267206	200561
其他制造业	8	3	134895	112995
废弃资源综合利用业	25	5	880623	831912
电力、燃气及水的生产和供应业	66	8	2644712	2417589
电力、热力生产和供应业	46	5	1780863	1614185
燃气生产和供应业	9	1	740080	693121
水的生产和供应业	11	2	123770	110282

以上工业主要指标

单位：万元

利税总额	利润总额	全部从业人员年平均人数（人）	资产总计	负债合计	应付账款	产成品存货
5386037	**3587270**	**464350**	**76819546**	**45088371**	**12240605**	**3583231**
189579	153841	1459	900482	523308	98830	4655
189579	153841	1459	900482	523308	98830	4655
4998754	3300545	456663	71107955	41490101	11921824	3572242
54238	33544	5803	709637	415666	85080	44592
42561	21800	5515	787730	617253	88789	57638
34820	20112	4390	809216	477393	122832	22650
183592	77813	46936	4733358	3432839	850652	314199
41560	15757	12990	994264	558062	110490	68973
536	-1774	1087	93310	56744	5890	9652
183045	123170	19216	2414005	1349832	265661	137049
326460	183419	58551	3769876	2101705	640716	247353
40095	13006	5894	726373	407945	129940	33508
16415	8457	2953	276840	179887	49235	6460
58744	32496	11772	978311	655249	272691	110601
4188	1578	225	53657	41196	6410	4990
306544	226169	17577	3489107	1731058	397228	172190
508035	421591	13404	2864893	957389	202958	76523
-24875	-92174	16668	3872827	2278853	322098	189610
121764	74684	16025	1721297	1098394	290272	78804
531858	324624	32912	6946311	4190789	1841672	328721
127116	89854	6817	1754249	604066	186260	103673
61872	38247	7559	1161325	817666	211572	61418
252708	181032	19323	2911724	1618997	445173	157060
691841	527883	46627	7817359	4224494	1224915	433594
167017	116425	15027	2777201	1613431	480058	173240
314783	202703	20115	4177807	2738918	1183187	82984
7159	4068	1592	114185	83162	14192	8159
584732	414321	43008	11001566	6950404	1871206	448982
238652	190350	17623	2805462	1432470	391668	119114
28553	17849	3498	387129	245688	74852	26016
15970	10434	1775	154411	49060	11032	37755
78773	23107	1781	804527	561492	145098	16737
194066	130155	6036	4803860	3073601	219532	5738
126499	72393	3922	3416212	2183908	169445	5140
49232	44351	830	375284	161160	15894	563
18335	13412	1284	1012363	728533	34193	34

4-5 市区分行业规模

行业分类	企 业 单位数 （家）	#亏损 企业	营业收入	营业成本
总　　计	**1579**	**292**	**26484124**	**23358991**
采矿业	7		207819	80820
非金属矿采选业	7		207819	80820
制造业	1547	291	25498535	22581023
农副食品加工业	31	7	431442	400591
食品制造业	20	5	144445	117442
酒、饮料和精制茶制造业	8	3	329037	276403
纺织业	221	35	1962788	1771235
纺织服装、服饰业	65	18	354672	285439
皮革、毛皮、羽毛及其制品和制鞋业	7	2	20982	19137
木材加工和木、竹、藤、棕、草制品业	205	21	1100129	936870
家具制造业	73	9	269289	232396
造纸和纸制品业	13	3	103008	94140
印刷和记录媒介复制业	14	2	122538	104867
文教、工美、体育和娱乐用品制造业	34	5	273605	237068
石油、煤炭及其他燃料加工业	6		15323	13369
化学原料和化学制品制造业	74	18	673738	560686
医药制造业	12	5	159549	109456
化学纤维制造业	11	4	2677592	2617854
橡胶和塑料制品业	45	7	429430	367135
非金属矿物制品业	118	17	2031727	1824675
黑色金属冶炼和压延加工业	29	2	1961804	1771893
有色金属冶炼和压延加工业	38	5	930594	856855
金属制品业	73	8	1996843	1746620
通用设备制造业	183	41	2657557	2138426
专用设备制造业	46	12	883721	738696
汽车制造业	29	12	422785	375500
铁路、船舶、航空航天和其他运输设备制	4		38794	29817
电气机械和器材制造业	123	30	4324924	3950463
计算机、通信和其他电子设备制造业	39	15	726603	574537
仪器仪表制造业	8	1	42674	30469
其他制造业	3	1	7602	6933
废弃资源综合利用业	14	3	396279	388891
电力、燃气及水的生产和供应业	25	1	777770	697148
电力、热力生产和供应业	17		323707	248918
燃气生产和供应业	3	1	388705	384002
水的生产和供应业	5		65358	64228

以上工业主要指标

单位：万元

利税总额	利润总额	全部从业人员年平均人数（人）	资产总计	负债合计	应付账款	产成品存货
1590290	**994894**	**160625**	**28795406**	**17556235**	**4605874**	**1308936**
105458	92836	811	473371	173847	22869	1393
105458	92836	811	473371	173847	22869	1393
1392831	829136	157747	26503973	16254281	4507063	1307512
12124	6800	1851	222454	150031	22471	13201
4874	−1444	1711	295821	378590	19025	6743
18850	10096	2478	559115	268071	85627	3375
105949	53990	19796	2111805	1650005	547453	95980
24067	11364	6243	535147	321467	57698	38735
718	16	326	38044	30492	1118	5666
84526	47452	12230	1278226	936563	175708	86831
16390	11097	4460	274606	181616	42783	13985
2755	369	931	93445	83202	26417	2179
7155	4119	1336	118412	78166	22612	4155
17169	9227	3750	276301	192227	61608	12603
857	479	98	8483	6108	3653	151
45488	29597	3650	616957	319792	105928	23739
18782	11488	1648	319092	189670	22022	11439
−26873	−67090	8653	2612682	1604432	276587	71805
32856	20699	3697	468551	262083	56712	23056
97084	39887	9343	2289925	1732032	822662	120001
115073	83475	5031	1553074	489201	157810	85736
40107	28408	5229	790362	568108	146701	23119
175438	134762	9432	1804552	925067	232679	107093
239188	159522	21626	3352670	2094089	561355	110874
54289	36496	5031	1301104	766036	239903	101871
9720	3197	4164	592359	356534	163288	25544
4639	3010	405	42462	30102	3048	2138
148516	105380	16937	3543650	1888037	385440	273418
95828	81268	6209	1125961	532833	150670	29398
5122	2686	612	41860	29740	11101	5038
−3	−646	212	13723	9480	2813	181
38505	705	466	215882	179146	101755	8865
92002	72922	2067	1818062	1128107	75942	32
65938	51137	836	801667	493387	44450	26
13553	12497	454	216518	91750	6318	
12510	9288	777	799877	542970	25174	6

4–6 分县区

行业分类	全　市	吴兴区	吴兴
规模以上工业	**11132469**	**1912785**	**1313611**
#轻工业	4284302	561895	392692
重工业	6848166	1350889	920919
#国有控股企业	573002	73064	49796
#大型企业	2453470	426322	371844
中型企业	2942429	477133	274627
小型企业	5736570	1009330	667140
1. 按登记注册类型分			
内资企业	8878310	1562960	1073766
#国有企业	498	498	498
集体企业	1782		
股份合作企业	1796	546	
有限责任公司	1667052	345516	290542
股份有限公司	1422380	287323	134405
私营企业	5784106	929079	648322
港澳台商投资公司	798991	153442	134282
外商投资企业公司	1455168	196383	105563
2. 按国民经济行业分			
非金属矿采选业	222956	126070	118113
农副食品加工业	133867	8241	7033
食品制造业	119233	25724	7821
酒、饮料和精制茶制造业	72627	34865	2098
纺织业	710482	81344	70395
纺织服装、服饰业	160962	54351	46072
皮革、毛皮、羽毛及其制品和制鞋业	10133	1316	880
木材加工和木、竹、藤、棕、草制品业	374454	6633	6389

规模以上工业增加值

单位：万元

南太湖新　区	南浔区	德清县	长兴县	安吉县	△市区
599174	**1746697**	**2476767**	**2564711**	**2431510**	**3659481**
169204	473077	972972	883498	1392861	1034972
429970	1273620	1503795	1681213	1038649	2624509
23269	56095	79223	181646	182973	129159
54479	277308	523445	332250	894146	703630
202506	420462	734696	762273	547865	897595
342190	1048927	1218626	1470188	989499	2058257
489194	1507320	1884573	2151084	1772373	3070280
					498
	984	798			984
546		891	359		546
54974	130318	258197	483446	449575	475834
152918	208362	465178	159317	302201	495685
280757	1167656	1158813	1507962	1020597	2096734
19160	52807	309367	107467	175909	206248
90820	186570	282827	306161	483228	382953
7957		28621	67870	396	126070
1209	25842	24597	5248	69939	34083
17903	977	28040	22170	42322	26701
32766	906	9481	7224	20152	35771
10949	231882	88002	287339	21914	313226
8279	21980	51638	26794	6198	76331
436	1603	4983	539	1693	2919
244	191138	83477	13203	80003	197771

4-6 分县区

续 1

行业分类	全　市	吴兴区	吴兴
家具制造业	841709	6445	4097
造纸和纸制品业	106461	3607	1616
印刷和记录媒介复制业	47105	15297	7648
文教、工美、体育和娱乐用品制造业	161832	6553	3752
石油、煤炭及其他燃料加工业	8337		
化学原料和化学制品制造业	570623	41927	27869
医药制造业	732726	27831	4579
化学纤维制造业	330009	166917	166917
橡胶和塑料制品业	365098	66161	20941
非金属矿物制品业	968485	94229	49946
黑色金属冶炼和压延加工业	255076	173798	78631
有色金属冶炼和压延加工业	138567	84088	84088
金属制品业	464431	54123	41647
通用设备制造业	1299562	223167	142316
专用设备制造业	392456	145996	110664
汽车制造业	606257	60624	11713
铁路、船舶、航空航天和其他运输设备制	23894	7574	7574
电气机械和器材制造业	856343	158236	101991
计算机、通信和其他电子设备制造业	492548	156322	140097
仪器仪表制造业	69117	10008	3077
其他制造业	33497		
废弃资源综合利用业	94548	15268	4697
电力、热力生产和供应业	371719	34295	25009
燃气生产和供应业	58077	1708	1770
水的生产和供应业	33382	14173	14173

规模以上工业增加值

单位：万元

南太湖新 区	南浔区	德清县	长兴县	安吉县	△市区
2348	47349	149884	19067	618964	53794
1991	7963	49667	18560	26665	11570
7649	5553	15899	7586	2771	20849
2801	43739	53117	42090	16334	50291
	1908	1355	2676	2398	1908
14058	54224	242143	157452	74878	96151
23252	16666	259230	18862	410137	44497
	9354	21376	92513	39849	176271
45220	14099	67763	56453	160623	80260
44283	123806	248040	452800	49611	218034
95167	48801	19996	6384	6099	222598
	9292	5628	17761	21798	93380
12476	224388	124832	23020	38068	278512
80851	292184	428225	195054	160932	515351
35333	11017	87428	105562	42453	157013
48911	12309	67837	349326	116160	72933
	1449	6742	1504	6626	9023
56245	203408	102498	312100	80101	361644
16225	19599	88590	89915	138122	175921
6930	2649	15817	39407	1237	12657
	2018	31479			2018
10571	24458	4440	46691	3691	39726
9286	83038	49146	45741	159499	117333
–62	7927	15113	24778	8550	9635
	5171	1684	9026	3328	19345

4-7 历年用电量

单位：万千瓦时

年 份	全社会用电量	#工业用	#生活用
1985	107664		
1986	135564	106662	6723
1987	153659	121400	8755
1988	163114	127225	11170
1989	161713	126892	10933
1990	171657	131059	13981
1991	192423	147540	15525
1992	216113	168870	16826
1993	252546	198828	18216
1994	291188	224568	22013
1995	314227	242686	25839
1996	332478	252565	33956
1997	324470	244365	33640
1998	326830	236014	36816
1999	350158	255710	40205
2000	417195	305879	49020
2001	456715	339371	53444
2002	537115	411035	58616
2003	650805	496811	73186
2004	738340	600771	65523
2005	852577	686208	78854
2006	958520	768034	92786
2007	1071456	854017	103262
2008	1124869	880668	117752
2009	1230579	957912	131528
2010	1401547	1082265	153957
2011	1575608	1225725	165939
2012	1658389	1265020	192151
2013	1829435	1376855	221431
2014	1916143	1477791	197405
2015	1989124	1511607	214835
2016	2221981	1657306	261872
2017	2443329	1821630	281239
2018	2748017	2034719	313856
2019	2950204	2155129	335026
2020	3022255	2176807	356770
2021	3450180	2482510	382960
2022	3602113	2472425	493654

4-8 分县区供电量、用电量

单位：万千瓦时

行业分类	全　市	吴兴区	南浔区	长兴县	德清县	安吉县
供 电 量	**3409994**	**664850**	**522533**	**943000**	**600752**	**432280**
售 电 量	3329104	653245	508678	927239	588422	421088
线损电量	80890	11606	13855	15761	12330	11192
线损率（%）	2.37	1.75	2.65	1.67	2.05	2.59
最高负荷（万千瓦）	649	176	90	154	103	79.53
全社会用电总计	**3602113**	**906865**	**565302**	**1015901**	**638171**	**459253**
A、全行业用电合计	3108495	764843	491300	914137	559083	362512
第一产业	44397	5992	15040	3825	16849	2691
第二产业	2536971	561239	416098	828621	435236	279156
第三产业	527128	197611	60162	81691	106998	80665
B、城乡居民生活用电合计	493617	142022	74003	101763	79088	96741
城镇居民	195796	105768	2138	34431	22526	30932
乡村居民	297822	36254	71865	67332	56562	65809
全行业用电分类	**3108495**	**764843**	**491300**	**914137**	**559083**	**362512**
一、农、林、牧、渔业	62294	9048	25400	6112	17963	3770
1.农业	18962	2104	9241	1611	4264	1742
2.林业	701	418	41	127	36	79
3.畜牧业	3625	349	913	1038	946	379
4.渔业	21109	3121	4845	1049	11603	491
5.农、林、牧、渔专业及辅助性活动	17897	3056	10361	2287	1115	1078
二、工业	2471596	544029	403086	816873	422666	268322
（一）采矿业	18956	10458	127	4153	2781	1437
1.煤炭开采和洗选业	0	0	0	0	0	0
2.石油和天然气开采业	0	0	0	0	0	0
3.黑色金属矿采选业	0	0	0	0	0	0
4.有色金属矿采选业	0	0	0	0	0	0
5.非金属矿采选业	16245	8684	126	4147	2745	543
6.其他采矿活动	2711	1774	1	6	37	894
（二）制造业	2273740	501964	368633	770465	388633	244046
1.农副食品加工业	19860	2943	6245	2566	5022	3084
2.食品制造业	18127	3978	1639	2375	2919	7216
3.酒、饮料及精制茶制造业	5177	902	156	885	1645	1589
4.烟草制品业	0	0	0	0	0	0
5.纺织业	509310	58259	114231	266892	47132	22796
6.纺织服装、服饰业	79088	60833	5130	7569	4501	1055
7.皮革、毛皮、羽毛及其制品和制鞋业	7649	492	3155	1676	1064	1262
8.木材加工和木、竹、藤、棕、草制品业	94953	1868	45654	4638	9667	33127
9.家具制造业	45463	1804	7303	3062	6264	27029
10.造纸和纸制品业	37127	213	1025	2226	16550	17114
11.印刷和记录媒介复制业	7184	1374	772	992	1864	2182
12.文教、工美、体育和娱乐用品制造业	8257	382	605	1396	4216	1658
13.石油、煤炭及其他燃料加工业	3359	278	1574	246	545	716
14.化学原料和化学制品制造业	63249	5321	6036	8785	38057	5050
15.医药制造业	26299	4709	979	3025	7834	9752
16.化学纤维制造业	225599	137695	25561	52439	2970	6933
17.橡胶和塑料制品业	99726	12831	6471	25202	25801	29420
18.非金属矿物制品业	278850	15528	33933	145925	59880	23584

4-8 分县区供电量、用电量

续 1

单位：万千瓦时

行业分类	全 市	吴兴区	南浔区	长兴县	德清县	安吉县
19.黑色金属冶炼和压延加工业	56329	32207	17530	970	5524	98
20.有色金属冶炼和压延加工业	41472	23053	3218	5552	5106	4543
21.金属制品业	149995	21316	20890	14641	82633	10515
22.通用设备制造业	77995	31476	15583	11679	14682	4575
23.专用设备制造业	26250	4404	1776	12596	4571	2903
24.汽车制造业	42190	6741	1958	24286	1705	7501
25.铁路.船舶.航空航天和其他运输设备制造业	8809	2462	298	2183	3518	348
26.电气机械和器材制造业	241086	42873	35132	141444	13570	8067
27.计算机、通信和其他电子设备制造业	48476	14017	5441	11297	9249	8471
28.仪器仪表制造业	2782	1302	67	489	775	149
29.其他制造业	39168	10071	5282	14492	8496	827
30.废弃资源综合利用业	9096	2452	870	791	2738	2244
31.金属制品、机械和设备修理业	815	178	117	146	136	237
（三）电力、热力、燃气及水生产和供应业	178901	31607	34326	42256	31252	22839
1.电力、热力生产和供应业	146588	24441	28617	31757	27203	17950
2.燃气生产和供应业	952	127	469	141	86	130
3.水的生产和供应业	31361	7039	5241	10358	3963	4760
三、建筑业	66189	17389	13130	11893	12706	11072
1.房屋建筑业	6797	790	253	2979	112	2662
2.土木工程建筑业	46629	15448	11823	5555	8680	5122
3.建筑安装业	337	179	45	37	54	23
4.建筑装饰、装修和其他建筑业	12426	971	1008	3322	3859	3265
四、交通运输、仓储和邮政业	51888	24497	2660	10308	8482	5942
1.铁路运输业	22415	13607	207	3084	2816	2701
2.道路运输业	11886	5003	1569	1429	2258	1627
3.水上运输业	323	108	56	38	0	120
4.航空运输业	149	0	3	0	146	0
5.管道运输业	2413	9	0	2403	1	0
6.多式联运和运输代理业	3165	291	13	2472	136	252
7.装卸搬运和仓储业	10468	4871	741	794	2961	1100
8.邮政业	1071	607	71	89	163	141
五、信息传输、软件和信息技术服务业	62456	16134	4038	5762	30779	5743
1.电信、广播电视和卫星传输服务	20182	9054	2229	4931	566	3403
2.互联网和相关服务	38669	4413	1679	705	29812	2060
3.软件和信息技术服务业	3605	2666	131	127	402	280
六、批发和零售业	117169	51117	13167	15952	18815	18118
七、住宿和餐饮业	58230	12829	5802	13767	10485	15348
八、金融业	9995	2929	970	1034	3723	1341
九、房地产业	45124	22729	4604	6616	5073	6101
十、租赁和商务服务业	20601	9667	3137	2622	3960	1214
十一、公共服务及管理组织	142952	54475	15304	23198	24431	25543
1.科学研究和技术服务业	7478	3249	187	1037	1198	1806
2.水利、环境和公共设施管理业	31227	10462	3621	4936	6323	5885
3.居民服务、修理和其他服务业	8692	3120	1322	1598	1332	1319
4.教育、文化、体育和娱乐业	39209	14142	3749	6316	8164	6838
5.卫生和社会工作	25714	11476	2221	4631	3458	3929
6.公共管理和社会组织、国际组织	30634	12026	4205	4680	3957	5765

4-9　历年主要能源消费量

单位：吨

年　份	原　煤 （万吨）	焦　炭	汽　油	柴　油	燃料油	电　力 （亿千瓦时）
1990	140.53	21009	12025	14966	13727	6.37
1991	163.36	13562	14763	17601	18611	8.87
1992	213.34	9938	15895	24772	15921	9.21
1993	262.75	13430	16698	37547	12002	10.95
1994	282.74	15776	15867	17227	11550	12.00
1995	283.23	13825	14369	20815	12707	14.40
1996	294.47	11236	14531	17366	9119	14.56
1997	266.01	12072	13330	20698	5748	12.74
1998	334.97	16263	7012	22746	11860	20.02
1999	412.79	14392	5860	24811	12555	32.48
2000	457.23	12750	4984	16875	6258	43.98
2001	461.54	13533	4450	21210	6816	55.50
2002	525.94	12390	12071	30676	13201	64.25
2003	703.12	10318	5764	42716	19305	74.35
2004	728.22	9295	4268	40851	21289	66.77
2005	841.50	6685	35877	93262	30513	67.70
2006	1023.55	13103	17877	68678	39558	74.17
2007	1043.84	11447	20547	69369	38142	83.51
2008	942.92	12128	16606	68343	71437	82.68
2009	919.48	9889	14837	63575	86826	88.75
2010	817.58	9206	15392	67179	49887	93.85
2011	808.46	4754	11961	55507	45118	95.27
2012	720.60	8736	12666	53162	29652	101.67
2013	719.00	15203	13520	53174	22552	111.82
2014	713.53	15121	11919	48828	15688	120.34
2015	818.18	14022	11973	44513	15560	127.81
2016	825.43	17823	11966	44613	10500	140.31
2017	888.41	14988	10467	38248	5132	146.48
2018	946.18	10819	8279	36665	5352	161.37
2019	904.84	6244	7597	36510	4610	174.15
2020	829.70	2890	6216	31111	3616	180.04
2021	1048.55	135	5597	38439	1758	208.65
2022	1133.00	6180	4794	31110	408	219.12

注：历年统计范围：1990–1997 年为乡以上全部独立核算企业；1998–2006 年除 2004 年为年耗标煤千吨以上企业之外，其他年份为全部国有及年产品销售收入 500 万元及以上的非国有工业企业；2007–2010 年为年主营业务收入 500 万元及以上的工业法人企业；2011 年开始为年主营业务收入 2000 万元及以上的工业法人企业。下同。

4–10 历年市区主要能源消费量

单位：吨

年 份	原 煤（万吨）	焦 炭	汽 油	柴 油	燃料油	电 力（亿千瓦时）
1990	38.21	20007	6549	8836	11226	3.53
1991	45.71	12303	8718	9048	14577	4.03
1992	44.12	9170	7805	10863	12958	3.98
1993	47.56	12808	9170	11607	8641	4.59
1994	47.61	15151	7598	8015	8856	4.84
1995	48.22	12498	6828	9719	9923	5.80
1996	47.98	10804	6171	7464	7457	5.95
1997	42.97	11623	5828	8740	3834	5.27
1998	90.14	14545	3255	13863	3288	8.75
1999	138.92	12351	2720	15140	4313	10.16
2000	141.83	10747	2453	11650	2581	12.15
2001	119.09	11744	1891	11992	2436	11.62
2002	139.28	11188	8995	16119	4440	13.91
2003	151.67	7590	2518	21340	9747	16.45
2004	149.52	4686	2034	21390	8807	12.50
2005	183.86	4578	30134	55994	9621	26.18
2006	208.07	9449	11459	39851	14500	26.74
2007	208.76	6603	13098	40583	8674	31.16
2008	169.20	5667	10146	41580	12809	28.97
2009	147.46	1531	8809	34572	13907	30.89
2010	132.90	1595	9319	34107	9603	32.80
2011	118.64	1264	7196	28747	7034	32.66
2012	111.18	1463	7849	31823	1648	34.21
2013	109.66	1562	8054	31363	2368	37.25
2014	114.38	1582	7323	30158	1953	40.65
2015	111.87	1455	6991	25736	2792	41.79
2016	109.12	1102	7353	25671	2525	45.70
2017	122.80	157	5795	18861	133	48.10
2018	128.50	77	3961	15541	101	56.66
2019	135.72	0	3585	14812	507	64.13
2020	123.37	0	2456	9905	814	63.81
2021	113.77	0	2717	13150	209	72.84
2022	107.35	0	2344	12016	10	75.57

4-11 分县区主要能源消费量

指　标	单位	全　市	吴兴区			南浔区	德清县	长兴县	安吉县	△市区
				吴兴	南太湖新　区					
综合能耗（等价值）	万吨标准煤	1051.89	189.39	129.15	47.45	146.41	165.46	412.80	137.84	335.80
#原煤	万吨	1133.00	51.59	39.87	11.71	55.76	93.78	879.46	52.42	107.35
焦炭	吨	6180	0.00	0	0	0	0	5866	314	0.00
天然气	亿立方米	14.17	1.67	1.18	0.49	2.90	1.82	6.60	1.18	4.58
汽油	吨	4794	812	108	282	1532	1249	502	698	2344.05
柴油	吨	31110	7770	3551	4141	4246	6702	8518	3873	12016.51
燃料油	吨	408	10	9	0	0	363	0	36	9.60
热力	百万千焦	32649713	6596190	5178381	1412961.22	8403477	9264364	6061898	2323783	14999667.26
电力	亿千瓦时	219.12	45.24	29.57	11.21	30.32	35.27	74.54	33.75	75.57

4-12　分行业主要

行业分类	综合能耗（等价值）（万吨标准煤）	原煤	焦炭
总　　计	**1051.89**	**11330011**	**6180**
非金属矿采选业	5.80	0	0
农副食品加工业	9.05	0	0
食品制造业	4.49	0	0
酒、饮料和精制茶制造业	3.16	0	0
纺织业	156.89	0	0
纺织服装、服饰业	6.35	0	0
皮革、毛皮、羽毛及其制品和制鞋业	0.79	0	0
木材加工和木、竹、藤、棕、草制品业	20.25	0	0
家具制造业	11.48	0	0
造纸和纸制品业	20.72	0	0
印刷和记录媒介复制业	2.44	0	0
文教、工美、体育和娱乐用品制造业	12.00	0	0
石油加工、炼焦和核燃料加工业	0.57	0	0
化学原料和化学制品制造业	30.39	13465	0
医药制造业	12.06	252343	5866
化学纤维制造业	113.17	310896	0
橡胶和塑料制品业	29.13	49947	0
非金属矿物制品业	277.32	2204493	0
黑色金属冶炼和压延加工业	26.26	0	0
有色金属冶炼和压延加工业	17.41	0	0
金属制品业	23.16	0	314
通用设备制造业	31.94	1723	0
专用设备制造业	11.40	0	0
汽车制造业	16.85	0	0
铁路、船舶、航空航天和其他运输设备制造业	0.52	0	0
电气机械和器材制造业	60.98	15	0
计算机、通信和其他电子设备制造业	18.42	0	0
仪器仪表制造业	0.64	0	0
其他制造业	0.28	0	0
废弃资源综合利用业	5.43	0	0
电力、热力生产和供应业	117.64	8497130	0
燃气生产和供应业	0.16	0	0
水的生产和供应业	4.64	0	0

能源品种消费量

单位：吨

天然气（万立方米）	汽油	柴油	燃料油	热力（百万千焦）	电力（万千瓦时）
141688	4794	31110	408	32649713	2191223
0	0	6945	0	0	16858
791	13	2338	0	865046	16912
299	25	126	0	225374	11249
824	0	0	0	196453	5410
23999	231	259	252	12116209	303311
369	218	102	0	519428	14423
	0	497	0	99088	1332
1190	149	466	0	1086717	52158
973	374	111	0	11812	35662
432	26	208	0	2725765	33205
355	81	209	0	39844	6262
1806	141	59	0	592109	27676
151	0	0	0	1441	1416.2
2394	135	756	0	2806650	52092.6
486	90	110	0	1057775	21798.4
2268	0	669	0	6321817	253919.2
338	96	130	138	563223	79448
22806	113	14155	0	1775574	271770.8
6408	0	255	0	44008	60159.6
5302	57	282	9	39464	38237.2
3214	152	235	9	217285	64676
2825	1198	858	0	70846	97096.4
1553	93	152	0	55588	32692
1564	36	235	0	109707	50867
76	35	19	0	2384	1437
2607	539	426	0	411728	198562.8
1853	35	16	0	330114	50355.6
15	4	8	0	0	2176.1
11	5	4	0	0	924.3
1219	6	3	0	107076	12143.2
55515	878	1474	0	257190	359775.6
0	44	4	0	0	524.5
47	21	0	0	0	16131.3

4–13　历年节能降耗情况

单位：%

年　份	单位 GDP 能耗（吨标准煤/万元）	单位 GDP 能耗降低率	单位 GDP 电耗降低率	单位工业增加值能耗降低率
2005	1.18			
2006	1.13	3.8	1.4	4.1
2007	1.08	4.4	1.8	8.5
2008	1.02	5.9	4.8	12.8
2009	0.97	4.8	0.7	8.5
2010	0.94	3.4	–1.6	10.2
2011	0.71	4.4	–1.4	8.3
2012	0.66	6.6	4.0	10.5
2013	0.64	3.5	–1.2	6.8
2014	0.61	5.1	3.4	5.2
2015	0.58	3.7	4.2	5.3
2016	0.55	0.9	–4.0	0.5
2017	0.52	5.2	–1.3	8.5
2018	0.50	4.7	–4.1	6.4
2019	0.46	2.9	0.5	2.2
2020	0.44	4.7	0.8	5.4
2021	–	–0.6	–4.3	0.8
2022	–	–2.6	–1.1	–2.4

注：1.表中能耗均为等价值，若降低率为负数说明本期的指标值与上年同期相比没有降低，反而上升；2..单位工业增加值能耗的统计范围是规模以上法人工业企业；3.指标计算中所采用的 GDP 数据价格口径：2005–2010 年按 2005 年价格计算，2011 年至 2015 年按 2010 年价格计算，2016 年开始按 2015 年价格计算。

4-14　分县区节能降耗情况

单位：%

年　份/地　区	单位GDP能耗（吨标准煤/万元）	单位GDP能耗降低率	单位GDP电耗降低率	单位工业增加值能耗降低率
吴兴区				
2010	0.53			
2011	0.50	6.0	0.9	
2012	0.47	4.8	2.8	
2013	0.45	4.1	1.0	
2014	0.43	5.2	6.9	
2015	0.42	2.7	2.0	
2016	0.39	2.0	-0.9	
2017	0.37	3.6	-3.1	
2018	0.36	4.3	-5.7	
2019	0.31	2.5	0.8	
2020	0.31	1.0	-3.0	
2021	–	-1.6	-4.2	
2022	–	-5.7	-5.5	
南浔区				
2010	0.67			
2011	0.65	3.7	-4.7	6.8
2012	0.62	5.0	4.6	12.0
2013	0.59	4.0	-2.9	7.3
2014	0.56	5.0	2.4	3.4
2015	0.54	3.2	3.8	5.3
2016	0.54	0.7	-4.9	-3.8
2017	0.52	5.3	0.0	6.3
2018	0.50	5.6	-0.3	4.8
2019	0.48	4.3	2.6	6.4
2020	0.46	4.6	6.0	5.5
2021	–	-3.1	-5.3	-2.6
2022	–	2.3	1.6	4.9
德清县				
2010	0.76			
2011	0.71	5.7	-0.1	8.7
2012	0.66	7.3	6.8	9.7
2013	0.64	3.0	-1.0	7.2
2014	0.61	5.1	7.0	6.6
2015	0.57	6.5	8.2	10.5
2016	0.53	3.6	0.8	10.9
2017	0.48	4.0	-0.7	4.9
2018	0.46	3.6	-7.7	9.1
2019	0.47	4.1	-0.4	6.3
2020	0.45	4.2	-2.6	1.8
2021	–	-3.3	-5.9	-0.4
2022	–	1.9	0.6	7.0

4–14 分县区节能降耗情况

续 1 单位：%

年 份/地 区	单位 GDP 能耗（吨标准煤/万元）	单位 GDP 能耗降低率	单位 GDP 电耗降低率	单位工业增加值能耗降低率
长兴县				
2010	1.18			
2011	1.13	4.1	–3.3	9.0
2012	1.03	8.5	8.3	12.7
2013	1.00	3.5	–3.1	6.8
2014	0.95	4.8	0.1	3.7
2015	0.93	2.4	3.3	4.0
2016	0.89	0.3	–6.0	1.2
2017	0.83	7.3	1.4	14.0
2018	0.79	5.1	–1.7	5.2
2019	0.74	1.9	–0.9	–1.8
2020	0.69	6.7	1.4	10.0
2021	–	1.8	–1.0	3.6
2022	–	–2.3	0.4	–2.0
安吉县				
2010	0.49			
2011	0.48	2.7	–4.6	5.6
2012	0.46	3.8	–1.3	8.1
2013	0.44	2.8	–1.3	9.1
2014	0.42	5.0	6.7	8.3
2015	0.42	0.5	0.2	–3.9
2016	0.39	0.5	–5.8	–8.1
2017	0.40	–1.5	–8.4	1.8
2018	0.39	3.9	–6.1	7.3
2019	0.34	5.1	0.8	12.3
2020	0.34	–0.6	–3.1	–5.3
2021	–	–3.3	–5.5	–2.1
2022	–	–7.2	–0.9	–9.2

注：1.表中能耗均为等价值，若降低率为负数说明本期的指标值与上年同期相比没有降低，反而上升；2.单位工业增加值能耗的统计范围是规模以上工业法人企业；3.“十二五”期间按国家规定，GDP 按 2010 年价格计算，2016 年开始，GDP 按 2015 年价格计算；4.吴兴区数据中包括开发区、度假区。

主要统计指标解释

工业 我国的工业，包括（1）对自然资源的开采，如采矿、晒盐、森林采伐等（但不包括禽兽捕猎和水产捕捞；（2）对农副产品的加工、如碾米、磨粉、酿酒、榨油、轧花、缫丝、屠宰、药材加工等；（3）对工业品加工，如炼钢、乳钢、炼焦、化工生产、机器制造、木材加工、纺织印染、服装加工、造纸等；（4）对工业品的修理，如修理机械设备、交通运输工具等；（5）自来水、煤气和电力的生产及供应。

规模以上工业的口径变化 1997 – 2006 年为全部国有和年销售收入 500 万元及以上非国有工业企业，2007 – 2010 年为年主营业务收入 500 万元及以上的工业法人企业，2011 年为年主营业务收入 2000 万元及以上的工业法人企业。

工业总产值（当年价格） 指工业企业在报告期内生产的以货币形式表现的工业最终产品和提供工业劳务活动的总价值量。工业总产值计算有三条原则，工业生产的原则、最终产品的原则和“工厂法”原则。根据国家统计局制度规定，从 1995 年工业普查开始工业总产值统计口径执行新规定，统计范围是指本年生产成品价值、对外加工费收入和自制半成品在制品期末期初差额价值之和。

工业销售产值 是以货币表现的工业企业在一定时期内销售的本企业生产的工业产品总量。它是反映一定时期内工业企业产品销售总规模和总水平的重要指标，是计算工业产品销售率的主要依据。

轻工业 指提供生活消费品和制作手工工具的工业。按其所使用的原料不同，可分为两大类：一是以农产品为原料的轻工业，是指直接或间接以农产品为基本原料的轻工业，主要包括食品制造、饮料制造、纺织、缝纫、毛皮制作、造纸、印刷等工业。二是以非农产品为原料的轻工业，指以工业品为原料的轻工业，主要包括文教用品制造、工艺美术用品制造、化学药品制造、合成纤维制造、日用化学制品、日用玻璃品、日用金属制品、手工工具制造、医疗器械制造、文化和办公用机械制造等工业。

重工业 指生产生产资料的工业，是为国民经济各部门提供物质技术基础的工业。按其生产和产品用途分为三类：（1）采掘（伐）工业，是指对自然资源的开采，包括石油开采、煤炭开采、金属矿开采、非金属开采和木材采伐等工业。（2）原料工业，是指提供国民经济各部门使用的原料、动力和燃料的工业。包括金属冶炼及加工、炼焦及焦炭、化学、化工原料、水泥、人造板、电力、石油加工等。（3）制造工业，是指对原料进行加工制造的工业，包括装备国民经济各部门的机械设备制造工业、金属结构、水泥制品工业，以及为农业提供的生产资料和化肥、农药等工业。

资本金 指企业在工商行政管理部门登记的注册资金合计。企业资本金按投资主体可分为国家资本金、法人资本金、个人资本金、外商资本金等。

总资产 指企业过去的交易或者事项形成的、由企业拥有或者控制的、预期会给企业带来经济利益的资源。资产一般按流动性分为流动资产和非流动资产。其中流动资产可分为货币资金、交易性金融资产、应收票据、应收账款、预付款项、其他应收款、存货等；非流动资产可分为长期股权投资、固定资产、无形资产及其他非流动资产等。

流动资产 资产满足以下条件之一应归为流动资产：（1）预计在一个正常营业周期中变现、出售或耗用，主要包括存货、应收账款等；（2）主要为交易目的而持有；（3）预计在资产负债表日起一年内（含一年）变现；

（4）自资产负债日起一年内，交换其他资产或清偿负债的能力不受限制的现金或现金等价物。包括货币资金、应收票据、应收账款、存货等项目。

固定资产 指企业为生产商品、提供劳务、出租或经营管理而持有的，使用寿命超过一个会计年度的有形资产。包括使用期限超过一年的房屋、建筑物、机器、机械、运输工具以及其他与生产、经营有关的设备、器具、工具等。固定资产合计是时点指标，表示固定资产经过扣减折旧、减值准备等后的期末余额。

负债合计 负债合计包括流动负债合计和长期负债合计，流动负债是指将在一年或一年的一个营业周期内偿还的债务，包括短期借款、应付票据、应付账款、预收账款、应付工资、应交税金、应付利润、其他应付款、预提费用等。长期负债是指偿还期在一年或者超过一年的一个营业周期以上的借款本息，它是除了投资人投入企业的资本以外，企业向债权人筹资，可供企业长期使用的借款本息。

所有者权益 是指企业投资人对企业净资产的所有权，等于企业全部资产减全部负债后的余额，包括企业投资人对企业的最初投入的实际到位的资产以及资本公积金、盈余公积金和未分配利润。

主营收入 指企业在销售商品（不一定是本企业生产）、提供劳务及让渡资产使用权等日常活动中所产生的收入。

税金及附加 指企业日常活动应负担的税金及附加，包括营业税、消费税、城市维护建设税、资源税、土地增值税和教育附加等。

利润总额 指企业在生产经营过程中各种收入扣除各种耗费后的盈余，反映企业在报告期内实现的亏盈总额，包括营业利润、被贴收入、投资净收益和营业外收支净额。

利税总额 指企业产品销售税金及附加、应交增值税和利润总额之和。不包括成本、费用中的有关税金。

综合能源消费量 指报告期内工业企业在工业生产活动中实际消费的各种能源的总和净值。计算综合能源消费量时，需要先将使用的各种能源折算成标准燃料后再进行计算。综合能源消费量 = 工业生产消费的能源合计 - 加工转换产出能源合计 - 回收利用能源合计。

取水量 指工业法人企业从各种水源实际提取的水量。包括提取的地表水、地下水、自来水、污水处理达标水、未达标污水、雨水收集利用以及企业从市场购得的其他水或水产品（如纯净水、矿泉水等），其中还包括采盆企业所取的海水、地下卤水、盐湖水，海水淡化企业所取的海水，自来水生产企业所取的地表水和地下水，污水处理厂处理的污水。取水量不包括重复用水量；不包括企业采自河流、水库、湖泊、海洋，用于冷却，不重复使用，又排回到河流、水库、湖泊、海洋的水；不包括水力发电厂的发电动力用水量。取水量按取水企业和供水企业（单位）商定的水表结算流量计算。如没有水表，按取水企业和供水企业（单位）商定的或有关管理部门规定的计算方法计算。

重复用水量 工业企业重复用水量是指在企业内部，对生产和生活排放的废水直接或经过处理后回收再利用的水量，不包括企业从城市污水处理厂购买的中水和符合企业用水标准的废水。企业废水在报告期每重复利用一次，计算一次重复用水量。重复用水量不包括河湖海冷却直排水量。重复用水量的计算原则：（1）开放原则。即水的循环在开放系统进行，循环一次计算一次，封闭式循环系统的循环水不计算重复用水量。（2）“源头”计算原则。对循环水来说，使用后的水，又回流到系统的取水源头，流经源头一次，计算一次。循环系统中的中间环节用水不得计算重复用水量。（3）异地原则。对于非循环系统，根据不同工艺对不同水质的要求，在一个地方（工艺）使用过的水，在另外一个地方（工艺）中又进行使用，使用一次，计算一次。在同一地方（容器）多次使用的水，不得计算重复用水量。（4）企业经过净化处理后的水重复再用，在任何情况下都可按照重复用水计算。

五、交通运输、邮政、电信

5-1 历年客运情况

年 份	客运量(万人)	公路	内河	旅客周转量(万人公里)	公路	内河
1978	1089	780	309	26626	19753	6873
1979	1267	942	325	31637	23536	8101
1980	1537	1168	369	38635	29336	9299
1981	1731	1364	367	41718	32557	9161
1982	1913	1535	378	45537	36431	9100
1983	2030	1685	345	48240	40081	8159
1984	2226	1832	394	57355	46449	10906
1985	2556	2159	397	70161	59419	10742
1986	2804	2280	524	79920	69333	10587
1987	2836	2305	531	86915	76778	10137
1988	2678	2216	462	84806	75712	9094
1989	2636	2289	347	86477	79644	6833
1990	3078	2808	270	97065	92161	4904
1991	3337	3123	214	109235	105533	3702
1992	3233	3054	179	115863	112915	2948
1993	3859	3770	89	146007	144832	1175
1994	4923	4853	70	205884	204815	1069
1995	5326	5276	50	232090	231338	752
1996	5430	5378	52	241912	241095	817
1997	5886	5861	25	252683	252241	442
1998	6060	6043	17	252594	252338	256
1999	6369	6359	10	260515	260386	129
2000	6675	6670	5	267491	267404	87
2001	7016	7016		275336	275336	
2002	7164	7164		285045	285045	
2003	6985	6985		281676	281676	
2004	7266	7264	2	288380	288366	14
2005	7563	7555	8	294182	294133	49
2006	8393	8384	9	319725	319672	53
2007	8942	8934	8	348491	348442	49
2008	9260	9254	6	353201	353167	34
2009	9752	9735	17	324275	324189	86
2010	9964	9938	26	332882	332719	163
2011	9996	9962	34	338084	337847	236
2012	9476	9431	45	328476	328203	273
2013	8363	8325	38	283768	283551	217
2014	6307	6244	63	221397	221026	371
2015	6047	5976	71	209079	208661	418
2016	5006	4925	81	178716	178259	457
2017	5261	5166	95	171708	171172	536
2018	5340	5242	98	184768	184204	564
2019	5645	5522	123	193159	192389	770
2020	3542	3455	87	105977	105376	601
2021	643	573	70	71700	71229	471
2022	335	305	30	54701	54481	220

注：1978-1985 年为交通部门运量，1986 年及以后为全社会运量。

5-2 历年货运情况

年 份	货运量（万吨）			货物周转量（万吨公里）		
		公路	内河		公路	内河
1978	879	123	756	98931	5193	93738
1979	1011	157	854	115481	5627	109854
1980	1088	170	918	127577	5810	121767
1981	1192	185	1007	144036	6534	137502
1982	1291	189	1102	159567	7398	152169
1983	1305	198	1107	167327	8257	159070
1984	1457	209	1248	194221	9900	184321
1985	1584	177	1407	225974	10517	215457
1986	3168	1254	1914	287854	28064	259790
1987	3658	1676	1982	316197	35627	280570
1988	4551	2464	2087	348587	37119	311468
1989	4093	2287	1806	310831	34860	275971
1990	3142	1587	1555	269164	31747	237417
1991	3104	1523	1581	276299	35217	241082
1992	3828	1940	1888	340135	44379	295756
1993	4392	2249	2143	431089	74702	356387
1994	5275	3032	2243	504760	133340	371420
1995	5472	3149	2323	502443	138168	364275
1996	5457	3227	2230	499552	143228	356324
1997	5747	3128	2619	578193	137597	440596
1998	5493	3150	2343	497963	136015	361948
1999	6501	3249	3252	614481	137163	477318
2000	6541	3329	3212	611205	142927	468278
2001	7267	3489	3778	754924	160832	594092
2002	9269	3734	5535	1007750	166847	840903
2003	10764	4219	6545	1188591	180621	1007970
2004	11952	4683	7269	1342500	205900	1136600
2005	13811	5385	8426	1524922	230676	1294246
2006	15369	6068	9301	1612392	269891	1342501
2007	16379	6432	9947	1788076	295876	1492200
2008	16604	6792	9812	1770031	312135	1457868
2009	16353	6332	10021	1875984	329156	1546828
2010	18108	6798	11310	2134620	383672	1750948
2011	20103	7129	12974	2486469	436247	2050222
2012	19467	7081	12386	2399366	482758	1916608
2013	16628	7192	9436	2022005	529669	1492336
2014	13202	7463	5739	1433247	568898	864348
2015	13565	7819	5746	1467327	602367	864960
2016	14526	8618	5908	1527786	658185	869601
2017	16756	9817	6939	1763462	773712	989750
2018	18783	11504	7279	1865831	841179	1024652
2019	21002	13183	7819	1995464	896424	1099040
2020	19743	12094	7649	1996194	865160	1131034
2021	22372	14167	8205	2256091	1024090	1232002
2022	21838	13217	8621	2293610	963363	1330247

注：1978-1985 年为交通部门运量，1986 年及以后为全社会运量。

5-3 历年通车、航道里程

单位：公里

年 份	公路通车里程	高速公路	一级公路	二级公路	三级公路	四级公路	等外公路	内河航道里程	#三级	#四级	#五级
1978	1200.37										
1979	1355.95										
1980	1392.16										
1981	1448.31										
1982	1496.91										
1983	1525.98										
1984	1576.00										
1985	1647.51				147.00	1024.00	477.00				
1986	1700.00				163.00	1060.00	477.00				
1987	1764.00				219.00	1068.00	477.00				
1988	1861.00			43.00	236.00	1105.00	477.00				
1989	1739.00			102.00	242.00	1194.00	201.00				
1990	1809.00			102.00	243.00	1263.00	201.00				
1991	1834.00			102.00	243.00	1288.00	201.00				
1992	1880.00			102.00	243.00	1334.00	201.00				
1993	1865.00			102.00	257.00	1392.00	114.00				
1994	1913.00			146.00	323.00	1425.00	19.00				
1995	1942.00			146.00	421.00	1273.00	102.00				
1996	2056.00			161.00	449.00	1367.00	79.00				
1997	2155.00		151.00	47.00	471.00	1414.00	72.00				
1998	2188.00		145.00	83.00	465.00	1423.00	72.00				
1999	2240.20		144.70	83.00	442.70	1479.40	90.40				
2000	2240.20		144.70	83.00	442.70	1479.40	90.40				
2001	2470.26	34.42	240.06	257.18	303.52	1523.90	111.18				
2002	2800.71	86.06	240.06	259.28	317.22	1771.11	126.98	1166.81		201.31	74.40
2003	2815.45	86.06	241.29	271.72	349.24	1742.29	124.85	1166.81		201.31	74.40
2004	3039.46	86.06	270.36	276.15	342.83	1949.27	114.79	1166.81		249.21	74.40
2005	3044.86	86.06	273.38	273.13	342.83	1954.67	114.79	1166.81		249.21	74.40
2006	6937.60	174.29	288.10	320.30	303.10	3980.59	1871.22	1166.81		249.21	80.64
2007	7017.44	235.39	290.04	359.00	310.21	4128.83	1783.96	1171.51	43.17	241.51	92.46
2008	7386.11	235.39	333.79	391.85	307.32	4830.16	1287.61	1171.51	43.17	241.51	92.46
2009	7747.00	263.97	345.61	413.98	307.57	5620.80	795.08	1171.51	43.17	241.51	94.65
2010	7890.12	264.11	347.04	462.50	330.61	5739.26	746.61	1171.51	77.38	207.30	94.65
2011	7987.85	264.11	380.07	528.78	330.07	5754.54	730.28	1171.51	77.38	207.30	100.61
2012	8110.93	289.15	406.85	521.18	323.18	5866.07	704.52	1171.51	77.38	207.30	100.61
2013	8216.26	289.15	433.16	565.33	326.36	5906.69	695.58	1179.52	79.98	216.40	96.92
2014	7510.98	289.15	451.44	578.74	329.48	5858.80	3.38	1179.52	105.90	210.47	78.16
2015	7665.65	289.15	461.09	602.28	360.05	5950.08	3.01	1179.52	105.90	210.47	89.46
2016	7723.73	289.15	488.29	621.64	374.58	5947.06	3.01	1179.52	105.90	210.47	96.56
2017	7958.25	319.14	521.17	634.89	403.68	6079.36		1179.52	105.90	210.47	96.56
2018	8079.21	319.14	539.68	651.20	567.27	6001.93		1179.52	105.90	211.77	134.42
2019	8065.31	367.59	563.81	652.16	673.50	5808.25		1129.42	105.90	211.77	103.97
2020	8139.41	418.39	599.49	663.39	769.04	5689.10		1173.70	168.67	176.33	111.67
2021	8249.02	452.11	655.85	662.27	890.67	5588.12		1173.70	168.67	176.33	111.67
2022	8222.10	452.11	694.85	716.06	1013.06	5346.02		1173.70	168.67	176.33	132.72

注：2002 年前航道无现状等级统计数，2006 年起公路通车里程含村道，2014 年经调查后等外公路中剔除园区及城镇道路。

5-4　历年分县区公路通车里程

单位：公里

年　份	全　市	市　区	德清县	长兴县	安吉县
1978	1200.37	175.95	185.48	231.94	607.00
1979	1355.95	197.05	214.12	304.95	639.83
1980	1392.16	185.51	192.94	323.51	690.20
1981	1448.31	200.00	195.10	323.51	729.70
1982	1496.91	208.65	204.49	328.04	755.73
1983	1525.98	227.87	204.49	331.04	762.58
1984	1576.00	234.00	215.00	335.00	792.00
1985	1647.51	247.57	241.46	349.53	808.95
1986	1700.00	252.54	241.46	365.00	841.00
1987	1764.00	258.00	273.00	392.00	841.00
1988	1861.00	321.00	275.00	415.00	850.00
1989	1739.00	339.68	287.74	355.65	755.93
1990	1809.00	377.00	300.00	355.00	777.00
1991	1834.00	383.00	300.00	360.00	791.00
1992	1880.00	392.00	305.00	377.00	806.00
1993	1865.00	386.16	321.35	367.89	789.60
1994	1913.00	398.39	351.11	367.89	795.61
1995	1942.00	404.22	369.53	367.83	800.42
1996	2056.00	437.93	376.72	440.93	800.42
1997	2155.00	457.00	414.70	454.30	829.00
1998	2188.00	467.05	436.81	467.34	816.80
1999	2240.20	473.00	436.81	477.21	853.18
2000	2240.20	473.00	436.81	477.21	853.18
2001	2470.26	582.73	439.21	555.98	892.34
2002	2800.71	744.15	481.82	652.19	922.55
2003	2815.45	747.15	494.60	651.18	922.52
2004	3039.46	747.15	498.69	857.19	936.43
2005	3044.86	747.15	498.69	862.59	936.43
2006	6937.60	2276.93	1043.21	1823.47	1793.99
2007	7017.44	2362.51	1053.92	1859.35	1831.66
2008	7386.11	2519.78	1073.59	1915.40	1877.35
2009	7747.00	2556.52	1099.39	1977.24	2113.85
2010	7890.12	2607.14	1111.33	2029.93	2141.72
2011	7987.85	2617.68	1114.29	2090.29	2165.58
2012	8110.93	2618.61	1116.11	2152.23	2223.99
2013	8216.26	2644.85	1119.16	2191.52	2260.74
2014	7510.98	2158.85	1135.80	2132.72	2083.61
2015	7665.65	2203.51	1143.75	2187.80	2130.60
2016	7723.73	2232.38	1154.47	2165.07	2171.80
2017	7958.25	2278.38	1247.47	2246.26	2186.14
2018	8079.21	2317.47	1288.25	2261.43	2212.06
2019	8065.31	2251.94	1287.48	2277.97	2247.92
2020	8139.41	2240.11	1342.93	2297.76	2258.61
2021	8249.02	2226.81	1384.50	2302.09	2335.62
2022	8222.10	2215.32	1369.57	2307.79	2329.42

注：2006 年起公路通车里程含村道。

5-5 历年民用汽车拥有量

单位：辆

年 份	年末民用汽车拥有量	#私人汽车	#轿车	年末拥有载客汽车	机动车上牌量	#小型汽车
2002	41183	15237	6114			
2003	57739	30391	13614			
2004	67609	41261	19904			
2005	80960	54191	27926			
2006	94401	66293	37509	71919		
2007	111383	81580	49783	89875		
2008	130772	98732	63690	109894	52608	22543
2009	167741	133215	89480	144647	70677	40457
2010	218000	180041	122732	191089	86046	54283
2011	275450	233523	179807	245082	83744	61399
2012	338897	294027	224750	304288	84510	69500
2013	405647	357849	272278	366757	84692	72379
2014	471480	424561	303154	432183	94128	82189
2015	553092	505612	362464	513621	109017	97425
2016	642262	588840	418392	597612	116623	103413
2017	733755	668947	663933	681170	116853	102596
2018	812440	738242	702778	755332	112281	103012
2019	886936	804104	762580	820519	122277	104070
2020	950291	860732	813865	874845	113358	94178
2021	1004868	910690	860501	923062	130888	107939
2022	1075164	979115	927811	991405	162398	121750

5-6 历年营业性客、货运输汽车拥有量

单位：辆

年　份	汽车合计	载客汽车	#大型	载货汽车	#大型	载客汽车客位(客位)	#大型	载货汽车吨位(吨位)	#大型
1978	1288	125	109	1007	993				
1979	1644	139	121	1318	1300				
1980	2143	165	143	1704	1680				
1981	2460	207	180	1910	1883				
1982	2722	232	202	2075	2046				
1983	2794	290	262	2088	1924				
1984	3494	351	317	2603	2398				
1985	4787	576	415	3362	2912				
1986	5433	1564	452	3582	2720				
1987	6571	1865	484	4523	3242				
1988	8038	2018	544	5473	3792				
1989	7971	1894	496	5226	3507				
1990	8412	1998	501	5549	3617				
1991	8334	2152	526	5243	3041				
1992	9380	3034	594	6413	3633	44782		22195	
1993	12028	4237	500	7791	3063	54561	22891	25439	16200
1994	13784	5017	437	8541	3475	59712	20287	29262	18835
1995	16456	6151	387	10007	4260	65916	18220	34639	23457
1996	17686	7368	374	10002	4240	71967	17060	35236	24171
1997	17605	7750	336	9688	3171	71692	15209	29122	17505
1998	18509	8093	252	10269	3260	72057	11253	30096	18132
1999	19008	8465	211	10433	3003	74635	9240	28862	16634
2000	22429	10008	184	12421	3002	85564	7907	32187	17130
2001	24857	11906	258	12951	2610	100963	9836	30843	16594
2002	31964	18155	297	13809	3029	126552	10686	34426	18978
2003	47834	33213	671	14621	3158	223877	25017	39025	19750
2004	58430	43862	543	14568	3193	255319	22098	43583	22445
2005	70231	55107	782	15124	3182	323239	32502	45541	24169
2006	84041	68705	1019	15336	3591	391910	41548	50949	28032
2007	99516	84104	1099	15270	4264	476736	44958	55462	35938
2008	119283	103122	1231	15893	4265	603878	50163	48244	34809
2009	15717	3403	1130	12314	3949	67896	46797	55159	44088
2010	18988	3350	1136	15638	5020	68309	47809	74433	60421
2011	19883	3677	1550	16206	5555	88193	69826	86190	71989
2012	21803	3612	1511	18191	5880	90593	73760	94233	77676
2013	24429	3572	1543	20857	6268	91668	76063	104965	86784
2014	23720	3463	1531	20257	6103	89965	76250	107396	89415
2015	19994	3588	1559	16406	5218	90564	77644	94287	79814
2016	20561	4078	1958	16483	6338	111957	90316	112483	99449
2017	17546	4115	1961	13431	6522	119679	90233	118028	109959
2018	20070	570	461	15690	8720	23346	21075	162928	155203
2019	13100	585	489	12515	9785	24444	22447	176768	175907
2020	15086	594	493	14492	11355	24934	22725	210289	209552
2021	16362	528	404	15834	12237	19942	17861	225764	225071
2022	16409	518	405	15891	12234	19970	18137	227142	226546

注：1.1978–1991 年数据由车辆管理部门提供，1992 年及以后的数据由公路运输管理部门提供；2.载货汽车中的大型车辆不含专用载货汽车；3.2009 年起客、货汽车拥有量不含非营运车辆。

5-7 历年船舶拥有量

年 份	机动船					非机动船(驳船)	
	艘数(艘)	净载重吨(吨位)	载客量(客位)	标准箱位TEU	功率(千瓦)	艘数(艘)	净载重量(吨位)
1978	354	1410	3481		15160	2269	69817
1979	391	1429	3767		17225	2573	84307
1980	448	2013	3803		20268	2845	100291
1981	457	1539	3907		21610	2887	111765
1982	642	3844	3957		22839	2730	114204
1983	889	7097	4043		23894	2644	119946
1984	1228	15797	3982		37431	2702	128813
1985	3763	15671	5202		37965	3434	166915
1986	4886	80394	8432		62164	3163	165692
1987	6027	119691	6683		66343	2797	169426
1988	6752	156602	6100		94247	2675	174872
1989	7378	167686	5338		100949	2945	190090
1990	7018	159859	4876		97578	2673	181945
1991	6764	144550	4505		98192	2689	181307
1992	5751	178952	3711		102908	2425	175465
1993	7845	247117	2171		140206	2481	181907
1994	5920	236644	1783		128129	2302	178005
1995	6519	272937	1957		141556	2247	175961
1996	5759	248710	1767		131645	2319	177719
1997	5654	241476	1667		135492	2188	174166
1998	7250	397953	1387		195934	2066	164879
1999	6907	397861	1387		192619	1370	115750
2000	5623	348530			169414	1226	103718
2001	6445	487616			239419	1156	98482
2002	7464	709282			371081	995	86895
2003	7092	770265			425046	1197	108595
2004	6931	894766	128		507877	1140	108251
2005	5293	866114	242		525975	1036	104087
2006	4893	1006938	455		600049	776	83641
2007	4975	1049410	561		620917	588	63538
2008	4892	1036792	495		612271	496	55917
2009	4639	1100453	711		646486	369	41599
2010	5256	1389340	965		803246	308	37728
2011	5297	1488685	1181	150	859090	185	35080
2012	5256	1504579	1150	480	860629	158	31726
2013	5146	1509799	1473	732	850236	153	31081
2014	4849	1460624	1940	1380	812398	85	18433
2015	4553	1484899	2171	1908	778419		
2016	4259	1858973	2256	3012	759208		
2017	3856	1887406	2299	3258	706324		
2018	3906	1964610	2623	3626	716693		
2019	3910	2045073	3007	3774	723009		
2020	3945	2206992	3322	4434	738664		
2021	4162	2498934	2734	5286	790388		
2022	3620	2480553	2436	6146	729411		

5-8 分县区公路通车、航道通航情况

指　标	单位	全　市	市　区	德清县	长兴县	安吉县
一、公路密度及通达情况						
以国土面积计算	公里/百平方公里					
以人口计算	公里/万人					
乡镇总数	个					
通车乡（镇）数	个					
二、公路通车总里程	公里					
按使用性质分						
1. 国道	公里	407.90	157.34	42.32	159.10	49.13
2. 省道	公里	517.81	74.95	129.98	101.15	211.72
3. 县道	公里	1719.86	464.10	314.68	455.53	485.55
4. 乡道	公里	1593.17	371.68	238.39	323.89	659.21
5. 专用公路	公里					
6. 村道	公里	3983.37	1147.25	644.19	1268.12	923.81
按技术状况分						
1. 等级公路	公里	4238.73	1068.07	725.37	1039.68	1405.61
高速公路	公里	452.11	132.14	94.40	132.76	92.82
一级公路	公里	694.85	229.05	83.78	200.03	182.00
二级公路	公里	672.55	210.84	83.84	207.46	170.41
三级公路	公里	573.64	217.65	84.93	154.09	116.98
四级公路	公里	1845.58	278.40	378.44	345.35	843.40
2. 等外公路	公里					
三、内河航道里程总计	公里	1173.70	643.11	222.24	262.82	45.53
#三级	公里	168.67	123.19	24.01	21.47	0.00
四级	公里	176.33	81.61	43.40	22.74	28.58
五级	公里	132.72	52.75	51.31	28.66	0.00

注：公路通车里程含村道。

5-9 分县区全社会客、货运情况

指　标	单位	全　市	市　区	德清县	长兴县	安吉县
客运量总计	万人	335	123	80	65	68
公路	万人	305	119	59	59	68
内河	万人	30	4	21	6	0
旅客周转量总计	万人公里	54701	23290	9317	9885	12209
公路	万人公里	54481	23272	9150	9850	12209
内河	万人公里	220	18	167	35	0
货运量总计	万吨	21838	4467	3358	10648	3364
公路	万吨	13217	2406	2667	6358	1786
内河	万吨	8621	2061	691	4291	1578
货物周转量总计	万吨公里	2293610	484858	253829	1041800	513123
公路	万吨公里	963363	217392	153274	392211	200486
内河	万吨公里	1330247	267466	100555	649589	312637

5-10 分县区民用汽车、摩托车年末拥有量

单位：辆

指 标	全 市	市 区	德清县	长兴县	安吉县
年末民用汽车拥有量	1075164	511241	166555	212097	185271
#私人汽车	979115	461048	151909	193594	172564
#轿车	927811	439554	145904	181855	160498
年末拥有载客汽车	991405	473182	156164	193546	168513
年末拥有挂车	4620	1237	378	2436	569
本年机动车上牌量	162398	76644	26743	34400	24611
#小型汽车	121750	62055	19230	21629	18836
年末摩托车拥有量	184252	98889	28431	38170	18762
#私人摩托车	180288	97020	27757	36964	18547

5-11　分县区营业性公路运输工具年末拥有量

指　标	单位	全　市	市　区	德清县	长兴县	安吉县
总　　计	**辆**	**19614**	**6732**	**2550**	**6638**	**3694**
一、客运车辆	辆	3723	2168	508	424	623
1.班线客车	辆	150	71	15	7	57
	客位	4768	2675	611	200	1282
2.出租汽车	辆	1494	971	163	152	208
3.城市公共汽车	辆	2079	1126	330	265	358
二、货运车辆	辆	15891	4564	2042	6214	3071
	吨位	227142	56510	26386	100696	43551
载货汽车	辆	15891	4564	2042	6214	3071
	吨位	227142	56510	26386	100696	43551
货车	辆	8583	3301	1349	2041	1892
	吨位	102809	36179	16451	26398	23780
挂车	辆	3910	642	306	2306	656
	吨位	124333	20331	9935	74297	19771
牵引车	辆	3398	621	387	1867	523

5-12　分县区全社会水路运输工具年末拥有量

指　标	单位	全市	市区	德清县	长兴县	安吉县
一、机动船　艘数	艘	3620	1020	366	1663	571
总吨	吨位	1307467	389942	94007	598088	225430
净载重量	吨位	2480553	709824	176026	1160760	433943
载客量	客位	2436	320	1330	786	0
标准箱位	TEU	6146	2062	0	2196	1888
功率	千瓦	729411	199329	52159	340143	137780
1. 客船　艘数	艘	55	14	24	17	0
总吨	吨位	1376	303	667	406	0
载客量	客位	2436	320	1330	786	0
功率	千瓦	2750	2302	260	188	0
2. 货船　艘数	艘	3565	1006	342	1646	571
总吨	吨位	1306091	389639	93340	597682	225430
净载重量	吨位	2480553	709824	176026	1160760	433943
标准箱位	TEU	6146	2062	0	2196	1888
功率	千瓦	726661	197027	51899	339955	137780
内：油船 艘数	艘	7	0	4	0	3
总吨	吨位	2655	0	1812	0	843
净载重量	吨位	3083	0	1992	0	1091
功率	千瓦	1763	0	1112	0	651
集装箱船 艘数	艘	21	3	0	0	18
总吨	吨位	17091	2854	0	0	14237
净载重量	吨位	19564	4004	0	0	15560
标准箱位	TEU	1046	182	0	0	864
功率	千瓦	8191	1000	0	0	7191
3. 拖船　艘数	艘	0	0	0	0	0
总吨	吨位	0	0	0	0	0
功率	千瓦	0	0	0	0	0

5-13 历年邮政电信主要指标

单位：户

年份	邮电业务收入（万元）	#电信业务	函件（万件）	订销报纸累计份数（万份）	订销杂志累计份数（万份）	固定电话用户数	住宅电话	移动电话用户数	国际互联网用户数	#宽带用户
1978	229		611	2946	103	4340				
1979	268		720	3293	128	4642				
1980	365		822	3560	196	5402				
1981	440		827	3833	287	6013				
1982	502		868	4045	275	6586				
1983	577		875	4798	290	7350				
1984	701		947	5436	364	8463				
1985	953		1076	6605	402	9814				
1986	1101		1166	6944	360	10564				
1987	1257		1307	7626	406	11705				
1988	1724		1312	7712	364	13480				
1989	2107		1221	4727	221	15494				
1990	2798		1161	4981	221	18503				
1991	3789		1274	5382	231	23105				
1992	5369		1406	5737	240	31796				
1993	8866		1558	5691	219	49766				
1994	16219		1689	6239	207	79195		4292		
1995	22921		1811	5114	207	119390		11556		
1996	31921		2031	5233	183	147548		19709		
1997	37785		1876	5091	180	187416		36177		
1998	43355		1797	5021	186	231589		62650	1300	
1999	82386		1183	5153	195	320388		152099	7404	
2000	98201		1245	4596	142	451300		327916	33750	
2001	110242		1352	4840	249	602800		512786	76700	
2002	131948		1451	4737	233	733300		772145	108959	
2003	143884		1453	4919	245	823372		998285	119506	
2004	172052		1070	4780	260	1041777	697000	1334037	157864	64950
2005	188143		1004	5193	270	1177838	762300	1500400	168317	106777
2006	210956		990	5271	361	1204252	750800	1767587	192124	161431
2007	240421	226506	747	4799	212	1177542	710100	1927871	238387	230126
2008	257399	243250	2121	5432	386	1179746	706165	2021947	292076	284355
2009	267915	252537	749	5712	200	1125154	699428	2454976	394934	369926
2010	279155	260847	687	5308	150	1078322	682467	2869321	508650	485239
2011	305715	283046	663	5910	433	1077298	669573	3221078	533738	533488
2012	337637	312329	651	5992	412	1016988	630176	3242616	600822	600572
2013		315944	719	5700	181	970300	613520	3663500	812822	812740
2014		313487	801	5918	177	906203	577004	3830033	883486	878432
2015		312966	888	6192	344	891400	581541	4502700		1043300
2016		326084	611	5147	202	818684	514433	4561850		1184936
2017		360328	420	4872	220	803193	501750	4430596		1577594
2018		364639	207	4751	180	762452	496458	5027402		1930997
2019	315252	383080	133	4662	157	729987	419458	4633442		2042301
2020	378616	407898	113	4700	138	641437	379161	4448672		2222820
2021	481673	470759	88	4240	143	616397	340018	4453865		2456279
2022	493489	520972	10317	112819	3856	595994	322496	4598629		2744267

5-14 分县区电信业主要指标

指　标	单位	全　市	市　区	德清县	长兴县	安吉县
电信业务收入	万元	520972	271629	76203	92743	81899
期末总用户数	户	5654793	2832371	860792	1051601	910029
#宽带用户	户	2744267	1351320	425625	522375	444947
移动电话	户	2744267	1351320	425625	522375	444947
固定电话	户	595994	334566	83250	98426	79752
#住宅电话	户	322496	181775	40756	61064	38901

主要统计指标解释

公路通车里程 是指实际达到公路工程技术标准等级的公路长度。它包括大中城市的郊区公路以及通过小城镇街道的公路里程，也包括桥梁、渡口的长度，但不包括城市的街道以及厂矿、林区和农业生产用道的里程。两条或多条公路共同径由同一条路段，只计算一次，不得重复计算里程长度，公路里程是反映公路建设发展规模重要指标，也是计算运输网密度等指标的基础资料。

内河通航里程 是指在枯水季节水深在 0.3 米以上能通航运输船舶及排筏的天然河流、湖泊、水库、运河及通航渠道的长度。包括全年季节性通航累计 3 个月以上的航道，但不包括公共零用流放竹、木排的河道。内河航道里程是反映河水运输网规模、水平和发展情况的主要指标。

货（客）运量 指运输业实际运送的货物（旅客）数量。货运按吨计算，客运按人计算。货物不论运输距离长短，货物类别，均按实际重量统计，旅客不论行程远近或票价多少，均按一人一次作为客运量统计。半价票、小孩票也按一人统计。货（客）运量反映运输业为国民经济和人民生活服务的数量指标，也是制定和检查运输生产计划，研究运输发展规模和速度的重要指标。

货物（旅客）周转量 指运输业运送的货物（旅客）数量与相应运输距离乘积之和，通常按发出站与到达站之间的最短距离，也就是计费距离计算。它反映运输业生产总成果的重要指标，也是编制和检查运输生产计划、计算运输、劳动生产率以及核算运输单位成本的主要基础资料。

六、固定资产投资、建筑业

6-1 历年分县区全社会固定资产投资

单位：万元

年 份	全 市	吴兴区	吴 兴	南浔区	德清县	长兴县	安吉县	△市区
1978	5867				542	2309	1142	1874
1979	6874				502	3016	679	2677
1980	8713				768	3229	1043	3673
1981	9817				1103	3104	827	4783
1982	12228				1588	5218	716	4706
1983	23351				3813	5805	2598	12406
1984	35296				4935	8550	4847	16964
1985	53472				8698	13509	8155	23110
1986	74845				9004	15263	11344	37234
1987	100173				13875	22858	11580	51860
1988	120806				17341	26290	13997	63178
1989	112485				15553	27455	13553	55924
1990	117503				16488	24438	11275	65302
1991	131213				22751	32943	14251	61286
1992	246123				34103	58703	31036	122281
1993	455297				68029	76234	45499	265535
1994	581281				83842	113232	84208	299999
1995	724040				109152	138831	102771	373286
1996	799231				133519	143684	171942	370086
1997	840495				118273	119199	249360	353663
1998	941753				118365	124038	277137	422213
1999	962853				126581	150495	137688	548089
2000	1093389				162040	204341	135573	591435
2001	1451554				207508	398319	182697	663030
2002	1896433				284677	432940	228835	949982
2003	2468957	891214	559205	325489	435357	537710	279187	1216703
2004	3276591	1218434	669472	446773	592161	680828	338395	1665207
2005	3629523	1422841	702676	474514	606960	757055	368153	1897355
2006	4072522	1577929	787461	573516	645034	884046	391997	2151445
2007	4583411	1690567	909820	656011	752913	1035046	448874	2346578
2008	5287895	1686455	1111529	809732	919499	1299308	572901	2496187
2009	6361873	1994372	1182231	912353	1053852	1483808	692488	3131725
2010	7199765	2294323	1464138	1054949	1240625	1783327	826541	3349272
2011	8046706	2654670	1684263	1042703	1406772	2019732	922829	3697373
2012	9707282	3163219	2038947	1210149	1737521	2488125	1108268	4373368
2013	10700473	3309670	1887635	1338821	1980105	2836106	1235771	4648491
2014	12429184	3812947	2212970	1577704	2319746	3266141	1452646	5390651
2015	14026428	4286711	2563818	1823047	2679423	3594061	1643186	6109758
2016	15921759	4920945	2919196	2009021	3047145	4077530	1867118	6929966
2017	17309772	5448579	3279137	2182545	3247924	4402941	2027783	7631124

注：2011 年开始统计口径为计划总投资 500 万元及以上项目和全部房地产开发投资。

6-2 历年分县区全社会固定资产投资增长速度

单位：%

年 份	全 市	吴兴区	吴 兴	南浔区	德清县	长兴县	安吉县	△市区
1979	17.2				−7.4	30.6	−40.5	42.8
1980	26.8				53.0	7.1	53.6	37.2
1981	12.7				43.6	−3.9	−20.7	30.2
1982	24.6				44.0	68.1	−13.4	−1.6
1983	91.0				140.1	11.2	262.8	163.6
1984	51.2				29.4	47.3	86.6	36.7
1985	51.5				76.3	58.0	68.2	36.2
1986	40.0				3.5	13.0	39.1	61.1
1987	33.8				54.1	49.8	2.1	39.3
1988	20.6				25.0	15.0	20.9	21.8
1989	−6.9				−10.3	4.4	−3.2	−11.5
1990	4.5				6.0	−11.0	−16.8	16.8
1991	11.7				38.0	34.8	26.4	−6.1
1992	87.6				49.9	78.2	117.8	99.5
1993	85.0				99.5	29.9	46.6	117.2
1994	27.7				23.2	48.5	85.1	13.0
1995	24.6				30.2	22.6	22.0	24.4
1996	10.4				22.3	3.5	67.3	−0.9
1997	5.2				−11.4	−17.0	45.0	−4.4
1998	12.0				0.1	4.1	11.1	19.4
1999	2.2				6.9	21.3	−50.3	29.8
2000	13.6				28.0	35.8	−1.5	7.9
2001	32.8				28.1	94.9	34.8	12.1
2002	30.6				37.2	8.7	25.3	43.3
2003	30.2				52.9	24.2	22.0	28.1
2004	32.7	36.7	19.7	37.3	36.0	26.6	21.2	36.9
2005	10.8	16.8	5.0	6.2	2.5	11.2	8.8	13.9
2006	12.2	10.9	12.1	20.9	6.3	16.8	6.5	13.4
2007	12.5	7.1	15.5	14.4	16.7	17.1	14.5	9.1
2008	15.4	−0.2	22.2	23.4	22.1	25.5	27.6	6.4
2009	20.3	18.3	6.4	12.7	14.6	14.2	20.9	16.4
2010	13.2	15.0	23.8	15.6	17.7	20.2	19.4	15.2
2011	19.6	21.4	23.9	15.3	22.3	18.7	17.6	19.6
2012	20.6	19.2	21.1	16.1	23.5	23.2	20.1	18.3
2013	10.2	4.6	−1.2	10.6	14.0	14.0	11.5	6.3
2014	16.2	15.2	17.2	17.8	17.2	15.2	17.5	16.0
2015	12.9	12.4	15.9	15.6	15.5	10.0	13.1	13.3
2016	13.5	14.8	13.9	10.2	13.7	13.5	13.6	13.4
2017	13.7	14.4	14.6	13.5	13.5	13.4	13.3	14.1
2018	6.2	7.9	8.3	8.3	10.2	5.5	5.5	5.4
2019	11.4	13.9	14.6	13.5	14.3	11.2	13.1	10.0
2020	6.6	7.4	7.4	7.6	6.9	6.2	6.9	6.6
2021	14.2	25.6	25.6	29.8	15.5	−14.3	21.4	27.8
2022	9.1	8.2	5.4	12.0	15.4	2.4	7.6	9.3

注：1.2011 年开始统计口径为计划总投资 500 万元及以上项目和全部房地产开发投资；2.2017 年增长按可比口径计算。

6-3 历年分县区全社会固定资产投资发展指数

（以 1978 年为 100）

年 份	全 市	吴兴区		南浔区	德清县	长兴县	安吉县	△市区
			吴 兴					
1978	100.0				100.0	100.0	100.0	100.0
1979	117.2				92.6	130.6	59.5	142.8
1980	148.5				141.7	139.8	91.3	196.0
1981	167.3				203.5	134.4	72.4	255.2
1982	208.4				293.0	226.0	62.7	251.1
1983	398.0				703.5	251.4	227.5	662.0
1984	601.6				910.5	370.3	424.4	905.2
1985	911.4				1604.8	585.1	714.1	1233.2
1986	1275.7				1661.3	661.0	993.3	1986.9
1987	1707.4				2560.0	990.0	1014.0	2767.3
1988	2059.1				3199.4	1138.6	1225.7	3371.3
1989	1917.2				2869.6	1189.0	1186.8	2984.2
1990	2002.8				3042.1	1058.4	987.3	3484.6
1991	2236.5				4197.6	1426.7	1247.9	3270.3
1992	4195.0				6292.1	2542.4	2717.7	6525.1
1993	7760.3				12551.5	3301.6	3984.2	14169.4
1994	9907.6				15469.0	4903.9	7373.7	16008.5
1995	12340.9				20138.7	6012.6	8999.2	19919.2
1996	13622.5				24634.5	6222.8	15056.2	19748.5
1997	14325.8				21821.6	5162.4	21835.4	18872.1
1998	16051.7				21838.6	5371.9	24267.7	22530.0
1999	16411.3				23354.4	6517.8	12056.7	29247.0
2000	18636.3				29896.7	8849.8	11871.5	31560.0
2001	24741.1				38285.7	17250.8	15997.9	35380.4
2002	32323.8				52523.4	18750.2	20038.0	50692.7
2003	42082.2	100.0	100.0	100.0	80324.3	23287.7	24447.1	64925.4
2004	55847.9	136.7	119.7	137.3	109255.0	29486.0	29631.7	88858.4
2005	61863.5	159.7	125.7	145.8	111985.4	32787.3	32237.4	101246.2
2006	69414.2	177.1	140.8	176.2	119010.2	38287.2	34325.3	114804.9
2007	78122.1	189.7	162.7	201.5	138914.1	44826.8	39305.8	125217.5
2008	90129.7	189.2	198.8	248.8	169649.5	56271.8	50166.3	133200.9
2009	108435.1	223.8	211.4	280.3	194438.0	64262.3	60637.9	155107.9
2010	122716.6	257.4	261.8	324.1	228898.0	77234.2	72376.3	178723.0
2011	146769.0	312.5	324.4	373.7	279942.2	91677.0	85114.6	213752.7
2012	177057.3	372.4	392.7	433.7	345760.0	112937.6	102218.0	252833.4
2013	195172.8	389.6	388.0	479.8	394033.3	128732.7	113977.9	268738.8
2014	226790.8	448.9	454.7	565.2	461807.0	148300.1	133924.0	311737.0
2015	256046.8	504.6	527.0	653.1	533410.3	163189.4	151490.5	353322.4
2016	290613.1	579.3	600.3	719.8	606487.5	185219.9	172093.2	400667.6
2017	308631.1	625.1	650.1	779.5	668349.2	195407.0	181558.4	308514.0
2018	327766.2	674.5	704.1	829.4	723822.2	215338.6	191544.1	325124.7
2019	365131.6	768.3	806.9	941.4	827328.7	239456.5	216636.3	357637.1
2020	389230.3	825.1	866.6	1012.9	884414.4	254302.8	231584.2	381241.2
2021	444501.0	1036.4	1088.4	1314.7	1021498.7	217937.5	281143.3	487226.2
2022	507620.1	1301.7	1367.1	1706.5	1179831.0	186772.4	341307.9	622675.1

注：2011 年开始统计口径为计划总投资 500 万元及以上项目和全部房地产开发投资。

6–4 历年限额

年 份	合计	第一产业	第二产业	#工业投资
2002	1446585	1214	672686	670401
2003	2072704	14853	956024	942000
2004	2937246	5550	1392467	1375473
2005	3270533	12244	1492459	1463258
2006	3716747	900	1662999	1661199
2007	4211385	8430	2164000	2154510
2008	4826545	15780	2751730	2676117
2009	4812898	11310	3141633	3136918
2010	6728492	14521	3809418	3804728
2011	8046706	53009	4420877	4418539
2012	9707282	79443	5297790	5278374
2013	10700473	68134	5292210	5283990
2014	12429184	67955	5696097	5696097
2015	14026428	83180	6127005	6126455
2016	15921759	112815	6809580	6780340
2017	17309772	102406	7176794	7166181

以上固定资产投资

单位：万元

#工业技改	第三产业	#房地产开发	民间投资	基础设施
	772685	295765	759635	456604
	1101827	415160	1170075	606545
	1539229	568602	1952485	1145762
	1765830	690486	2259967	1165370
	2052848	727959	2834716	1211701
	2038955	949385	2830857	968444
1328846	2059035	1068445	3477547	1039616
1800613	1659955	1113006	3041550	1411641
1999433	2904553	1431314	4832162	1207421
1770987	3572820	1846799	5639130	1442069
2803624	4330049	2111735	7355066	1667101
3293893	5340129	2676379	8140801	2194931
3520651	6665132	3427487	9488610	2607345
4434385	7816243	3233875	10132367	3243024
5433030	8999364	2742244	10484142	4667005
5839972	10030572	3011700	11876208	5762323

6-5 分县区

行业分类	全市 ±%	吴兴区	吴兴
一、计划投资（万元）	9.1	17.5	10.6
1.计划总投资	13.9	18.6	15.8
其中：本年新开工项目	1.8	53.5	73.5
2.5000 万元以上项目投资及房地产开发自开始建设累计完成投资	10.9	21.3	15.4
二、本年完成投资	9.1	8.2	5.4
其中：国有投资	22.4	14.9	19.7
其中：非国有投资	4.3	5.7	0.9
其中：民间投资	5.6	7.0	1.6
其中：房地产开发投资	3.1	0.2	0.1
其中：投资项目	13.1	17.5	10.6
其中：基础设施投资	12.5	-1.8	18.4
1.电力、热力、燃气及水的生产和供应业	20.3	62.9	200.1
2.交通运输业	4.4	-17.8	4.8
3.邮政业	-29.2	-29.2	-29.2
4.信息传输业	-39.7	-57.9	
5.水利、环境和公共设施管理业（除土地管理）	17.7	6.7	26
其中：公共服务投资	13.6	-0.2	13.3
1.教育设施	14.9	0.5	63.7
2.广播、电视、电影和音像业	-15.8	-15.6	
3.文化艺术业	-56.7	-98.5	-98.5
4.体育设施	40.2		
5.卫生设施	45.4	46.4	118.4
其中：工业投资	8.4	21.9	3.7
其中：工业企业技术改造投资	7.1	13.4	-1.2
1.按三次产业分：	9.1	17.5	10.6
第一产业	16.6	107.9	25.4
第二产业	8.6	21.9	3.7
第三产业	9.3	4.5	6.1
2.按登记注册类型分：	9.1	17.5	10.6
内资企业	11.5	10.1	8.5
国有企业	30.7	-8.8	-11.8
集体企业	30.7	104.5	105.7
股份合作企业			
联营企业	-96.9		
国有联营企业			

固定资产投资增速

单位：%

南太湖新区	南浔区	德清县	长兴县	安吉县	△市区
27.8	17.1	13.7	3.6	9.4	17.3
21.7	23.2	20.4	0.9	−2.5	19.9
38.2	91.7	36.6	108.8	146.5	65.9
28.2	42	21.2	−12.9	−8.4	25.2
11.7	12	15.4	2.4	7.6	9.3
10.3	32.6	6.1	109.5	14.6	20.6
12.3	1.9	20.6	−11.3	5.6	4.7
14.3	2.5	22.2	−10.1	6.7	5.8
0.2	0.4	20.2	0.1	4.2	0.2
27.8	17.1	13.7	3.6	9.4	17.3
−30.1	55.2	21.6	30.8	−17.5	18.3
37.3	197.4	16	481.9	−33.6	85.9
−56	43.3	58.9	−3.4	−59.5	5.9
					−29.2
−57.9	−16.7	−12.7		11.7	−57.8
−20.8	62.4	−7.5	16.3	26.2	25.5
−4.7	15.7	−21.1	22.7	141.4	4.5
−13.8	35	−48.8	−31.1	258.6	12.2
−15.6				−100	−15.6
	−42.8	31.7	−100	1.2	−74.8
		43.8		−86.5	
25	−4.4	−17.1	130.6	79	34.0
69.8	−5.9	15.5		4.5	10.8
73.9	24.8	16	−17.1	16.6	15.1
27.8	17.1	13.7	3.6	9.4	17.3
	36	358.5	−41		59.7
69.8	−5.9	16.3	0.1	4.5	10.8
2.8	22	14.9	5.1	8.8	8.7
27.8	17.1	13.7	3.6	9.4	17.3
12.1	21.8	15	3.6	9	13.1
−7.8	80.4	2.7	52.7	90.1	15.4
78.6	44	−51.9	−24.7	657.4	61.5
		−100	−66.7		

续 1

行业分类	全市 ± %	吴兴区	吴兴
集体联营企业	-66.7		
国有与集体联营企业	-100		
其他联营企业			
有限责任公司	11.2	4.8	14.4
国有独资公司	25.6	60.2	61.3
其他有限责任公司	7.7	-3.0	7.8
股份有限公司	-6.5	-15.6	2.4
私营企业	7.9	18.9	1.4
其他企业	170.7	551.8	159.2
港、澳、台商投资企业	-25.9	-45.7	-46.3
外商投资企业	-18.9	-31.6	-77.1
个体经营	16.7		
3.按建设性质分	9.1	17.5	10.6
（1）新建	16.6	24.8	24.7
（2）扩建	-0.4	-22.1	-35.7
（3）改建和技术改造	14.7	45.1	64.1
（4）单纯建造生活设施	84.6		
（5）迁建	-29.5	-25.4	-61.4
（6）恢复			
（7）单纯购置	480	1143.6	1143.6
4.按构成分	9.1	17.5	10.6
建筑安装工程	0.8	-0.3	-3.8
设备工器具购置	6.8	36.0	8.8
其中：购置旧设备	31		
其中：用于更新的设备			
其他费用	29.7	17.4	21.2
其中：旧建筑物购置费	229.9	-100.0	-100
其中：建设用地费	27.9	22.9	28.7
5.按国民经济行业分 2017	9.1	17.5	10.6
（一）农、林、牧、渔业	25.6	107.9	25.4
农业	-16.4	364.8	73.7
林业			
畜牧业	25.5	38.7	38.7
渔业	197.2	-89.5	-89.5

固定资产投资

单位：%

南太湖新区	南浔区	德清县	长兴县	安吉县	△市区
			-66.7		
		-100			
-8.6	19.9	14.9	52.4	-16.8	8.9
58.5	20.3	18.4	-76.4	-37.5	43.1
-17.8	19.7	12.5	54.5	-13.5	2.5
-73.8	23.2	171.5	-69.5	-48.9	-9.8
40.6	8	13.9	-17	14.2	16.2
858.8	-56.2	-74.2	302.1	134.2	492.2
-43.9	-36.9	37.3	-34.8	-21.8	-44.1
62.8	-49	9.1	45.3	7.3	-45.8
	64.1	-100	402.5	-13.7	124.4
27.8	17.1	13.7	3.6	9.4	17.3
25	16.9	18.2	12.7	1.3	21.3
232.8	42	-1.2	26.8	48.4	-15.3
18.9	11.2	18.9	-15.1	13.1	36.4
	-100	140.5		35.1	-100.0
-20.2	-31.6	-25.7	-74.2	148.4	-26.8
		498.2	8		1143.6
27.8	17.1	13.7	3.6	9.4	17.3
3.9		11.5	-8.8	-0.7	-0.2
103.4	45.9	5.5	-20.9	-0.5	38.8
	-100	-100		-100	59.7
13.1	36.6	29.8	64.1	42	21.5
	583.7		-100		233.9
16.6	16	23	44.2	67.6	21.4
27.8	17.1	13.7	3.6	9.4	17.3
	41.9	358.5	-28.9		63.7
	-19.3	28.9	-99.5		182.6
	14.7		-9.3		20.3
					197.2

6–5 分县区

续 2

行业分类	全市 ±%	吴兴区	吴兴
农林牧渔专业及辅助性活动	3481.1		
（二）采矿业	3979.3	−99.3	−99.3
煤炭开采和洗选业			
石油和天然气开采业			
黑色金属矿采选业			
有色金属矿采选业			
非金属矿采选业	3978.9	−100.0	−100
开采专业及辅助活动			
其他开采业			
（三）制造业	6.7	20.9	2.7
农副食品加工业	−8	−80.7	−80.7
食品制造业	73.4	166.2	−12.1
酒、饮料和精制茶制造业	−1.6	−42.2	62.1
烟草制品业			
纺织业	1.8	6.3	6.5
纺织服装和服饰业	−23.4	−24.7	−26
皮革、毛皮、羽毛(绒)及其制品业	55.8	1517.7	1517.7
木材加工及木、竹、藤、棕、草制品业	32.6		
家具制造业	13.5	383.4	383.4
造纸及纸制品业	−46.3	−100.0	−100
印刷业和记录媒介的复制业	13.3	21.4	
文教体育用品制造业	90.4	−100.0	
石油加工、炼焦及核燃料加工业	192.5		
化学原料及化学制品制造业	−10.7	0.1	−1.2
医药制造业	46.5	2.9	−37.2
化学纤维制造业	−43.4	−46.0	−45.9
橡胶和塑料制品业	−2.7	−3.3	44.8
非金属矿制品业	−33.7	−43.5	−7.2
黑色金属冶炼和压延加工业	12.9	−32.1	−51
有色金属冶炼和压延加工业	−30.5	−31.9	−31.9
金属制品业	16.1	27.7	82.4
通用设备制造业	45.6	45.6	67.6
专用设备制造业	−25.3	−22.5	−54.2
汽车制造业	−24.6	39.0	87

固定资产投资

单位：%

南太湖新区	南浔区	德清县	长兴县	安吉县	△市区
			2955.8		
			15843.8	−100	−99.3
			15843.8	−100	−100.0
72.4	−7.4	15.5	−10.1	14.2	9.5
	−1.6	4.1	856	−25.5	−43.1
168.7	−80.5	556.2		98.3	−14.7
−51.4		581.5		−39.9	−42.2
−6.3	7.5	0.6	−6.1	23	7.2
	−67.2	12.3			−26.0
		16.8		−100	1517.7
	179.1	−23.8	−100	44.1	228.4
	149.1	−25.8	810.7	14.2	160.0
	−71.3	−71.9	−8.5	−89.3	−71.8
21.4	−1.1	38.1		−24.9	9.3
−100		346.5	−100	−100	−90.2
	−100			102	−100.0
8.9	55.8	−25	−52.6	27.1	26.4
12.3	57.4	80.6	−36.1	208.7	30.5
−100	−55.1	−4.6	107.2	−86.7	−46.1
−40.4	59.8	48.2	−19.8	−8.3	20.3
−66.3	−38.7	−18.5	−51.2	188.9	−40.1
−26.2	619.5	3.8	4		13.9
	−35.1		−34.4	15.9	−32.2
−51.4	62.4	67.8	−69.6	106.7	37.6
−4.3	16.5	35	136.9	4.6	41.5
231.7	−9.4	−7.3	−50.2	−22.9	−16.8
6.4	24.3	−0.5	−57.8	16.8	33.5

续 3

行业分类	全市 ± %	吴兴区	吴兴
铁路、船舶、航空航天等制造业	−6.7	58.7	−100
电气机械及器材制造业	89.9	318.9	105.9
计算机、通信和其他电子设备制造业	10.3	112.4	137.2
仪器仪表制造业	48.3	197.1	
其他制造业	195	7786.1	7786.1
废弃资源综合利用业	−55.8	−46.1	−46.1
金属制品、机械和设备修理业			
（四）电力、热力、燃气及水的生产和供应业	20.3	62.9	200.1
电力、热力的生产和供应业	19.3	159.9	236.4
燃气生产和供应业	2572.8	2572.8	
水的生产和供应业	15.6	28.0	−95.7
（五）建筑业			
房屋建筑业			
土木工程建筑业			
建筑安装业			
建筑装饰装修和其他建筑业			
（六）批发和零售业	−23.5	−12.0	−22.8
批发业	−48		
零售业	−13.9	−12.0	−22.8
（七）交通运输、仓储和邮政业	4.1	−15.5	6.3
铁路运输业	−33.1	−30.1	−21.9
道路运输业	14.8	−4.4	18.5
水上运输业	21.1	−77.7	255
航空运输业			
管道运输业	−100		
多式联运和运输代理业	87.1		
装卸搬运和仓储业	−17.4	−2.3	
邮政业	−29.2	−29.2	−29.2
（八）住宿和餐饮业	23.1	159.9	27.7
住宿业	5	52.2	27.7
餐饮业	430.5		
（九）信息传输、软件和信息技术服务业	35.8	35.0	
电信、广播电视和卫星传输服务业			
互联网和相关服务业	−39.7	−57.9	

固定资产投资

单位：%

南太湖新区	南浔区	德清县	长兴县	安吉县	△市区
64	11.3	−61.8	37.7	76.9	28.2
404	28.7	5.3	87.3	−33	216.5
76.4	−33.6	29.2	65.1	17.9	−4.4
197.1	−100	54.2	38.8		−40.0
		86.5			7786.1
			−49.8	−73.8	−44.7
37.3	197.4	16	481.9	−33.6	85.9
−100	142.4	23.4	637.5	−32	150.6
2572.8					2572.8
30.6		−73.1	1.7	−80.4	41.9
580.5	8.8	−46.8	−96.6	−29	−0.8
	44.1	−95.9	−100	−28	44.1
580.5	−0.8	−45		−100	−6.6
−50.9	37.2	57.5	−1.4	−59.1	5.4
−46.7	203.2	−54.8	50.7		−22.4
−59.5	37.9	102.8	3.1	−68.9	17.6
−99.7	213.7	333	91.4	−89.1	−16.7
			−100		
				63.4	
−17.7	−98.2	26.3	9.8	−46.1	−36.5
					−29.2
348.3	13.8	−33.1	−23.2	17.5	69.2
87.2	21.2	−35.4	−23.2	8.9	33.5
	−91.3			81.2	910.9
35	−16.7	37.3	35.8	11.7	35.0
−57.9	−16.7	−12.7		11.7	−57.8

6-5 分县区

续 4

行业分类	全市 ± %	吴兴区	吴兴
软件和信息技术服务业	52.2	57.0	
（十）金融业	74.5	74.5	
货币金融服务	-13.5	-13.5	
资本市场服务			
保险业			
其他金融业	83.7	83.7	
（十一）房地产业	2.1	0.8	1.4
房地产业	2.1	0.8	1.4
（十二）租赁和商务服务业	38	32.8	42.1
租赁业	-10		
商务服务业	38.6	32.8	42.1
（十三）科学研究和技术服务业	74.9	154.7	58.6
研究与试验发展	279.4	162.9	156.2
专业技术服务业	-25.7	545.8	
科技推广和应用服务业	68	144.4	-62.7
（十四）水利、环境和公共设施管理业	17.8	6.7	26
水利管理业	14.2	46.3	16.1
生态保护和环境治理业	4	2.6	194.5
公共设施管理业	19.8	0.8	23.6
土地管理业			
（十五）居民服务和其他服务业	1397.9	-100.0	-100
居民服务业	1397.9	-100.0	-100
机动车、电子产品和日用产品修理业			
其他服务业			
（十六）教育	14.9	0.5	63.7
教育	14.9	0.5	63.7
（十七）卫生和社会工作	37.4	30.4	14.4
卫生	45.4	46.4	118.4
社会工作	6.8	-11.3	-73.8
（十八）文化、体育和娱乐业	24.8	-46.9	-90.2
新闻和出版业			
广播、电视、电影和影视录音制作业	-15.8	-15.6	
文化艺术业	-56.7	-98.5	-98.5
体育	40.2		

固定资产投资

单位：%

南太湖新区	南浔区	德清县	长兴县	安吉县	△市区
57		46.8	35.8		57.0
74.5					74.5
-13.5					-13.5
83.7					83.7
0.1	0.4	7.9	1.5	3.7	0.7
0.1	0.4	7.9	1.5	3.7	0.7
29	844	-1.8	-40.7	35.7	76.3
		-42.5			
29	844	1.3	-42.8	35.7	76.3
253.4	-11.1	53	548	437.1	108.4
353.2	-38.6	327.1			148.5
92.1	-100	-63.3	312	392.5	54.8
256.1	2.4	51.6		313.8	100.6
-20.8	62.4	-7.5	16.3	26.7	25.5
123.4	-28.1	-37.6	10.8	52.8	20.2
-36	49.2	-7	-6.9	9	11.5
-33.9	77.5	-2.5	24.7	21.6	27.4
			-100	14489.8	-100.0
			-100	14489.8	-100.0
-13.8	35	-48.8	-31.1	258.6	12.2
-13.8	35	-48.8	-31.1	258.6	12.2
39.4	6.2	5.4	115.7	79	25.6
25	-4.4	-17.1	130.6	79	34.0
137.1	174.4	50.2	-100		-2.0
-12.3	-33.5	68.6	289.3	139	-43.6
-15.6				-100	-15.6
	-42.8	31.7	-100	1.2	-74.8
		43.8		-86.5	

6-5 分县区

续 5

行业分类	全市 ± %	吴兴区	吴兴
娱乐业	224.1	218.3	218.3
（十九）公共管理和社会组织	266.8	178.1	
中国共产党机关			
国家机构	373.3	178.1	
人民政协和民主党派			
社会保障			
群众团体、社会团体和其他成员组织	-51.9		
基层群众自治组织			
（二十）国际组织			
国际组织			
三、本年新增固定资产（万元）	-12.4	32.3	76.3
四、项目个数（个）	9.1	17.5	10.6
1.施工项目个数	14.6	10.1	17.3
其中：本年新开工	3.8	28.5	71.4
2.本年投产项目个数	25	44.9	55.2
五、房屋建筑面积（平方米）	9.1		
1.房屋施工面积	-100		
其中：住宅	-100		
2.房屋竣工面积	-21.7		
其中：住宅	-21.1		
3.房屋竣工价值	-28		
其中：住宅	-30.2		
六、本年资金来源合计（万元）	9.1	17.5	10.6
1.上年末结余资金	23.2	14.8	4.5
2.本年实际到位资金	-11.2	-14.4	-26.2
(1)国家预算内资金	16.5	11.6	44.5
其中：中央预算资金	-100		
(2)国内贷款	-8.7	-10.6	-34.1
(3)债券	-69.6	-96.7	-100
(4)利用外资	169.9	369.6	371.5
(5)自筹资金	0.8	-8.8	-19.5
(6)其他资金来源	-22.6	-13.7	-22
七、各项应付款合计（万元）	-34.9	-8.7	10.1
其中：工程款	-38.2	-12.3	-2.7

固定资产投资

单位：%

南太湖新区	南浔区	德清县	长兴县	安吉县	△市区
	1824.5	132.3	295.5	250	411.7
53.9		−100	443.1	561.8	182.5
53.9		−100		555.5	182.5
			−51.9		
−21.1	−62.9	−8.1	−2.4	−66.2	12.5
27.8	17.1	13.7	3.6	9.4	17.3
	36.1	7.8	8.2	20.9	20.2
−11.9	88	2.2	41.1	59.6	53.2
−18.2	50	36.9	18.3	−11.5	45.3
27.8	17.1	13.7	3.6	9.4	17.3
25.2	54.2	30.9	72.1	4.3	20.2
6.4	3.1	−11.8	−2.3	−2.6	−10.5
−17.2	1405.6	27.9	−38.5	159.9	124.9
			−100	−100	
38.3	1.5	−34.6	63	15.9	−8.2
−82.3	155.1	136.2		14.1	−90.4
362.9	1357.3		−35	4061.8	459.4
12.2	0.4	20.6	15.4	36.5	−6.4
−2.4	−3.6	−46	−19.3	−26.5	−11.6
−20.1	−70.4	−21.1	−52.1	−35.8	−32.5
−18.2	−77.5	−38.9	−33.6	−28.8	−42.0

6-6 分县区国有及

行业分类	全市 ± %	吴兴区	吴兴
一、本年完成投资	22.4	14.9	19.7
第一产业			
第二产业	23.2	93.7	1459.6
第三产业	22.2	11.4	12.7
1.按国民经济行业分 2017	20.5	10.7	24.5
农、林、牧、渔业	7274.7		
农业			
林业			
畜牧业			
渔业			
农、林、牧、渔专业及辅助性活动	2213.7		
采矿业			
煤炭开采和洗选业			
石油和天然气开采业			
黑色金属矿采选业			
有色金属矿采选业			
非金属矿采选业			
开采专业及辅助性活动			
其他采矿业			
制造业	16	129.8	1502.7
农副食品加工业	-100		
食品制造业	-52.3		
酒、饮料和精制茶制造业			
烟草制品业			
纺织业			
纺织服装、服饰业			
皮革、毛皮、羽毛及其制品和制鞋业			
木材加工和木、竹、藤、棕、草制品业			
家具制造业			
造纸和纸制品业			
印刷和记录媒介复制业			
文教、工美、体育和娱乐用品制造业			
石油、煤炭及其他燃料加工业			

国有控股固定资产投资

单位：%

南太湖新　区	南浔区	德清县	长兴县	安吉县	△市区
10.3	32.6	6.1	109.5	14.6	20.6
9	–45.5	8.2	394.7	–30.5	43.7
10	36.4	5.9	87.3	38.1	19.4
–2.6	37.8	6.7	89.1	17.1	20.2
			2213.7		
			2213.7		
–5.3	–72.3	–24.6	24.5	141.4	34.1
		–100			
	–80.5			34.1	–80.5

续 1

行业分类	全市 ± %	吴兴区	吴兴
化学原料和化学制品制造业			
医药制造业	-100		
化学纤维制造业			
橡胶和塑料制品业			
非金属矿物制品业	-74.9	-91.9	
黑色金属冶炼和压延加工业			
有色金属冶炼和压延加工业			
金属制品业			
通用设备制造业	-45	-69.6	
专用设备制造业	20.3	82.6	24.5
汽车制造业	17.7	86.4	
铁路、船舶、航空航天和其他运输设备制造业	-100		
电气机械和器材制造业			
计算机、通信和其他电子设备制造业	372.7	2536.4	
仪器仪表制造业			
其他制造业			
废弃资源综合利用业			
金属制品、机械和设备修理业			
电力、热力、燃气及水生产和供应业	3.3	33.9	511.4
电力、热力生产和供应业			
燃气生产和供应业			
水的生产和供应业	20.3	29.8	-86.4
建筑业			
房屋建筑业			
土木工程建筑业			
建筑安装业			
建筑装饰、装修和其他建筑业			
批发和零售业	538.5	294.3	-100
批发业	-28		
零售业	4017.7	294.3	-100
交通运输、仓储和邮政业	13.1	-26.2	-9.4
铁路运输业	-44.8	-49.3	-50.5
道路运输业	34.7	-2.7	15.2

国有控股固定资产投资

单位：%

南太湖新区	南浔区	德清县	长兴县	安吉县	△市区
				-100	
-91.9	-71.6	-57.4	-81.8	-100	-77.5
-100		-25.2			-69.6
148.2		-73.7			82.6
86.4		-60.9			86.4
		-100			
-80.2		62.5			2536.4
30.6		160.7	733.7	-40.6	74.0
		177.4	733.7	-39.3	
30.6		-100		-80.4	42.8
				-28	3231.1
				-28	
					3231.1
-60	44.6	48.1	40.2	-54.4	2.9
-46.7	203.2	-54.8	50.7		-40.9
-54.1	39.5	91.2	56.5	-45.6	20.3

6-6 分县区国有及

续 2

行业分类	全市 ± %	吴兴区	吴兴
水上运输业	36.5	-92.2	
航空运输业			
管道运输业			
多式联运和运输代理业			
装卸搬运和仓储业	-99.8	-98.6	
邮政业			
住宿和餐饮业	97.6	420.7	62.1
住宿业	35.4	62.1	62.1
餐饮业			
信息传输、软件和信息技术服务业	62	188.5	
电信、广播电视和卫星传输服务			
互联网和相关服务	-7.1		
软件和信息技术服务业	70.8	188.5	
金融业	-16	-16.0	
货币金融服务			
资本市场服务			
保险业			
其他金融业	-16	-16.0	
房地产业	15.5	26.2	5.7
房地产业	15.5	26.2	5.7
租赁和商务服务业	6.6	52.0	
租赁业			
商务服务业	6.6	52.0	
科学研究和技术服务业	83.6	151.0	39.6
研究和试验发展	241.4	181.1	181.1
专业技术服务业	-38.3	92.1	
科技推广和应用服务业	109.6	144.6	-66.8
水利、环境和公共设施管理业	23.1	6.4	26.4
水利管理业	13.9	60.5	28.3
生态保护和环境治理业	-5.3	-1.7	262.3
公共设施管理业	27.5	-0.6	22.3
土地管理业			
居民服务、修理和其他服务业			

国有控股固定资产投资

单位：%

南太湖新区	南浔区	德清县	长兴县	安吉县	△市区
−99.7	409.8	845.4	285.8	−100	−17.8
−98.6	−100	−100	−100		−99.3
	102.5	−71.3	−100		185.6
	102.5	−71.3	−100		91.9
188.5		8.7			188.5
		−12.7			
188.5		12.8			188.5
−16					−16.0
−16					−16.0
50.3	2.7	−52.8	189.8	−60.4	20.6
50.3	2.7	−52.8	189.8	−60.4	20.6
17.7	−55.2	−17		−100	33.6
17.7	−55.2	−17		−100	33.6
246.8	−99.6	72.9		392.5	91.3
		261.2			181.8
92.1	−100	−63.3		392.5	−54.0
251.2	−100	129.7			82.9
−19.5	59	−11.7	70.3	38.2	24.3
123.4	−29.9	−37.2	11.8	40.2	24.9
−39.6	−86.2	−6.4	7.7	17.6	−18.2
−32.6	79.6	−7.5	175.1	39.2	26.8

续 3

行业分类	全市 ± %	吴兴区	吴兴
居民服务业			
机动车、电子产品和日用产品修理业			
其他服务业			
教育	-1.9	-8.0	63.8
教育	-1.9	-8.0	63.8
卫生和社会工作	95.4	96.8	133.3
卫生	100.6	91.3	118.4
社会工作	48.7		
文化、体育和娱乐业	-26.4	-45.1	-94.1
新闻和出版业			
广播、电视、电影和录音制作业	-15.4	-15.4	
文化艺术业	-76.4	-99.7	-99.7
体育	49.6		
娱乐业			
公共管理、社会保障和社会组织	265.8	178.1	
中国共产党机关			
国家机构	373.3	178.1	
人民政协、民主党派			
社会保障			
群众团体、社会团体和其他成员组织	-51.9		
基层群众自治组织及其他组织			
国际组织			
国际组织			
二、本年资金来源合计（万元）	20.5	10.7	24.5
1.上年末结余资金	169.6	29.2	13.6
2.本年实际到位资金	20.8	11.6	-7.4
(1)国家预算内资金	23	16.7	44.5
(2)国内贷款	74	116.3	30.6
(3)债券	-69.8	-96.7	-100
(4)利用外资			
(5)自筹资金	16.6	20.5	27.1
(6)其他资金来源	70.6	57.0	2.1

国有控股固定资产投资

单位：%

南太湖新区	南浔区	德清县	长兴县	安吉县	△市区
-27	14.3	-67.3	-13.2	531.4	-0.6
-27	14.3	-67.3	-13.2	531.4	-0.6
75.2	-14.7	104	75.4	680.2	63.4
75.2	-14.7	308.6	75.4	680.2	59.5
		21.4			
-12.2	-48.9	49.1		-31	-45.9
-15.4					-15.4
	-55.9			-31	-81.6
		43.8			
53.9		-100	443.1	555.5	182.5
53.9		-100		555.5	182.5
			-51.9		
-2.6	37.8	6.7	89.1	17.1	20.2
397.9	362.9	496.2	311.5	392.9	70.6
67.1	28.8	12.4	49.1	33.7	15.9
-9.8	1230.5	33.9	-38.8	154.3	119.4
301.4	-17.4	116.2		-34.1	66.9
-82.3	166.5	162		14.1	-90.4
7.7	-4.9	4.7	174.2	3	11.6
37446		-14	31.7	93.4	103.2

6-7 分县区非国有

行业分类	全市 ±%	吴兴区	吴兴
一、本年完成投资	4.3	5.7	0.9
第一产业	3.3	25.4	25.4
第二产业	7.5	17.9	-2.5
第三产业	2.1	1.0	2.8
1.按国民经济行业分 2017	8.6	23.1	2.6
农、林、牧、渔业	6.6	25.4	25.4
农业	-51	73.7	73.7
林业			
畜牧业	25.5	38.7	38.7
渔业	51.4	-89.5	-89.5
农、林、牧、渔专业及辅助性活动			
采矿业	1022.3	-99.3	-99.3
煤炭开采和洗选业			
石油和天然气开采业			
黑色金属矿采选业			
有色金属矿采选业			
非金属矿采选业	1021.9	-100.0	-100
开采专业及辅助性活动			
其他采矿业			
制造业	6.4	17.2	-3.4
农副食品加工业	-7.3	-80.7	-80.7
食品制造业	227.5	166.2	-12.1
酒、饮料和精制茶制造业	-1.6	-42.2	62.1
烟草制品业			
纺织业	1.3	6.3	6.5
纺织服装、服饰业	-23.4	-24.7	-26
皮革、毛皮、羽毛及其制品和制鞋业	55.8	1517.7	1517.7
木材加工和木、竹、藤、棕、草制品业	32.6		
家具制造业	8.7	383.4	383.4
造纸和纸制品业	-46.3	-100.0	-100
印刷和记录媒介复制业	13.3	21.4	
文教、工美、体育和娱乐用品制造业	90.4	-100.0	
石油、煤炭及其他燃料加工业	192.5		

经济固定资产投资

单位：%

南太湖新区	南浔区	德清县	长兴县	安吉县	△市区
12.3	1.9	20.6	-11.3	5.6	4.7
	23	262.9	-41		23.8
83	-4.1	16.9	-7	14.1	9.1
-0.9	8.1	24.6	-15.3	0.2	2.3
69.3	2.5	19.6	-10.1	5.6	15.1
	29	262.9	-38		27.8
	-19.3	-66.7	-99.5		29.6
	14.7		-9.3		20.3
					51.4
			4285.2	-100	-99.3
			4285.2	-100	-100.0
82.6	-4.4	18.2	-10.6	12.3	8.5
	-1.6	5.8	856	-25.5	-43.1
168.7		556.2		131.4	166.2
-51.4		581.5		-39.9	-42.2
-6.3	6	0.6	-6.1	23	6.1
	-67.2	12.3			-26.0
		16.8		-100	1517.7
	179.1	-23.8	-100	44.1	228.4
	149.1	-25.8	810.7	7.3	160.0
	-71.3	-71.9	-8.5	-89.3	-71.8
21.4	-1.1	38.1		-24.9	9.3
-100		346.5	-100	-100	-90.2
	-100			102	-100.0

6-7 分县区非国有

续 1

行业分类	全市 ± %	吴兴区	吴兴
化学原料和化学制品制造业	-10.7	0.1	-1.2
医药制造业	47.5	2.9	-37.2
化学纤维制造业	-43.4	-46.0	-45.9
橡胶和塑料制品业	-2.7	-3.3	44.8
非金属矿物制品业	-26.1	-35.3	-7.2
黑色金属冶炼和压延加工业	12.9	-32.1	-51
有色金属冶炼和压延加工业	-30.5	-31.9	-31.9
金属制品业	16.1	27.7	82.4
通用设备制造业	50	52.6	65.1
专用设备制造业	-26.8	-33.7	-59
汽车制造业	-27.5	25.9	87
铁路、船舶、航空航天和其他运输设备制造业	-0.9	58.7	-100
电气机械和器材制造业	88.4	318.9	105.9
计算机、通信和其他电子设备制造业	-0.9	48.5	23.6
仪器仪表制造业	48.3	197.1	
其他制造业	83.9	-100.0	-100
废弃资源综合利用业	-55.8	-46.1	-46.1
金属制品、机械和设备修理业			
电力、热力、燃气及水生产和供应业	116.7	180.9	189
电力、热力生产和供应业	126.1	142.0	213.3
燃气生产和供应业	2572.8	2572.8	
水的生产和供应业	-16	-100.0	-100
建筑业			
房屋建筑业			
土木工程建筑业			
建筑安装业			
建筑装饰、装修和其他建筑业			
批发和零售业	-63.1	-21.8	-20.3
批发业	-53		
零售业	-66.3	-21.8	-20.3
交通运输、仓储和邮政业	-26.5	72.2	369.4
铁路运输业			
道路运输业	-59.1	-19.7	73.6

经济固定资产投资

单位：%

南太湖新区	南浔区	德清县	长兴县	安吉县	△市区
8.9	55.8	-25	-52.6	27.1	26.4
12.3	57.4	80.6	-36.1	227.7	30.5
-100	-55.1	-4.6	107.2	-86.7	-46.1
-40.4	59.8	48.2	-19.8	-8.3	20.3
-58.5	-33.3	-11.3	-44.4	222.8	-33.9
-26.2	619.5	3.8	4		13.9
	-35.1		-34.4	15.9	-32.2
-51.4	62.4	67.8	-69.6	106.7	37.6
17.8	16.5	39	136.9	4.6	47.3
289.8	-9.4	-4.2	-50.2	-22.9	-22.5
-39.2	24.3	18.2	-58	7.4	25.2
64	11.3	-55.5	37.7	76.9	28.2
404	28.7	5.3	82.7	-33	216.5
86.9	-33.6	23.5	46.3	17.9	-17.5
197.1	-100	54.2	38.8		-40.0
		86.5			-100.0
			-49.8	-73.8	-44.7
154.1	41.5	-74.6	320.2		109.7
-100	37.1	-75.8	534.2		86.1
2572.8					2572.8
		-61.4	1.7		-22.1
-100	-69.3	-91.1	-100	-100	-47.7
	44.1	-95.9	-100		44.1
-100	-100	-91		-100	-59.8
-18.8	-98.2	291.4	-43.4	-61	31.9
-79.7	-100	863.9	-99	-77.9	-28.5

6-7 分县区非国有

续 2

行业分类	全市 ± %	吴兴区	吴兴
水上运输业	-13.1	141.1	141.1
航空运输业			
管道运输业	-100		
多式联运和运输代理业	87.1		
装卸搬运和仓储业	35.5	20.5	
邮政业	-29.2	-29.2	-29.2
住宿和餐饮业	-6	48.0	-8.2
住宿业	-7.7	48.0	-8.2
餐饮业	20.6		
信息传输、软件和信息技术服务业	0.1	-30.3	
电信、广播电视和卫星传输服务			
互联网和相关服务	-58.5	-57.9	
软件和信息技术服务业	21.4	-20.0	
金融业	934	934.0	
货币金融服务	-13.5	-13.5	
资本市场服务			
保险业			
其他金融业			
房地产业	0.2	-3.2	0.7
房地产业	0.2	-3.2	0.7
租赁和商务服务业	50.6	27.7	17.5
租赁业	-10		
商务服务业	51.7	27.7	17.5
科学研究和技术服务业	52.8	187.9	146.1
研究和试验发展	509	123.8	96.3
专业技术服务业	447.1		
科技推广和应用服务业	8.1	137.1	-4.2
水利、环境和公共设施管理业	-11.9	9.3	23
水利管理业	18.4	-23.4	-23.4
生态保护和环境治理业	26.7	16.6	103.2
公共设施管理业	-20.6	19.7	34.7
土地管理业			
居民服务、修理和其他服务业	120.3	-100.0	-100

经济固定资产投资

单位：%

南太湖新区	南浔区	德清县	长兴县	安吉县	△市区
	-100	-100	0.7	-8.7	-8.7
			-100		
				63.4	
1.5	-97.3	156.5	675.8	-46.1	-15.7
					-29.2
87.2	-81.5	-5.3	-15.1	17.5	-20.7
87.2	-80	-9.4	-15.1	8.9	-15.2
	-91.3			81.2	-91.3
-30.3	-16.7		35.8	-76.9	-30.3
-57.9	-16.7			-76.9	-57.8
-20			35.8		-20.0
934					934.0
-13.5					-13.5
-7.3		22.8	-11.4	5	-2.6
-7.3		22.8	-11.4	5	-2.6
33.6	3645.2	66	-40.7	47	89.6
		-42.5			
33.6	3645.2	136	-42.8	47	89.6
613.2	226.9	10.3	518.8	586.5	207.9
353.2	-44.8	2638.1			90.9
			282.8		
	291.4	-18.1		313.8	266.4
-48	102.3	31.1	-59.7	-22.3	37.6
		-47.1	-33.4		-17.7
-21.4	561.7	-100	-10.7	-50.5	111.2
-100	54.7	37	-73.4	-33.4	33.9
			-100	2136.1	-100.0

6-7 分县区非国有

续 3

行业分类	全市 ± %	吴兴区	吴兴
居民服务业	120.3	-100.0	-100
机动车、电子产品和日用产品修理业			
其他服务业			
教育	82.4	62.6	-100
教育	82.4	62.6	-100
卫生和社会工作	-14.5	-23.3	-86.4
卫生	-18.4	-26.5	
社会工作	-5.7	-20.2	-86.4
文化、体育和娱乐业	123.9	-70.0	-69.6
新闻和出版业			
广播、电视、电影和录音制作业	-100	-100.0	
文化艺术业	-10.8	-91.5	-91.5
体育	-86.5		
娱乐业	216	42.3	42.3
公共管理、社会保障和社会组织			
中国共产党机关			
国家机构			
人民政协、民主党派			
社会保障			
群众团体、社会团体和其他成员组织			
基层群众自治组织及其他组织			
国际组织			
国际组织			
二、本年资金来源合计（万元）	8.6	23.1	2.6
1.上年末结余资金	8.6	13.0	2.1
2.本年实际到位资金	-19.4	-29.6	-43.2
(1)国家预算内资金	80.3	-100.0	
(2)国内贷款	-24.4	-39.1	-48.9
(3)债券	47.2		
(4)利用外资	170.6	369.6	371.5
(5)自筹资金	2.9	-18.1	-34.2
(6)其他资金来源	-24.9	-14.6	-20.5

经济固定资产投资

单位：%

南太湖新区	南浔区	德清县	长兴县	安吉县	△市区
			-100	2136.1	-100.0
62.8	153.9	4.7	-100	182.8	97.9
62.8	153.9	4.7	-100	182.8	97.9
11.2	77.3	-81.8	156.7	-60.3	-14.1
-26.5	43	-100	195.3	-60.3	-17.4
137.1	174.4		-100		-10.5
-100	35.3	97	289.3	155.5	-22.9
-100				-100	-100.0
	17.3	3.6	-100	11.6	-38.3
				-86.5	
	678.4	132.3	295.5	250	118.9
69.3	2.5	19.6	-10.1	5.6	15.1
21.9	22.1	15.7	11.3	-20.6	14.3
-4.6	-5.6	-17.7	-15.2	-7.8	-24.7
-100		-100	-7.3	661.3	256.2
-18.8	16.7	-39.5	-23.5	26.5	-31.2
	-100	55.5			-100.0
362.9	1357.3		-35	4061.8	459.4
13.7	3.5	29	2.9	46.4	-13.1
-7.7	-12.5	-47.2	-19.6	-31.2	-14.1

6-8 分县区私营个

行业分类	全市 ±%	吴兴区	吴兴
一、本年完成投资	7.9	18.9	1.4
第一产业	77.7	387.9	387.9
第二产业	8.3	30.2	-5.5
第三产业	7.4	12.9	6.6
1.按国民经济行业分 2017	10.5	36.4	0.9
农、林、牧、渔业	84.5	387.9	387.9
农业	-63.9		
林业			
畜牧业	1130.3		
渔业	-89.5	-89.5	-89.5
农、林、牧、渔专业及辅助性活动			
采矿业	1152.5	-99.3	-99.3
煤炭开采和洗选业			
石油和天然气开采业			
黑色金属矿采选业			
有色金属矿采选业			
非金属矿采选业	1152	-100.0	-100
开采专业及辅助性活动			
其他采矿业			
制造业	7.3	30.7	-5.4
农副食品加工业	-4	-82.5	-82.5
食品制造业	222.6	177.1	
酒、饮料和精制茶制造业	-14.2	-61.5	
烟草制品业			
纺织业	-12.3	-8.0	-8.1
纺织服装、服饰业	4.8	8.7	7.6
皮革、毛皮、羽毛及其制品和制鞋业	-20.3	1517.7	1517.7
木材加工和木、竹、藤、棕、草制品业	65.7		
家具制造业	46.5	41.4	41.4
造纸和纸制品业	-79.6	-100.0	-100
印刷和记录媒介复制业	13.3	21.4	
文教、工美、体育和娱乐用品制造业	91.2	-100.0	
石油、煤炭及其他燃料加工业	329		

体经济固定资产投资

单位：%

南太湖新区	南浔区	德清县	长兴县	安吉县	△市区
40.6	8	13.9	−17	14.2	16.2
		30.1	−32.2		751.9
128.6	15.7	9.6	−27.3	52.1	25.3
18.5	−1.4	21.3	0.3	−3.2	10.3
100.2	18.1	15.2	−28.4	41.1	30.4
		30.1	−24.5		751.9
		−66.7	−99.5		
			401.8		
					−89.5
			4285.2		−99.3
			4285.2		−100.0
130.1	15.4	10.3	−30.6	48.7	25.5
	−32	33.5	436.1	−15.4	−58.9
177.1		556.2		124.2	177.1
−61.5		513.3		−45.8	−61.5
−6.3	6	−2.4	−25.8	−17.4	0.8
	−67.2	10			3.5
		−63.1		−100	1517.7
	179.1	−8	−100	76.6	193.9
	217.8	−26.3	527.8	74.4	207.5
	−71.3	−77.5	−75.8	−91.7	−71.8
21.4	−1.1	38.1		−24.9	9.3
−100		346.5	−100	−100	−90.2
				102	

6-8 分县区私营个

续 1

行业分类	全市 ±%	吴兴区	吴兴
化学原料和化学制品制造业	-23.6	4.2	3.7
医药制造业	49.1	0.7	-37.2
化学纤维制造业	-18.6	-27.6	-27.5
橡胶和塑料制品业	-3.2	-6.4	130.9
非金属矿物制品业	-18.2	-64.5	-62.8
黑色金属冶炼和压延加工业	10.1	-26.2	
有色金属冶炼和压延加工业	-26.7	-31.9	-31.9
金属制品业	41.3	86.5	98.2
通用设备制造业	28.8	15.0	5.5
专用设备制造业	-14.7	19.2	-28.9
汽车制造业	-46	19.0	21.3
铁路、船舶、航空航天和其他运输设备制造业	55.6	58.7	-100
电气机械和器材制造业	71.7	403.4	74.5
计算机、通信和其他电子设备制造业	36.4	92.7	422.5
仪器仪表制造业	60.8	197.1	
其他制造业	-27.1	-100.0	-100
废弃资源综合利用业	-51.7	-45.6	-45.6
金属制品、机械和设备修理业			
电力、热力、燃气及水生产和供应业	85	-30.5	-0.6
电力、热力生产和供应业	98.4	-30.5	-0.6
燃气生产和供应业			
水的生产和供应业	1.7		
建筑业			
房屋建筑业			
土木工程建筑业			
建筑安装业			
建筑装饰、装修和其他建筑业			
批发和零售业	-51.6	2362.2	
批发业	-47.1		
零售业	-54.1	2362.2	
交通运输、仓储和邮政业	-19	154.0	1088.2
铁路运输业			
道路运输业	-20.8	67.3	

体经济固定资产投资

单位：%

南太湖新区	南浔区	德清县	长兴县	安吉县	△市区
7	−24.1	−26.3	−45.3	35.7	−11.2
9.7	84.6	101.5	−38.6	209.1	38.1
−100		−4.6	414.2		−27.6
−40.4	−17.3	35.5	−45.7	167.3	−11.2
−66.5	5.3	−6.4	−46.4	222.8	−23.1
−26.2	619.5	3.8	−42.2		32.2
			−32.6		−31.9
42	193.5	90.4	−70.8	306.2	107.1
55.4	−3.3	4	155.1	16.5	11.6
395.2	6.2	−2.1	−44.7	−8.5	13.4
12.4	−33.2	50.7	−66.8	−13.8	−11.0
64		41.7	37.7		58.7
516	22.7	9.6	−40.4	−34.2	254.4
75.9	37.3	4.1	40.4	78.1	60.9
197.1	−100	86.5	38.8		−40.0
		−24.9			−100.0
			−51.2	−69	−40.9
−100	40.1	−65.3	210.8		7.0
−100	40.1	−65.3	435.2		7.0
			1.7		
−100	−70.4	−100	−100	−100	−25.6
	600.5		−100		600.5
−100	−100	−100		−100	−52.7
36.8	−96.8	38.4	−44.3	−64.2	63.5
−64.7	−100		−100		28.7

6-8 分县区私营个

续 2

行业分类	全市 ± %	吴兴区	吴兴
水上运输业	-8.7	141.1	141.1
航空运输业			
管道运输业	-100		
多式联运和运输代理业	-71.1		
装卸搬运和仓储业	117.1	356.4	
邮政业	-29.2	-29.2	-29.2
住宿和餐饮业	-20	-46.6	-10.6
住宿业	-26.5	-46.6	-10.6
餐饮业	86.7		
信息传输、软件和信息技术服务业	-81.2	-82.2	
电信、广播电视和卫星传输服务			
互联网和相关服务	-57.6	-57.9	
软件和信息技术服务业	-98.6	-100.0	
金融业			
货币金融服务			
资本市场服务			
保险业			
其他金融业			
房地产业	4.8	6.4	1.9
房地产业	4.8	6.4	1.9
租赁和商务服务业	42.3	68.1	150.5
租赁业	-10		
商务服务业	44	68.1	150.5
科学研究和技术服务业	120.1		
研究和试验发展	2475.5		
专业技术服务业	447.1		
科技推广和应用服务业	-2.5		
水利、环境和公共设施管理业	-16.8	82.6	146.6
水利管理业	-68.9		
生态保护和环境治理业	22.1	22.5	178.9
公共设施管理业	-25.3	139.8	139.8
土地管理业			
居民服务、修理和其他服务业	-100	-100.0	-100

体经济固定资产投资

单位：%

南太湖新区	南浔区	德清县	长兴县	安吉县	△市区
	-100				-8.7
			-100		
				-71.1	
253.9	-92.1	38.4	675.8	-46.1	153.9
					-29.2
-70.9	-74.4	34.4	-26.5	20.8	-55.6
-70.9	-66.2	26	-26.5	-15.6	-51.4
	-91.3			351.5	-91.3
-82.2					-82.1
-57.9					-57.6
-100					-100.0
10.8	-9.4	12.1	18.8	-5.8	3.6
10.8	-9.4	12.1	18.8	-5.8	3.6
50.1		151.9	-46.4		68.1
		-42.5			
50.1		437.4	-49.9		68.1
	226.9	23.4	396.7		345.9
	-44.8				155.3
			282.8		
	291.4	-80.8			318.7
-21.4	148	53.2	-66.1	-66.7	108.8
		-49.1	-100		
-21.4	467.1		-22	-100	107.3
	81.6	62.8	-79.3	-65.9	109.6
					-100.0

6-8 分县区私营个

续 3

行业分类	全市 ± %	吴兴区	吴兴
居民服务业	-100	-100.0	-100
机动车、电子产品和日用产品修理业			
其他服务业			
教育	63.4	62.8	
教育	63.4	62.8	
卫生和社会工作	1.9	-20.4	-85
卫生	7.1	-26.5	
社会工作	-8.3	-13.9	-85
文化、体育和娱乐业	200.3	-17.1	-9.5
新闻和出版业			
广播、电视、电影和录音制作业	-100	-100.0	
文化艺术业	67.1		
体育	-86.5		
娱乐业	263.8	-9.5	-9.5
公共管理、社会保障和社会组织			
中国共产党机关			
国家机构			
人民政协、民主党派			
社会保障			
群众团体、社会团体和其他成员组织			
基层群众自治组织及其他组织			
国际组织			
国际组织			
二、本年资金来源合计（万元）	10.5	36.4	0.9
1.上年末结余资金	-0.1	-6.7	-47.2
2.本年实际到位资金	-23.1	-30.1	-52.6
(1)国家预算内资金	76.3	-100.0	
(2)国内贷款	-12.2	-9.5	-15.5
(3)债券			
(4)利用外资	13.1	101.1	
(5)自筹资金	-1.1	-13.9	-33
(6)其他资金来源	-25	-9.7	-39.1

体经济固定资产投资

单位：%

南太湖新 区	南浔区	德清县	长兴县	安吉县	△市区
					-100.0
62.8	178.2	834.4	-100	10.3	102.7
62.8	178.2	834.4	-100	10.3	102.7
11.6	37.3		156.7	-52.5	-16.2
-26.5	37.3		195.3	-52.5	-18.1
141.1			-100		-13.9
-100	1174.2	331.8	9.4	211.5	72.4
-100				-100	-100.0
		48.4	-100	77.5	
				-86.5	
	689.4	832.7	12.2	274.3	47.3
100.2	18.1	15.2	-28.4	41.1	30.4
24.1	9.7	-15.4	39	18.4	-5.7
14.2	-3.3	-22.1	-18.5	-21	-25.7
-100		-100	-7.3		489.2
4.1	-21.6	-49.9	-16	26.3	-11.3
101.1			-100	-100	347.3
14.7	7.2	28.7	-14.2	28.7	-8.8
28.8	-0.4	-53.7	1.8	-41	-8.5

6-9 分县区港澳台

行业分类	全市 ± %	吴兴区	吴兴
一、本年完成投资	−25.9	−45.7	−46.3
第一产业	−67.5	−30.5	−30.5
第二产业	−22.4	−47.9	−46.4
第三产业	−29.3	−36.4	−100
1.按国民经济行业分 2017	−20.8	−50.6	−46.3
农、林、牧、渔业	−67.5	−30.5	−30.5
农业	−42.1	−30.5	−30.5
林业			
畜牧业	−76.7		
渔业			
农、林、牧、渔专业及辅助性活动			
采矿业			
煤炭开采和洗选业			
石油和天然气开采业			
黑色金属矿采选业			
有色金属矿采选业			
非金属矿采选业			
开采专业及辅助性活动			
其他采矿业			
制造业	−24.3	−53.7	−52.9
农副食品加工业	−43		
食品制造业			
酒、饮料和精制茶制造业			
烟草制品业			
纺织业	25.6	−100.0	−100
纺织服装、服饰业	−94.5	−100.0	−100
皮革、毛皮、羽毛及其制品和制鞋业	16455.9		
木材加工和木、竹、藤、棕、草制品业	−8.3		
家具制造业	−61.3		
造纸和纸制品业	12.3		
印刷和记录媒介复制业			
文教、工美、体育和娱乐用品制造业	−100		
石油、煤炭及其他燃料加工业			

经济固定资产投资

单位：%

南太湖新区	南浔区	德清县	长兴县	安吉县	△市区
-43.9	-36.9	37.3	-34.8	-21.8	-44.1
	-76.7		-100		-66.0
-61.4	-32.2	35.4	26.6	-53.6	-44.8
-36.3	-100	40.4	-55.4	6.2	-36.5
-65.5	-36.9	49.9	22.3	-43.1	-48.0
	-76.7		-100		-66.0
			-100		-30.5
	-76.7				-76.7
-61.4	-33.1	45.3	25	-53.6	-49.6
		-43			
	-77.7	-60.8	1533.5		-79.4
		-73			-100.0
		16455.9			
				-8.3	
	-100			-72.8	-100.0
		-86	17.9		
			-100		

6-9 分县区港澳台

续 1

行业分类	全市 ± %	吴兴区	吴兴
化学原料和化学制品制造业	-30.8	-26.8	-26.8
医药制造业	32.3		
化学纤维制造业	-75	-75.1	-75.1
橡胶和塑料制品业	426.7		
非金属矿物制品业	-16.8	-57.4	
黑色金属冶炼和压延加工业			
有色金属冶炼和压延加工业	-100		
金属制品业	-10.8		
通用设备制造业	9.5		
专用设备制造业	-46.5	-99.2	
汽车制造业	38.7	120.1	1091.6
铁路、船舶、航空航天和其他运输设备制造业	-83.7		
电气机械和器材制造业	-99.9		
计算机、通信和其他电子设备制造业	551.6		
仪器仪表制造业			
其他制造业	143.7		
废弃资源综合利用业	-75.7		
金属制品、机械和设备修理业			
电力、热力、燃气及水生产和供应业	100.9	471.8	471.8
电力、热力生产和供应业	94.4	471.8	471.8
燃气生产和供应业			
水的生产和供应业			
建筑业			
房屋建筑业			
土木工程建筑业			
建筑安装业			
建筑装饰、装修和其他建筑业			
批发和零售业			
批发业			
零售业			
交通运输、仓储和邮政业	-27.7	-67.9	
铁路运输业			
道路运输业	-100	-100.0	

经济固定资产投资

单位：%

南太湖新区	南浔区	德清县	长兴县	安吉县	△市区
	−23.7	−54.7			−26.1
		63.7	−100		
	−100			−18.8	−75.6
			1153.9	146.6	
−57.4		119.7			−57.4
			−100		
	50.6		−76.9	−94.1	50.6
		10	127	−49.3	
−99.2	−28.4	−38	−64.1		−34.9
−56.9		1534.7	−24.8	−54.7	120.1
				−83.7	
		−99.6	−100		
		187		−100	
		143.7			
				−75.7	
		−100			492.7
		−100			471.8
−67.9		296.9			−67.9
−100					−100.0

6-9 分县区港澳台

续 2

行业分类	全市 ±%	吴兴区	吴兴
水上运输业			
航空运输业			
管道运输业			
多式联运和运输代理业			
装卸搬运和仓储业	-5.3	-56.3	
邮政业			
住宿和餐饮业	588.4		
住宿业	588.4		
餐饮业			
信息传输、软件和信息技术服务业	739.9		
电信、广播电视和卫星传输服务			
互联网和相关服务	-100		
软件和信息技术服务业	773.3		
金融业			
货币金融服务			
资本市场服务			
保险业			
其他金融业			
房地产业	-34.2	58.0	
房地产业	-34.2	58.0	
租赁和商务服务业	-36.1		
租赁业			
商务服务业	-36.1		
科学研究和技术服务业			
研究和试验发展			
专业技术服务业			
科技推广和应用服务业			
水利、环境和公共设施管理业	-61.3	-100.0	-100
水利管理业			
生态保护和环境治理业	-100	-100.0	-100
公共设施管理业	-60.8		
土地管理业			
居民服务、修理和其他服务业			

经济固定资产投资

单位：%

南太湖新区	南浔区	德清县	长兴县	安吉县	△市区
-56.3		296.9			-56.3
				139.6	
				139.6	
	-100		204.6		-100.0
	-100				-100.0
			204.6		
58		-2.1	-58.1	14.8	58.0
58		-2.1	-58.1	14.8	58.0
				-36.1	
				-36.1	
			-100	-51.5	-100.0
					-100.0
			-100	-51.5	

6-9 分县区港澳台

续3

行业分类	全市 ±%	吴兴区	吴兴
居民服务业			
机动车、电子产品和日用产品修理业			
其他服务业			
教育			
教育			
卫生和社会工作			
卫生			
社会工作			
文化、体育和娱乐业	11.4		
新闻和出版业			
广播、电视、电影和录音制作业			
文化艺术业			
体育			
娱乐业	11.4		
公共管理、社会保障和社会组织			
中国共产党机关			
国家机构			
人民政协、民主党派			
社会保障			
群众团体、社会团体和其他成员组织			
基层群众自治组织及其他组织			
国际组织			
国际组织			
二、本年资金来源合计（万元）	-20.8	-50.6	-46.3
1.上年末结余资金	38.1	-20.6	-100
2.本年实际到位资金	-65.2	-90.2	-92.2
(1)国家预算内资金	-100	-100.0	
(2)国内贷款	-78	-32.4	
(3)债券			
(4)利用外资	40.5	-100.0	-100
(5)自筹资金	-14.8	-55.6	-50
(6)其他资金来源	69.6	2836.9	

经济固定资产投资

单位：%

南太湖新区	南浔区	德清县	长兴县	安吉县	△市区
		11.4			
		11.4			
−65.5	−36.9	49.9	22.3	−43.1	−48.0
−9.3	−67.3	−79.4	19.3	175	−22.4
−52.3	−16.8	23.2	−47.5	−32.6	−87.8
−100					−100.0
−32.4	450.7	24.8	−58.7	−98.8	−16.7
	796.4		82.5		2.8
−80.5	−18.5	71.6	−11.8	9.6	−50.2
1350.3	5177.4	−57.6	17.8	−30.4	3163.9

6-10 分县区外商

行业分类	全市 ± %	吴兴区	吴兴
一、本年完成投资	-18.9	-31.6	-77.1
第一产业	-43.7		
第二产业	-10.3	125.5	389.9
第三产业	-42.5	-87.0	-97.5
1.按国民经济行业分 2017	-9.5	88.9	389.9
农、林、牧、渔业	-43.7		
农业			
林业			
畜牧业	-43.7		
渔业			
农、林、牧、渔专业及辅助性活动			
采矿业			
煤炭开采和洗选业			
石油和天然气开采业			
黑色金属矿采选业			
有色金属矿采选业			
非金属矿采选业			
开采专业及辅助性活动			
其他采矿业			
制造业	-11.9	106.3	389.9
农副食品加工业			
食品制造业	80.3	80.3	
酒、饮料和精制茶制造业			
烟草制品业			
纺织业	173.5		
纺织服装、服饰业	1021.7		
皮革、毛皮、羽毛及其制品和制鞋业			
木材加工和木、竹、藤、棕、草制品业			
家具制造业	-82.2		
造纸和纸制品业			
印刷和记录媒介复制业			
文教、工美、体育和娱乐用品制造业			
石油、煤炭及其他燃料加工业			

经济固定资产投资

单位：%

南太湖新区	南浔区	德清县	长兴县	安吉县	△市区
62.8	-49	9.1	45.3	7.3	-45.8
			-43.7		
93.4	-45.6	293.5	48.4	-5.1	-35.4
-13.5	-86.6	-81.1	104	56.3	-86.8
62.8	-45.9	296	45.8	-6.6	-35.4
			-43.7		
			-43.7		
71.5	-45.6	293.5	41.5	-5.1	-36.6
80.3					80.3
	73.1		232.8		73.1
		546.2			
				-82.2	

6-10 分县区外商

续 1

行业分类	全市 ± %	吴兴区	吴兴
化学原料和化学制品制造业	-50.6	59.9	180.1
医药制造业	272.3		
化学纤维制造业			
橡胶和塑料制品业	-36.5		
非金属矿物制品业	3		
黑色金属冶炼和压延加工业			
有色金属冶炼和压延加工业			
金属制品业	110.7	289.5	289.5
通用设备制造业	122.8	-4.1	244900
专用设备制造业	-5.4		
汽车制造业	928.4		
铁路、船舶、航空航天和其他运输设备制造业			
电气机械和器材制造业	52.6	98.5	
计算机、通信和其他电子设备制造业	-49.9		
仪器仪表制造业			
其他制造业			
废弃资源综合利用业			
金属制品、机械和设备修理业			
电力、热力、燃气及水生产和供应业	5232	2572.8	
电力、热力生产和供应业			
燃气生产和供应业	2572.8	2572.8	
水的生产和供应业			
建筑业			
房屋建筑业			
土木工程建筑业			
建筑安装业			
建筑装饰、装修和其他建筑业			
批发和零售业			
批发业			
零售业			
交通运输、仓储和邮政业	-80.3		
铁路运输业			
道路运输业			

经济固定资产投资

单位：%

南太湖新区	南浔区	德清县	长兴县	安吉县	△市区
11.8	−82.5		−72.6	5.8	−10.6
			235.2	230.5	
	127	−59.3		−38.1	127.0
			3		
	77.1			−100	160.2
−74.8	−48.4	77038.9			−31.3
	8		−43.3		19.2
		37.3	540.9	429.1	
98.5		−43.8	32.2		100.4
	−58.9	171.7	581.4		−58.9
2572.8					2572.8
2572.8					2572.8
	−100			−8.7	−100.0

6-10 分县区外商

续 2

行业分类	全市 ± %	吴兴区	吴兴
水上运输业	-8.7		
航空运输业			
管道运输业			
多式联运和运输代理业			
装卸搬运和仓储业	-100		
邮政业			
住宿和餐饮业	-100		
住宿业	-100		
餐饮业			
信息传输、软件和信息技术服务业			
电信、广播电视和卫星传输服务			
互联网和相关服务			
软件和信息技术服务业			
金融业	-13.5	-13.5	
货币金融服务	-13.5	-13.5	
资本市场服务			
保险业			
其他金融业			
房地产业	-54.8	-97.5	-97.5
房地产业	-54.8	-97.5	-97.5
租赁和商务服务业	172.4		
租赁业			
商务服务业	172.4		
科学研究和技术服务业			
研究和试验发展			
专业技术服务业			
科技推广和应用服务业			
水利、环境和公共设施管理业	80.3		
水利管理业			
生态保护和环境治理业	456.8		
公共设施管理业	-100		
土地管理业			
居民服务、修理和其他服务业			

单位：%

南太湖新区	南浔区	德清县	长兴县	安吉县	△市区
				−8.7	
	−100				−100.0
			−100		
			−100		
−13.5					−13.5
−13.5					−13.5
	−91.8	−81.9	41.9	53.3	−95.7
	−91.8	−81.9	41.9	53.3	−95.7
				172.4	
				172.4	
			−43.8		
			73.5		
			−100		

6-10 分县区外商

续 3

行业分类	全市 ± %	吴兴区	吴兴
居民服务业			
机动车、电子产品和日用产品修理业			
其他服务业			
教育			
教育			
卫生和社会工作			
卫生			
社会工作			
文化、体育和娱乐业	836.4		
新闻和出版业			
广播、电视、电影和录音制作业			
文化艺术业			
体育			
娱乐业	836.4		
公共管理、社会保障和社会组织			
中国共产党机关			
国家机构			
人民政协、民主党派			
社会保障			
群众团体、社会团体和其他成员组织			
基层群众自治组织及其他组织			
国际组织			
国际组织			
二、本年资金来源合计（万元）	-9.5	88.9	389.9
1.上年末结余资金	-33.8	424.2	3672
2.本年实际到位资金	-70.1	-92.8	-97.5
(1)国家预算内资金			
(2)国内贷款	545.8	-24.4	
(3)债券			
(4)利用外资	-23.1		
(5)自筹资金	6.6	-35.5	-83.4
(6)其他资金来源	160.1	9993.0	

经济固定资产投资

单位：%

南太湖新区	南浔区	德清县	长兴县	安吉县	△市区
			782.5		
			782.5		
62.8	-45.9	296	45.8	-6.6	-35.4
-14.7	14.9	-59	445.8	-66.2	233.3
63.4	17.1	-42.2	-41	-22.1	-87.3
-100		-99.5			17.1
			-100		
87.6	66.1	307.2	39.5	-40.6	-10.0
4615.2	395.9	-85.3	739.7	11	1563.2

6-11 历年房

年 份	房地产开发投资额（万元）	房屋施工面积	#住宅	房屋竣工面积	#住宅
1995	105496	131	108	70	57
1996	79196	115	84	73	61
1997	71818	109	84	52	39
1998	81483	125	104	79	68
1999	93836	127	113	63	57
2000	172611	208	179	79	71
2001	234029	288	246	122	102
2002	295765	381	266	190	146
2003	415160	480	340	156	107
2004	568602	649	489	138	100
2005	690486	670	520	227	168
2006	727959	888	693	305	246
2007	949385	958	729	172	127
2008	1068445	999	747	183	139
2009	1113006	1139	831	224	172
2010	1431314	1400	971	313	187
2011	1846799	1555	1096	213	163
2012	2111735	1845	1295	192	132
2013	2676379	2106	1482	243	169
2014	3427487	2472	1711	454	320
2015	3233875	2396	1693	254	177
2016	2742244	2126	1474	443	305
2017	3011700	2194	1579	342	246
2018	5232974	2742	2009	140	100
2019	5862681	3680	2742	190	132
2020	6292120	4271	3205	339	256
2021	6832023	4329	3133	340	247
2022	7040722	4251	3033	266	195

地产开发投资

单位：万平方米

商品房销售面积	#住宅	商品房销售额（万元）	#住宅	空置面积	#住宅
41	38	53931	46352		
61	56	82047	70897		
64	60	89989	78870		
62	56	89572	73254	18	15
94	83	141327	115458	53	42
163	137	303108	228878	45	32
167	135	304085	219038	27	14
143	114	325684	230876	15	4
249	208	694103	543563	44	16
245	197	815708	607349	76	23
287	245	1106689	919878	72	36
196	157	822804	645906	100	44
432	364	2197669	1849313	100	38
412	314	2585308	1947379	107	22
331	264	2238651	1706359	148	40
274	229	1860440	1545688	177	65
308	251	2157080	1751971	205	93
305	260	1999709	1639940	318	181
399	346	2748149	2370634	430	250
557	490	3868690	3320820	381	172
744	639	6213955	5405946	338	145
809	723	8513888	7694250	184	72
824	761	9846081	9216312	201	103
896	820	11000865	10323003	179	927
880	785	11156862	10265911	157	75
569	475	6774461	6010007	166	97

6-12 分区县

指 标	单位	全 市	吴兴区	
				吴 兴
一、投资额	万元			
1.计划总投资	万元	46508980	23913509	10888557
2.自开始建设累计完成投资	万元	32858087	18928297	9213955
3.本年完成投资	万元	7040722	3498544	1786353
其中：配套工程投资	万元			
其中：国有控股	万元	902932	541653	212825
其中：非国有控股	万元	6137790	2956891	1573528
其中：民间投资	万元	5965276	2943985	1572374
按登记注册类型分：	万元			
内资企业	万元	6843512	3485638	1785199
国有企业	万元	149062	143200	
集体企业	万元			
股份合作企业	万元			
联营企业	万元			
国有联营企业	万元			
集体联营企业	万元			
国有与集体联营企业	万元			
其他联营企业	万元			
有限责任公司	万元	3346257	1639402	1062092
国有独资公司	万元	192023	189290	121755
其他有限责任公司	万元	3154234	1450112	940337
股份有限公司	万元	103433	79310	79310
私营企业	万元	3186900	1565866	643797
其他企业	万元	57860	57860	
港澳台商投资企业	万元	130192	11752	
外商投资企业	万元	67018	1154	1154

房地产开发投资

南太湖新区	南浔区	德清县	长兴县	安吉县	△市区
13024952	5723938	6425975	5389730	5055828	29637447
9714342	2869843	3851578	4117256	3091113	21798140
1712191	789709	978632	936348	837489	4288253
328828	105518	56206	179634	19921	647171
1383363	684191	922426	756714	817568	3641082
1371611	682404	896270	681341	761276	3626389
1700439	787922	952476	860975	756501	4273560
143200	5862				149062
577310	530248	564242	392059	220306	2169650
67535	1987	746			191277
509775	528261	563496	392059	220306	1978373
		24123			79310
922069	251812	364111	468916	536195	1817678
57860					57860
11752		18532	57207	42701	11752
	1787	7624	18166	38287	2941

6-12 分区县

续 1

指　标	单位	全　市	吴兴区	吴　兴
按资质等级分：	万元			
一级	万元	73957	73957	
二级	万元	510472	245437	186712
三级	万元	156860	49937	28351
四级	万元	955747	422607	181920
暂定	万元	2708410	976805	257777
其他	万元	2635276	1729801	1131593
按构成分：	万元			
建筑工程	万元	3174044	1344959	601440
安装工程	万元	71606	25060	15249
设备工器具购置	万元	19486	2733	2399
其他费用	万元	3775586	2125792	1167265
其中：旧建筑物购置费	万元	6044		
其中：土地购置费	万元	3215042	1905327	1043556
按用途分：	万元			
住宅	万元	5551106	2735070	1505644
其中：90 平方米以下	万元	1325380	735202	300257
其中：144 平方米以上	万元	1435055	582243	275130
其中：90-144 平方米	万元	2790671	1417625	930257
办公楼	万元	206506	184634	6232
商业营业用房	万元	313831	142013	91536
其他	万元	969279	436827	182941
二、本年新增固定资产	万元	1393394	373914	118779
三、资金到位情况	万元			
1.上年末结余资金	万元	4470476	2288347	981796

房地产开发投资

南太湖新区	南浔区	德清县	长兴县	安吉县	△市区
73957					73957
58725		48168	147711	69156	245437
21586			38560	68363	49937
240687	21918	185929	12146	313147	444525
719028	482295	492204	450610	306496	1459100
598208	285496	252331	287321	80327	2015297
743519	365505	504754	467934	490892	1710464
9811	5613	10898	20103	9932	30673
334	4807	3017	4864	4065	7540
958527	413784	459963	443447	332600	2539576
	6044				6044
861771	321308	319928	415297	253182	2226635
1229426	611616	796389	683474	724557	3346686
434945	168399	234827	85149	101803	903601
307113	111869	180630	248804	311509	694112
487368	331348	380932	349521	311245	1748973
178402	366	18182	2685	639	185000
50477	48442	52719	33291	37366	190455
253886	129285	111342	216898	74927	566112
255135	45003	410185	478627	85665	418917
1306551	431543	724517	505016	521053	2719890

6-12 分区县

续 2

指　标	单位	全　市	吴兴区	吴　兴
2.本年实际到位资金	万元	9097591	3819187	2014076
(1)国内贷款	万元	1172445	623426	312964
银行贷款	万元	1106369	580004	269542
非银行金融机构贷款	万元	66076	43422	43422
(2)利用外资	万元			
(3)自筹资金	万元	1866998	822594	452744
(4)定金及预收款	万元	4109457	1836435	946180
(5)个人按揭贷款	万元	1643442	438749	246325
(6)其他到位资金	万元	305249	97983	55863
四、本年各项应付款合计	万元	2697738	1233017	560997
其中：工程款	万元	1511012	673245	283532
五、土地情况				
待开发土地面积	平方米	1193752	264916	136456
本年土地购置面积	平方米	591872	179797	
本年土地成交价款	平方米	568411	148600	
其中：拆迁补偿费	平方米			
六、施工销售和待售情况				
房屋施工面积	平方米	42513325	22535839	11395430
住宅	平方米	30326371	15449459	8035655
办公楼	平方米	1229458	934807	171788
商业营业用房	平方米	2929062	1676852	555464
其他房屋	平方米	8028434	4474721	2632523
其中：新开工面积	平方米	4880745	1543712	320978
住宅	平方米	3370727	865944	227685
办公楼	平方米	161025	161025	6600

房地产开发投资

南太湖新区	南浔区	德清县	长兴县	安吉县	△市区
1805111	991714	1405564	1265242	1615884	4810901
310462	114654	173290	101240	159835	738080
310462	106000	173290	87240	159835	686004
	8654		14000		52076
369850	228670	398674	180376	236684	1051264
890255	494231	576832	536253	665706	2330666
192424	118243	236974	423186	426290	556992
42120	35916	19794	24187	127369	133899
672020	251064	406209	307439	500009	1484081
389713	144150	181311	174057	338249	817395
128460	119645	97065	163141	548985	384561
179797		261767	150308		179797
148600		340746	79065		148600
11140409	5330187	5498957	5165346	3982996	27866026
7413804	3463903	4036060	4073758	3303191	18913362
763019	67052	199527	23763	4309	1001859
1121388	633518	172638	222797	223257	2310370
1842198	1165714	1090732	845028	452239	5640435
1222734	1180345	804862	466133	885693	2724057
638259	707615	604650	399728	792790	1573559
154425					161025

6-12 分区县

续 3

指 标	单位	全 市	吴兴区	吴 兴
商业营业用房	平方米	248371	53171	10429
其他房屋	平方米	1100622	463572	76264
本年房屋竣工面积	平方米	2660247	969876	661096
住宅	平方米	1946404	622406	488803
办公楼	平方米	84904	81065	
商业营业用房	平方米	105792	34970	5229
其他房屋	平方米	523147	231435	167064
其中：不可销售面积	平方米	91338	34378	
住宅	平方米	3751		
办公楼	平方米			
商业营业用房	平方米	2101		
其他房屋	平方米	85486	34378	
本年住宅竣工套数	平方米	13925	4900	3938
本年房屋竣工价值	平方米	1363101	475627	223107
住宅	平方米	1075692	370456	184817
办公楼	平方米	32391	29959	
商业营业用房	平方米	59477	17445	3104
其他房屋	平方米	195541	57767	35186
房屋出租面积	平方米	9540	7865	7865
住宅	平方米			
办公楼	平方米			
商业营业用房	平方米	9540	7865	7865
其他房屋	平方米			
本年商品房销售面积	平方米	5689126	2650414	1773320
住宅	平方米	4750495	2228305	1561475

房地产开发投资

南太湖新　区	南浔区	德清县	长兴县	安吉县	△市区
42742	79515	53607	12931	49147	132686
387308	393215	146605	53474	43756	856787
308780	130189	463495	891868	204819	1100065
133603	95930	386103	667230	174735	718336
81065		3707	132		81065
29741		20881	42562	7379	34970
64371	34259	52804	181944	22705	265694
34378	2842	12589	19746	21783	37220
	2341	1153		257	2341
		2101			
34378	501	9335	19746	21526	34879
962	810	2913	3925	1377	5710
252520	45000	410185	350867	81422	520627
185639	33165	355280	244503	72288	403621
29959		2290	142		29959
14341		18261	18065	5706	17445
22581	11835	34354	88157	3428	69602
			1675		7865
			1675		7865
877094	594628	689595	751972	1002517	3245042
666830	498261	567807	621295	834827	2726566

6-12 分区县

续 4

指 标	单位	全 市	吴兴区	吴 兴
90 平米以下住房	平方米	732103	361109	194118
144 平米以上住房	平方米	1066614	259181	167867
办公楼	平方米	155278	75057	1563
商业营业用房	平方米	352670	139140	68650
其他房屋	平方米	430683	207912	141632
其中：现房销售面积	平方米	1711619	978696	804302
住宅	平方米	1235531	772121	707631
办公楼	平方米	28206	16842	1563
商业营业用房	平方米	252200	122335	59221
其他房屋	平方米	195682	67398	35887
其中：期房销售面积	平方米	3977507	1671718	969018
住宅	平方米	3514964	1456184	853844
办公楼	平方米	127072	58215	
商业营业用房	平方米	100470	16805	9429
其他房屋	平方米	235001	140514	105745
商品房销售额	平方米	6774461	3162136	2093346
住宅	平方米	6010007	2788544	1883723
90 平米以下住房	平方米	821689	401822	201210
144 平米以上住房	平方米	1732949	470230	325642
办公楼	平方米	162748	59146	995
商业营业用房	平方米	372737	156692	100512
其他房屋	平方米	228969	157754	108116
其中：现房销售额	平方米	1711386	1019348	857078
住宅	平方米	1361227	834636	750308
办公楼	平方米	22273	12998	995

房地产开发投资

南太湖新区	南浔区	德清县	长兴县	安吉县	△市区
166991	112572	108758	80942	68722	473681
91314	136684	147815	189640	333294	395865
73494		72977	4887	2357	75057
70490	40061	42772	89947	40750	179201
66280	56306	6039	35843	124583	264218
174394	114156	85629	216998	316140	1092852
64490	81878	43684	115266	222582	853999
15279		5856	4887	621	16842
63114	3264	30050	82786	13765	125599
31511	29014	6039	14059	79172	96412
702700	480472	603966	534974	686377	2152190
602340	416383	524123	506029	612245	1872567
58215		67121		1736	58215
7376	36797	12722	7161	26985	53602
34769	27292		21784	45411	167806
1068790	614522	1023231	907847	1066725	3776658
904821	550659	867738	804238	998828	3339203
200612	109273	144549	84557	81488	511095
144588	185921	309510	322185	445103	656151
58151		95088	3002	5512	59146
56180	39045	56561	82067	38372	195737
49638	24818	3844	18540	24013	182572
162270	111958	106079	193669	280332	1131306
84328	96967	68117	111645	249862	931603
12003		6067	3002	206	12998

续 5

指　标	单位	全　市	吴兴区	吴　兴
商业营业用房	平方米	254938	133966	86414
其他房屋	平方米	72948	37748	19361
其中：期房销售额	平方米	5063075	2142788	1236268
住宅	平方米	4648780	1953908	1133415
办公楼	平方米	140475	46148	
商业营业用房	平方米	117799	22726	14098
其他房屋	平方米	156021	120006	88755
商品住宅销售套数	平方米	40120	21173	15730
其中：现房销售套数	平方米	10202	7275	6810
其中：期房销售套数	平方米	29918	13898	8920
待售面积	平方米	1658770	742583	402454
住宅	平方米	965227	394797	260289
办公楼	平方米	108416	90524	27374
商业营业用房	平方米	404642	128763	67776
其他房屋	平方米	180485	128499	47015
其中：待售 1–3 年(含 1 年)	平方米	1018668	467376	209146
住宅	平方米	715627	286489	155929
办公楼	平方米	37956	27398	
商业营业用房	平方米	138930	72195	33652
其他房屋	平方米	126155	81294	19565
其中：待售 3 年以上(含 3 年)	平方米	309272	75759	49184
住宅	平方米	32013	2262	714
办公楼	平方米	34672	27374	27374
商业营业用房	平方米	222440	29536	12304
其他房屋	平方米	20147	16587	8792

房地产开发投资

南太湖新区	南浔区	德清县	长兴县	安吉县	△市区
47552	4672	28051	73976	14273	138638
18387	10319	3844	5046	15991	48067
906520	502564	917152	714178	786393	2645352
820493	453692	799621	692593	748966	2407600
46148		89021		5306	46148
8628	34373	28510	8091	24099	57099
31251	14499		13494	8022	134505
5443	4040	4610	4525	5772	25213
465	591	283	816	1237	7866
4978	3449	4327	3709	4535	17347
340129	96639	199712	444999	174837	839222
134508	54744	173497	205398	136791	449541
63150		2081	15190	621	90524
60987	8277	8991	221186	37425	137040
81484	33618	15143	3225		162117
258230	87689	189908	163685	110010	555065
130560	49174	167099	118449	94416	335663
27398		2081	8477		27398
38543	8277	6335	36529	15594	80472
61729	30238	14393	230		111532
26575		2672	206473	24368	75759
1548		669	22772	6310	2262
			6677	621	27374
17232		1344	174123	17437	29536
7795		659	2901		16587

6-13 建筑业

指标名称	企业个数（个）		合同情况（千元）		
	建筑业企业个数	有工作量的建筑业企业个数	签订合同额	上年结转合同额	本年新签合同额
总　　计	**450**	**439**	**182595445**	**80588032**	**102007413**
其中：国有控股企业	14	14	33222433	22875467	10346966
一、按登记注册类型分组					
内资企业	450	439	182595445	80588032	102007413
国有	1	1	14281610	7776196	6505414
集体	1	1	49304	13200	36104
有限责任公司	34	34	56668374	30907451	25760923
国有独资公司	4	4	934767	378579	556188
其他有限责任公司	30	30	55733607	30528872	25204735
股份有限公司	1	1	1883842	665235	1218607
私营企业	413	402	109712315	41225950	68486365
私营有限责任公司	410	399	108219642	40701437	67518205
私营股份有限公司	3	3	1492673	524513	968160
二、按国民经济行业分组	450	439	182595445	80588032	102007413
房屋建筑业	178	173	108322833	44043627	64279206
土木工程建筑业	174	171	63042208	34387246	28654962
建筑安装业	39	38	8400333	1282803	7117530
建筑装饰、装修和其他建筑业	59	57	2830071	874356	1955715
三、按隶属关系分组					
中央	2	2	12793036	12595680	197356
地方	7	7	18161945	9791104	8370841
其他	441	430	151640464	58201248	93439216
四、按企业资质等级分组					
施工总承包	250	243	164572517	73768001	90804516
特级	4	4	49087190	27565121	21522069
一级	37	37	77976274	33373751	44602523
二级	44	43	20341953	7400174	12941779
三级及以下	165	159	17167100	5428955	11738145
专业承包	200	196	18022928	6820031	11202897
一级	23	23	5444819	2544643	2900176
二级	159	156	11424371	4062806	7361565
三级及以下	18	17	1153738	212582	941156
五、按地区分					
湖州市	450	439	182595445	80588032	102007413
吴兴区	77	74	79285882	38750461	40535421
南浔区	57	54	17734221	6456607	11277614
德清县	71	70	30351300	11277270	19074030
长兴县	110	108	15192520	5280561	9911959
安吉县	87	86	15586696	6287909	9298787
南太湖新区	48	47	24444826	12535224	11909602
六、按控股情况分					
国有控股	14	14	33222433	22875467	10346966
集体控股	7	7	7245714	680886	6564828
私人控股	429	418	142127298	57031679	85095619

企业生产情况

承包工程完成情况（千元）			建筑业总产值（千元）		
直接从建设单位承揽工程完成的产值	自行完成施工产值	分包出去工程的产值	从建设单位以外承揽工程完成的产值	建筑业总产值	装配式建筑工程产值
96389572	**96184551**	**205021**	**8584225**	**104768776**	**3846997**
7116726	7116726	0	6550793	13667519	0
96389572	96184551	205021	8584225	104768776	3846997
1058200	1058200	0	0	1058200	0
28341	28341	0	0	28341	0
26445612	26363444	82168	6909785	33273229	688342
482989	482989	0	0	482989	0
25962623	25880455	82168	6909785	32790240	688342
890953	890953	0	0	890953	0
67966466	67843613	122853	1674440	69518053	3158655
67094554	66971701	122853	1674440	68646141	3158655
871912	871912	0	0	871912	0
96389572	96184551	205021	8584225	104768776	3846997
64872610	64823558	49052	741142	65564700	3466665
25574671	25528835	45836	7071471	32600306	64425
4023451	3929420	94031	521364	4450784	315907
1918840	1902738	16102	250248	2152986	0
3280607	3280607	0	6359070	9639677	0
2651711	2651711	0	0	2651711	0
90457254	90252233	205021	2225155	92477388	3846997
84513825	84401802	112023	7304214	91706016	2896489
24718426	24718426	0	6635275	31353701	1942515
38951308	38938372	12936	320239	39258611	672468
11354093	11354093	0	145255	11499348	94279
9489998	9390911	99087	203445	9594356	187227
11875747	11782749	92998	1280011	13062760	950508
3186770	3186770	0	716098	3902868	731722
7585916	7499916	86000	448642	7948558	199466
1103061	1096063	6998	115271	1211334	19320
96389572	96184551	205021	8584225	104768776	3846997
43782367	43771638	10729	7123601	50895239	1954939
11227090	11211590	15500	418861	11630451	581706
15422430	15310091	112339	346740	15656831	464613
10429109	10398058	31051	325342	10723400	312005
7851072	7827765	23307	175516	8003281	533734
7677504	7665409	12095	194165	7859574	0
7116726	7116726	0	6550793	13667519	0
3493523	3412855	80668	58211	3471066	0
85779323	85654970	124353	1975221	87630191	3846997

6-13 建筑业

指标名称	建筑业总产值（千元）				
	装饰装修产值	在外省完成的产值	建筑工程产值	安装工程产值	其他产值
总　　计	**3783074**	**14386873**	**93577054**	**7789850**	**3401872**
其中：国有控股企业	35380	7257102	12812540	645973	209006
一、按登记注册类型分组					
内资企业	3783074	14386873	93577054	7789850	3401872
国有	0	737264	1058200	0	0
集体	0	0	26341	0	2000
有限责任公司	1461897	9047985	28028931	3892964	1351334
国有独资公司	0	0	273005	209984	0
其他有限责任公司	1461897	9047985	27755926	3682980	1351334
股份有限公司	121334	70000	890953	0	0
私营企业	2199843	4531624	63572629	3896886	2048538
私营有限责任公司	2034595	4479946	62700717	3896886	2048538
私营股份有限公司	165248	51678	871912	0	0
二、按国民经济行业分组	3783074	14386873	93577054	7789850	3401872
房屋建筑业	2096533	5856205	60939323	2934355	1691022
土木工程建筑业	228901	8183241	30481907	774599	1343800
建筑安装业	102640	68077	695373	3594536	160875
建筑装饰、装修和其他建筑业	1355000	279350	1460451	486360	206175
三、按隶属关系分组					
中央	0	6519838	9639677	0	0
地方	35380	737264	2598401	17930	35380
其他	3747694	7129771	81338976	7771920	3366492
四、按企业资质等级分组					
施工总承包	2104290	12664279	82488793	6422911	2794312
特级	1062615	8312174	30894759	263734	195208
一级	660242	3167530	35104561	2086480	2067570
二级	130666	1034133	9262969	2220367	16012
三级及以下	250767	150442	7226504	1852330	515522
专业承包	1678784	1722594	11088261	1366939	607560
一级	779875	1274256	3293421	469585	139862
二级	889620	337427	6803841	767776	376941
三级及以下	9289	110911	990999	129578	90757
五、按地区分					
湖州市	3783074	14386873	93577054	7789850	3401872
吴兴区	1852508	9744553	46061322	3555548	1278369
南浔区	374634	489569	11290815	317234	22402
德清县	344937	1197770	13725640	920694	1010497
长兴县	568865	1031890	9032465	1028363	662572
安吉县	185032	514002	7643990	82497	276794
南太湖新区	457098	1409089	5822822	1885514	151238
六、按控股情况分					
国有控股	35380	7257102	12812540	645973	209006
集体控股	0	0	775180	2684684	11202
私人控股	3747694	7129771	79989334	4459193	3181664

企业生产情况（续表1）

竣工产值	房屋建筑施工面积（平方米）		年末自有施工机械设备		
	房屋施工面积	新开工面积	净值	总台数	总功率
57823975	**54079395**	**22833443**	**871175**	**12975**	**367748**
4717869	727659	282634	237467	1303	122308
57823975	54079395	22833443	871175	12975	367748
0	0	0	48341	350	17266
8529	45806	12803	0	0	0
20252320	8118006	3383410	251243	2189	140846
209984	0	0	0	0	0
20042336	8118006	3383410	251243	2189	140846
676522	1202940	414035	18173	674	2214
36886604	44712643	19023195	553418	9762	207422
36393905	44712643	19023195	552438	9697	206822
492699	0	0	980	65	600
57823975	54079395	22833443	871175	12975	367748
40367733	43756377	19547409	419126	7831	159899
12695429	9737565	2988112	386580	2359	176152
3933564	411808	185934	17290	2239	9630
827249	173645	111988	48179	546	22067
4264360	45957	45957	185024	664	98304
50425	595679	202354	52443	639	24004
53509190	53437759	22585132	633708	11672	245440
51524578	46945364	19491272	710680	10867	301009
17154852	11919312	4334107	297222	2335	168030
22278507	22769744	9710299	270763	3390	84929
6895056	8413734	4055717	80414	1929	33567
5196163	3842574	1391149	62281	3213	14483
6299397	7134031	3342171	160495	2108	66739
1355247	3554701	1846722	7726	380	2827
4797367	3521016	1467939	144033	1629	62677
146783	58314	27510	8736	99	1235
57823975	54079395	22833443	871175	12975	367748
27091623	22001664	9038606	401858	4435	213848
7771101	7164283	3961873	30650	1576	5849
12222602	10559125	4317734	81006	3383	27005
4558653	4636415	1624616	131712	2223	57287
3979203	6635913	2841222	116876	470	34131
2200793	3081995	1049392	109073	888	29628
4717869	727659	282634	237467	1303	122308
2835850	120806	41401	4947	281	2321
50270256	53230930	22509408	628761	11391	243119

6-13 建筑业

指标名称	从业人员情况（人）			企业总产值
	从事建筑业活动的平均人数	建筑业企业期末人数	其中：工程技术人员	
总　计	**200682**	**180289**	**27672**	**105037312**
其中：国有控股企业	17996	17329	2570	13717197
一、按登记注册类型分组				
内资企业	200682	180289	27672	105037312
国有	2136	2125	400	1058200
集体	54	93	30	28341
有限责任公司	47982	46520	5137	33361835
国有独资公司	359	398	106	483290
其他有限责任公司	47623	46122	5031	32878545
股份有限公司	3273	3589	347	890953
私营企业	147237	127962	21758	69697983
私营有限责任公司	145809	127153	21681	68826071
私营股份有限公司	1428	809	77	871912
二、按国民经济行业分组	200682	180289	27672	105037312
房屋建筑业	129150	121837	17818	65754284
土木工程建筑业	58698	47188	7893	32648477
建筑安装业	7393	6895	1192	4510945
建筑装饰、装修和其他建筑业	5441	4369	769	2123606
三、按隶属关系分组				
中央	11564	11387	1555	9639677
地方	4171	3792	578	2652012
其他	184947	165110	25539	92745623
四、按企业资质等级分组				
施工总承包	173270	160010	23429	91933258
特级	48582	44476	6041	31353701
一级	83023	78353	9146	39283608
二级	23273	22981	4882	11586609
三级及以下	18392	14200	3360	9709340
专业承包	27412	20279	4243	13104054
一级	5794	4110	710	3907024
二级	20150	15122	3320	7981090
三级及以下	1468	1047	213	1215940
五、按地区分				
湖州市	200682	180289	27672	105037312
吴兴区	90857	85120	11147	50957486
南浔区	19521	17406	2034	11659253
德清县	31809	23386	3655	15679188
长兴县	22240	19051	3603	10841465
安吉县	18678	18299	4135	8001038
南太湖新区	17577	17027	3098	7898882
六、按控股情况分				
国有控股	17996	17329	2570	13717197
集体控股	4957	5101	522	3509194
私人控股	177729	157859	24580	87810921

企业生产情况（续表 2）

房屋建筑竣工面积（平方米）						
合计	住宅房屋	商业及服务用房屋	办公用房屋	科研、教育、医疗用房屋	文化、体育、娱乐用房屋	厂房及建筑物
22897868	**5411435**	**2612218**	**751566**	**599070**	**109556**	**12765243**
51700	0	0	0	0	0	51700
22897868	5411435	2612218	751566	599070	109556	12765243
0	0	0	0	0	0	0
4353	0	0	4353	0	0	0
4504749	2279099	424988	472827	68547	51013	1207075
0	0	0	0	0	0	0
4504749	2279099	424988	472827	68547	51013	1207075
252255	0	0	0	0	0	252255
18136511	3132336	2187230	274386	530523	58543	11305913
18136511	3132336	2187230	274386	530523	58543	11305913
0	0	0	0	0	0	0
22897868	5411435	2612218	751566	599070	109556	12765243
18465824	5108922	1374814	723799	499822	80121	10139485
2588426	300481	20914	24986	98610	12435	2035434
359996	0	0	506	0	0	358550
1483622	2032	1216490	2275	638	17000	231774
0	0	0	0	0	0	0
0	0	0	0	0	0	0
22897868	5411435	2612218	751566	599070	109556	12765243
18611471	5342371	1328706	729071	562387	87301	10286393
4634727	1733940	571992	454514	217071	43570	1546652
8527792	3347673	655175	211592	167889	36491	3953192
3681010	209274	85336	50266	165477	6972	3131840
1767942	51484	16203	12699	11950	268	1654709
4286397	69064	1283512	22495	36683	22255	2478850
925254	0	0	0	0	0	879936
3312048	69064	1283512	22495	36683	22255	1549819
49095	0	0	0	0	0	49095
22897868	5411435	2612218	751566	599070	109556	12765243
7091320	2550455	596863	468348	273689	72618	3051324
4874860	369795	1653616	45429	11950	268	2789185
5044374	1806470	93665	122056	108585	31415	2828966
2334040	87059	49180	90505	46437	263	1620590
2733288	318708	170340	24853	155085	4992	2049663
819986	278948	48554	375	3324	0	425515
51700	0	0	0	0	0	51700
24353	0	0	4353	0	0	20000
22821815	5411435	2612218	747213	599070	109556	12693543

6-13 建筑业

指标名称	房屋建筑竣工面积（平方米）		竣工房屋价值（千元）		
	仓库	其他未列明的房屋建筑物	合计	住宅房屋	商业及服务用房屋
总　计	**126112**	**522668**	**36422167**	**12674739**	**2575525**
其中：国有控股企业	0	0	77600	0	0
一、按登记注册类型分组					
内资企业	126112	522668	36422167	12674739	2575525
国有	0	0	0	0	0
集体	0	0	6529	0	0
有限责任公司	0	1200	10333381	5359015	972477
国有独资公司	0	0	0	0	0
其他有限责任公司	0	1200	10333381	5359015	972477
股份有限公司	0	0	676522	0	0
私营企业	126112	521468	25405735	7315724	1603048
私营有限责任公司	126112	521468	25405735	7315724	1603048
私营股份有限公司	0	0	0	0	0
二、按国民经济行业分组	126112	522668	36422167	12674739	2575525
房屋建筑业	102222	436639	31625764	11926757	2404719
土木工程建筑业	22950	72616	4304318	746382	118599
建筑安装业	940	0	334881	0	0
建筑装饰、装修和其他建筑业	0	13413	157204	1600	52207
三、按隶属关系分组					
中央	0	0	0	0	0
地方	0	0	0	0	0
其他	126112	522668	36422167	12674739	2575525
四、按企业资质等级分组					
施工总承包	119303	155939	33362270	12536670	2368312
特级	0	66988	10083758	4095842	1273900
一级	100563	55217	17182901	8105978	986132
二级	18740	13105	4093348	273530	80378
三级及以下	0	20629	2002263	61320	27902
专业承包	6809	366729	3059897	138069	207213
一级	0	45318	484074	0	0
二级	6809	321411	2536039	138069	207213
三级及以下	0	0	39784	0	0
五、按地区分					
湖州市	126112	522668	36422167	12674739	2575525
吴兴区	0	78023	14859698	6169441	1336777
南浔区	3417	1200	5073933	1555188	583344
德清县	0	53217	9501515	3868994	280967
长兴县	116930	323076	2420628	128667	97933
安吉县	0	9647	3116653	352761	173107
南太湖新区	5765	57505	1449740	599688	103397
六、按控股情况分					
国有控股	0	0	77600	0	0
集体控股	0	0	36529	0	0
私人控股	126112	522668	36308038	12674739	2575525

企业生产情况（续表 3）

竣工房屋价值（千元）					
办公用房屋	科研、教育、医疗用房屋	文化、体育、娱乐用房屋	厂房及建筑物	仓库	其他未列明的房屋建筑物
1575343	**1278182**	**574935**	**16924404**	**194426**	**624613**
0	0	0	77600	0	0
1575343	1278182	574935	16924404	194426	624613
0	0	0	0	0	0
6529	0	0	0	0	0
1039328	309130	476687	2156038	0	20706
0	0	0	0	0	0
1039328	309130	476687	2156038	0	20706
0	0	0	676522	0	0
529486	969052	98248	14091844	194426	603907
529486	969052	98248	14091844	194426	603907
0	0	0	0	0	0
1575343	1278182	574935	16924404	194426	624613
1506670	1129406	541455	13511853	153951	450953
66250	148476	25980	2998757	39629	160245
156	0	0	333879	846	0
2267	300	7500	79915	0	13415
0	0	0	0	0	0
0	0	0	0	0	0
1575343	1278182	574935	16924404	194426	624613
1540242	1233173	557781	14579509	185392	361191
993748	569408	459729	2520268	0	170863
447957	442411	89002	6870609	144172	96640
70298	211274	8800	3372933	41220	34915
28239	10080	250	1815699	0	58773
35101	45009	17154	2344895	9034	263422
0	0	0	448618	0	35456
35101	45009	17154	1856493	9034	227966
0	0	0	39784	0	0
1575343	1278182	574935	16924404	194426	624613
1029995	752793	531773	4815634	0	223285
91572	10080	250	2826815	4670	2014
273218	244306	33258	4724412	0	76360
158785	80814	632	1560435	161756	231606
21443	175169	9022	2356238	0	28913
330	15020	0	640870	28000	62435
0	0	0	77600	0	0
6529	0	0	30000	0	0
1568814	1278182	574935	16816804	194426	624613

6-14 建筑业

指标名称	一、年初存货（千元）	二、年末资产负债（千元）			
		流动资产合计	其中：应收工程款	存货	固定资产减值准备
总　　计	**13323649**	**65518418**	**13392257**	**13797305**	**55621**
其中：国有控股企业	3798175	19061482	2193652	3806552	0
一、按登记注册类型分组					
内资企业	13323649	65518418	13392257	13797305	55621
国有	398012	1102801	213277	495096	0
集体	10648	23754	-6300	13914	767
有限责任公司	6003850	29882754	4471799	5960368	0
国有独资公司	377738	4981049	207008	232367	0
其他有限责任公司	5626112	24901705	4264791	5728001	0
股份有限公司	187612	671251	0	198682	0
私营企业	6723527	33837858	8713481	7129245	54854
私营有限责任公司	6333443	32959760	8639718	6569776	54854
私营股份有限公司	390084	878098	73763	559469	0
二、按国民经济行业分组	13323649	65518418	13392257	13797305	55621
房屋建筑业	5717453	28268745	6534758	6163325	53211
土木工程建筑业	5897517	31373178	5563222	6166369	640
建筑安装业	1565155	4513013	741362	1225369	1698
建筑装饰、装修和其他建筑业	143524	1363482	552915	242242	72
三、按隶属关系分组					
中央	2330996	4838327	1340358	2464666	0
地方	626989	6773782	525148	822824	0
其他	10365664	53906309	11526751	10509815	55621
四、按企业资质等级分组					
施工总承包	12130966	55472096	10477639	12397137	54154
特级	4184621	12847557	3403084	4546415	0
一级	3577634	16453512	3470871	3890978	48524
二级	2345129	9354174	1842392	1970964	0
三级及以下	2023582	16816853	1761292	1988780	5630
专业承包	1192683	10046322	2914618	1400168	1467
一级	221782	4082645	1166964	216486	1189
二级	908170	5097962	1626238	957805	278
三级及以下	62731	865715	121416	225877	0
五、按地区分					
湖州市	13323649	65518418	13392257	13797305	55621
吴兴区	6454810	24182325	5710879	6873428	4
南浔区	1290087	6650834	1913040	1163651	52250
德清县	1873989	12809080	1791824	1938136	262
长兴县	1410418	8623643	1659852	1240769	795
安吉县	810495	6330987	789192	962929	612
南太湖新区	1483850	6921549	1527470	1618392	1698
六、按控股情况分					
国有控股	3798175	19061482	2193652	3806552	0
集体控股	1160422	3259969	408495	1040553	767
私人控股	8365052	43196967	10790110	8950200	54854

二、年末资产负债（千元）					
固定资产原价	其中：房屋和构筑物	机器设备	累计折旧	其中：本年折旧	在建工程
6790458	**2361493**	**2626679**	**2873304**	**480181**	**900481**
1290894	294308	458970	660883	110429	157521
6790458	2361493	2626679	2873304	480181	900481
211902	141449	70453	91230	15641	154163
7668	4215	3453	5990	791	0
3196405	1001235	1463766	1299252	200066	233692
158439	14053	289	66734	1432	0
3037966	987182	1463477	1232518	198634	233692
9185	4854	0	360	360	0
3365298	1209740	1089007	1476472	263323	512626
3352805	1204465	1087422	1469347	262541	512626
12493	5275	1585	7125	782	0
6790458	2361493	2626679	2873304	480181	900481
2692666	1282008	788818	1078662	182440	589751
2620053	535834	1128518	1326208	209807	222516
1343124	509795	653691	404179	75183	88214
134615	33856	55652	64255	12751	0
593432	48939	297222	415208	79448	0
450210	180697	111834	167481	20246	154163
5746816	2131857	2217623	2290615	380487	746318
5503209	1954721	2115442	2318602	347973	818683
1156604	308730	540976	751895	101694	11465
1650404	915117	446542	636624	102362	582269
1753326	557639	708182	599298	81097	72006
942875	173235	419742	330785	62820	152943
1287249	406772	511237	554702	132208	81798
571782	288732	250143	233306	51396	19488
551298	75801	191011	251729	63854	49406
164169	42239	70083	69667	16958	12904
6790458	2361493	2626679	2873304	480181	900481
3045732	1232978	1321614	1374113	221807	28861
632892	316600	157061	250286	75322	247333
672130	120515	246585	279358	33612	264748
951876	190968	276613	383153	61002	37868
514618	89570	210080	221255	37748	99496
973210	410862	414726	365139	50690	222175
1290894	294308	458970	660883	110429	157521
1066374	427436	626152	274543	57100	29290
4433190	1639749	1541557	1937878	312652	713670

6-14 建筑业

指标名称	二、年末资产负债（千元）			
	无形资产	其中:土地使用权	资产总计	流动负债合计
总　　计	**647178**	**317321**	**75667590**	**56423468**
其中：国有控股企业	55331	53086	21935343	17496698
一、按登记注册类型分组				
内资企业	647178	317321	75667590	56423468
国有	40222	39623	1538351	692338
集体	0	0	25934	8194
有限责任公司	148063	83938	34728085	26392466
国有独资公司	7	0	5108126	4762330
其他有限责任公司	148056	83938	29619959	21630136
股份有限公司	0	0	1068800	950424
私营企业	458893	193760	38306420	28380046
私营有限责任公司	458893	193760	37410933	27709738
私营股份有限公司	0	0	895487	670308
二、按国民经济行业分组	647178	317321	75667590	56423468
房屋建筑业	244420	192815	32557090	24171820
土木工程建筑业	354509	103356	35603721	27163616
建筑安装业	46148	19049	6041523	4070481
建筑装饰、装修和其他建筑业	2101	2101	1465256	1017551
三、按隶属关系分组				
中央	1344	1162	6253058	5322593
地方	40222	39623	8001226	5160047
其他	605612	276536	61413306	45940828
四、按企业资质等级分组				
施工总承包	444771	218673	64400658	48467216
特级	199826	39538	14990296	11879204
一级	152279	108585	19875793	14238083
二级	68071	49866	11580220	7795625
三级及以下	24595	20684	17954349	14554304
专业承包	202407	98648	11266932	7956252
一级	108753	79498	4621014	3170218
二级	22485	0	5570477	4076214
三级及以下	71169	19150	1075441	709820
五、按地区分				
湖州市	647178	317321	75667590	56423468
吴兴区	384795	171558	29043767	21979777
南浔区	38827	38701	7944497	4974463
德清县	18004	14352	14049604	11710868
长兴县	115481	31038	9583152	6825982
安吉县	14458	7309	6895923	5617754
南太湖新区	75613	54363	8150647	5314624
六、按控股情况分				
国有控股	55331	53086	21935343	17496698
集体控股	6806	0	4554380	3051459
私人控股	585041	264235	49177867	35875311

企业财务情况（续表 1）

二、年末资产负债（千元）					
其中：应付账款	非流动负债合计	负债合计	所有者权益合计	其中：实收资本	个人资本
19385617	**1365117**	**58322691**	**17344899**	**11027327**	**3374255**
3642299	1078954	18575653	3359690	2088314	0
19385617	1365117	58322691	17344899	11027327	3374255
259195	136823	829161	709190	418000	0
-6300	0	8194	17740	25000	0
5548101	1011673	27404193	7323892	3253021	231478
181539	32104	4794434	313692	138043	0
5366562	979569	22609759	7010200	3114978	231478
314980	0	950424	118376	100000	0
13269641	216621	29130719	9175701	7231306	3142777
12691369	208150	28451940	8958993	7066716	3130597
578272	8471	678779	216708	164590	12180
19385617	1365117	58322691	17344899	11027327	3374255
9848043	103623	24772148	7784942	5396883	1605188
8379588	1237033	28406462	7197259	4819414	1448156
780539	13640	4084123	1957400	545867	129988
377447	10821	1059958	405298	265163	190923
2290578	267592	5590185	662873	612050	0
992782	698326	5858374	2142852	1338015	0
16102257	399199	46874132	14539174	9077262	3374255
16888569	1177813	50134142	14266516	9115080	2553179
4686832	288008	12167213	2823083	1614050	460000
7535515	156864	14880088	4995705	3646231	884116
2233390	181800	7977430	3602790	1743787	540369
2432832	551141	15109411	2844938	2111012	668694
2497048	187304	8188549	3078383	1912247	821076
807841	130096	3300314	1320700	567970	150860
1412771	36784	4157990	1412487	1158046	635682
276436	20424	730245	345196	186231	34534
19385617	1365117	58322691	17344899	11027327	3374255
7750003	462754	22443640	6600127	3381066	1117622
1937337	396758	5856358	2088139	1829447	289246
4671232	39584	11770411	2279193	1542597	673914
1817475	126223	6965223	2617929	1663873	368939
1085568	120768	5740385	1155538	1021088	533976
2124002	219030	5546674	2603973	1589256	390558
3642299	1078954	18575653	3359690	2088314	0
540797	16307	3067818	1486562	214807	3850
15202521	269856	36679220	12498647	8724206	3370405

6-14 建筑业

指标名称	三、损益及分配（千元）				
	营业收入	其中：主营业务收入	营业成本	其中：主营业务成本	税金及附加
总　　计	**77053990**	**76563153**	**72487187**	**71975207**	**251793**
其中：国有控股企业	8300813	8262398	7669652	7654322	18267
一、按登记注册类型分组					
内资企业	77053990	76563153	72487187	71975207	251793
国有	1738891	1729772	1580116	1571830	5896
集体	6856	6856	6836	6836	24
有限责任公司	23818599	23731039	22203950	22095628	70133
国有独资公司	607286	606959	520332	520332	1503
其他有限责任公司	23211313	23124080	21683618	21575296	68630
股份有限公司	797340	795604	745316	745316	3154
私营企业	50692304	50299882	47950969	47555597	172586
私营有限责任公司	49856517	49464095	47190122	46794750	170660
私营股份有限公司	835787	835787	760847	760847	1926
二、按国民经济行业分组	77053990	76563153	72487187	71975207	251793
房屋建筑业	46558333	46270920	44280221	44069900	152788
土木工程建筑业	23873179	23744826	22214386	22074466	73654
建筑安装业	4569722	4534536	4112923	4047468	17067
建筑装饰、装修和其他建筑业	2052756	2012871	1879657	1783373	8284
三、按隶属关系分组					
中央	3435757	3409562	3242781	3235743	6354
地方	3144084	3131890	2896214	2887922	8647
其他	70474149	70021701	66348192	65851542	236792
四、按企业资质等级分组					
施工总承包	64751467	64329115	61044401	60703967	203715
特级	19330708	19224935	18182039	18134369	50714
一级	25028610	24838284	23796094	23634875	79511
二级	11011546	10985567	10452508	10441605	49767
三级及以下	9380603	9280329	8613760	8493118	23723
专业承包	12302523	12234038	11442786	11271240	48078
一级	3672701	3653084	3378262	3366821	14973
二级	7364827	7323271	6929450	6816855	30145
三级及以下	1264995	1257683	1135074	1087564	2960
五、按地区分					
湖州市	77053990	76563153	72487187	71975207	251793
吴兴区	34485904	34300222	32421520	32337481	106297
南浔区	7914693	7866952	7513119	7465488	19126
德清县	11983600	11828902	11312394	11070328	33706
长兴县	8222996	8200973	7658873	7644454	36482
安吉县	7816036	7769559	7430320	7331778	31970
南太湖新区	6630761	6596545	6150961	6125678	24212
六、按控股情况分					
国有控股	8300813	8262398	7669652	7654322	18267
集体控股	3512113	3509518	3214609	3131659	15255
私人控股	65241064	64791237	61602926	61189226	218271

企业财务情况（续表 2）

三、损益及分配（千元）							
其中：主营业务税金及附加	其他业务利润	销售费用	管理费用	研发费用	财务费用	其中：利息收入	利息支出
247041	**63422**	**66373**	**2771735**	**1004229**	**278366**	**110980**	**339081**
16450	2934	6246	251527	166960	26715	18077	27905
247041	63422	66373	2771735	1004229	278366	110980	339081
5865	160	3325	81790	48574	3295	1954	4807
24	0	0	2165	0	–2	0	0
68331	38906	20338	950681	483997	76256	71393	130957
1503	0	7	31766	0	106	10450	11370
66828	38906	20331	918915	483997	76150	60943	119587
3154	1736	944	12936	0	7612	6417	13490
169667	22620	41766	1724163	471658	191205	31216	189827
167741	22620	41351	1702626	445095	191344	31164	189390
1926	0	415	21537	26563	–139	52	437
247041	63422	66373	2771735	1004229	278366	110980	339081
152312	56414	19082	1342690	626753	185675	49225	227896
70724	7055	26928	980376	338137	68996	55991	92076
15808	–279	16149	326893	12385	6194	5193	6119
8197	232	4214	121776	26954	17501	571	12990
6100	0	2914	51586	117647	10194	5940	11446
7084	2934	3332	134993	48574	18322	10861	15808
233857	60488	60127	2585156	838008	249850	94179	311827
199329	49446	37541	2156891	911421	213972	80545	260472
50440	36150	5704	618696	627883	64540	20552	96963
79293	10181	11370	650882	248869	80826	43424	103918
48193	2803	4030	406244	4836	24243	12878	31835
21403	312	16437	481069	29833	44363	3691	27756
47712	13976	28832	614844	92808	64394	30435	78609
14973	11238	11294	181197	68947	22359	30464	46699
29779	677	11168	346142	17237	36053	–142	27021
2960	2061	6370	87505	6624	5982	113	4889
247041	63422	66373	2771735	1004229	278366	110980	339081
104437	55466	12396	1300140	832677	108882	38991	157629
18970	261	8111	219887	43472	44904	7393	39470
33089	784	9475	360201	16654	42828	24276	51862
36159	5572	15192	312694	19072	39778	–481	19918
30793	1179	8540	283632	2996	23947	3016	21690
23593	160	12659	295181	89358	18027	37785	48512
16450	2934	6246	251527	166960	26715	18077	27905
15255	0	2327	250218	4197	–4623	5116	937
215336	60488	57800	2269990	833072	256274	87787	310239

6–14 建筑业

指标名称	三、损益及分配（千元）				
	资产减值损失	公允价值变动收益(损失以“–”号记)	投资收益(损失以“–”号记)	其他收益	营业利润
总　计	–28690	–820	299134	21468	1320870
其中：国有控股企业	–19162	41	40603	1494	238247
一、按登记注册类型分组					
内资企业	–28690	–820	299134	21468	1320870
国有	–601	0	8850	780	73498
集体	0	0	0	0	–2166
有限责任公司	–21170	–876	259499	17955	710076
国有独资公司	0	0	1255	172	55080
其他有限责任公司	–21170	–876	258244	17783	654996
股份有限公司	0	0	–2304	0	25074
私营企业	–6919	56	33089	2733	514388
私营有限责任公司	–6919	56	33011	2733	484044
私营股份有限公司	0	0	78	0	30344
二、按国民经济行业分组	–28690	–820	299134	21468	1320870
房屋建筑业	–8401	56	45196	16876	534148
土木工程建筑业	–20664	–894	44253	3266	423577
建筑安装业	375	18	209602	1317	339047
建筑装饰、装修和其他建筑业	0	0	83	9	24098
三、按隶属关系分组					
中央	–18561	0	30498	197	22766
地方	–601	41	8850	1051	91936
其他	–9528	–861	259786	20220	1206168
四、按企业资质等级分组					
施工总承包	–5936	97	298653	19483	1201724
特级	–6206	0	40433	14355	221570
一级	–601	0	44334	780	454641
二级	–32	97	212372	3899	309882
三级及以下	903	0	1514	449	215631
专业承包	–22754	–917	481	1985	119146
一级	–22754	–935	46	1841	33091
二级	0	0	435	9	20819
三级及以下	0	18	0	135	65236
五、按地区分					
湖州市	–28690	–820	299134	21468	1320870
吴兴区	–6206	59	278271	15672	593141
南浔区	–7790	0	140	0	83216
德清县	–6	0	2425	73	263435
长兴县	0	0	0	2757	163281
安吉县	0	0	272	135	96318
南太湖新区	–14688	–879	18026	2831	121479
六、按控股情况分					
国有控股	–19162	41	40603	1494	238247
集体控股	0	18	209010	1202	317921
私人控股	–9528	–879	49521	18772	764702

企业财务情况（续表3）

三、损益及分配（千元）				四、人工成本及增值税（千元）		五、其他资料（千元）
营业外收入	营业外支出	利润总额	所得税费用	应付职工薪酬（本年贷方累计发生额）	应交增值税	
179826	107581	1407399	247739	9284689	1799802	96223
14930	3150	250027	44697	489476	106025	0
179826	107581	1407399	247739	9284689	1799802	96223
5693	1028	78163	9605	70513	26245	0
18	4	−2152	0	5100	183	0
29761	27993	720347	86736	2290356	386658	0
196	203	55073	15197	35774	12936	0
29565	27790	665274	71539	2254582	373722	0
826	280	25620	7249	200683	26280	0
143528	78276	585421	144149	6718037	1360436	96223
140401	77181	553045	141493	6704430	1344620	96223
3127	1095	32376	2656	13607	15816	0
179826	107581	1407399	247739	9284689	1799802	96223
88169	50079	590820	120764	6787888	1141716	93759
87022	55418	455081	98299	1979079	556359	2464
3382	1442	336790	26335	360807	59673	0
1253	642	24708	2341	156915	42054	0
7623	1789	28600	2475	236666	42911	0
6978	1118	97796	14550	149580	44053	0
165225	104674	1281003	230714	8898443	1712838	96223
68942	67121	1222225	207292	8408014	1457871	6223
20974	9255	235506	24739	2477964	392396	0
24942	35685	452401	109137	4019938	634477	3759
8443	14132	312172	28362	1243007	243515	0
14583	8049	222146	45054	667105	187483	2464
110884	40460	185174	40447	876675	341931	90000
52913	2868	83136	13703	150581	84666	0
54752	31755	39536	11509	684339	246803	90000
3219	5837	62502	15235	41755	10462	0
179826	107581	1407399	247739	9284689	1799802	96223
88953	41997	642221	58556	4205317	778733	3759
53107	3323	127308	24094	860101	144842	2464
11444	16808	258070	88040	1402494	274957	0
6102	8333	161023	28173	832330	251298	0
6719	21347	90957	23493	927978	183763	90000
13501	15773	127820	25383	1056469	166209	0
14930	3150	250027	44697	489476	106025	0
133	682	317372	24291	247408	35288	0
164763	103749	840000	178751	8547805	1658489	96223

主要统计指标解释

全社会固定资产投资 是以货币表现的建造和购置固定资产活动的工作量，它是反映固定资产投资规模、速度、比例关系和使用方向的综合性指标。全社会固定资产投资包括国有单位投资、城乡集体经济单位投资和城乡居民个人投资，以及联合经济、股份制经济、外商 投资单位、港澳台投资单位及其他各种经济类型单位的投资。

房地产开发投资 指各种经济类型的房地产开发公司、商品房建设公司及其他房地产开发单位统一开发的商品住宅、厂房、仓库、办公楼等房屋建筑物和配套的服务设施。以及土地开发工程，如道路、给水排水、供电、供热、通讯、场地平整等基础设施工程。不包括单纯的土地交易活动。

施工项目 指报告期内曾进行建筑或安装活动的建设项目。包括报告期内新开工项目，报告期内以前开工跨入报告期继续施工的项目，报告期施过工并在报告期内全部建成投产或停缓建的项目。

全部建成投产项目 工业项目指整个建设项目的生产性车间及其相应的辅助设施，按照批准的设计文件所规定的内容全部建成，经负荷试运转证明具备生产设计规定的合格产品条件，经过验收鉴定合格或达到“竣工验收标准”，正式移交生产的建设项目；非工业建设项目是指文件中规定的主要工程全部建成，能够发挥设计规定的全部效益，经验收合格或达到“竣工验收标准”，正式移交使用的项目。

施工和竣工房屋建筑面积 房屋建筑面积是从房屋的外墙线算起，包括房屋结构（如柱、墙）占用的面积和地下室面积。多层建筑面积按各自然层面积总和计算；包括房屋内的楼隔层、突出墙面的眺望间、斗门、有柱雨罩的面积。不包括突出墙面结构的构件、艺术装饰等所占的面积。如台阶等。凹阳台、挑阳台按其水平投影面积一半计算建筑面积。

施工面积 指报告期内施工的全部房屋建筑面积。包括本期新开工的面积和上期开工跨入本期继续施工的房屋面积，以及上期已停建在本期复工的建筑面积。

竣工面积 指报告期内房屋建筑按照设计要求已全部完工，达到住人和使用的条件，经验收鉴定合格，正式移交使用单位的建筑面积。

新增固定资产 指已经建成投入生产交付使用的工程价值和达到固定资产标准的设备、工具器具的投资及有关应摊入的费用。它是以价值形式表示的固定资产投资成果的综合指标，可以综合反映不同时期、不同部门、不同地区的固定资产投资成果。

建筑业总产值 指建筑施工企业在一定时期内所完成的以货币表现的生产总值，是反映本单位全部的生产规模、水平和成果的综合指标。它包括建筑工程产值、设备安装工程产值、房屋、构筑物大修理产值、非标准设备制造产值。从 1993 年开始，建筑业总产值等于自行完成施工产值。

建筑业增加值 指建筑业企业在报告期内以货币表现的建筑业生产经营活动的最终成果。具体构成项目有固定资产折旧、劳动者报酬、生产税净额、营业盈余。

房屋建筑施工面积 指报告期内施过工的全部房屋建筑面积，它包括本期新开工的面积、上期跨入本期继续施工的房屋面积、上期停缓建在本期恢复施工的房屋面积、本期竣工的房屋面积及本期施工后又停缓建的房屋面积。施工面积以房屋单位工程为对象进行计算，即一栋房屋已进行施工，即以整栋房屋的建筑面积计算施工面积；多层房屋不论哪一层施工，都以各层的总面积计算施工面积。

房屋建筑竣工面积 是指在报告期内房屋建筑按照设计要求全部完工，达到了使用条件，经检查验收鉴定合格的房屋建筑面积。

自有机械年末总功率 是指企业（或单位）自有施工机械、生产设备、运输设备以及其他设备等列为在册固定资产的生产性机械设备年末总功率，按设计能力或查定能力计算。包括机械本身的动力和为该机械服务的单独动力设备，如电动机等。计量单位用千瓦，动力换算可按 1 马力=0.735 千瓦折合成瓦数，电焊机、变压机锅炉不计算动力。

资本金 是指企业在工商行政管理部门登记的注册资金。企业筹集的资金按其投资主体一般分为国家资本金，法人资本金、个人资本金以及外商资本金等。

资产 是企业拥有或控制的能以货币计量的经济资源，包括各种财产、债权和其他权利。建筑企业的资产按其流动性分为：流动资产、长期投资、固定资产、专项工程、无形及递延资产和其他资产。

负债 是企业所承担的能以货币计量、将以资产或劳务偿付的债务。负债一般按其偿还期长短分为流动负债和长期负债。

流动资产 是指可以在一年或超过一年的一个营业周期内变现或者耗用的资产，包括现金及存款、短期投资、应收及预付款项、存货等。流动资产的一个重要特点是它在参加生产经营时，其价值一次转移到产品成本或费用中去。流动资产期末合计应根据“资产负债表”（会计报表，下同）的“流动资产合计”项目的期末数填列。

固定资产 固定资产是指使用期限超过一年的房屋及建筑物、机器、机械、运输工具以及其他与生产经营有关的设备、器具、工具等。不属于生产经营主要设备的物品，单价在 2000 元以上，并且使用年限超两年的，也包括在内。

工程结算收入 指本企业承包工程实现的工程价额结算收入以及向发包单位收取的除工程价款以外按规定列作营业收入的各种款项，如临时设施费、劳动保险费、施工机械调迁费等以及向发包单位收取的各种索赔款。本项根据“损益表”中“工程结算收入”项的本年累计数填列。

工程结算成本 报告期内与发包单位办理工程价款结算的已完工程实际成本。本项根据“损益表”中“工程结算成本”项的本年累计数填列。

工程结算利润 指已结算工程实现的利润。其计算公式为：

工程结算利润 = 工程结算收入 – 工程结算成本 – 工程结算税金及附加。

其他业务收入 指企业除工程结算收入外的其他业务收入。如产品销售收入、机械作业收入、材料销售收入、无形资产转让收入、固定资产出租收入等。本项根据会计“其他收入”科目的本年贷方发生额归 纳填报。

其他业务利润 指企业除结算收入外的其他业务收入扣除其他业务支出（包括其他业务成本及应负担的费用、税金）后的净收益（如为净支出以“–”号表示）。本项目根据“损益表”中“其他业务利润”项的本年累计数填列。

利润总额 指建筑施工企业在一定时期内所实现的利润，包括工程结算利润、产品销售利润、作业销售利润、材料销售利润及其他销售利润、营业外收支差额。

利税总额 指企业的实现利润与上缴税金(利前税)之和包括利润总额、工程结算税金及附加管理费用中的税金。即：利税总额 = 利润总额 + 工程结算税金附加 + 管理费用中税金

单位工程 是单项工程的组成部分，通常是按照不同性质的工程内容能否独立施工的要求划分的，一个单项工程可以划分成若干个单位工程。所谓单项工程一般指有独立设计文件，建成后能独立发挥效益或生产设计规定产品的车间（联合企业的分厂）生产线或独立工程等，它由若干单位工程所组成。

产值利润率 为报告期内每百元产值所实现的利润。它的计算方法是：利润总额除以建筑业总产值。

七、国内贸易、外资、外贸、旅游

7-1 历年分县区社会消费品零售总额

单位：万元

年 份	全 市	市 区	德清县	长兴县	安吉县
1978	32682	15636	5109	7042	4895
1979	41848	19814	6633	9034	6367
1980	53543	26072	8837	11277	7357
1981	59651	29470	9300	12370	8511
1982	61921	29681	10132	13020	9088
1983	68351	33146	10632	14311	10262
1984	80353	38643	12644	16807	12259
1985	111412	54748	17354	22879	16431
1986	133792	66103	21908	27058	18723
1987	156616	77822	25139	32501	21154
1988	198207	99226	30689	41862	26430
1989	214834	106452	34204	44924	29254
1990	213166	107366	34110	41287	30403
1991	237219	120973	36454	45858	33934
1992	281520	142329	40437	57395	41359
1993	418770	227620	55527	81744	53879
1994	639133	343674	91674	125149	78636
1995	860135	458283	122155	175464	104233
1996	1005309	512971	142510	218130	131698
1997	1123563	581512	159636	230963	151452
1998	1237645	639230	175960	250258	172197
1999	1351990	690935	194505	276186	190364
2000	1491751	761705	215317	304498	210231
2001	1591543	796250	237926	335710	232403
2002	1708800	885606	262907	370520	256844
2003	1823403	925695	269887	372200	255621
2004	2080822	1056636	308150	431040	284995
2005	2384861	1220017	350812	490717	323315
2006	2754854	1413747	405011	566041	370054
2007	3222040	1654297	474490	661201	432053
2008	3868323	1983620	570176	795288	519239
2009	4425700	2264902	654148	911496	595154
2010	5160918	2605219	772140	1081054	702505
2011	6098868	3099065	904237	1273825	821741
2012	7038667	3558834	1048473	1483829	947531
2013	7662182	3985525	1052745	1609359	1014553
2014	8711964	4521114	1210263	1854684	1125903
2015	9639221	4933986	1361312	2077131	1266792
2016	10688648	5446315	1513098	2318167	1411068
2017	11881547	6046805	1684382	2584019	1566341
2018	12796919	6664437	1341081	2828810	1962590
2019	14099371	7482478	1463255	3059370	2094267
2020	14244312	7839008	1476007	2973135	1956161
2021	15561789	8663836	1582302	3184254	2131039
2022	15947392	8852594	1652058	3276432	2166308

注：2018 年以来数据根据 2018 年经普修订。

7-2 历年分县区社会消费品零售总额增长速度

单位：%

年 份	全 市	市 区	德清县	长兴县	安吉县
1979	28.0	26.7	29.8	28.3	30.1
1980	27.9	31.6	33.2	24.8	15.5
1981	11.4	13.0	5.2	9.7	15.7
1982	3.8	0.7	8.9	5.3	6.8
1983	10.4	11.7	4.9	9.9	12.9
1984	17.6	16.6	18.9	17.4	19.5
1985	38.7	41.7	37.3	36.1	34.0
1986	20.1	20.7	26.2	18.3	13.9
1987	17.1	17.7	14.7	20.1	13.0
1988	26.6	27.5	22.1	28.8	24.9
1989	8.4	7.3	11.5	7.3	10.7
1990	–0.8	0.9	–0.3	–8.1	3.9
1991	11.3	12.7	6.9	11.1	11.6
1992	18.7	17.7	10.9	25.2	21.9
1993	48.8	59.9	37.3	42.4	30.3
1994	52.6	51.0	65.1	53.1	45.9
1995	34.6	33.3	33.2	40.0	32.6
1996	21.4	19.6	16.7	24.3	29.9
1997	11.8	13.4	12.0	5.8	15.0
1998	10.2	9.9	10.2	8.4	13.7
1999	9.2	8.1	10.5	10.4	10.6
2000	10.3	10.2	10.7	10.3	10.4
2001	9.6	9.5	10.5	10.3	10.6
2002	11.6	12.7	10.5	10.4	10.5
2003	11.8	12.3	11.5	11.6	10.6
2004	14.3	15.9	13.1	12.9	11.5
2005	14.6	15.5	13.8	13.8	13.4
2006	15.5	15.9	15.4	15.3	14.5
2007	17.0	17.0	17.2	16.8	16.8
2008	20.1	19.9	20.2	20.3	20.2
2009	14.4	14.2	14.7	14.6	14.6
2010	18.3	18.3	18.0	18.6	18.0
2011	18.2	19.0	17.1	17.8	17.0
2012	15.4	14.8	16.0	16.5	15.3
2013	13.1	10.9	16.1	16.1	14.0
2014	13.7	13.4	15.0	15.2	11.0
2015	10.6	9.1	12.5	12.0	12.5
2016	11.8	11.3	12.0	12.5	12.3
2017	11.2	11.0	11.3	11.5	11.0
2018	10.0	9.8	10.0	10.1	10.2
2019	10.2	12.3	9.1	8.2	6.7
2020	1.0	4.8	0.9	–2.8	–6.6
2021	9.2	9.9	9.4	8.3	8.1
2022	2.5	2.2	4.4	2.9	1.7

注：2018 年以来数据根据 2018 年经普修订。

7-3 历年分县区社会消费品零售总额发展指数

（以 1978 年为 100）　　　　单位：%

年 份	全 市	市 区	德清县	长兴县	安吉县
1978	100.0	100.0	100.0	100.0	100.0
1979	128.0	126.7	129.8	128.3	130.1
1980	163.8	166.7	173.0	160.1	150.3
1981	182.5	188.5	182.0	175.7	173.9
1982	189.5	189.8	198.3	184.9	185.7
1983	209.1	212.0	208.1	203.2	209.6
1984	245.9	247.1	247.5	238.7	250.4
1985	340.9	350.1	339.7	324.9	335.7
1986	409.4	422.8	428.8	384.2	382.5
1987	479.2	497.7	492.1	461.5	432.2
1988	606.5	634.6	600.7	594.5	539.9
1989	657.3	680.8	669.5	637.9	597.6
1990	652.2	686.7	667.6	586.3	621.1
1991	725.8	773.7	713.5	651.2	693.2
1992	861.4	910.3	791.5	815.0	844.9
1993	1281.3	1455.7	1086.8	1160.8	1100.7
1994	1955.6	2198.0	1794.4	1777.2	1606.5
1995	2631.8	2930.9	2391.0	2488.1	2129.4
1996	3195.0	3505.4	2789.4	3093.0	2766.1
1997	3570.9	3973.8	3124.6	3272.4	3181.0
1998	3933.4	4368.2	3444.1	3545.8	3616.7
1999	4296.9	4721.5	3807.1	3913.2	3998.2
2000	4741.0	5205.2	4214.5	4314.3	4415.5
2001	5196.2	5699.6	4657.0	4756.6	4883.5
2002	5798.9	6423.5	5146.0	5249.8	5397.1
2003	6483.2	7213.6	5737.7	5858.8	5969.2
2004	7410.3	8360.6	6489.3	6614.6	6655.7
2005	8493.1	9653.3	7387.7	7530.4	7550.6
2006	9810.7	11186.2	8529.1	8686.3	8642.2
2007	11474.4	13089.6	9992.2	10146.6	10090.0
2008	13776.0	15695.3	12007.3	12204.2	12126.2
2009	15761.0	17921.0	13775.6	13987.5	13899.1
2010	18646.6	21207.8	16260.4	16589.5	16406.1
2011	22035.4	25228.0	19041.0	19542.4	19195.2
2012	25430.9	28970.7	22078.2	22764.2	22133.5
2013	28759.2	32134.7	25635.4	26432.5	25241.1
2014	32699.5	36453.0	29471.0	30461.8	28011.4
2015	36179.9	39781.9	33149.2	34115.3	31516.6
2016	40440.8	44265.2	37141.1	38379.7	35387.8
2017	44954.1	49145.7	41345.5	42781.2	39281.8
2018	48417.5	54165.6	32918.7	46834.0	49219.3
2019	53345.3	60814.2	35917.6	50651.1	52521.6
2020	53893.7	63711.9	36230.6	49223.4	49058.0
2021	58878.4	70006.7	39636.3	53309.0	53031.7
2022	60337.4	71531.9	41383.7	54852.2	53909.4

注：2018 年以来数据根据 2018 年经普修订。

7-4 历年社会消费品零售总额分类情况

单位：万元

年 份	社会消费品零售总额	市的零售额	县的零售额	县以下的零售额	批发和零售贸易业	#批发业	住宿和餐饮贸易业	其 他
1993	418770	225539	84908	108323	341711		21046	56013
1994	639133	343674	137126	158333	443450		38587	157096
1995	860135	458283	176371	225481	583398		53243	223494
1996	1005309	513987	224631	266691	718635		66380	220294
1997	1123563	581512	249493	292558	832992		67533	223038
1998	1237645	639230	264234	334181	942842		83281	211522
1999	1351990	690935	283261	377794	1014394		94843	242753
2000	1491751	761705	305616	424430	1133211		115639	242901
2001	1591543	796250	332324	462969	1208176		125924	257443
2002	1708800	852164	357469	499167	1288259		152194	268347
2003	1823403	925695	393272	504436	1617798		170981	34624
2004	2080822	1056636	454254	569931	1823906		218835	38081
2005	2384861	1220017	521480	643364	2087766		254949	42146
2006	2754854	1413747	606352	734755	2409865	272801	298797	46192
2007	3222040	1654297	713142	854602	2818400	312351	353476	50164
2008	3868323	1983620	863825	1020878	3376743	377320	437604	53977
2009	4425700	2264902	984761	1176037	3874601	451715	493646	57453

注：2003 年及以后“其他”不包含农民对城镇居民零售。

7-4 历年社会消费品零售总额分类情况（续表）

单位：万元

年 份	社会消费品零售总额	城镇零售额	城区	乡村零售额	批发和零售贸易业	#批发业	住宿和餐饮贸易业
2010	5160918	3781242	2198169	1379676	4623676	209288	537242
2011	6098868	4485561	2627392	1613307	5463987	292359	634881
2012	7038667	5173388	3029313	1865279	6307080	328831	731587
2013	7662182	5550102	3148391	2112081	6862884	354909	799299
2014	8711964	6286118	3562322	2425847	7832700	383564	879264
2015	9639221	6927708	3952081	2711513	8635929	530473	1003292
2016	10688648	7689413	4510610	2999235	9495504	647911	1193144
2017	11881547	8547585	5014013	3333962	10437745	890795	1443802
2018	12796919	9148517	5349112	3648402	11160912	1130431	1636007
2019	14099371	9649567	6993073	4449804	12646833	1376031	1452538
2020	14244312	10825677	6409940	3418635	12433309	1310589	1811003
2021	15561789	11437898	6769368	4123868	13592134	1397540	1969631
2022	15947392	11737111	6843517	4210281	13916303	1463715	2031089

注：1.2010 年起“市、县、县以下”统计分组改为“城镇、乡村，城镇列其中：城区”；2.2010 年起分行业零售额根据经普调整；3.2018 年以来数据根据 2018 年经普修订。

7-5 历年限额以上批发零售业主要指标

单位：万元

年 份	法人企业（个）	产业活动单位（个）	从业人数（人）	销售总额	批 发	零 售	年末零售营业面积（万平方米）	资产合计	利润总额
1998	123	92	10812	823661	702719	120942	14.2	590333	-5353
1999	119	245	14511	831030	707798	123231	15.8	461518	5347
2000	107	184	11876	915269	783822	131447	17.6	432857	18320
2001	118	711	9445	1091954	941595	150359	19.7	437883	23188
2002	113	612	9472	1145661	957867	187794	21.9	476537	30646
2003	118	492	8603	1380094	1133855	246238	24.5	558227	35180
2004	150	562	8984	1854416	1415199	439217	27.3	645629	54776
2005	154	533	9730	2158894	1553958	604936	30.5	707801	62796
2006	163	438	10822	2589425	1747039	842386	33.7	741261	61780
2007	177	555	12291	3238434	2217450	1020984	80.6	892477	86609
2008	282	786	12325	4030097	3044857	985240	35.6	1227970	126051
2009	279	758	13715	4006938	2867662	1139276	48.0	1461332	108696
2010	315	805	15801	5691536	4240749	1450787	64.6	2133025	108880
2011	347	856	18536	9179168	7227592	1951575	60.5	3330793	122640
2012	436	972	23606	12977941	10696773	2281168	137.9	4495312	109197
2013	583	1414	29149	18116412	15328762	2787650	194.7	6161885	186602
2014	644	1469	32315	20045370	16361152	3684218	220.6	6728657	291549
2015	666	1515	32511	20404706	16839726	3564980	161.6	7187417	482361
2016	702	1469	32788	22877785	19348337	3529448	150.9	7901989	556685
2017	744	1486	26068	21565470	18115848	3449622	120.4	7094814	373811
2018	780	1153	26490	25790315	22282532	3507783	116.7	7510156	346799
2019	922	1099	26374	31134617	26882024	4172873	195.6	9276137	399565
2020	982	1130	26383	36463634	32065859	4363349	184.0	12508490	350121
2021	1038	1153	28724	45614014	40545121	4993751	150.6	14981047	403813
2022	1113	1296	31120	51319411	45603085	5389314	153.9	17784627	492189

注：2019 年年报开始，只有营业利润和税金及附加，无主营业务利润和主营业务税金及附加，与历年无可比性，故删除 2 个指标。

7-6 主要年份限额以上连锁总店（公司）经营情况

单位：万元

指 标	2001 年	2005 年	2008 年	2010 年	2011 年	2012 年
门店总数（个）	3	7	5	8	9	9
连锁门店数（个）	36	276	795	908	944	938
配送中心（个）		9	6	7	7	9
营业面积（平方米）	8277	35020	63036	75842	89533	114177
从业人员（人）	508	1353	1802	3379	4352	4335
经营餐饮业务餐位数（位）		840		7283	11053	14172
商品购进总额		34022	51938	62567	85027	89448
#统一配送商品购进额		29941	44415	54602	74217	78039
#自有配送中心配送商品购进额		25463	18166	19961	25080	39038
#住宿餐饮业商品购进总额		364		8277	12208	13967
商品销售额	7867	35114	53640	65028	72717	82199
#零售额	4097	35114	53640	65028	72717	82199
营业额	551	599		20373	29645	35195
#快餐	551	599		20373	29645	35195

注：国家未下发，表内为 2018 年数据。

7-6 主要年份限额以上连锁总店（公司）经营情况

续 1

单位：万元

指　标	2013 年	2014 年	2015 年	2016 年	2017 年	2018 年
门店总数（个）	9	9	9	10	10	12
连锁门店数（个）	952	974	979	1183	1274	654
配送中心（个）	10	10	9	10	10	9
营业面积（平方米）	111116	109065	109405	140274	128598	112000
从业人员（人）	4654	4522	4547	5744	9020	6769
经营餐饮业务餐位数（位）	13077	11823	12859	19755	20625	18711
商品购进总额	88692	89005	96900	113760	134967	116982
#统一配送商品购进额	77758	77541	79358	90958	114674	114668
#自有配送中心配送商品购进额	20872	23464	28397	31301	81125	73369
#住宿餐饮业商品购进总额	17242	16353	17542	22802	40575	36789
商品销售额	80278	81222	82741	82384	89282	64566
#零售额	80278	80913	82741	82370	87129	52609
营业额	42568	50112	53988	65388	99783	99464
#快餐	42568	50112	53988	65388	99783	99464

注：国家未下发，表内为 2018 年数据。

7-7 限额以上连锁总店（公司）经营情况

单位：万元

项目名称	连锁总店数（个）	连锁门店数（个）	直营店	加盟店	营业面积（平方米）	从业人数（人）	商品购进额	销售总额及营业额	零售额及餐费收入
总计	**11**	**630**	**483**	**147**	**102163**	**6259**	**99069**	**170632**	**163060**
批发零售业	10	389	259	130	51375	1248	62190	71435	64084
#超市	1	28	28		8175	108	2237	2985	2985
百货店	1	12	12		12000	93	7788	7803	7803
专业店	8	349	219	130	31200	1047	52165	60647	53297
住宿餐饮业	1	241	224	17	50788	5011	36879	99197	98976
#快餐	1	241	224	17	50788	5011	36879	99197	98976

7-8 限额以上批发零售业法人企业基本情况

行业分类	法人企业（个）	从业人数（人）
总　计	1113	31120
一、批发业	764	16870
1.按批发行业小类分组		
农、林、牧、渔产品批发	15	156
谷物、豆及薯类批发	2	36
畜牧渔业饲料批发	5	27
牲畜批发	1	
渔业产品批发	2	15
其他农牧产品批发	5	78
食品、饮料及烟草制品批发	38	1984
米、面制品及食用油批发	8	246
糕点、糖果及糖批发	5	27
果品、蔬菜批发	4	57
肉、禽、蛋、奶及水产品批发	7	270
盐及调味品批发	2	34
酒、饮料及茶叶批发	7	613
烟草制品批发	1	655
其他食品批发	4	82
纺织、服装及家庭用品批发	158	4346
纺织品、针织品及原料批发	82	601
服装批发	30	2579
化妆品及卫生用品批发	12	492
厨具卫具及日用杂品批发	3	21
灯具、装饰物品批发	9	500
日用家电批发	11	74
其他家庭用品批发	11	79
文化、体育用品及器材批发	12	313
文具用品批发	7	63
体育用品及器材批发	1	29
图书批发	1	4
首饰、工艺品及收藏品批发	2	183
其他文化用品批发	1	34
医药及医疗器材批发	23	539
西药批发	9	270
中药批发	6	210
医疗用品及器材批发	8	59
矿产品、建材及化工产品批发	402	4543
煤炭及制品批发	19	129
石油及制品批发	19	255

7-8 限额以上批发零售业法人企业基本情况

续 1

行业分类	法人企业（个）	从业人数（人）
非金属矿及制品批发	6	42
金属及金属矿批发	207	1744
建材批发	83	1723
化肥批发	5	61
农药批发	5	38
其他化工产品批发	58	551
机械设备、五金产品及电子产品批发	84	4336
汽车及零配件批发	15	361
五金产品批发	12	232
电气设备批发	7	73
计算机、软件及辅助设备批发	2	
通讯通信设备批发	3	66
其他机械设备及电子产品批发	45	3604
贸易经纪与代理	6	152
贸易代理	6	152
其他批发业	26	501
再生物资回收与批发	11	139
互联网批发	3	60
其他未列明批发业	12	302
2.按登记注册类型分组		
内资企业	747	15678
国有企业	5	686
联营企业	1	20
国有联营企业	1	20
有限责任公司	127	3380
#国有独资公司	11	123
其他有限责任公司	116	3257
股份有限公司	3	53
私营企业	611	11539
#私营独资企业	2	
私营合伙企业	3	35
私营有限责任公司	600	11422
私营股份有限公司	6	82
港、澳、台商投资企业	7	48
#与港澳台商合资经营企业	2	36
港澳台商独资企业	5	12
外商投资企业	10	1144
#中外合资经营企业	2	
外资企业	8	1144

7-8 限额以上批发零售业法人企业基本情况

续 2

行业分类	法人企业（个）	从业人数（人）
3.按控股情况分组		
国有控股	43	1548
集体控股	10	95
私人控股	695	14069
港澳台商控股	7	14
外商控股	9	1144
二、零售业	**349**	**14250**
1.按零售行业小类分组		
综合零售	349	14250
百货零售	43	3177
超级市场零售	15	1402
其他综合零售	26	1677
食品、饮料及烟草制品专门零售	2	98
粮油零售	1	3
糕点、面包零售	4	166
果品、蔬菜零售	8	339
肉、禽、蛋、奶及水产品零售	8	182
酒、饮料及茶叶零售	8	128
烟草制品零售	1	18
其他食品零售	1	2
纺织、服装及日用品专门零售	8	330
纺织品及针织品零售	1	9
服装零售	3	123
鞋帽零售	2	49
自行车等代步设备零售	1	6
其他日用品零售	1	143
文化、体育用品及器材专门零售	12	360
文具用品零售	1	16
图书、报刊零售	4	220
珠宝首饰零售	3	39
工艺美术品及收藏品零售	2	14
其他文化用品零售	2	71
医药及医疗器材专门零售	17	1309
西药零售	16	1299
医疗用品及器材零售	1	10
汽车、摩托车、零配件和燃料及其他动力销售	153	5928
汽车新车零售	103	4629
汽车零配件零售	1	3

7-8 限额以上批发零售业法人企业基本情况

续3

行业分类	法人企业（个）	从业人数（人）
机动车燃油零售	48	1255
机动车充电销售	1	41
家用电器及电子产品专门零售	31	704
家用视听设备零售	5	174
日用家电零售	17	325
计算机、软件及辅助设备零售	7	121
通信设备零售	2	84
五金、家具及室内装饰材料专门零售	12	146
五金零售	2	20
家具零售	8	98
卫生洁具零售	1	17
其他室内装饰材料零售	1	11
货摊、无店铺及其他零售业	42	1458
互联网零售	33	990
生活用燃料零售	9	468
2.按登记注册类型分组		
内资企业	341	13286
国有企业	3	37
有限责任公司	94	5416
#国有独资公司	6	241
其他有限责任公司	88	5175
股份有限公司	1	204
私营企业	242	7604
#私营独资企业	10	168
私营有限责任公司	230	7392
私营股份有限公司	2	44
其他企业	1	25
港、澳、台商投资企业	3	331
#港澳台商独资企业	3	331
外商投资企业	5	633
中外合资经营企业	1	
外资企业	4	633
3.按控股情况分组		
#国有控股	34	1238
集体控股	13	1795
私人控股	294	10228
港澳台商控股	3	331
外商控股	4	633

7-9 市区限额以上批发零售业法人企业基本情况

行业分类	法人企业（个）	从业人数（人）
总　　计	**506**	**15174**
一、批发业	**340**	**6243**
1.按批发行业小类分组		
农、林、牧、渔产品批发	9	42
谷物、豆及薯类批发	1	0
畜牧渔业饲料批发	2	6
牲畜批发	0	0
渔业产品批发	2	15
其他农牧产品批发	4	21
食品、饮料及烟草制品批发	21	954
米、面制品及食用油批发	5	152
糕点、糖果及糖批发	4	25
果品、蔬菜批发	1	0
肉、禽、蛋、奶及水产品批发	4	16
盐及调味品批发	1	32
酒、饮料及茶叶批发	2	29
烟草制品批发	1	655
其他食品批发	3	45
纺织、服装及家庭用品批发	96	3272
纺织品、针织品及原料批发	44	354
服装批发	24	2199
化妆品及卫生用品批发	5	136
厨具卫具及日用杂品批发	1	7
灯具、装饰物品批发	8	496
日用家电批发	7	54
其他家庭用品批发	7	26
文化、体育用品及器材批发	5	198
文具用品批发	3	59
体育用品及器材批发	0	0
图书批发	1	4
首饰、工艺品及收藏品批发	1	135
其他文化用品批发	0	0
医药及医疗器材批发	13	335
西药批发	4	189
中药批发	3	114
医疗用品及器材批发	6	32
矿产品、建材及化工产品批发	157	888
煤炭及制品批发	5	23
石油及制品批发	8	81

7-9　市区限额以上批发零售业法人企业基本情况

续 1

行业分类	法人企业（个）	从业人数（人）
非金属矿及制品批发	2	27
金属及金属矿批发	72	333
建材批发	38	163
化肥批发	3	42
农药批发	1	4
其他化工产品批发	28	215
机械设备、五金产品及电子产品批发	32	496
汽车及零配件批发	5	160
五金产品批发	5	111
电气设备批发	5	50
计算机、软件及辅助设备批发	1	0
通信设备批发	3	66
其他机械设备及电子产品批发	13	109
贸易经纪与代理	2	31
贸易代理	2	31
其他批发业	5	27
再生物资回收与批发	1	3
互联网批发	2	14
其他未列明批发业	2	10
2.按登记注册类型分组		
内资企业	334	6240
国有企业	5	686
联营企业	1	20
#国有联营企业	1	20
有限责任公司	60	910
#国有独资公司	3	34
其他有限责任公司	57	876
股份有限公司	1	12
私营企业	267	4612
#私营独资企业	0	0
私营合伙企业	2	18
私营有限责任公司	261	4542
私营股份有限公司	4	52
港、澳、台商投资企业	2	2
#与港澳台商合资经营企业	1	0
港澳台商独资企业	1	2
外商投资企业	4	1
#中外合资经营企业	2	0
外资企业	3	1

7–9　市区限额以上批发零售业法人企业基本情况

续 2

行业分类	法人企业（个）	从业人数（人）
3.按控股情况分组		
国有控股	25	1011
集体控股	5	29
私人控股	305	5200
港澳台商控股	2	2
外商控股	3	1
二、零售业	**166**	**8931**
1.按零售行业小类分组		
综合零售	23	1875
百货零售	6	561
超级市场零售	16	1300
其他综合零售	1	14
食品、饮料及烟草制品专门零售	13	585
粮油零售	0	0
糕点、面包零售	3	144
果品、蔬菜零售	6	294
肉、禽、蛋、奶及水产品零售	3	141
酒、饮料及茶叶零售	1	6
烟草制品零售	0	0
其他食品零售	0	0
纺织、服装及日用品专门零售	5	287
纺织品及针织品零售	0	0
服装零售	1	89
鞋帽零售	2	49
自行车等代步设备零售	1	6
其他日用品零售	1	143
文化、体育用品及器材专门零售	5	216
文具用品零售	1	16
图书、报刊零售	1	115
珠宝首饰零售	0	0
工艺美术品及收藏品零售	1	14
其他文化用品零售	2	71
医药及医疗器材专门零售	9	858
西药零售	9	858
医疗用品及器材零售	0	0
汽车、摩托车、零配件和燃料及其他动力销售	88	4431
汽车新车零售	69	3518
汽车零配件零售	0	0
机动车燃油零售	19	913
机动车充电销售	0	0

7-9 市区限额以上批发零售业法人企业基本情况

续 3

行业分类	法人企业（个）	从业人数（人）
家用电器及电子产品专门零售	12	264
家用视听设备零售	3	134
日用家电零售	6	71
计算机、软件及辅助设备零售	3	59
通信设备零售	0	0
五金、家具及室内装饰材料专门零售	1	17
五金零售	0	0
家具零售	0	0
卫生洁具零售	1	17
其他室内装饰材料零售	0	0
货摊、无店铺及其他零售业	10	398
互联网零售	8	320
生活用燃料零售	2	78
2.按登记注册类型分组		
内资企业	160	8272
国有企业	2	19
联营企业	0	0
国有联营企业	0	0
有限责任公司	56	4212
#国有独资公司	1	115
其他有限责任公司	55	4097
股份有限公司	1	204
私营企业	101	3837
#私营独资企业	7	133
私营合伙企业	0	0
私营有限责任公司	93	3667
私营股份有限公司	1	37
港、澳、台商投资企业	2	98
#与港澳台商合资经营企业	0	0
港澳台商独资企业	2	98
外商投资企业	4	561
#中外合资经营企业	1	0
外资企业	3	561
3.按控股情况分组		
国有控股	18	995
集体控股	12	1600
私人控股	131	5677
港澳台商控股	2	98
外商控股	3	561

7-10 限额以上批发零售业法人企业购销存情况

单位：万元

行业分类	商品购进额	#进口	商品销售额	批发额	#出口	零售额	期末商品库存额	年末零售营业面积（万平方米）
总　　计	**49057577**	**343114**	**51319411**	**45603085**	**1287082**	**5389314**	**916303**	**153.9**
一、批发业	**43857870**	**236659**	**45264272**	**44471579**	**1282677**	**465828**	**608442**	**13.1**
1.按批发行业小类分组								
农、林、牧、渔产品批发	142674	323	150345	149146		375	11837	0.1
谷物、豆及薯类批发	20943		21074	21074			10288	
畜牧渔业饲料批发	67716		73011	73011			1161	
渔业产品批发	20875		21352	21327		25	32	0.0
其他农牧产品批发	33140	323	34908	33734		350	357	0.1
食品、饮料及烟草制品批发	1206009		1684510	1614050		70196	43604	0.3
米、面制品及食用油批发	160678		173563	168905		4658	3159	0.1
糕点、糖果及糖批发	63424		63758	63758			1504	
果品、蔬菜批发	5223		6857	6320		536	121	0.0
肉、禽、蛋、奶及水产品批发	133357		144404	144220		183	3599	0.1
盐及调味品批发	38613		41352	41352			1122	
酒、饮料及茶叶批发	307523		434918	370099		64819	6147	0.1
烟草制品批发	469966		787995	787995			22603	
其他食品批发	27226		31665	31401			5350	
纺织、服装及家庭用品批发	2962814	8558	3179213	3163490	477580	15592	50693	1.9
纺织品、针织品及原料批发	2066818	5099	2086471	2086331	263792	8	8778	0.0
服装批发	375966	3450	481685	478309	104841	3376	21794	1.7
化妆品及卫生用品批发	182145		249945	238187		11759	14084	0.1
厨具卫具及日用杂品批发	40570	9	40813	40813	20514		1	
灯具、装饰物品批发	103478		106880	106880	27874		3225	0.1
家用视听设备批发	150729		159231	158820	11157	411	2631	0.1
日用家电批发	43110		54188	54150	49403	39	180	0.0
其他家庭用品批发	84153		94361	89219	5189	5142	8052	0.7
文化、体育用品及器材批发	63669		68331	68326		5	1188	0.1
文具用品批发	4888		5189	5189	5189		15	
体育用品及器材批发	2791		3083	3083			759	
图书批发	10143		13195	8058		5137	5971	0.5
首饰、工艺品及收藏品批发	2664		4562	4562			119	
其他文化用品批发	315157	10309	351955	336174	14928	15781	26805	1.3
医药及医疗器材批发	196692		219667	203886		15781	14595	0.8
西药批发	86730	10225	89569	89569			10410	0.5
中药批发	31736	84	42719	42719	14928		1801	
医疗用品及器材批发	23944432	143740	24179478	24026965	130915	99746	247524	6.5
矿产品、建材及化工产品批发	778454		801416	801416			6033	0.0
煤炭及制品批发	608025		636840	601201		35638	14314	5.0
石油及制品批发	49057577	343114	51319411	45603085	1287082	5389314	916303	153.9

7-10　限额以上批发零售业法人企业购销存情况

续 1　　　　　　　　　　　　　　　　　　　　　　　　　　　　　　单位：万元

行业分类	商品购进额	#进口	商品销售额	批发额	#出口	零售额	期末商品库存额	年末零售营业面积（万平方米）
非金属矿及制品批发	80710		82104	60454			3457	
金属及金属矿批发	17520370	56672	17618715	17541373	39027	48722	121318	0.5
建材批发	3156786	45764	3216165	3198387	17073	15386	82820	0.8
化肥批发	51548		51405	51405			4781	
农药批发	121516		121573	121573	22968		6462	
其他化工产品批发	1627023	41303	1651260	1651155	51847		8339	0.0
机械设备、五金产品及电子产品批发	12104907	72170	12406611	11912256	326183	221476	178468	0.3
汽车及零配件批发	1094239		1115221	992781	47405	122227	29327	0.0
五金产品批发	112982		128576	127500	14839	1076	3055	0.1
电气设备批发	19716		20932	20932	12714		2	
计算机、软件及辅助设备批发	15555		16052	13052		3000	961	0.0
通信设备批发	29655		33821	33236		585	659	0.1
其他机械设备及电子产品批发	10832760	72170	11092009	10724756	251225	94588	144465	0.1
贸易经纪与代理	239952	1560	232858	232858	141958		13161	0.0
贸易代理	239952	1560	232858	232858	141958		13161	0.0
其他批发业	2857772		2984942	2947423	185925	37520	28298	2.0
再生物资回收与批发	912813		966050	966050			10202	
互联网批发	114186		143373	106089		37284	11328	2.0
其他未列明批发业	1830773		1875519	1875284	185925	236	6768	0.0
2.按登记注册类型分组								
内资企业	38568207	223418	39955844	39217579	1263277	412224	607059	13.0
国有企业	1060746	5601	1388570	1388570	26685		23366	
联营企业	96		91	91			5	
国有联营企业	96		91	91			5	
有限责任公司	16842491	66368	17156588	16927731	183582	224867	167939	6.3
#国有独资公司	286183		276478	276469		9	27451	
其他有限责任公司	16556308	66368	16880109	16651262	183582	224858	140489	6.3
股份有限公司	538106		562446	562446			5525	
私营企业	20126768	151449	20848150	20338742	1053011	187357	410224	6.7
#私营独资企业	23134		23374	23269			22	0.0
私营合伙企业	15828		26144	25628		516	126	0.0
私营有限责任公司	19236955	151449	19942989	19436504	1053011	184539	410076	6.6
私营股份有限公司	850850		855644	853342		2302		0.0
港、澳、台商投资企业	38899	13242	41711	40886	15061		101	
#与港澳台商合资经营企业	9357		9263	8439	6199		101	
港澳台商独资企业	29543	13242	32447	32447	8862			
外商投资企业	5250764		5266718	5213114	4340	53604	1282	0.1
#中外合资经营企业								
外资企业	5250764		5266718	5213114	4340	53604	1282	0.1

7-10　限额以上批发零售业法人企业购销存情况

续 2　　　　　　　　　　　　　　　　　　　　单位：万元

行业分类	商品购进额	#进口	商品销售额	批发额	#出口	零售额	期末商品库存额	年末零售营业面积（万平方米）
3.按控股情况分组								
国有控股	5073976	17196	5409807	5385734	157594	474716	26831	11.9
集体控股	114982	15094	121267	121241	24345	365091	17835	15.0
私人控股	32423455	191128	33468403	32754236	1087537	3268661	210863	77.5
港澳台商控股	994693	13242	998078	997254	8862	86920	5406	1.4
外商控股	5250764		5266718	5213114	4340	727035	46758	34.9
二、零售业	**5199707**	**106455**	**6055139**	**1131505**	**4404**	**4923486**	**307862**	**140.8**
1.按零售行业小类分组								
综合零售	652462	100	762984	228262		534575	22714	34.3
百货零售	446675		489241	136103		353138	13113	25.2
超级市场零售	204226	100	271130	92159		178824	8419	8.7
其他综合零售	1561		2613			2613	1182	0.5
食品、饮料及烟草制品专门零售	117192		134026	27263		106764	15514	4.4
粮油零售	607		632	102		530	9	0.0
糕点、面包零售	4252		5282			5282	350	0.3
果品、蔬菜零售	25251		29693	613		29080	774	1.9
肉、禽、蛋、奶及水产品零售	28375		30068	9852		20216	671	0.7
酒、饮料及茶叶零售	57605		66991	16440		50550	13478	1.5
烟草制品零售	562		783			783	190	0.0
其他食品零售	540		580	256		323	43	0.0
纺织、服装及日用品专门零售	23740	919	34428	5009		29418	2469	1.1
纺织品及针织品零售	524		541			541	12	0.1
服装零售	17266	919	26516	5009		21507	738	0.6
鞋帽零售	1399		2192			2192	36	0.2
自行车等代步设备零售	2359		2335			2335	29	0.0
其他日用品零售	2192		2844			2844	1654	0.3
文化、体育用品及器材专门零售	33253		38392	1544		36848	7342	2.1
文具用品零售	849		927			927	63	0.0
图书、报刊零售	24988		29490	1317		28173	5662	1.8
珠宝首饰零售	2652		2649	227		2422	1564	0.0
工艺美术品及收藏品零售	313		525			525		0.2
其他文化用品零售	4451		4802			4802	54	0.0
医药及医疗器材专门零售	85687		98180	5017		93163	10022	4.1
西药零售	84704		96681	5017		91664	10010	4.1
医疗用品及器材零售	983		1499			1499	12	0.0
汽车、摩托车、零配件和燃料及其他动力销售	3050501	101953	3396851	721026	464	2675825	206832	84.0
汽车新车零售	1847791	101953	1832975	183758	464	1649217	171547	36.6
汽车零配件零售	2933		2942			2942	1867	0.1

7-10 限额以上批发零售业法人企业购销存情况

续 3　　　　单位：万元

行业分类	商品购进额	#进口	商品销售额	批发额	#出口	零售额	期末商品库存额	年末零售营业面积（万平方米）
机动车燃油零售	1107546		1467491	530694		936796	33419	47.4
机动车充电销售	92231		93443	6573		86870		
家用电器及电子产品专门零售	157632	3483	185120	55902		129218	15863	4.5
家用视听设备零售	87455	3483	107344	52056		55288	5701	2.2
日用家电零售	44497		48664	2561		46103	7619	2.0
计算机、软件及辅助设备零售	14194		16449	243		16206	1013	0.1
通信设备零售	11487		12663	1043		11620	1530	0.2
五金、家具及室内装饰材料专门零售	25860		30626	8322	2800	22304	1702	0.6
五金零售	6683		6741			6741	286	0.0
家具零售	13724		18681	8322	2800	10359	506	0.4
卫生洁具零售	3016		2489			2489	729	0.1
其他室内装饰材料零售	2439		2716			2716	181	0.0
货摊、无店铺及其他零售业	1053379		1374532	79161	1140	1295370	25402	5.6
互联网零售	1005707		1313180	71917	1140	1241263	24470	1.7
生活用燃料零售	47672		61352	7244		54108	932	3.9
2.按登记注册类型分组								
内资企业	4095975	106455	4869251	768283		4100821	255597	104.0
国有企业	12312		12448			12448	782	0.0
有限责任公司	2331867	27359	2724765	397657		2327108	105190	54.0
#国有独资公司	29052		33757	1317		32440	6058	1.9
其他有限责任公司	2302815	27359	2691008	396340		2294668	99132	52.1
股份有限公司	5481		234018	77034		156984	3109	0.5
私营企业	1744858	79096	1896956	293592		1603217	146348	49.4
#私营独资企业	14975		16873	1910		14963	1466	1.5
私营有限责任公司	1726009	79096	1876025	291682		1584196	144772	47.9
私营股份有限公司	3875		4059			4059	110	0.1
其他企业	1457		1064			1064	169	0.0
港、澳、台商投资企业	95516		97039	10119		86920	5406	1.4
#港澳台商独资企业	95516		97039	10119		86920	5406	1.4
外商投资企业	1008216		1088849	353103		735746	46859	35.4
中外合资经营企业	12743		13660	4949		8711	100	0.4
外资企业	995473		1075189	348154		727035	46758	34.9
3.按控股情况分组								
#国有控股	377330	25137	625229	150512		474716	26831	11.9
集体控股	529005		605810	240720		365091	17835	15.0
私人控股	3200927	81319	3650808	382000		3268661	210863	77.5
港澳台商控股	95516		97039	10119		86920	5406	1.4
外商控股	995473		1075189	348154		727035	46758	34.9

7-11　市区限额以上批发零售业法人企业购销存情况

单位：万元

行业分类	购进总额	#进口	销售总额	批发	#出口	零售	年末库存总额	年末零售营业面积（万平方米）
总　　计	**14986854**	**114652**	**16272051**	**12407677**	**525494**	**3839627**	**360115**	**100.09**
一、批发业	**10943170**	**52759**	**11539686**	**11447076**	**525029**	**68011**	**160168**	**3.71**
1.按批发行业小类分组								
农、林、牧、渔产品批发	65722	323	66900	66051		25	65	0.04
谷物、豆及薯类批发	16043		16047	16047				
畜牧渔业饲料批发	2344		2365	2365			2	
牲畜批发								
渔业产品批发	20875		21352	21327		25	32	0.04
其他农牧产品批发	26461	323	27136	26312			31	
食品、饮料及烟草制品批发	645583		978373	970296		7813	31176	0.10
米、面制品及食用油批发	94786		103775	99117		4658	3114	0.07
糕点、糖果及糖批发	43105		43405	43405			1042	
果品、蔬菜批发								
肉、禽、蛋、奶及水产品批发	11745		11619	11619			849	
盐及调味品批发	3034		5039	5039			497	
酒、饮料及茶叶批发	14898		17749	14593		3155	655	0.04
烟草制品批发	469966		787995	787995			22603	
其他食品批发	8049		8792	8528			2416	
纺织、服装及家庭用品批发	1954846	8329	2077629	2063020	223267	14609	16392	1.89
纺织品、针织品及原料批发	1408660	4869	1422686	1422677	106019	8	6158	0.00
服装批发	242781	3450	323845	321452	63939	2393	2875	1.71
化妆品及卫生用品批发	35718		51864	40105		11759	2884	0.05
厨具卫具及日用杂品批发	19809	9	19670	19670	5503		1	
灯具、装饰物品批发	100780		103806	103806	27874		2804	0.05
日用家电批发	134295		142198	141787	11157	411	1490	0.07
其他家庭用品批发	12804		13560	13521	8775	39	180	0.01
文化、体育用品及器材批发	31857		39499	34425		5074	7714	0.34
文具用品批发	19728		24334	24329		5	1161	0.11
体育用品及器材批发								
图书批发	2791		3083	3083			759	
首饰、工艺品及收藏品批发	9338		12082	7013		5069	5794	0.22
其他文化用品批发								
医药及医疗器材批发	250692	84	271914	262547	7741	9367	19379	0.76
西药批发	162313		172289	162922		9367	12651	0.76
中药批发	62228		64093	64093			4927	
医疗用品及器材批发	26151	84	35532	35532	7741		1801	
矿产品、建材及化工产品批发	6568671	44024	6615293	6583627	51371	8154	49157	0.47
煤炭及制品批发	238946		242351	242351			3815	
石油及制品批发	113035		118721	111882		6839	2804	0.04

7-11　市区限额以上批发零售业法人企业购销存情况

续 1　　　　　　　　　　　　　　　　　　　　　　　　　　　　单位：万元

行业分类	购进总额	#进口	销售总额	批发	#出口	零售	年末库存总额	年末零售营业面积（万平方米）
非金属矿及制品批发	55001		53888	53888			2079	
金属及金属矿批发	4651685	34733	4679172	4655660	39027		21615	0.04
建材批发	329874	9291	335798	334483	419	1315	11744	0.38
化肥批发	37553		37053	37053			2992	
农药批发	3810		4049	4049	3709			
其他化工产品批发	1138768		1144260	1144260	8215		4109	0.01
机械设备、五金产品及电子产品批发	320634		326653	326068	62730	585	29368	0.12
汽车及零配件批发	181186		173275	173275	25098		27143	0.01
五金产品批发	45366		48825	48825	14839		512	
电气设备批发	14045		15130	15130	12714		2	
计算机、软件及辅助设备批发	5213		5245	5245			15	
通信设备批发	29655		33821	33236		585	659	0.09
其他机械设备及电子产品批发	45170		50357	50357	10079		1038	0.03
贸易经纪与代理	5555		6709	6709			39	
贸易代理	5555		6709	6709			39	
其他批发业	1099611		1156717	1134334	179921	22382	6879	
再生物资回收与批发	98903		101327	101327				
互联网批发	55470		80393	58011		22382	4817	
其他未列明批发业	945238		974997	974997	179921		2062	
2.按登记注册类型分组								
内资企业	10663763	52759	11258579	11166793	516167	68011	160168	3.71
国有企业	1060746	5601	1388570	1388570	26685		23366	
联营企业	96		91	91			5	
国有联营企业	96		91	91			5	
有限责任公司	3881833	9	3970857	3941535	21967	29322	45312	0.93
#国有独资公司	65362		53802	53802			16073	
其他有限责任公司	3816472	9	3917055	3887733	21967	29322	29239	0.93
股份有限公司	29392		29827	29827				
私营企业	5691696	47149	5869235	5806770	467515	38689	91486	2.78
#私营独资企业								
私营合伙企业	13544		23563	23563			22	
私营有限责任公司	5072759	47149	5236125	5175963	467515	36387	91464	2.75
私营股份有限公司	605393		609547	607245		2302		0.04
港、澳、台商投资企业	8330		9914	9090	8862			
#与港澳台商合资经营企业	848		824					
港澳台商独资企业	7483		9090	9090	8862			
外商投资企业	271076		271194	271194				
#中外合资经营企业	271076		271194	271194				
外资企业	271076		271194	271194				

7-11 市区限额以上批发零售业法人企业购销存情况

续 2　　　　　　　　　　　　　　　　　　　　　　　　　　单位：万元

行业分类	购进总额	#进口	销售总额	批发	#出口	零售	年末库存总额	年末零售营业面积（万平方米）
3.按控股情况分组								
国有控股	2786167	5610	3111725	3099203	32188	12523	63512	0.80
集体控股	64132		67477	67452		25	380	0.04
私人控股	7813464	47149	8079377	8000139	483979	55463	96276	2.87
港澳台商控股	8330		9914	9090	8862			
外商控股	271076		271194	271194				
二、零售业	**4043684**	**61893**	**4732364**	**960601**	**464**	**3771616**	**199947**	**96.37**
1.按零售行业小类分组								
综合零售	480256		558180	224503		333530	9682	17.17
百货零售	302733		322243	132509		189734	2597	10.80
超级市场零售	176421		234536	91995		142394	6999	6.37
其他综合零售	1103		1401			1401	86	0.01
食品、饮料及烟草制品专门零售	55800		62547	11174		51373	1542	2.24
粮油零售								
糕点、面包零售	3102		4144			4144	188	0.22
果品、蔬菜零售	23026		27671	613		27058	600	1.67
肉、禽、蛋、奶及水产品零售	23357		24373	9852		14521	651	0.32
酒、饮料及茶叶零售	6316		6360	710		5650	104	0.03
烟草制品零售								
其他食品零售								
纺织、服装及日用品专门零售	14098		18867	4891		13977	1765	0.59
纺织品及针织品零售								
服装零售	8148		11497	4891		6606	46	0.07
鞋帽零售	1399		2192			2192	36	0.17
自行车等代步设备零售	2359		2335			2335	29	0.02
其他日用品零售	2192		2844			2844	1654	0.33
文化、体育用品及器材专门零售	19142		21928			21928	3433	1.04
文具用品零售	849		927			927	63	0.01
图书、报刊零售	13529		15674			15674	3317	0.78
珠宝首饰零售								
工艺美术品及收藏品零售	313		525			525		0.21
其他文化用品零售	4451		4802			4802	54	0.05
医药及医疗器材专门零售	59420		69812	3052		66760	7127	2.84
西药零售	59420		69812	3052		66760	7127	2.84
医疗用品及器材零售								
汽车、摩托车、零配件和燃料及其他动力销售	2471350	58409	2793174	642375	464	2150799	165361	68.23
汽车新车零售	1495808	58409	1480467	161674	464	1318792	135354	26.54
汽车零配件零售								
机动车燃油零售	975542		1312707	480701		832006	30007	41.69
机动车充电销售								

7-11 市区限额以上批发零售业法人企业购销存情况

续 3　　单位：万元

行业分类	购进总额	#进口	销售总额	批发	#出口	零售	年末库存总额	年末零售营业面积（万平方米）
家用电器及电子产品专门零售	94862	3483	116203	53991		62212	5778	2.48
家用视听设备零售	83953	3483	103541	51431		52110	3656	2.03
日用家电零售	7293		8295	2561		5735	1504	0.39
计算机、软件及辅助设备零售	3616		4367			4367	619	0.07
通信设备零售								
五金、家具及室内装饰材料专门零售	3016		2489			2489	729	0.12
五金零售								
家具零售								
卫生洁具零售	3016		2489			2489	729	0.12
其他室内装饰材料零售								
货摊、无店铺及其他零售业	845742		1089164	20614		1068550	4529	1.66
互联网零售	837458		1077542	15442		1062100	4311	0.02
生活用燃料零售	8284		11623	5173		6450	218	1.64
2.按登记注册类型分组								
内资企业	2988203	61893	3597709	599230	464	2998332	150857	60.76
国有企业	11093		11006			11006	668	0.03
联营企业								
国有联营企业								
有限责任公司	2046363	27359	2369732	338551		2031181	75168	38.61
#国有独资公司	13529		15674			15674	3317	0.78
其他有限责任公司	2032835	27359	2354058	338551		2015507	71851	37.83
股份有限公司	5481		234018	77034		156984	3109	0.50
私营企业	925267	34533	982953	183645	464	799162	71912	21.62
#私营独资企业	10842		12232	1910		10322	944	1.31
私营合伙企业								
私营有限责任公司	911522	34533	967715	181735	464	785832	70961	20.23
私营股份有限公司	2902		3007			3007	7	0.08
港、澳、台商投资企业	78941		74514	10119		64395	5406	0.85
#与港澳台商合资经营企业								
港澳台商独资企业	78941		74514	10119		64395	5406	0.85
外商投资企业	976540		1060142	351252		708890	43684	34.77
#中外合资经营企业	12743		13660	4949		8711	100	0.40
外资企业	963796		1046482	346303		700179	43583	34.37
3.按控股情况分组								
国有控股	318205	25137	555309	144029		411280	23135	9.50
集体控股	484696		554479	237291		317188	14021	9.10
私人控股	2198046	36756	2501581	222860	464	2278575	113803	42.56
港澳台商控股	78941		74514	10119		64395	5406	0.85
外商控股	963796		1046482	346303		700179	43583	34.37

7-12 分县区限额以上批发零售业法人企业主要财务指标

单位：万元

指 标	全 市	吴兴区			南浔区	德清县	长兴县	安吉县	△市区
			吴兴	南太湖新区					
一、企业数（家）	1085	300	200	100	191	278	182	134	491
二、年末资产负债									
流动资产合计	14404611	5059945	3806297	1253648	1326339	2849669	4372973	795685	6386284
#应收账款	3122854	529540	290700	238839	294304	391463	1670801	236747	823843
存货	1493683	308670	202657	106013	42645	302749	768952	70668	351315
固定资产原价	1086092	438747	291322	147425	206157	94743	104615	241829	644905
累计折旧	397960	188115	119670	68445	18565	33073	38828	119379	206680
#本年折旧	53224	19338	11915	7423	3161	5422	5821	19482	22498
资产总计	17784627	6188339	4638982	1549357	2013805	3544975	5030964	1006545	8202143
负债合计	13734546	5019116	3742386	1276730	1424345	2441975	4035099	814012	6443461
所有者权益合计	4017419	1146806	874179	272627	587858	1102698	988754	191303	1734664
#实收资本	2255248	1047214	879741	167473	183947	626453	272591	125044	1231161
#个人资本	375164	115287	78559	36728	49336	169027	23540	17974	164623
三、损益及分配									
主营业务收入	44739613	10990557	7199970	3790587	2752544	10129320	19227194	1639998	13743101
其他业务利润	53549	20593	15226	5367	-1123	26408	2473	5197	19470
销售费用	916432	311074	149860	161214	38671	192438	223174	151075	349745
管理费用	409009	175249	110112	65136	35119	79964	83517	35160	210367
财务费用	119173	49194	44459	4735	19017	17077	34155	-269	68211
#投资收益	106035	10685	4705	5980	33475	15380	47691	-1196	44160
营业利润	451533	159261	108251	51009	15088	78002	167085	32099	174348
利润总额	492189	172183	116679	55504	23788	87229	172545	36444	195971
所得税费用	126943	50356	36817	13539	3601	23914	40940	8132	53956
四、工资、福利、增值税									
应付职工薪酬	303662	123604	86162	37442	17929	46638	63289	52204	141532
应交增值税	231972	82080	54967	27113	8411	53733	73448	14301	14301

7-13 历年限额以上住宿和餐饮业主要指标

单位：万元

年 份	法人企业（个）	活动单位（个）	从业人数（人）	营业额	商品销售收入	资产总计	利润总额
1998	25	9	2755	13982	9803	53849	-1285
1999	24	25	3697	20926	13078	69733	-2740
2000	22	19	3026	25690	13462	70771	-1089
2001	30	42	4400	36529	24555	74534	-641
2002	33	57	4631	47972	31779	78555	-402
2003	42	65	6066	55306	40253	81739	57
2004	76	148	7648	72170	4930	138634	-2328
2005	82	140	8808	87947	5867	139327	-4113
2006	86	152	9203	102417	6916	153925	-3917
2007	83	136	9263	113950	12179	163391	-2081
2008	86	121	8135	103132	5055	261386	-350
2009	83	134	8249	111186	4943	277028	-3874
2010	80	134	9442	136798	6696	307552	-1017
2011	84	159	9732	183093	8450	329071	1319
2012	92	137	11075	207317	7467	421689	-934
2013	113	227	11944	214326	4053	430155	-10398
2014	129	241	13332	245906	3480	476915	-11095
2015	143	250	13044	277708	3452	485832	2672
2016	158	360	14651	330682	3751	613838	9585
2017	168	365	18420	368655	4042	753537	645
2018	198	314	16206	399868	6644	665556	-809
2019	234	331	18420	479623	8240	1412057	-12317
2020	287	372	21329	496510	10139	1363435	-11370
2021	306	344	21450	587662	12439	1566629	-22380
2022	344	344	21685	608216	10732	1815905	-60194

7-14 限额以上住宿和餐饮业法人企业基本情况

单位：万元

指 标	法人企业（个）	从业人数（人）	营业额				客房数（间）	床位数（个）	餐位数（位）	年末餐饮营业面积（万平方米）
				客房收入	餐费收入	商品销售收入				
总 计	**344**	**21685**	**608216**	**212552**	**345775**	**10732**	**69822**	**110098**	**254316**	**205.5**
一、住宿业	**160**	**9327**	**290418**	**168672**	**90397**	**3722**	**45857**	**73113**	**89406**	**85.0**
1.按住宿行业小类分组										
旅游饭店	125	8452	259226	145988	83065	3424	42618	68332	86125	70.3
旅游饭店	125	8452	259226	145988	83065	3424	42618	68332	86125	70.3
一般旅馆	19	572	12698	10782	1728	84	2582	3777	2137	10.7
经济型连锁酒店	13	231	6560	6180	232	84	1484	2086	787	6.2
其他一般旅馆	6	341	6138	4602	1496	0	1098	1691	1350	4.5
民宿服务	14	284	17707	11697	5038	208	631	968	1112	4.1
民宿服务	14	284	17707	11697	5038	208	631	968	1112	4.1
其他住宿业	2	19	788	206	566	7	26	36	32	0.0
其他住宿业	2	19	788	206	566	7	26	36	32	0.0
2.按登记注册类型分组										
内资企业	155	8458	263278	152844	80877	3419	44149	70458	87180	77.7
国有企业	3	136	4127	2355	1039	28	592	950	1438	1.1
有限责任公司	23	2906	93954	41495	33545	2282	15032	19718	25543	23.8
国有独资公司	2	173	2781	1216	1190	307	323	518	983	2.9
其他有限责任公司	21	2733	91174	40279	32355	1975	14709	19200	24560	20.9
股份有限公司	1	170	2388	2012	356		326	489	400	1.4
私营企业	128	5246	162809	106983	45937	1109	28199	49301	59799	51.4
私营独资企业	7	162	3460	2134	1302	10	521	928	1848	2.9
私营有限责任公司	119	5043	158542	104244	44488	1088	27605	48265	57731	48.4
私营股份有限公司	2	41	807	605	147	11	73	108	220	0.1
港、澳、台商投资企业	3	445	16523	9890	5522	197	620	969	970	1.0
港澳台商独资企业	3	445	16523	9890	5522	197	620	969	970	1.0
外商投资企业	2	424	10617	5938	3999	106	1088	1686	1256	6.3
中外合资经营企业	1	129	4254	3239	984		632	950	888	6.0
外资企业	1	295	6363	2699	3015	106	456	736	368	0.3
3.按控股情况分组										
国有控股	8	634	19192	7653	6962	624	1399	2577	4215	7.7
私人控股	147	7824	244086	145192	73915	2796	42750	67881	82965	70.0
港澳台商控股	3	445	16523	9890	5522	197	620	969	970	1.0
外商控股	2	424	10617	5938	3999	106	1088	1686	1256	6.3

7–14 限额以上住宿和餐饮业法人企业基本情况

续 1

单位：万元

指　标	法人企业（个）	从业人数（人）	营业额				客房数（间）	床位数（个）	餐位数（位）	年末餐饮营业面积（万平方米）
				客房收入	餐费收入	商品销售收入				
#五星	7	1150	33703	22365	9096	187	5081	9000	5890	8.9
四星	13	1297	31181	10761	15695	397	4612	8144	9475	12.2
三星	12	505	15246	3766	7050	335	852	1426	4094	5.7
二星	6	226	5734	2479	2580	35	709	1179	2878	1.8
其他	122	6149	204554	129301	55977	2769	34603	53364	67069	56.4
二、餐饮业	**184**	**12358**	**317798**	**43880**						
1.按餐饮行业小类分组										
正餐服务	173	7117	210410	43761	155576	4213	23885	36905	142456	114.5
正餐服务	173	7117	210410	43761	155576	4213	23885	36905	142456	114.5
快餐服务	8	4959	97668		92821	221			20614	5.5
快餐服务	8	4959	97668		92821	221			20614	5.5
饮料及冷饮服务	1	7	424	119	304		80	80	30	0.0
咖啡馆服务	1	7	424	119	304		80	80	30	0.0
其他餐饮业	2	275	9297		6677	2576			1810	0.5
小吃服务	2	275	9297		6677	2576			1810	0.5
2.按登记注册类型分组										
内资企业	183	12332	317146	43712	254918	7010	23879	36845	164006	119.6
国有企业	1		322	282	40		29	35	120	0.4
有限责任公司	15	861	23345	5609	15508	248	917	1649	7258	5.3
#国有独资公司	1	19	189	79	49	1	61	103	200	0.5
其他有限责任公司	14	842	23155	5530	15459	247	856	1546	7058	4.8
股份有限公司	1	24	340		311	18			400	0.1
私营企业	166	11447	293139	37820	239059	6744	22933	35161	156228	113.8
#私营独资企业	31	700	20903	588	19100	1208	210	419	9869	4.5
私营合伙企业	2	95	4505		4300	164			1100	0.8
私营有限责任公司	131	5933	175840	37232	128530	5152	22723	34742	127763	103.7
私营股份有限公司	2	4719	91891		87129	221			17496	4.7
外商投资企业	1	26	653	169	461		86	140	904	0.9
外资企业	1	26	653	169	461		86	140	904	0.9
3.按控股情况分组										
#国有控股	7	558	9480	3942	4170	209	724	1365	3326	2.9
集体控股	1	41	841	75	766		42	71	600	0.2
私人控股	175	11733	306824	39694	249981	6801	23113	35409	160080	116.5
外商控股	1	26	653	169	461		86	140	904	0.9

7-15　市区限额以上住宿和餐饮业法人企业基本情况

单位：万元

指　标	法人企业（个）	从业人数（人）	营业额				客房数（间）	床位数（个）	餐位数（位）	年末餐饮营业面积（万平方米）
				客房收入	餐费收入	商品销售收入				
总　计	**150**	**11134**	**284215**	**60780**	**200831**	**4971**	**17345**	**30202**	**125298**	**76.6**
一、住宿业	**49**	**3280**	**98348**	**52434**	**33335**	**1346**	**13638**	**24464**	**40948**	**39.3**
1.按住宿行业小类分组										
旅游饭店	41	3120	93739	48163	33097	1297	12740	23113	40399	35.9
旅游饭店	41	3120	93739	48163	33097	1297	12740	23113	40399	35.9
一般旅馆	7	141	4351	4113	153	42	872	1315	517	3.4
经济型连锁酒店	6	112	3862	3624	153	42	772	1074	517	3.4
其他一般旅馆	1	29	489	489	0	0	100	241	0	0.0
其他住宿业	1	19	258	158	85	7	26	36	32	0.0
其他住宿业	1	19	258	158	85	7	26	36	32	0.0
2.按登记注册类型分组										
内资企业	49	3280	98348	52434	33335	1346	13638	24464	40948	39.3
国有企业	1	3	532	432	82	15	99	149	348	1.0
有限责任公司	10	1478	49257	24112	18285	878	2511	4174	7279	14.9
#国有独资公司	1	75	1524	531	711	283	107	162	754	1.0
其他有限责任公司	9	1403	47733	23581	17574	596	2404	4012	6525	13.9
股份有限公司	0	0	0	0	0	0	0	0	0	0.0
私营企业	38	1799	48560	27891	14968	453	11028	20141	33321	23.4
#私营独资企业	2	37	775	775	0	0	177	338	48	0.4
私营合伙企业	0	0	0	0	0	0	0	0	0	0.0
私营有限责任公司	36	1762	47785	27116	14968	453	10851	19803	33273	23.0
3.按控股情况分组										0.0
国有控股	5	403	14340	5044	5525	586	690	1420	2896	5.7
集体控股	0	0	0	0	0	0	0	0	0	0.0
私人控股	44	2877	84009	47390	27810	760	12948	23044	38052	33.6
4.按星级分组	150	11134	284215	60780	200831	4971	17345	30202	125298	76.6
#五星	3	352	6608	3387	2561	52	674	1153	1034	1.1
四星	4	566	15192	4652	7042	305	815	1247	3900	6.2
三星	5	333	11112	2103	4748	288	445	727	2434	3.0
二星	0	0	0	0	0	0	0	0	0	0.0
其他	37	2029	65436	42293	18983	701	11704	21337	33580	29.0

7-15　市区限额以上住宿和餐饮业法人企业基本情况

续 1

单位：万元

指　标	法人企业（个）	从业人数（人）	营业额				客房数（间）	床位数（个）	餐位数（位）	年末餐饮营业面积（万平方米）
				客房收入	餐费收入	商品销售收入				
二、餐饮业	**81**	**7681**	**185738**	**7113**	**168544**	**3163**	**1531**	**2418**	**63697**	**26.5**
1.按餐饮行业小类分组										
正餐服务	76	2451	70661	7113	62023	548	1531	2418	43481	20.9
正餐服务	76	2451	70661	7113	62023	548	1531	2418	43481	20.9
快餐服务	2	4856	104251		98430	1			18302	5.0
快餐服务	2	4856	104251		98430	1			18302	5.0
饮料及冷饮服务										
咖啡馆服务										
其他餐饮业	3	374	10826		8092	2614			1914	0.6
小吃服务	3	374	10826		8092	2614			1914	0.6
2.按登记注册类型分组										
内资企业	80	7655	185157	6912	168198	3163	1445	2278	62793	25.6
国有企业	1	2	284	284	0	0	29	35	120	0.4
有限责任公司	4	348	10415	3117	6544	611	232	341	1952	1.8
#国有独资公司										
其他有限责任公司	4	348	10415	3117	6544	611	232	341	1952	1.8
股份有限公司										
私营企业	75	7305	174459	3511	161654	2553	1184	1902	60721	23.4
#私营独资企业	29	640	19203	304	18834	44	183	344	17142	4.4
私营合伙企业										
私营有限责任公司	45	1809	51004	3207	44389	2508	1001	1558	25277	14.0
私营股份有限公司	1	4856	104251	0	98430	1	0	0	18302	5.0
外商投资企业	1	26	581	200	347	0	86	140	904	0.9
外资企业	1	26	581	200	347	0	86	140	904	0.9
3.按控股情况分组										
国有控股	2	218	6203	3401	2740	42	261	376	506	1.3
集体控股										
私人控股	78	7437	178954	3511	165458	3121	1184	1902	62287	24.3
港澳台商控股										
外商控股	1	26	581	200	347	0	86	140	904	0.9

7–16 分县区限额以上住宿和餐饮业法人企业主要财务指标

单位：万元

指　标	全市	吴兴区	吴兴	南太湖新　区	南浔区	德清县	长兴县	安吉县	△市区
一、企业数（家）	344	92	48	44	58	63	63	68	150
二、年末资产负债									
流动资产合计	538508	182845	74944	107901	26705	112987	141565	74406	209550
#应收账款	63403	8801	5192	3609	4644	8092	34341	7524	13445
存货	38809	28129	4115	24014	1915	3364	2736	2665	30044
固定资产原价	935799	184277	63540	120737	45688	204981	277942	222911	229966
累计折旧	251200	58808	34231	24578	13144	63675	54775	60798	71952
#本年折旧	46955	6856	3622	3234	2730	10005	17307	10057	9586
资产总计	1815905	420784	185931	234853	100296	380429	574691	339705	521080
负债合计	1619264	334445	143637	190808	100608	311644	538249	334318	435053
所有者权益	196084	86106	42061	44045	–329	68565	36380	5362	85777
#实收资本	378922	113650	55101	58549	18933	88402	66299	91638	132584
#个人资本	89695	44275	30922	13353	8639	8563	12943	15277	52913
三、损益及分配									
主营业务收入	547333	220800	159872	60928	40191	104155	108617	73570	260991
其他业务利润	5222	2285	1616	669	6	1201	268	1462	2291
销售费用	201347	89924	74865	15059	9447	43597	37515	20865	99371
管理费用	149738	48179	24471	23707	8066	31829	31247	30417	56245
财务费用	27787	7234	2957	4277	1090	5525	7161	6777	8324
投资收益	–255	–227	–227		12	4	39	–82	–215
营业利润	–65049	–13160	–2815	–10345	–3992	–7694	–20953	–19250	–17152
利润总额	–60194	–11236	–585	–10652	–4031	–6175	–19558	–19194	–15268
所得税费用	1880	1147	1065	82	18	519	23	173	1165
四、工资、福利、增值税									
应付职工薪酬	117751	46337	36058	10279	7791	25917	21220	16487	54128
应交增值税	10931	1640	618	1022	431	1233	6760	867	2071

7-17 历年商品交易市场数量

单位：个

年份	商品市场	消费品市场	#综合	#农副产品	#工业	生产资料市场	#综合	#工业	#农业	服务市场	生产要素市场	网上交易市场	消费品	生产资料
1995	236	220	37	144	39	16		15	1					
1996	235	221	44	136	41	14	2	12						
1997	233	221	38	138	45	12	3	9						
1998	230	217	38	135	44	13	3	8	1	1				
1999	212	197	36	116	45	15	1	13	1					
2000	217	200	37	121	42	17	1	15	1					
2001	218	201	37	122	42	17	1	15	1					
2002	219	197	38	120	39	20	1	17	2					
2003	191	173	29	107	37	17	1	14	2					
2004	196	176	28	110	38	19	5	12	2	1				
2005	197	174	27	110	37	22	2	18	2	1				
2006	198	174	27	111	36	23	3	18	2	1				
2007	205	181	34	107	40	23	3	19	1	1				
2008	201	176	30	111	35	24	6	17	1	1	3	2	2	
2009	215	189	30	126	33	25	8	16	1	1	2	2	2	
2010	209	183	33	117	33	25	8	17		1	2	6	6	
2011	214	185	34	118	33	27	8	19		2	2	8	7	1
2012	214	185	36	114	35	27	8	19		2		1	11	9
2013	214	186	35	113	38	25	8	17		3	1	15	13	2
2014	204	177	25	115	37	25	11	14		2		15	13	2
2015	206	185	8	127	50	19	2	17		2		19	17	2
2016	208	184	93	40	51	22		22		2		20	16	4
2017	206	184	94	44	46	20		20		2		21	17	4
2018	200	178	91	43	44	20		20		2				
2019	200	178	92	42	44	20		20		2				
2020	187	164	87	43	34	21		21		2				
2021	175	158	84	42	32	16		16		1				
2022	156	142	75	42	25	13		13		1				

7-18 商品交易市场分类成交情况

单位：万元

指　标	市场个数（个）	成交额
商品交易市场	156	11637044
一、消费品市场	142	6512639
消费品综合市场	75	649651
农副产品市场	42	2809133
#农副产品综合市场	36	1111124
工业消费品市场	25	3053856
#工业消费品综合市场	1	40735
二、生产资料市场	13	5116695
工业生产资料市场	13	5116695
三、服务市场	1	7710

7-19　亿元以上商品交易市场分类成交情况

单位：个

指　标	市场个数	总摊位数	年末出租摊位数	年末营业面积（万平方米）	成交额（万元）
总　计	**25**	**10752**	**7121**	**98.3**	**2074170**
一、按市场类别分组					
1. 综合市场	19	9145	6246	59.7	1771488
#综合贸易市场	19	9145	6246	59.7	1771488
生产资料综合市场	3	1357	933	20.7	164346
工业消费品综合市场	1	790	790	2.0	283873
农产品综合市场	13	5669	3342	27.5	1264058
其他综合市场	2	1329	1181	9.5	59211
2. 专业市场	6	1607	875	38.6	302682
农产品市场	1	252	142	0.6	13338
#其他农产品市场	1	252	142	0.6	13338
食品、饮料及烟酒市场	1	348	239	7.8	128620
#茶叶市场	1	348	239	7.8	128620
纺织、服装、鞋帽市场	1	367	305	9.6	48420
#布料及纺织品市场	1	367	305	9.6	48420
家具、五金及装饰材料市场	2	598	185	19.6	73993
#家具市场	1	248	56	10.0	18732
其他装修市场	1	350	129	9.6	55261
汽车、摩托车及零配件市场	1	42	4	1.0	38311
#汽车市场	1	42	4	1.0	38311
二、按营业状态分组					
1. 常年营业	25	10752	7121	98.3	2074170
三、按经营方式分组					
1. 以批发为主	9	4230	2398	76.4	1151077
2. 以零售为主	16	6522	4723	21.9	923093
四、按经营环境分组					
1. 露天式	2	1479	663	18.3	667009
2. 封闭式	22	9041	6226	78.9	1395989
3. 其他	1	232	232	1.2	11172

7-20　历年亿元以上商品交易市场情况

单位：个

年　份	市场个数	总摊位数	年末出租摊位数	年末营业面积（万平方米）	成交额（万元）
2004	32		15354	61.2	3165665
2005	30		15926	59.4	3176905
2006	34		17697	83.8	3532421
2007	35		17772	102.5	3762312
2008	39	21240	19286	145.5	4137406
2009	41	22447	19887	157.5	4359528
2010	41	22938	19569	161.2	4922813
2011	45	25402	21534	181.8	5877570
2012	45	25750	22656	181.9	5988935
2013	39	23104	20879	176.4	5973371
2014	44	23356	21283	182.1	6016945
2015	45	23517	21338	184.0	6352275
2016	43	22714	20021	162.5	6630883
2017	43	22736	19603	162.5	6896031
2018	46	23608	18900	192.2	7406644
2019	29	12389	9273	105.7	2249367
2020	29	12430	9340	105.9	2312520
2021	26	11109	7729	103.1	2189330
2022	25	10752	7121	98.3	2074170

7-21 历年全市对外经济主要指标

单位：万美元

年 份	进出口总 额	出口额	利用外资项 目 数（个）	合同外资	实到外资
1978					
1979					
1980			1	10	
1981					
1982			2	231	233
1983					
1984			3	61	61
1985			1	60	61
1986			2	313	400
1987			5	482	408
1988			7	503	257
1989			13	300	355
1990			19	324	224
1991	2893	2777	27	706	307
1992	4686	4452	188	6333	1654
1993	15857	12593	237	11937	3585
1994	21899	15166	170	9302	4938
1995	30608	20468	116	12060	6431
1996	31368	22666	134	13998	5478
1997	30698	25052	136	6217	6026
1998	28400	23900	148	8112	5040
1999	36183	27300	193	10057	6023
2000	69308	46279	115	12264	8205
2001	74873	57623	256	47156	20972
2002	88741	70918	344	96292	35949
2003	121758	101142	479	144777	53734
2004	169765	144811	475	160145	61121
2005	227062	199556	475	169172	65072
2006	301032	266788	491	176049	75702
2007	426524	367562	599	198573	84363
2008	558845	490098	421	180294	80206
2009	483284	407555	374	171470	81095
2010	692770	586077	302	203689	91905
2011	866217	735580	244	214155	94038
2012	872258	738803	192	168721	102599
2013	953296	808770	211	168428	105860
2014	998906	880581	157	157269	98419
2015	1020740	885512	185	166290	94188
2016	1022230	901563	180	213216	100131
2017	1139488	1005574	115	235985	105320
2018	1341874	1168301	218	340082	127143
2019	1363448	1215954	295	483193	189881
2020	1633419	1479847	283	392530	120619
2021	2307032	2098525	368	547098	121400
2022	2446352	2251899	258	719137	157713

7-22 历年市区对外经济主要指标

单位：万美元

年 份	进出口总 额	出口额	合同外资	实到外资
1978				
1979				
1980				
1981				
1982				
1983				
1984				
1985				
1986				
1987				
1988				
1989				
1990				
1991				
1992				
1993				
1994				
1995				
1996				
1997				
1998				
1999				
2000				
2001				
2002				
2003				
2004				
2005	121326	103745	80388	32866
2006	150725	129258	85656	40233
2007	195809	159973	104423	43356
2008	234909	193607	89511	37870
2009	203356	149008	81206	38970
2010	282700	216795	107240	46890
2011	340580	263090	109535	50962
2012	314902	242699	64367	52472
2013	338604	259966	63935	50841
2014	336583	275684	62934	45717
2015	347616	274849	73302	42825
2016	316870	263053	131051	63965
2017	348615	285593	85136	51283
2018	409449	329962	152785	62865
2019	407825	334128	236831	74924
2020	473607	397479	159665	33740
2021	716448	613356	193686	47116
2022	846819	749113	138368	73805

7-23 历年德清县对外经济主要指标

单位：万美元

年 份	进出口总 额	出口额	合同外资	实到外资
1978				
1979				
1980				
1981				
1982				
1983				
1984				
1985				
1986				
1987				
1988				
1989				
1990				
1991				
1992				
1993				
1994				
1995				
1996				
1997				
1998				
1999				
2000				
2001				
2002				
2003				
2004	33780	25994		13400
2005	45124	38924	30703	13620
2006	61264	53032	32221	14945
2007	91555	76514	32827	15380
2008	134941	117463	32425	15020
2009	104489	90348	34282	15068
2010	148077	120577	34287	15506
2011	182565	155530	32049	16020
2012	199420	162086	36799	17309
2013	219626	177533	47029	19800
2014	225780	195790	33332	19158
2015	219782	192563	29528	18192
2016	211062	182219	12450	6510
2017	239235	204298	41983	17690
2018	258677	226423	50978	20170
2019	276027	244892	86717	36459
2020	310857	277425	113280	37280
2021	432307	399067	123153	31525
2022	472086	443889	65464	30553

7-24 历年长兴县对外经济主要指标

单位：万美元

年 份	进出口总 额	出口额	合同外资	实到外资
1978				
1979				
1980				
1981				
1982				
1983				
1984				
1985				
1986				
1987				
1988				
1989				
1990				
1991				
1992				
1993				
1994				
1995				
1996				
1997				
1998				
1999				
2000				
2001				
2002				
2003				
2004		13692		
2005	21959	19392	30073	13006
2006	31329	29028	32710	14512
2007	47189	44645	35616	15325
2008	71109	66810	33007	17101
2009	60653	56790	30468	15856
2010	99306	89442	37109	18506
2011	149284	133013	47511	17003
2012	144970	132703	44524	19213
2013	171283	150935	35038	19285
2014	183717	162065	36299	19300
2015	192881	161810	36108	18100
2016	212836	180492	37323	11429
2017	227413	200738	58540	19254
2018	288550	237031	66438	23963
2019	281322	248047	103196	36459
2020	346899	315579	61108	28551
2021	451401	397685	166167	20042
2022	487936	434495	393153	38610

7-25 历年安吉县对外经济主要指标

单位：万美元

年 份	进出口总 额	出口额	合同外资	实到外资
1978				
1979				
1980				
1981				
1982				
1983				
1984				
1985				
1986				
1987				
1988				
1989				
1990				
1991				
1992				
1993				
1994				
1995				
1996				
1997				
1998				
1999				
2000				
2001	5916	5509		
2002	8592	7778		
2003	13360	12333		
2004	23191	22055		
2005	38653	37495	28008	5580
2006	57713	55470	25462	6012
2007	91971	86430	25707	10302
2008	117887	112218	25351	10215
2009	114787	111409	25514	11201
2010	162687	159263	25053	11003
2011	193788	183947	25060	10053
2012	212966	201315	23031	13605
2013	223784	220336	22426	15934
2014	252826	247042	24704	14244
2015	260461	256290	27352	15071
2016	281462	275799	32392	18227
2017	324225	314946	50326	17093
2018	385198	374886	69881	20145
2019	398275	388887	56449	31039
2020	502057	489364	58477	21048
2021	706876	688417	64092	7204
2022	639511	624402	122152	14745

7–26 外商直接投资

指　标	单位	2022 年	± %
新批准及增减资项目	个	258	–29.9
#新批外商投资企业	个	165	–35.0
批准增资项目	个	70	–10.3
减资项目	个	23	–23.3
#总投资千万美元以上项目	个	86	–41.1
外资项目总投资	万美元	822634	8.8
外资项目注册资本	万美元	770373	29.2
合同外资	万美元	719137	31.4
#新批外商投资企业	万美元	686208	46.9
批准增资项目	万美元	52675	–57.3
#第一产业	万美元	–	218.5
第二产业	万美元	43655	–79.6
第三产业	万美元	675482	105.0
#吴兴区	万美元	83928	18.3
南浔区	万美元	27774	–47.6
南太湖新区	万美元	26666	–61.8
德清县	万美元	65464	–46.8
长兴县	万美元	393153	136.6
安吉县	万美元	122152	90.6
实际外资	万美元	157713	29.9
#吴兴区	万美元	24859	–20.1
南浔区	万美元	18868	632.5
南太湖新区	万美元	30078	123.8
德清县	万美元	30553	–3.1
长兴县	万美元	38610	92.6
安吉县	万美元	14745	104.7
#第一产业	万美元	1211	19.9
第二产业	万美元	76649	98.4
第三产业	万美元	79853	20.5
中国香港	万美元	27692	–67.5
美国	万美元	3278	–61.4
英属维尔京群岛	万美元	13087	499.8

7-27 分行业外商直接投资

单位：万美元

行　业	项目个数（个）	合同外资	实到外资
合　　计	165	719137	157713
农、林、牧、渔业	0	0	1211
制造业	31	20385	76063
电力、热力、燃气及水生产和供应业	5	5150	501
建筑业	1	18120	85
批发和零售业	20	25461	4877
交通运输、仓储和邮政业	1	5000	310
住宿和餐饮业	1	39	316
信息传输、软件和信息技术服务业	25	53330	24345
金融业	3	151069	5203
房地产业	0	410	393
租赁和商务服务业	23	318123	2326
科学研究和技术服务业	51	113801	41689
水利、环境和公共设施管理业	1	5500	0
居民服务、修理和其他服务业	1	132	319
文化、体育和娱乐业	2	2617	75

7-28 进出口贸易

单位：万元

指　标	绝对额			±%		
	进出口	出口	进口	进出口	出口	进口
全　市	16295713	15001315	1294398	9.3	10.6	-4.0
#吴兴区	2722243	2490161	232082	26.5	32.2	-13.5
南浔区	1725808	1552747	173061	18.7	24.2	-15.0
德清县	3134232	2946904	187328	12.2	14.2	-12.7
长兴县	3253212	2893988	359225	11.6	12.6	3.7
安吉县	4252304	4151775	100529	-6.9	-6.7	-15.8
南太湖新区	1207913	965740	242173	17.6	16.3	23.2
△市区	5655964	5008648	647317	22.1	26.3	-2.9
一、按企业性质分						
生产企业	8699995	7977308	722687	4.9	3.5	1.8
流通企业	5176713	4947472	229241	39.2	44.8	30.3
外资企业	2419005	2076535	342470	-16.5	-14.7	-26.0
二、按贸易方式分						
一般贸易	14674392	13574398	1099994	9.6	10.9	-4.1
加工贸易	635760	495701	140059	12.6	9.5	25.2
进料加工贸易	158658	24403	134255	355.8	10.7	29.0
来料加工装配贸易	477102	471298	5804	-10.0	-9.7	-25.5
其他贸易	985559	931215	54344	2.6	6.9	-39.3
三、按主要国别（地区）分						
亚洲	5995767	5579213	416554	25.0	32.0	-27.0
#东盟	2349210	2226293	122917	33.2	35.3	3.5
日本	573996	428696	145300	-7.4	10.5	-37.3
印度	613660	605612	8048	42.7	43.9	-13.4
韩国	538018	506577	31441	8.9	12.8	-30.0
非洲	1052558	1012898	39660	40.4	43.6	-9.7
欧洲	3816655	3417963	398692	-11.7	-14.0	14.9
#欧盟	2810036	2468950	341086	-12.9	-15.4	11.3
俄罗斯	315232	284495	30737	13.8	5.1	378.5
拉丁美洲	1513951	1413754	100197	15.5	16.5	2.7
#巴西	557485	501055	56430	37.3	38.6	27.2
墨西哥	377820	373196	4624	21.6	24.0	-51.8
北美洲	3462482	3147126	315356	3.4	1.4	27.9
#美国	3116125	2820412	295713	3.0	0.6	33.8
加拿大	346015	326372	19643	6.2	8.7	-23.3
大洋洲	454240	430306	23934	19.4	27.5	-44.6
#澳大利亚	331137	326426	4711	8.4	11.5	-63.7

7-29 主要进出口产品情况表

单位：万元

指　标	2022 年	± %	占出口（进口）比重%
一、主要出口产品			
机电产品	4789140	29.3	31.9
机械设备	1799027	24.6	12.0
电器及电子产品	1527185	46.0	10.2
金属制品	675040	31.3	4.5
运输工具	387560	40.5	2.6
仪器仪表	106216	-22.4	0.7
可调坐具及其他金属家具	21417	-1.7	0.1
纺织服装	3175336	20.5	21.2
纺织纱线、织物及其制品	2476243	14.6	16.5
服装及衣着附件	699094	47.3	4.7
农副产品	536424	-3.3	3.6
农副产品加工品	469116	-4.5	3.1
WTO 农产品	60200	8.2	0.4
水产品	7107	-7.8	0.0
化工产品	2321492	-6.9	15.5
高新技术产品	1714307	10.8	11.4
二、主要进口产品			
机电设备及零部件	379156	-16.8	29.3
化工产品	265412	-16.4	20.5
纺织原料及制品	35038	-8.8	2.7
木及木制品	280737	4.3	21.7
贱金属及制品	135723	15.4	10.5
塑料及橡胶制品	100661	-1.3	7.8
油脂及原料	78942	149.5	6.1
矿产品	19156	-29.1	1.5
皮革制品	11237	22.9	0.9

7-30 历年旅游业主要指标

单位：万人次

年份	国内外旅游人数	国内旅游	国际旅游（人次）	旅游总收入（亿元）	国内旅游（亿元）	国际旅游（万美元）
1995	100.50	100.00	5000	4.60	4.45	190
1996	111.15	110.45	7000	5.42	5.20	271
1997	154.45	153.50	9500	6.45	6.10	430
1998	206.71	205.75	9600	9.84	9.48	435
1999	256.47	255.50	9681	13.50	13.13	450
2000	351.25	350.00	12500	22.58	22.07	626
2001	532.02	530.01	20052	33.33	32.55	949
2002	791.74	787.60	41380	46.05	44.89	1413
2003	709.20	704.44	47575	41.32	40.15	1415
2004	857.99	850.94	70528	50.15	48.50	1990
2005	1088.59	1078.38	102132	65.68	62.63	3688
2006	1302.18	1288.27	139138	78.90	74.82	5095
2007	1686.99	1667.50	194909	102.01	96.85	6793
2008	1972.80	1948.43	243656	131.72	125.69	8688
2009	2349.96	2321.69	282690	166.24	159.04	10286
2010	2888.85	2855.68	331650	214.16	205.61	12585
2011	3559.36	3519.53	398313	263.15	253.56	14768
2012	4238.10	4190.80	473020	323.79	312.88	17323
2013	4956.73	4903.45	532938	393.61	381.21	20022
2014	5956.75	5896.47	602847	503.24	489.41	22511
2015	7070.53	7000.24	702900	700.03	682.08	29073
2016	8845.81	8752.19	916233	882.55	859.78	35758
2017	10664.23	10552.60	1116602	1104.95	1075.97	43799
2018	11840.53	11629.41	1099529	1357.09	1347.97	42235
2019	13223.50	13197.60		1529.11	1518.76	14984
2020	11212.47	11210.64		1284.83	1284.16	972
2021	3635.70	3631.50	4	536.36	535.21	1793
2022	2841.37	2839.70	1.7	459.31	458.73	857

7-31 分县区旅游业主要指标

指　标	单位	全　市	吴兴区	南浔区	德清县	长兴县	安吉县	南太湖新　区	△市区
国内外旅游人数	万人次	2841.37	330.00	328.42	191.89	624.88	674.84	691.35	850.30
国内旅游人数	万人次	2839.70	329.39	328.42	191.82	624.60	674.83	690.64	849.63
旅游总收入	亿元	459.31	57.47	44.98	29.37	101.20	105.27	121.03	131.82
#国内旅游总收入	亿元	458.73	57.26	44.98	29.27	101.11	105.26	120.84	131.51
旅游外汇收入	万美元	857	311	0	143	122	3	277	455
接待入境过夜旅游者人数	人次	16681	6077	5	651	2791	98	7059	6733
星级饭店数	个	24	4	2	2	5	5	6	8
#三星级以上	个	22	4	2	2	3	5	6	8
绿色旅游饭店	家	31	7	3	3	3	8	7	13
星级饭店客房总数	间	4479	758	565	179	948	1043	986	1502
星级饭店客房床位数	个	7381	1284	869	338	1665	1561	1664	2491
A级景区个数	个	96	18	11	4	17	15	31	33
省级旅游度假区个数	个	7	1	1	1	1	1	2	3

7-32 主要景区门票收入及接待人数

景 区	门票收入（万元）		接待人数（万人）	
	2022 年	2021 年	2022 年	2021 年
湖州黄金湖岸景区	—	—	153.34	234.26
莫干山风景区	1886	3737	36.13	67.28
下渚湖国家湿地公园	606	1199	30.82	57.07
湖州南浔古镇	858	4187	237.43	427.90
太湖龙之梦乐园	19882	17902	645.50	810.23
荻港景区	—	—	75.47	76.59
陆羽茶文化景区	640	2219	10.25	25.92
金钉子远古世界	726	791	50.02	50.02
新四军苏浙军区纪念馆	—	—	50.00	34.19
中国扬子鳄村	463	749	51.80	69.73
城山沟景区	372	876	23.17	62.62
长兴大唐贡茶院	187	383	13.38	16.63
安吉竹博园	738	2007	34.20	38.18
安吉县中南百草原	5024	6586	54.51	102.11
安吉江南天池景区	860	1181	20.93	35.96
安吉藏龙百瀑风景区	373	374	6.01	10.55
移沿山	—	—	4.43	47.06

主要统计指标解释

批发零售业 指不直接从事商品的生产，而是从农业、工业或其他的单位购买（或调拨）成品或半成品，未做任何加工,或只做简单的加工(如进行简单的分类、清洗、整理和包装等)，通过转卖以获取利益的单位。

餐饮业 指在一定的场所（永久、半永久或临时性的设施）内，以烹饪、调制等手段，向购买者提供各种主要供现场消费的食品、饮料，并且所提供的这种服务要大于所提供的其他服务。

住宿业 主要是指旅馆、饭店以及各种招待所、客栈等经营接待旅客并为旅客提供住宿、饮食服务。

限额以上批发零售企业 指年主营收入在 2000 万元及以上的批发企业和年主营收入在 500 万元及以上的零售企业。

限额以上住宿餐饮企业 指年主营收入在 200 万元及以上的住宿餐饮企业。

商品购进总额 指从本企业以外的单位和个人购进（包括从国外直接进口)作为转卖或加工后转卖的商品。这个指标反映批发零售企业从国内、国外市场上购进商品的总量。

商品销售总额 指对本企业以外的单位和个人出售（包括对国（境）外直接出口）的商品（包括售给本单位消费用的商品）。本指标由对生产经营单位批发额、对批发零售业批发额、出口额和对居民和社会集团商品零售额项目组成。这个指标反映批发零售企业在国内市场销售商品以及出口商品的总量。

社会消费品零售总额 指各种经济类型的批发零售业、餐饮业、制造业和其他行业对城乡居民和社会集团的消费品零售额和农民对城镇居民零售额的总和。该指标主要观察全社会居民消费规模及构成，反映消费品市场的变动情况及其发展趋势。

零售 指售给城乡居民直接用于生活消费的商品和社会集团直接用于公用消费的商品。

进口 指直接从国外进口的商品和委托外贸部门代理进口的商品，不包括从国内有关单位（包括对外贸易部门和其他单位）购进的进口商品。对外贸易企业只统计自主经营进口的商品，不包括受托代理进口的商品。

出口 指直接向国（境）外出口商品和委托外贸部门代理出口的商品。不包括售给外贸部门出口或加工后出口的商品以及在国内市场以外币销售的商品。对外贸易企业只统计自主经营出口的商品，不包括受托代理出口的商品。

期末库存 指批发零售企业已取得所有权的全部商品。这个指标反映批发零售企业的商品库存情况，对市场商品供应的保证程度。

商品销售收入（营业收入） 指批发零售企业商品销售收入、接受其他单位委托代销商品的收入和餐饮业的营业收入（包括餐费收入、冷热饮收入、服务收入和其他收入）。

商品销售成本（营业成本） 指批发零售业已销售商品应负担的进货原价和餐饮企业的原材料成本、商品进价成本。

应交增值税 指企业在报告期内应交纳的增值税额合计，其计算公式为：应交增值税 = 销项税额 + 出口退税 + 进项税额转出数 – 进项税额。

外商直接投资 是指外国企业和经济组织或个人（包括华侨、港澳台胞以及我国在境外注册的企业）按我国有关政策、法规，用现汇、实物、技术等在中国大陆开办外商独资企业、与中国大陆的企业或经济组织共同举办中外合资经营企业、合作经营企业或者合作开发资源的投资（包括外商投资收益的再投资）以及经政府有关部门批准的项目投资总额内企业从境外借人的资金。

连锁门店数 指该连锁企业所拥有的全部连锁门店数量，包括总店（如果总公司有门店的话）和全部直营分店、加盟分店数。其中，总店作为一个直营店处理。此外，有的地区分出控股店，控股店按直营店统计。直营店和加盟店之和应小于等于门店总数。

八、财政、金融、保险、证券

8-1 历年分县区财政总收入

单位：万元

年 份	全 市	吴兴区	南浔区	开发区	德清县	长兴县	安吉县	南太湖新 区	△市区
1978	16078				2139	2226	1728		9935
1979	16390				2166	2273	1872		10079
1980	17527				2610	2326	1894		10697
1981	18850				2904	2352	1983		11611
1982	22059				3379	2714	2601		13365
1983	24305				3593	3054	2739		14919
1984	25943				3889	3462	2889		15703
1985	33685				5300	4775	3409		20201
1986	37099				5977	5764	3993		21365
1987	40919				6670	6322	4474		23453
1988	43960				7204	7018	4862		24875
1989	49024				8188	7006	5303		28527
1990	50332				8355	7162	4874		29941
1991	52220				9215	7250	5206		30549
1992	55628				9753	8083	5318		32474
1993	75057				13657	10033	8386		42981
1994	84215				15324	11883	8811		48197
1995	95746				16862	13566	9974		55344
1996	105945				18048	15008	11047		61842
1997	121178				20518	16899	12485		71276
1998	142466				23622	19499	14604		84791
1999	157971				25804	21663	17233		93271
2000	210618				37939	32046	25060		115573
2001	294818				61091	50068	36833		146826
2002	385385				78018	68333	52482		186552
2003	511999	63168	71105		101518	103166	70088		237227
2004	623994	78703	85206		121070	145404	65467		292053
2005	742378	93388	97366		142888	175066	78056		346368
2006	917677	114588	114258		173188	220066	87805		436618
2007	1140628	142088	141228		214518	280018	111086		535006
2008	1337766	168518	167828		257588	308066	147306		624806
2009	1466857	185688	181688		283800	338916	183075		661066
2010	1723456	221888	203508		345088	400988	235128		742252
2011	2190788	270108	240158	173206	442288	545366	291066		912068
2012	2468788	289188	260038	160836	508888	621718	363006		975176
2013	2716588	316168	284600	170805	557012	681088	423888		1054600
2014	2957050	345518	313100	201188	613330	701566	500518		1141636
2015	3278218	390288	352566	230088	666445	743618	556855		1311300
2016	3608918	436966	382958	287266	727860	790788	603302		1486968
2017	4088918	519138	500188	366831	837229	870288	672790		1708611
2018	4907110	672467	606037	398459	1007607	1026788	800800		2071916
2019	5405508	765161	637440		1130635	1143788	900900	519181	2230185
2020	5820872	828077	672195		1161800	1217598	1001082	600475	2440392
2021	6837795	962169	733755		1346331	1468890	1107933	734841	2914641
2022	6745038	1002037	685615		1325003	1535636	1096934	697911	2787465

注：2019 年起取消开发区，新设南太湖新区。

8-2 历年分县区财政总收入增长速度

单位：%

年 份	全 市	吴兴区	南浔区	开发区	德清县	长兴县	安吉县	南太湖新 区	△市区
1979	1.9				1.3	2.1	8.3		1.5
1980	6.9				20.5	2.3	1.2		6.1
1981	7.6				11.3	1.1	4.7		8.5
1982	17.0				16.4	15.4	31.2		15.1
1983	10.2				6.3	12.5	5.3		11.6
1984	6.7				8.2	13.4	5.5		5.3
1985	29.8				36.3	37.9	18.0		28.6
1986	10.1				12.8	20.7	17.1		5.8
1987	10.3				11.6	9.7	12.1		9.8
1988	7.4				8.0	11.0	8.7		6.1
1989	11.5				13.7	−0.2	9.1		14.7
1990	2.7				2.0	2.2	−8.1		5.0
1991	3.8				10.3	1.2	6.8		2.0
1992	6.5				5.8	11.5	2.2		6.3
1993	34.9				40.0	24.1	57.7		32.4
1994	12.2				12.2	18.4	5.1		12.1
1995	13.7				10.0	14.2	13.2		14.8
1996	10.7				7.0	10.6	10.8		11.7
1997	14.4				13.7	12.6	13.0		15.3
1998	17.6				15.1	15.4	17.0		19.0
1999	10.9				9.2	11.1	18.0		10.0
2000	33.3				47.0	47.9	45.4		23.9
2001	40.0				61.0	56.2	47.0		27.0
2002	27.5				24.9	33.1	39.7		23.6
2003	32.9	29.0	23.3		30.1	51.0	33.6		27.2
2004	27.4	26.2	23.4		21.5	43.2	18.6		25.7
2005	19.0	18.7	14.3		18.0	20.4	19.2		18.6
2006	23.6	22.7	17.4		21.2	25.7	12.5		26.1
2007	24.3	24.0	23.6		23.9	27.2	26.5		22.5
2008	17.3	18.6	18.8		20.1	10.0	32.6		16.8
2009	9.7	10.2	8.3		10.2	10.0	24.3		5.8
2010	17.5	19.5	12.0		21.6	18.3	28.4		12.3
2011	27.1	21.7	18.0	23.0	28.2	36.0	23.8		22.9
2012	12.7	7.1	8.3	−7.1	15.1	14.0	24.7		6.9
2013	10.0	9.3	9.4	6.2	9.5	9.5	16.8		8.1
2014	8.9	9.3	10.0	10.0	10.1	3.0	18.1		8.3
2015	7.1	9.5	9.1	10.2	6.0	3.0	8.7		9.4
2016	9.8	12.0	8.6	14.8	8.9	6.3	8.1		13.0
2017	13.3	18.8	30.5	21.7	15.0	10.1	11.5		14.9
2018	20.0	22.1	20.8	22.7	20.4	18.0	19.0		21.3
2019	10.2	13.8	5.2		12.2	11.4	12.5	5.3	7.6
2020	7.7	8.2	5.5		2.8	6.5	11.1	15.7	9.4
2021	17.5	16.2	9.2		15.9	20.6	10.7	22.4	19.4
2022	7.5	15.8	3.9		3.6	13.7	11.5	3.9	4.7

注：2019 年起取消开发区，新设南太湖新区。

8-3 历年分县区财政总收入发展指数

（以 1978 年为 100）

年　份	全　市	吴兴区	南浔区	开发区	德清县	长兴县	安吉县	南太湖新　区	△市区
1978	100.0				100.0	100.0	100.0		100.0
1979	101.9				101.3	102.1	108.3		101.5
1980	109.0				122.0	104.5	109.6		107.7
1981	117.2				135.8	105.7	114.8		116.9
1982	137.2				158.0	121.9	150.5		134.5
1983	151.2				168.0	137.2	158.5		150.2
1984	161.4				181.8	155.5	167.2		158.1
1985	209.5				247.8	214.5	197.3		203.3
1986	230.7				279.4	258.9	231.1		215.0
1987	254.5				311.8	284.0	258.9		236.1
1988	273.4				336.8	315.3	281.4		250.4
1989	304.9				382.8	314.7	306.9		287.1
1990	313.1				390.6	321.8	282.1		301.4
1991	324.8				430.8	325.7	301.3		307.5
1992	346.0				455.9	363.1	307.8		326.8
1993	466.9				638.4	450.7	485.3		432.6
1994	523.8				716.4	533.9	509.9		485.1
1995	595.6				788.3	609.4	577.2		557.1
1996	659.0				843.7	674.2	639.3		622.5
1997	753.7				959.2	759.2	722.6		717.5
1998	886.2				1104.4	876.0	845.2		853.5
1999	982.6				1206.4	973.3	997.3		938.9
2000	1310.1				1773.8	1439.7	1450.3		1163.3
2001	1833.9				2856.1	2249.5	2131.7		1477.9
2002	2337.6				3566.2	2993.8	2978.8		1826.5
2003	3105.5	100.0	100.0		4640.3	4520.0	3978.3		2322.6
2004	3956.4	126.2	123.4		5637.5	6471.3	4717.0		2919.1
2005	4708.1	149.8	141.0		6652.3	7791.4	5622.7		3462.1
2006	5819.2	183.8	165.5		8063.3	9793.8	6325.0		4364.3
2007	7233.3	227.9	204.6		9990.4	12457.7	8001.1		5346.3
2008	8483.2	270.3	243.1		11996.5	13706.0	10610.3		6243.4
2009	9302.4	297.8	263.2		13217.3	15078.5	13186.7		6606.7
2010	10929.7	355.9	294.8	100.0	16071.6	17840.1	16936.0		7418.0
2011	13893.4	433.3	347.8	123.0	20598.4	24263.5	20965.2		9115.1
2012	15656.4	463.9	376.6	114.2	23700.2	27660.5	26146.9		9745.8
2013	17227.9	507.1	412.2	120.7	25941.4	30301.9	30532.2		10539.6
2014	18752.8	554.2	453.5	132.8	28564.3	31212.9	36051.8		11409.4
2015	20082.4	606.9	494.8	146.3	30286.7	32149.3	39195.5		12484.2
2016	22048.9	679.4	537.4	168.0	32970.5	34175.4	42362.4		14102.6
2017	24981.5	807.2	701.0	204.4	37924.7	37611.2	47241.7		16204.7
2018	29980.3	986.0	846.6	204.4	42555.2	41896.9	56230.3	100.0	19650.4
2019	32284.0	1067.0	892.8	204.4	42555.2	41896.9	62483.2	115.7	21502.5
2020	34764.7	1154.8	941.5		43728.2	44600.6	69431.5	133.8	23529.3
2021	37436.1	1249.7	992.8		44933.6	47478.7	77152.4	154.7	25747.0
2022	43987.4	1452.2	1084.1		52078.0	57259.3	85407.7	189.4	30741.9

注：2019 年起取消开发区，新设南太湖新区。

8-4 历年分县区地方财政收入

单位：万元

年 份	全 市	吴兴区	南浔区	开发区	德清县	长兴县	安吉县	南太湖新区	△市区
1993	28620								
1994	34353								
1995	39556								
1996	43163								
1997	46758								
1998	58094								
1999	70814								
2000	98876								
2001	163375								
2002	186280								
2003	252638								
2004	322290								
2005	397308	43669	40643		76015	93959	45730		181604
2006	497923	56371	48083		92953	120443	49188		235339
2007	616780	72250	62476		111500	153620	62358		289302
2008	716116	85630	73815		134732	163039	82750		335595
2009	800106	96230	84838		148235	184703	105432		361736
2010	972655	121237	100112		186022	223602	139268		423763
2011	1221200	150280	120216	100529	234045	307492	166628		513035
2012	1385508	158431	128776	90422	271938	355087	210821		547662
2013	1546646	176622	141556	98078	309693	394376	247043		595534
2014	1678400	197468	150226	119590	337070	402255	294846		644229
2015	1913116	230851	178969	142104	373614	431752	329601		778149
2016	2111792	263656	217256	169824	420333	454618	358511		878330
2017	2374308	311462	289718	199516	486632	494980	395208		997488
2018	2870960	409586	351629	229846	591450	593675	469217		1216618
2019	3160702	455456	379252		656609	658269	535632	314493	1310192
2020	3365565	512045	404597		670820	675539	597599	351466	1421607
2021	4135188	634425	430457		832467	827500	658286	457378	1816935
2022	3872962	624873	395487		798420	818826	624837	426935	1630879

注：2019 年起取消开发区，新设南太湖新区。

8-5 历年分县区地方财政收入增长速度

单位：%

年 份	全 市	吴兴区	南浔区	开发区	德清县	长兴县	安吉县	南太湖新 区	△市区
1994	20.0								
1995	15.2								
1996	9.1								
1997	8.3								
1998	24.2								
1999	21.9								
2000	39.6								
2001	65.2								
2002	40.5								
2003	42.0								
2004	32.1								
2005	23.3	20.1	20.3		20.4	32.6	18.2		21.4
2006	25.3	29.1	18.3		22.3	28.2	7.6		29.6
2007	23.9	28.2	29.9		20.0	27.5	26.8		22.9
2008	16.1	18.5	18.1		20.8	6.1	32.7		16.0
2009	11.7	12.4	14.9		10.0	13.3	27.4		7.8
2010	21.6	26.0	18.0		25.5	21.1	32.1		17.1
2011	25.6	24.0	20.1	25.0	25.8	37.5	19.6		21.1
2012	13.5	5.4	7.1	-10.1	16.2	15.5	26.5		6.7
2013	11.6	11.5	9.9	8.5	13.9	11.1	17.2		8.7
2014	8.5	11.8	6.1	15.2	8.8	2.0	19.4		8.2
2015	7.3	10.8	11.7	11.7	6.1	2.2	7.5		11.0
2016	9.9	14.2	21.4	21.9	11.9	5.2	8.3		12.2
2017	15.2	21.5	32.6	22.0	15.5	8.9	13.9		19.0
2018	20.9	21.9	20.6	28.0	21.5	19.9	18.7		22.0
2019	10.1	11.2	7.9		11.0	10.9	14.2	8.0	7.7
2020	6.5	12.4	6.7		2.2	2.6	11.6	11.8	8.5
2021	22.9	23.9	6.4		24.1	22.5	10.2	30.1	27.8
2022	1.4	7.9	1.0		0.4	7.6	5.8	0.04	-2.4

注：2019 年起取消开发区，新设南太湖新区。

8-6 历年分县区地方财政收入发展指数

（以 1978 年为 100）

年份	全市	吴兴区	南浔区	开发区	德清县	长兴县	安吉县	南太湖新区	△市区
1993	100.0								
1994	120.0								
1995	138.2								
1996	150.8								
1997	163.4								
1998	203.0								
1999	247.4								
2000	345.5								
2001	570.8								
2002	801.9								
2003	1139.0								
2004	1504.2	100.0	100.0		100.0	100.0	100.0		100.0
2005	1854.7	120.1	120.3		120.4	132.6	118.2		121.4
2006	2323.9	155.0	142.3		147.2	170.0	127.2		157.3
2007	2879.3	198.7	184.9		176.6	216.9	161.2		193.3
2008	3343.2	235.5	218.5		213.4	230.1	214.0		224.3
2009	3735.3	264.6	251.1		234.8	260.7	272.6		241.7
2010	4540.8	333.4	296.3	100.0	294.6	315.6	360.1		283.2
2011	5701.1	413.2	355.8	125.0	370.7	434.1	430.8		342.8
2012	6468.2	435.6	381.1	112.4	430.7	501.2	545.1		366.0
2013	7835.6	543.0	444.6	122.0	533.9	567.8	762.3		430.5
2014	8503.1	607.0	471.8	140.5	581.1	579.2	909.8		465.7
2015	9126.2	672.5	526.8	156.9	616.2	591.7	978.3		516.9
2016	10027.7	768.1	639.5	191.2	689.3	622.6	1059.8		579.8
2017	11551.9	932.8	848.0	233.1	796.3	678.2	1207.0		689.8
2018	13968.3	1136.7	1022.5	298.4	967.9	813.5	1433.0	100.0	841.3
2019	15378.0	1264.1	1102.8	298.4	1074.5	902.0	1635.9	108.0	906.0
2020	16374.7	1421.2	1176.5	298.4	1097.8	925.7	1825.2	120.7	983.0
2021	20124.5	1760.8	1251.8	298.4	1362.3	1133.9	2011.3	157.0	1256.3
2022	20414.0	1900.3	1264.9		1367.1	1219.9	2127.7	157.1	1225.7

注：2019 年起取消开发区，新设南太湖新区。

8-7 历年分县区地方财政税收收入

单位：万元

年 份	全 市	吴兴区	南浔区	开发区	德清县	长兴县	安吉县	南太湖新 区	△市区
1993									
1994									
1995	39681								
1996									
1997									
1998									
1999									
2000	107185								
2001									
2002	192469				38050	35505	24269		94645
2003	248915	29649	28808		47970	48337	32343		120265
2004	279468	31533	29829		54987	63632	32607		128242
2005	367239	42737	39198		69904	84844	38339		174152
2006	440934	54579	46340		79484	102678	44675		214097
2007	562975	69842	59917		100471	135538	56688		270278
2008	673459	82866	70715		126867	150135	77911		318546
2009	749998	92960	81909		140828	169710	95561		343899
2010	932580	116983	96880		173951	205954	126320		426355
2011	1170082	145775	115468	98015	221095	286338	163981		498668
2012	1322576	152683	122750	88105	254026	334701	199717		534132
2013	1450525	171287	136465	95436	284657	365248	231321		569299
2014	1563381	187791	143185	116579	306577	365462	275242		616100
2015	1693093	208338	161604	130826	332830	376682	297651		685930
2016	1826455	235212	197684	155864	372984	381751	317060		754660
2017	2024511	268338	257159	188437	425618	420537	349543		828813
2018	2408790	354104	306787	203826	488275	501145	411691		1007679
2019	2707162	403095	346057		553505	558677	472588	278059	1122392
2020	3129267	483794	373938		591674	634442	535968	333382	1367183
2021	3795922	600627	389784		741448	735746	606005	439845	1712723
2022	3434597	560749	351209		648765	750724	570695	439845	408117

8-8 主要年份财政收入

单位：万元

指标名称	1995 年	2000 年	2005 年	2009 年	2010 年	2012 年	2013 年	2014 年	2015 年
财政总收入	**95746**	**210618**	**742378**	**1466857**	**1723456**	**2468788**	**2716588**	**2957050**	**3278218**
1.上划中央“四税”收入		111742	345070	666751	750801	1083280	1169942	1278650	1365102
增值税、消费税			248937	458742	498766	692239	763423	804797	873860
增值税(75%部分)			244959	442119	473381	661862	731107	771230	819635
消费税			3978	16623	25385	30377	32316	33567	54225
所得税			96133	208009	252035	391041	406519	473853	491242
企业所得税(60%部分)			65253	139119	168487	287931	298748	358568	323220
个人所得税(60%部分)			30880	68890	83548	103110	107771	115285	168022
2.一般预算收入	39556	98876	397308	800106	972655	1385508	1546646	1678400	1913116
税收收入小计	39681	107185	367239	749998	932580	1322576	1450525	1563381	1693093
增值税	18033	36111	81653	147374	157794	221317	271980	296492	324862
营业税	11328	28627	123495	216984	294969	382532	397733	406351	473558
企业所得税	6451	19061	43502	92747	112324	191953	199165	239045	215479
个人所得税		10207	20587	45926	55698	68740	71847	76856	112015
城市维护建设税	3332	7526	20008	40338	50762	74827	81038	86579	95946
其他地方各税			43222	130355	146346	237633	274462	287004	324332
耕地占用税收入	418	1763	6693	18911	29639	45506	38440	60932	20854
契税	119	3890	28079	57363	85048	100068	115860	110122	126047
非税收收入小计	**2105**	**2934**	**30069**	**50108**	**40075**	**62932**	**96121**	**115019**	**220023**
# 专项收入	1802	2934	9340	23139	28933	42034	43374	58941	171976
罚没收入	275		35400	41671	54112	45136	69230	69241	65848
计划亏损退库			–16047	–17100	–44305	–27542	–19668	–18961	–22451
其他收入	28		1376	2398	1335	1163	1782	4813	3211

8-8 主要年份财政收入（续表）

单位：万元

指标名称	2016 年	2017 年	2018 年	2019 年	2020 年	2021 年	2022 年
财政总收入	**3608918**	**4088918**	**4907110**	**5405508**	**5820871.5**	**6837795**	**6745038**
1.上划中央“六税”收入	1497126	1714610	2036150	2244806	2455306.5	2702607	2872076
增值税(75%部分)	634812	627833	1056323	1088651	1197275	1248969	1148353
消费税	103339	93034	125366	113323	128347	174179	186696
企业所得税(60%部分)	313939	396917	531472	708584	669069	880479	1051995
个人所得税(60%部分)	269513	288738	318762	334247	460614.5	398980	485032
营业税	51419	2509	4227				
改征增值税	124104	305579					
2.一般预算收入	2111792	2374308	2870960	3160702	3365565	4135188	3872962
税收收入小计	1826455	2024511	2408790	2707162	3129267	3795922	3434597
增值税	594517	933412	1056323	1088652	1197275	1248969	1148353
营业税	317349	2509	4227	261			
企业所得税	209292	264611	354314	472390	446046	586985	701331
个人所得税	179675	192492	212508	222832	307077	265987	323354
城市维护建设税	105153	117163	138823	139783	165416	164359	165658
其他地方各税	302518	338963	461874	403132	588377	814230	671298
耕地占用税收入	12928	26856	20816	86007	554	164957	80337
契税	105023	148505	159905	294105	424522	550435	344266
非税收收入小计	**285337**	**349797**	**462170**	**453540**	**236298**	**339266**	438365
专项收入	173200	201773	275045	251891	131896	173707	172831
行政事业性收费收入	3440	16096	43892	49995	58236	59730	74475
罚没收入	68040	60598	71374	84327	84861	56912	74367
计划亏损补贴	−16769	−17074	−13842	−14022	−90752	−37833	−18300
其他收入	57426	88404	85701	81349	52057	86750	134992

8-9 分县区财政收入

单位：万元

指标名称	全　市	吴兴区	南浔区	德清县	长兴县	安吉县	南太湖新　区	△市区
一、财政总收入	**6745038**	**1002037**	**685615**	**1325003**	**1535636**	**1096934**	**697911**	**2787465**
1.上划中央“六税”收入	2872076	377164	290128	526583	716810	472097	270976	1156586
增值税(75%部分)	1148353	151820	159875	224727	292154	168960	112369	462512
消费税	186696	2402	11542	1556	81669	817	1438	102654
企业所得税(60%部分)	1051995	181280	95081	201357	228580	159116	107102	462944
个人所得税(60%部分)	485032	41663	23631	98943	114407	143204	50067	128477
2.地方财政收入	3872962	624873	395487	798420	818826	624837	426935	1630879
税收收入小计	3434597	560749	351209	648765	750724	570695	408117	1464413
增值税	1148353	151820	159875	224727	292154	168960	112369	462512
企业所得税	701331	120853	63387	134238	152387	106077	71401	308629
个人所得税	323354	27775	15754	65962	76272	95469	33378	85651
城市维护建设税	165658	24363	17587	27560	36574	25613	20398	75911
其他地方各税	671298	135049	49485	120282	127704	112722	96085	310590
耕地占用税收入	80337	29603	10121	9824	12077	8212	10500	50224
契税	344266	71286	35000	66172	53556	53642	63986	170896
非税收入小计	438365	64124	44278	149655	68102	54142	18818	166466
专项收入	172831	23196	17834	30275	39513	31032	16364	72011
行政事业性收费收入	74475	12505	3144	36361	2228	10270	914	25616
罚没收入	74367	22524	13706	12930	2361	6427	925	52649
计划亏损补贴	-18300					-1300		-17000
其他收入	134992	5899	9594	70089	24000	7713	615	33190
二、政府性基金收入合计	**5461649**	**117206**	**14163**	**1066057**	**1022098**	**895397**		**2478097**
城市公用事业附加收入								
国有土地收益基金收入	128490			21854	28267	17449		60920
农业土地开发资金收入	7321		112	823	1004	618		4876
国有土地使用权出让金收入	5038309		112	979694	980602	857182		2220831
彩票公益金收入	13789			1055	1004	600		11130
其他各项政府性基金收入	217816	113878	9	57355	2600	12887		144974
三、自然资源行政事业性收费收入	**38441**			**32725**		**3382**		**2334**

8–10 历年分县区财政支出

单位：万元

年 份	全 市	吴兴区	南浔区	德清县	长兴县	安吉县	△市区
1978	4758			725	882	972	2179
1979	5414			789	1092	913	2620
1980	6059			896	1100	947	3116
1981	5247			904	1099	883	2361
1982	5572			847	1124	974	2627
1983	7362			1335	1421	1277	3329
1984	10620			1750	1992	1769	5109
1985	12152			1906	2089	1978	6179
1986	16423			2669	2979	2453	8322
1987	16556			2606	3169	2554	8227
1988	20717			3174	3790	3270	10483
1989	23371			3932	4178	3467	11794
1990	25388			3971	4721	3889	12807
1991	28328			4250	5449	3846	14783
1992	30437			5094	4976	4306	16061
1993	41223			7728	6856	6605	20034
1994	48610			8056	8109	7887	24558
1995	56066			9354	9558	9314	27840
1996	64295			10739	11253	10664	31639
1997	71240			11755	12761	11512	35212
1998	84380			13770	13813	12938	43859
1999	104085			17442	17682	15697	53264
2000	132514			23443	21786	19117	68168
2001	192262			40965	31575	29804	89918
2002	243422			43734	42766	41076	115846
2003	304720	24180	19965	57808	58974	48977	138961
2004	365120	27968	24311	70373	72336	59246	163165
2005	440839	31598	29467	83218	95701	69120	192800
2006	559348	39575	34690	95636	139116	76448	248148
2007	688180	47858	45028	117966	164812	88802	316600
2008	864170	62380	61980	146277	202152	124119	391622
2009	1085102	79388	77508	189125	226974	172492	496511
2010	1271209	99806	96239	214350	287533	219315	550011
2011	1517340	118398	111169	260698	353020	252632	650990
2012	1675076	130800	123035	297910	388625	292238	696303
2013	1976149	151080	145809	335748	473330	332471	834600
2014	2245670	170312	172523	379230	514130	407772	944538
2015	2737406	226948	239011	462374	590162	476610	1208260
2016	2886169	258016	270087	460412	574611	571939	1279207
2017	3250181	308308	325946	511256	630843	620038	1488044
2018	3975433	388123	401950	671981	715779	743038	1844635
2019	4668656	474537	490140	836558	810950	875665	2145483
2020	4844230	463533	552216	782193	902017	862222	2297798
2021	5244939	584001	661797	799753	1018000	886692	2540494
2022	6019198	691239	689242	1015680	1171722	941874	2889922

8–11 历年分项目财政支出

单位：万元

年 份	财 政 支 出	#基建支出	#技术改造	#科技三项费用	#城市维护费	#文教科卫事业费	#行政管理费
1978	4758	157	791	53	70	1620	561
1979	5414	52	871	56	105	1784	627
1980	6059	89	833	15	136	2181	927
1981	5247	75	176	23	99	2364	925
1982	5572	53	101	14	268	2590	896
1983	7362	187	566	45	290	2993	1162
1984	10620	86	319	56	673	4142	2153
1985	12152	112	422	60	1053	4747	1999
1986	16423	16	744	103	1727	5696	2436
1987	16556	5	610	77	1473	5927	2631
1988	20717		644	55	1499	7311	3714
1989	23371		343	64	2028	8308	2665
1990	25388		309	190	2047	8819	3270
1991	28328		517	402	2154	9161	3584
1992	30437		592	144	2301	10598	4879
1993	41223		2021	366	2604	13236	7241
1994	48610	60		280	3435	19008	9672
1995	56066	296	325	608	3250	21306	10624
1996	64295	1123	402	574	3474	24786	11238
1997	71240	740	906	916	3998	29013	12611
1998	84380	2814	1864	1515	4113	32912	13613
1999	104085	6918	3263	1596	5108	37638	15948
2000	132514	9440	5715	2872	6983	43778	19766
2001	192262	14993	13378	4948	8914	58113	27394
2002	243422	16150	8609	6077	12195	73489	37042
2003	304720	16663	18360	7028	14214	90532	47806
2004	365120	12734	17621	8215	19878	111438	57463
2005	440839	19551	18023	11290	18229	131022	65068
2006	559348	13923	25490	12879	22790	155755	76633

注：2007 年后财政支出口径调整。

8-12 主要年份财政支出

单位：万元

指标名称	1995 年	2000 年	2002 年	2003 年	2004 年	2005 年	2006 年
一般预算支出合计	**56066**	**132514**	**243422**	**304720**	**365120**	**440839**	**559348**
基本建设支出	296	9440	16150	16663	12734	19551	13923
企业挖潜改造资金	325	5715	8609	18360	17621	18023	25490
科技三项费用	608	2872	6077	7028	8215	11290	12879
农林水和气象支出	1900	4547		17844	22562	28549	40300
工交及流通等部门的事业费		1010	4431	5930	12329	13118	21024
文体广播事业费		5206	7734	8883	11422	12447	15112
教育支出	13063	29515	53700	66599	81810	95391	110268
科学支出	268	551	764	823	1109	2669	3254
医疗卫生支出			11291	14227	17097	20515	27121
其他部门的事业费			17509	24965	26260	29683	41197
抚恤和社救及单位离退费		3673	5449	8856	11700	16282	17697
社会保障补助支出			8357	7862	7859	8379	10940
行政管理费	10624	19766	37042	47806	57463	65068	76633
公检法支出及武警部队支出			24652	29985	39638	46975	58678
城市维护费		6983	12195	14214	19878	18229	22790
专项支出	2262	3251	5641	6620	8041	16218	18947
其他支出	1829		8786	8055	9382	18452	43095
基金支出合计		**13700**	**86730**	**112619**	**156074**	**187920**	**227926**
工业交通部门基金支出			312	378	8974	11532	14076
商贸部门基金支出		963	2490	703	1280	143	930
文教部门基金支出		5958	7634	10188	12360	15119	13277
社会保险基金支出			65190	86707	114734	136844	174969
农业部门基金支出		4688	6484	11537	12973	13010	17165
土地有偿使用支出			1680		813	170	794
政府住房基金支出							
其他部门基金支出				37	1951	2710	2657
地方财政税费附加支出		2091	2940	3069	2989	8392	4058

注：2007 年后财政支出口径调整。

8-12 主要年份财政支出（续表）

单位：万元

指标名称	2007 年	2008 年	2009 年	2010 年	2012 年	2013 年	2014 年	2015 年
财政支出合计	**688180**	**864170**	**1085102**	**1271209**	**1675076**	**1976149**	**2245670**	**2737406**
一般公共服务	133962	152066	161050	177671	220436	236073	229421	263296
公共安全	71355	79973	82685	106580	134229	146248	160995	185773
教育	153279	180979	215076	251107	371108	415340	464525	533475
#教育附加支出	15729	19024	20236	24632	34301	39630	39170	43217
科学技术	23294	28155	32490	36729	51861	60105	69814	83942
文化体育与传媒	14248	16328	18592	30337	28820	34427	43139	46767
社会保障和就业	40658	47309	50807	76999	135739	160627	171493	229212
医疗卫生	40674	49211	64696	82892	119535	148341	192713	233897
环境保护	14772	58365	68005	67306	71776	94019	100056	128212
#排污费支出	4099	5854	4353	5146	6433	5566	5495	6078
城乡社区事务	45393	59734	71054	78711	129452	135618	184531	221166
农林水事务	60174	74260	99930	113295	150337	219648	268026	413417
交通运输	20744	22993	112572	104194	102949	142602	178378	178262
工业商业金融等事务	53972	68236	79641					
资源勘探电力信息等事务				61016	61821	80664	77748	81405
商业、粮油物质储备及金融监管等事务				46503	53230	52399	48377	55375
其他支出	15655	26561	28504	37869	43783	50038	56454	83207
政府性基金支出合计	**228322**	**748964**	**681036**	**1622601**	**927088**	**1448338**	**2225072**	**1206226**
社会保险基金支出合计	**211742**	**272915**	**316772**	**281314**	**738683**	**819221**	**1268415**	**1381476**

8-13　分县区财政支出

单位：万元

指标名称	全　市	吴兴区	南浔区	德清县	长兴县	安吉县	△市区
一、财政支出合计	6019198	691239	689242	1015680	1171722	941874	2889922
一般公共服务	610083	64888	80218	133825	115031	73816	287411
公共安全	359439	40321	32847	61761	67007	57409	173262
教育	1049752	138139	142112	152711	193065	164048	539928
科学技术	262508	24154	20764	51733	51417	58750	100608
文化旅游体育与传媒	117436	9343	12521	27267	20938	18196	51035
社会保障和就业	735152	123693	119943	124035	144840	76560	389717
卫生健康	665101	90971	89454	99846	93160	101039	371056
节能环保	197451	15233	10280	17747	33186	104318	42200
城乡社区	404127	36831	27073	73847	91096	82592	156592
农林水	502961	42927	79719	88799	152444	91326	170392
交通运输	279407	13009	11106	67198	57108	26050	129051
资源勘探信息	255491	36179	5586	41639	46427	7839	159586
商业服务业	129303	12633	12704	7831	11552	4319	105601
金融	14631	3333	3039	2330	346	636	11319
援助其他地区	8779			2611	1846		4322
自然资源海洋气象	71463	5742	1710	17427	22655	12347	19034
住房保障	97580	8066	14507	7402	9082	8207	72889
粮油物资储备	6793		1236	2938	2485	46	1324
灾害防治及应急管理	44340	5501	5708	5668	7929	6518	24225
债务付息	197642	19134	17339	27316	47728	47700	74898
债务发行费用	718	46	146	130	171	8	409
其他	9041	1096	1230	1619	2209	150	5063
二、政府性基金支出合计	5461649	117206	14163	1066057	1022098	895397	2478097
城市公用事业附加支出							
国有土地收益基金支出	128490			21854	28267	17449	60920
农业土地开发资金支出	7321		112	823	1004	618	4876
国有土地使用权出让金支出	5038309		112	979694	980602	857182	2220831
彩票公益金安排的支出	13789			1055	1004	600	11130
其他各项政府性基金支出	217816	113878	9	57355	2600	12887	144974
三、自然资源行政事业性收费支出	38441			32725		3382	2334

8-14 分县区税务系统税收征收情况

单位：万元

指标名称	全　市	△市区	德清县	长兴县	安吉县
合　　计	**6520710**	**2807894**	**1221867**	**1449779**	**1041170**
税务直接组织税收	6415357	2702541	1221867	1449779	1041170
增值税	2310826	947322	482372	553875	327257
消费税	186696	102654	1556	81669	817
企业所得税	1715799	751247	332066	373244	259242
储蓄利息个人所得税					
车辆购置税	124222	77009	14798	18325	14090
海关代征税收	105353	105353			
一、分行业收入情况					
第一产业	2436	956	486	363	631
第二产业	2976467	1191971	595180	697387	491929
工业	2551719	964929	508912	644406	433472
采矿业	133909	85971	10101	35512	2325
制造业	2329821	844739	486313	584671	414098
电力、燃气及水的生产和供应业	87989	34219	12498	24223	17049
建筑业	424748	227042	86268	52981	58457
第三产业	3541807	1614967	626201	752029	548610
批发和零售业	653191	327020	96588	178139	51444
交通运输、仓储及邮政业	91951	28233	16164	31525	16029
住宿和餐饮业	-7530	-1733	746	-7542	999
信息传输、软件和信息技术服务业	61629	9436	13903	17910	20380
金融业	675527	280857	159335	158850	76485
房地产业	1081598	553150	203290	173532	151626

8-14　分县区税务系统税收征收情况

续 1

单位：万元

指标名称	全　市	△市区	德清县	长兴县	安吉县
租赁和商务服务业	480962	195003	45273	63736	176950
科学研究和技术服务业	153225	62464	20744	60499	9518
水利、环境和公共设施管理业	35142	5288	20031	8671	1152
居民服务、修理和其他服务业	33969	12096	4384	14787	2702
教育	10095	6503	2278	327	987
卫生和社会工作	13394	7254	2741	1549	1850
文化、体育和娱乐业	70136	6874	15185	30869	17208
公共管理、社会保障和社会组织	88422	60007	13610	4715	10090
其他行业	100096	62515	11929	14462	11190
二、分所有制收入情况					
内资企业	5227819	2311451	974350	1202866	739152
国有企业	274512	225758	14097	24519	10138
集体企业	1906	849	320	401	336
股份合作企业	1784	532	1047	151	54
联营企业	4	3	0	0	1
有限责任公司	980332	459378	134636	344611	41707
股份公司	1052884	476438	256697	179104	140645
#国有控股	118523	76475	17133	11269	13646
私营企业	2914616	1147151	567501	653900	546064
其他企业	1781	1342	52	180	207
港澳台投资企业	268228	75309	76597	71549	44773
#国有控股	-826	0	-834	8	
外商投资企业	429107	137105	60585	85181	146236
#国有控股	1667	1316	201	150	
个体经营	55130	18067	10714	7294	19055
非企业单位	540426	265962	99621	82889	91954

注：1.分所有制收入情况新增“非企业单位”统计项；2.以前年度海关代征税收在分行业、分所有制中分别归入制造业、有限责任公司，2021 年调整归入其他行业、非企业单位。

8–15 历年金融业主要指标

单位：万元

年 份	金融机构本外币存款余额	#人民币	金融机构本外币贷款余额	#人民币	金融机构现金收入	金融机构现金支出	城乡居民本外币储蓄余额	#人民币
1978		19744		22970	30253	30927		4860
1979		29423		27712	39946	42147		8508
1980		34023		33616	50279	53179		10704
1981		40022		39937	57959	59656		13360
1982		51069		45701	66104	68495		17755
1983		60892		52709	81838	82497		24718
1984		69872		85239	99695	107841		30892
1985		89788		102366	142562	148758		43629
1986		121369		131193	176258	172474		63182
1987		131220		146794	227694	231309		81801
1988		150067		178104	338864	368688		95248
1989		185146		205648	384752	396255		134095
1990		242283		246511	418507	394509		184243
1991		302659		191610	531908	468103		232511
1992		370457		360266	797912	699418		290973
1993		438725		440211	1344362	1301552		359605
1994		522687		553544	2283232	2262111		507721
1995		704511		721145	3399889	3206054		692755
1996		960491		877352	3954865	3700073		896940
1997		1206660		1215439	4500872	4338539		1098466
1998		1645068		1441586	4988323	4747149		1350301
1999		2479676		1727196	8439627	8473186		1503980
2000		2688723		1925240	10490655	10664400		1602788
2001		2993775		2095231	11834257	12082397		1820053
2002		3696358		2619299	14900856	15211227		2146489
2003	4988122	4864162	3751911	3654519	21730911	21921379	2679539	2605537
2004	5392064	5273867	4062057	4006753	27052270	27114520	2953275	2886501
2005	6084261	5985909	4613950	4537172	28920632	29173387	3362210	3309349
2006	7170997	7062091	5590642	5487563	33354999	33639429	3920018	3869368
2007	8114541	8012836	6741052	6559080	37183840	37523199	4173133	4139781
2008	10137287	10018004	7860423	7758433	36443695	36828646	5421758	5390516
2009	13976868	13838212	11507123	11220724			6883264	6849715
2010	18056148	17897049	14613222	14199705			8216820	8183673
2011	21020466	20830145	17121700	16725465			9544396	9505937
2012	22856596	22333437	19124043	18522820			10827892	10784617
2013	25779300	25003877	21454291	20944156			12437968	12387798
2014	28137074	27560543	23630367	23249508			13748571	13699495
2015	30897217	30346398	25350062	25098339			15555654	15481478
2016	35524246	34768018	27575745	27403590			17560162	17447634
2017	40453488	39630456	32810456	32668208			19148118	19046429
2018	45894064	45140784	38862186	38715321			21316155	21213667
2019	52294458	51637465	48401777	48184632			24548728	24449737
2020	59565842	58566987	59400132	59234682			27947438	27847018
2021	68622984	67229924	72035998	71860452			31131486	31020453
2022	78979950	77521788	87978652	87848158			36909596	36787035

注：1.1978–1998 年为银行数，1999 年及以后为金融机构数；2.根据人民银行总行调整，2015 年起城乡居民储蓄变更为住户存款。

8-16 主要年份金融机构人民币信贷收支

单位：万元

指标名称	1990 年	1995 年	2000 年	2005 年	2006 年	2007 年	2008 年	2009 年
一、各项存款余额	242283	1161789	2688723	5985909	7062091	8012836	10018004	13838212
#企业存款	70533	349120	891855	1582276	1806598	2279175	2657158	4337948
财政存款	6133	9857	28117	113222	113477	49737	67009	97615
机关团体存款		12045	11499	326715	357352	384242	388751	580504
储蓄存款	184243	692755	1602788	3309349	3869368	4139781	5390516	6849715
#定期		577919	1226874	2105214	2403570	2485565	3293054	4010538
农业存款	37076	4702	112609	320206	410935	515420	523834	832789
其他存款	11007	8225	43788	332612	501469	642214	988500	1133597
二、各项贷款余额	246511	1080858	1925240	4537172	5487563	6559080	7758433	11220724
#短期贷款		821377	1516808	2466018	3181885	3952422	4480231	6172172
#工业贷款	102808	224887	273456	682017	1101569	1431835	1521343	1823222
商业贷款	87256	242960	305627	211077	225373	260431	278753	339779
农副产品	38031	127734	96487	68888				
建筑业贷款		5685	20796	62308	79784	103193	130349	141900
农业贷款	3835	21198	75700	429516	555090	746969	947622	1284462
乡镇企业贷款		233912	363451	369575	458388	571358	730432	1039230
私营企业及个体贷款		5104	63561	169769	178266	244158	12838	435344
三资企业贷款			48413	19904	9849	13541	296965	23084
个人短期消费贷款			10533	62533	149074	212934	203734	384086
中长期贷款		127525	315600	1977582	2196746	2564077	3164176	4774144
#基本建设	21811	19750	182899	1108623	1232173	1259993	1384075	1831241
技术改造		71022	76379	39780	35610	39860	32329	44182
个人中长期消费贷款			97916	561597	512283	773825	976403	1560430

8-16 主要年份金融机构人民币信贷收支（续表）

单位：万元

指标名称	2010 年	2011 年	2012 年	2013 年	2014 年
一、各项存款余额	17897049	21020466	22856596	25779300	27560543
单位存款	6906814	10678157	11289482	12121876	12408002
个人存款		9783157	10952602	12952211	14212875
#储蓄存款	8183673	9544396	10827892	12437968	13699495
财政存款	141134	256113	354783	350880	404763
临时性存款		39502	41874	31996	39654
委托存款		15036	20963	43514	98012
其他存款	1492184	248500	196892	278822	397237
二、各项贷款余额	14199705	17121700	19124043	21454291	23249508
短期贷款	8031555	10576283	12027473	12619852	12297386
#个人贷款及透支	2449882	2804929	2832142	2885468	2939165
#个人消费贷款	547824	547607	463648	404014	363512
单位普通贷款及透支	5280669	6797709	8087461	8650472	8997185
#经营贷款	5232493	6739766	8038128	8604818	8953995
固定资产贷款	48176	57943	49333	45654	42186
银团贷款	300				3500
贸易融资	300704	973645	1107870	1083912	357536
中长期贷款	6008396	6294582	6661115	8354193	10345650
#个人贷款	2558611	3010372	3272194	3931810	4322848
#个人消费贷款	2171760	2486905	2695176	3091350	3200032
单位贷款	3396170	3218546	3304246	4264454	5834431
#经营贷款	811252	570818	609815	517940	766428
固定资产贷款	2584918	2647728	2694431	3746514	5068004
银团贷款	53615	65664	74763	82630	98480

注：2015 年后金融机构存贷款口径调整。

8-17 分县区金融机构本外币信贷收支

单位：万元

指标名称	全　市	德清县	长兴县	安吉县	△市区
一、各项存款余额	78979950	13011182	14083722	11197522	40687524
（一）境内存款	78924899	13004999	14077506	11191116	40651277
1.住户存款	36909596	6295925	6645578	5253712	18714381
（1）活期存款	11361574	1865373	2082088	2030349	5383765
（2）定期及其他存款	25548023	4430553	4563491	3223363	13330616
2.非金融企业存款	30527674	4688412	5391307	4330951	16117004
（1）活期存款	15570052	1911435	2668332	3046813	7943471
（2）定期及其他存款	14957622	2776977	2722975	1284138	8173532
3.广义政府存款	9818707	1710262	1806632	1372822	4928992
（1）财政性存款	1075597	213762	175274	234523	452038
（2）机关团体存款	8743110	1496500	1631358	1138299	4476954
4.非银行业金融机构存款	1668921	310400	233989	233632	890901
（二）境外存款	55051	6183	6216	6406	36247
二、各项贷款余额	87978652	14830326	15162364	14034872	43951091
（一）境内贷款	87977427	14830318	15162164	14034825	43950120
1.住户贷款	32394740	5856457	5579654	5549708	15408922
（1）短期贷款	7444127	1098701	1537824	1688653	3118949
消费贷款	1237566	184410	224742	234418	593996
经营贷款	6206561	914290	1313082	1454235	2524953
（2）中长期贷款	24950614	4757756	4041830	3861055	12289972
消费贷款	17433146	3086209	2487255	2756724	9102958
经营贷款	7517468	1671547	1554575	1104331	3187015
2.非金融企业及机关团体贷款	55231086	8858861	9523510	8480117	28368599
（1）短期贷款	17517283	2769252	3880025	2073705	8794302
（2）中长期贷款	35127872	5689973	5071791	6092696	18273412
（3）票据融资	2578254	399580	571585	313716	1293373
（4）融资租赁					
（5）各项垫款	7677	56	110		7511
3.非银行业金融机构贷款	351600	115000	59000	5000	172600
（二）境外贷款	1225	8	200	47	971

8–18 主要年份金融机构现金收支

单位：万元

指标名称	1990 年	1995 年	2000 年	2005 年	2006 年	2007 年	2008 年
一、现金收入合计	418507	3399889	10490655	28920632	33354999	37183840	36443695
商品销售收入	196447	809655	1597867	3698707	3869364	4476986	4905928
服务业收入	23550	95757	439183	1081007	1099198	1197115	1238194
行政税费收入	3557	8232	55273	252350	209873	264923	236675
城乡个体经营收入	6142	277310	1025388	1305560	1502259	1214066	961529
储蓄存款收入	102268	1138817	6179011	19858426	23719385	27004166	26418772
其他金融性公司收入	4656	224656	45096	64594	94193	93050	53221
汇兑收入	8817	23698	249738	283241	272146	240095	121672
二、现金支出合计	394509	3206054	10664400	29173387	33639429	37523199	36828646
工资性支出	88832	286311	430225	1359243	1309742	1766541	2209214
行政企事业管理费支出	29558	195241	506167	739416	683208	750562	676359
农副产品采购支出	74034	127218	420725	1178112	992579	850678	812039
城乡个体经营支出	8837	339672	1390672	2280413	2315881	1999661	1334021
储蓄存款支出	80600	1126631	6373576	20436002	24731502	28492701	28689001
其他金融性公司支出	1284	87259	21155	64730	49642	57277	27232
汇兑支出	2691	12979	176074	153313	120076	79628	44679
三、现金投入(+)、回笼(–)	–23997	–193818	173745	252755	284430	339359	384951

注：2009 年起无现金收支统计。

8-19　主要年份证券交易情况

单位：亿元

指标名称	2005 年	2010 年	2013 年	2014 年	2015 年	2016 年	2017 年	2018 年	2019 年	2020 年	2021 年	2022 年
期末开户资金账户（户）	68798	165445	221628	274281	378451	456844	531252	581049	609584	647541	699719	723189
个人（户）	68690	164887	221024	273485	377571	455921	530167	579937	608373	646247	698291	721739
机构（户）	108	558	604	796	880	923	1085	1112	1211	1294	1428	1450
股票成交金额		2658.19		3181.68	11277.03	6161.93	5524.20	4517.51	5938.78	9603.70	11048.94	9206.13
#A 股	79.06	2586.10	1584.09	3178.68	11176.56	6154.79	5520.65	4472.34	5902.05	9547.41	10981.18	9148.38
B 股	0.36	7.48	3.16	3.00	15.65	7.13	3.54	2.87	3.12	3.37	2.97	5.69
手续费收入		2.13										
企业往来收入		0.11										
基金	0.62	3.60	2.70									52.41
权证		51.74										283.87
国债现货	1.26											
国债回购	55.29											
保证金余额	2.47	17.97	8.45									

8-20 历年财产险主要指标

单位：万元

年　份	保费收入	赔款支出	赔款率（%）
1990	2865	1345	46.9
1991	5023	1649	32.8
1992	7546	3044	40.3
1993	10645	6372	59.9
1994	9499	5603	59.0
1995	12830	7698	60.0
1996	13487	9251	68.6
1997	15564	8903	57.2
1998	17544	9481	54.0
1999	19710	13978	70.9
2000	21171	10804	51.0
2001	24939	12702	50.9
2002	28837	16505	57.2
2003	32135	18194	56.6
2004	40994	24116	58.8
2005	49157	35844	72.9
2006	58458	34759	59.5
2007	74051	38526	52.0
2008	87192	85342	97.9
2009	110102	56398	51.2
2010	146171	58626	40.1
2011	176526	74701	42.3
2012	198536	102291	51.5
2013	297570	190814	64.1
2014	313825	171970	54.8
2015	304652	156441	51.4
2016	326491	197687	60.5
2017	349819	197719	56.5
2018	378275	219706	58.1
2019	444934	273192	61.4
2020	466705	267203	57.3
2021	1316220	465050	35.3
2022	1411800	488700	34.6

注：2004 年及以后年份数据由市保险协会提供，下同。

8-21 历年人身险主要指标

单位：万元

年 份	保费收入	赔款及给付支出	给付支出	赔款支出	赔款率（%）
1990	1311			208	15.9
1991	2723			329	12.1
1992	6464			651	10.1
1993	8481			1847	21.8
1994	4398			1827	41.5
1995	5588			1112	19.9
1996	8322			891	10.7
1997	14795			1136	7.7
1998	27143			2009	7.4
1999	29311			1379	4.7
2000	33155			1764	5.3
2001	46210			1859	4.0
2002	80334			2621	3.3
2003	100958			3205	3.2
2004	105961	13131	8772	4359	4.1
2005	108093	12972	10065	2908	2.7
2006	117980	20870	17918	2952	2.5
2007	126687	58710	55698	3012	2.4
2008	206262	40761	36685	4076	2.0
2009	204376	31846	27298	4548	2.2
2010	268130	16112	11612	4500	1.7
2011	283815	37321	31809	5513	1.9
2012	276982	47757	41382	6375	2.3
2013	293123	40812	34937	5875	2.0
2014	318435	43545	29118	14427	4.5
2015	353555	82523	66360	16163	4.6
2016	459470	80108	60683	19425	4.2
2017	555151	76064	50792	25271	4.6
2018	628184	86887	50756	36131	5.8
2019	699072	118129	96018	22112	3.2
2020	810433	135225	101528	33697	4.2
2021	1316220	465050	113448	351602	26.7
2022	1411800	488700	155500	333200	34.6

8-22 历年市区财产险主要指标

单位：万元

年 份	保费收入	赔款支出	赔款率（%）
1991	2341	614	26.2
1992	3633	1255	34.5
1993	5005	2862	57.2
1994	4303	2727	63.4
1995	5889	3386	57.5
1996	6467	4380	67.7
1997	7332	4032	55.0
1998	9159	4955	54.1
1999	9993	7757	77.6
2000	11166	5473	49.0
2001	14007	7031	50.2
2002	17959	10304	57.4
2003	14978	9236	61.7
2004	19035	11754	61.7
2005	23385	18982	81.2
2006	27767	17190	61.9
2007	36196	17237	47.6
2008	42261	41936	99.2
2009	52129	26329	50.5
2010	70387	27140	38.6
2011	84147	34372	40.8
2012	93537	45885	49.1
2013	174677	122670	70.2
2014	172408	103382	60.0
2015	146049	78247	53.6
2016	155914	92972	59.6
2017	166510	114283	68.6
2018	183998	105112	57.1

8-23 历年市区人身险主要指标

单位：万元

年 份	保费收入	赔款及给付支出			赔款率（%）
			给付支出	赔款支出	
1991	1241			130	10.5
1992	3178			239	7.5
1993	3755			193	5.1
1994	2277			263	11.6
1995	3354			454	13.5
1996	4268			535	12.5
1997	8513			483	5.7
1998	14550			1283	8.8
1999	14567			855	5.9
2000	17036			744	4.4
2001	25188			902	3.6
2002	44101			1398	3.2
2003	50359			1444	2.9
2004	48335	5233	3735	1498	3.1
2005	53430	6165	4774	1390	2.6
2006	59943	9731	8566	1165	1.9
2007	67182	23542	22274	1268	1.9
2008	126608	15440	13386	2054	1.6
2009	112162	19266	16857	2409	2.1
2010	158671	10651	7814	2837	1.8
2011	175603	19687	16349	3337	1.9
2012	157298	29426	25217	4209	2.7
2013	166417	21560	17977	3583	2.2
2014	172478	24532	15054	9478	5.5
2015	191003	62089	51234	10854	5.7
2016	243070	60162	46749	13413	5.5
2017	276684	45420	26512	18908	6.8
2018	307620	56927	29150	27777	9.0

主要统计指标解释

财政总收入　指国家财政参与社会产品分配所取得的收入。是实现国家职能的财力保证。由中央财政和地方财政收入组成，其具体包括的内容几经变化，目前主要包括：（1）各项税收，包括增值税、营业税、消费税、个人所得税、证券交易税、遗产税、土地增值税、城市维护建设税、房产税、车船使用税、屠宰税、资源税、印花税、城镇土地使用税、筵席税、固定资产投资方向调节税、关税、企业所得税、企业所得税退税。（2）国有企业上缴利润，国有企业缴纳所得税后上缴国家预算的利润。（3）国有企业计划亏损补贴。（4）债务收入，包括国外借款、国内公债收入、国库券收入以及专业银行购买财政专项债券等。（5）其他收入，包括专款收入、基建贷款归还收入、国家能源交通重点建设基金收入、其他收入、罚没收入、行政性收费收入。

中央财政收入和地方财政收入　指按财政体制划分的中央本级收入和地方本级收入。1994 年税制财政体制以后，属于中央财政的收入包括关税、海关代征消费税和增值税，中央企业所得税，地方银行和外资银行及非银行金融企业所得税，铁道、银行总行、保险总公司等集中缴纳的营业税、所得税、利润和城市维护建设税，增值税的 75%部分，海洋石油资源税和证券（印花）税 88%部分。属于地方财政的收入包括营业税，地方企业所得税个人所得税，城镇土地使用税，固定资产投资方向调节税，城镇维护建设税，房产税，车船使用税，印花税，屠宰税，农牧业税，农业特产税，耕地占用税，契税，增值税 25%部分，证券交易税（印花税）的 12%部分和除海洋石油资源以外的其他资源税。

财政支出　指国家财政将筹集起来的资金进行分配使用的数额。以满足经济建设和各项事业的需要，主要包括：（1）基本建设支出，指按国家有关规定，属于基本建设范围内的基本建设有偿使用、拨款、资本金支出以及经国家批准对专项和政策性基建投资贷款，在部门的基建投资额中统筹支付的贴息支出。（2）企业挖潜改造资金，指国家预算内拨给的用于企业挖潜、革新和改造方面的资金。包括个部门企业挖潜改造资金和企业挖潜改造贷款资金，为农业服务的县办“五小”企业技术改造补助，挖潜改造贷款利息支出。（3）地质勘探费用，指国家预算用于地质勘探单位的勘探工作费用，包括地质勘探管理机构及其事业单位经费、地质勘探经费。（4）科技三项费用，指国家预算用于科技支出的费用，包括新产品试制费、中间试验费、重要科学研究补助费。（5）支援农村生产支出，指国家财政支援农村集体（户）各项生产的支出。包括对农村举办的小型农田水利和打井喷灌等的补助费；对农村水土保持措施的补助费；对农村举办的小水电站的补助费特大抗旱的补助费；农村开荒的补助费；扶持乡镇企业资金；农村农技推广和植保补助费；农村草场和畜禽保护补助费；农村造林和林木保护补助费；农村水产补助费；发展粮食生产专项资金。（6）农林水利气象等部门的事业费用。（7）工业交通商业等部门的事业费。（8）文教科学卫生事业费。（9）抚恤和社会福利救济费，指国家预算用于抚恤和社会救 济事业的经费，包括由民政部门开支的烈士家属的一次性、定期抚恤金、革命伤残人员的抚恤金，各种伤残补助费、烈军属、复员退伍军人生活补助费、退伍军人安置费，优抚事业单位经费，烈士纪念建筑物管理、维修费，自然灾害救济事业费和特大自然灾害灾后重建补助费等。（10）国防支出，指国家预算用于国防建设和保卫国家安全的支出，包括国防费、国防科研事业费、民兵建设以及专项工程支出等。（11）行政管理费，指行政管理支出，党派团体补助支出，外交支出，公安安全支出，司法支出，法院支出，检察院支出和公检法办案费用补助。（12）价格补贴支出，指经国家批准由国家财政拨给的政策性补贴支出，主要包括粮食加价款，粮、棉、油差价补贴，棉花收购价外奖励款，副食品风险基金，市镇居民的肉食价格补贴，平抑市价肉食、蔬菜价差补贴等以及经国家批准的教材课本、报刊新闻纸等价格补贴。

城乡居民储蓄年末余额　包括城镇居民储蓄和农民个人储蓄两部分的年末余额。不包括工矿企业、部队、机关团体等集体存款。城镇居民储蓄年末余额，是指工商银行的城市居民储蓄、农业银行的城镇居民储蓄、人民银行的邮政储蓄、建设银行的居民住宅储蓄、中国银行的居民储蓄、交通银行和城镇信用社的居民储蓄。

保费　被保险人按其得到保险利益的保障程度（保险金额）的一定比率向保险人缴付的费用。

赔款　保险人对财产保险的保险事故给予的经济补偿或对人身保险的保险事故给付的保险金。分为已决赔款和未决赔款。

九、职工工资、居民生活、物价

9-1 分县区规上私营单位在岗职工工资总额

单位：万元

行业分类	全 市	吴兴区	南浔区	德清县	长兴县	安吉县	△市区
全部单位合计	**5034241**	**1413245**	**661748**	**956577**	**1031393**	**971277**	**2074994**
按国民经济行业分组							
农、林、牧、渔业							
采矿业	12961	7404		2107	3383	67	7404
制造业	3338383	561980	547696	724419	763876	740412	1109676
电力、热力、燃气及水生产和供应业	83892	16349	8754	9234	37944	11611	25103
建筑业	679167	446416	44139	29745	64919	93948	490555
批发和零售业	246030	100375	14215	40462	65849	25129	114589
交通运输、仓储和邮政业	74044	28467	3758	11993	22586	7240	32225
住宿和餐饮业	101532	39572	7606	15031	23299	16025	47177
信息传输、软件和信息技术服务业	80561	51465	94	24880	1520	2603	51559
金融业							
房地产业	144191	60124	11568	26930	18602	26967	71692
租赁和商务服务业	140925	35958	20189	62058	10264	12455	56147
科学研究、技术服务业	39641	26382	2292	4324	4884	1759	28673
水利、环境和公共设施管理业	15454	1373	892	1775	4750	6664	2265
居民服务、修理和其他服务业	8598	672	247	1199	1853	4628	919
教育	2064	908		1157			908
卫生和社会工作	31997	20927			5647	5424	20927
文化、体育和娱乐业	34802	14875	299	1264	2019	16346	15174
公共管理、社会保障和社会组织							

9-2 分县区规上单位在岗职工平均工资

单位：元

行业分类	全 市	吴兴区	南浔区	德清县	长兴县	安吉县	△市区
全部单位合计	**79262**	**77955**	**74526**	**81963**	**81047**	**80210**	**76828**
按国民经济行业分组							
农、林、牧、渔业							
采矿业	85440	99922		47242	109485	31905	99922
制造业	81129	89356	75424	80957	80335	80995	81890
电力、热力、燃气及水生产和供应业	147153	122554	138734	106995	179152	153788	127750
建筑业	58769	57124	62150	60606	59211	65043	57543
批发和零售业	92912	93738	63177	87752	113006	81483	88431
交通运输、仓储和邮政业	93988	95272	95144	103748	89237	89598	95257
住宿和餐饮业	58375	57693	54018	61984	57274	60861	57067
信息传输、软件和信息技术服务业	171553	177957	58875	169710	172716	111222	177302
金融业							
房地产业	130336	149377	151612	163409	65846	149650	149733
租赁和商务服务业	72377	65605	62119	75094	91402	92057	64308
科学研究、技术服务业	107311	123683	114020	86139	77399	77498	122850
水利、环境和公共设施管理业	65096	80765	135076	52369	87795	52975	95953
居民服务、修理和其他服务业	59540	46000	39222	57903	50340	70118	43957
教育	64106	72024		59015			72024
卫生和社会工作	119571	121313			105940	129763	121313
文化、体育和娱乐业	103057	161514	90606	64800	81721	82513	159061
公共管理、社会保障和社会组织							

注：在岗职工平均工资含劳务派遣。

9–3 规上单位从业人员劳动报酬

单位：万元

行业分类	单位从业人员劳动报酬	在岗职工工资总额	劳务派遣人员劳动报酬	其他从业人员劳动报酬	单位从业人员平均劳动报酬(元)	在岗职工平均工资(元)	在岗职工平均工资(含劳务派遣)(元)	其他从业人员平均劳动报酬(元)
全部单位合计	**5449958**	**5034241**	**276790**	**138927**	**77303**	**79262**	**78543**	**48215**
按国民经济行业分组								
农、林、牧、渔业								
采矿业	13252	12961	188	103	84460	85440	85217	39500
制造业	3527635	3338383	161012	28241	80318	81129	80586	56902
电力、热力、燃气及水生产和供应业	85020	83892	889	240	144543	147153	145672	38629
建筑业	810122	679167	46692	84263	57884	58769	59086	49257
批发和零售业	257054	246030	8109	2915	90312	92912	90988	54793
交通运输、仓储和邮政业	83002	74044	6498	2461	88744	93988	91286	46428
住宿和餐饮业	119244	101532	10993	6719	54153	58375	59246	22196
信息传输、软件和信息技术服务业	86161	80561	2125	3475	168020	171553	166908	199690
金融业								
房地产业	153300	144191	7490	1619	126611	130336	128347	55831
租赁和商务服务业	169356	140925	25528	2904	68330	72377	69179	40106
科学研究、技术服务业	42553	39641	1634	1278	105407	107311	106351	81904
水利、环境和公共设施管理业	19397	15454	393	3550	55388	65096	64417	34072
居民服务、修理和其他服务业	11255	8598	2223	434	55065	59540	54734	64806
教育	2135	2064	62	9	61878	64106	61985	43500
卫生和社会工作	33899	31997	1376	527	116134	119571	116648	90776
文化、体育和娱乐业	36573	34802	1579	191	99059	103057	100004	35426
公共管理、社会保障和社会组织								

9–4 分县区规上单位从业人员劳动报酬

单位：万元

地 区	单位从业人员劳动报酬	在岗职工工资总额	劳务派遣人员劳动报酬	其他从业人员劳动报酬	单位从业人员平均劳动报酬(元)	在岗职工平均工资(元)	在岗职工平均工资(含劳务派遣)(元)	其他从业人员平均劳动报酬(元)
全 市	**5449958**	**5034241**	**276790**	**138927**	**77303**	**79262**	**78543**	**48215**
吴兴区	1582668	1413245	90139	79284	74336	77955	68189	43089
南浔区	718395	661748	45884	10764	74271	74526	73744	62944
德清县	1044870	956577	68084	20209	80337	81963	72000	51858
长兴县	1093951	1031393	48348	14210	79428	81047	60715	56705
安吉县	1010074	971277	24337	14460	79169	80210	58057	62842
△市区	2301063	2074994	136022	90047	74316	76828	69967	44777

9-5 历年湖州市城乡居民收入

单位：元

年 份	全体居民家庭		城镇居民家庭		农村居民家庭	
	人均可支配收入	± %	人均可支配收入	± %	人均可支配收入	± %
1978					221	
1979					414	87.3
1980					343	-17.1
1981					358	4.4
1982					432	20.7
1983					422	-2.3
1984					549	30.1
1985					629	14.6
1986					701	11.4
1987					824	17.5
1988					1104	34.0
1989					1210	9.6
1990					1270	5.0
1991					1250	-1.6
1992					1406	12.5
1993					1741	23.8
1994					2393	37.4
1995					3052	27.5
1996					3440	12.7
1997					3648	6.0
1998					3865	5.9
1999					4011	3.8
2000					4335	8.1
2001					4695	8.3
2002					5052	7.6
2003					5536	9.6
2004					6380	15.2
2005			15375		7288	14.2
2006			17503	13.8	8333	14.3
2007			19663	12.3	9536	14.4
2008			21604	9.9	10751	12.7
2009			23280	7.8	11745	9.2
2010			25668	10.3	13288	13.1
2011			29367	14.4	15381	15.8
2012			32987	12.3	17188	11.7
2013	28717	10.1	35750	9.8	20257	10.8
2014	31510	9.7	38959	9.0	22404	10.6
2015	34251	8.7	42238	8.4	24410	9.0
2016	37193	8.6	45794	8.4	26508	8.6
2017	40702	9.4	49934	9.0	28999	9.4
2018	44487	9.3	54393	8.9	31767	9.5
2019	48673	9.4	59028	8.5	34803	9.6
2020	51800	6.4	61743	4.6	37244	7.0
2021	57497	11.0	67983	10.1	41303	10.9
2022	60554	5.3	71044	4.5	44112	6.8

注：1.从2013年起，国家统计局开展了城乡一体化住户收支与生活状况调查，与2013年前的分城镇和农村住户调查的调查范围、调查方法、指标口径有所不同(以后各表同)；2.2013年及以前农村居民人均可支配收入为人均纯收入。

9–6 全市主要年份

指标名称	2008 年	2009 年	2010 年	2011 年	2012 年	2013 年	2014 年	2015 年
城镇居民								
调查户数（户）	370	370	370	450	550	623	619	618
可支配收入	**21604**	**23280**	**25668**	**29367**	**32987**	**35750**	**38959**	**42238**
工资性收入	14414	15283	17249	19485	21292	19608	21302	23273
经营净收入	2933	3248	3401	4908	5882	7874	8505	8949
财产性收入	806	953	694	864	745	3698	3839	4085
转移性收入	4855	5514	6266	6699	7654	4569	5313	5931
消费支出	**13404**	**14602**	**16034**	**18166**	**19898**	**23196**	**24875**	**26815**
食品烟酒	4855	4965	5619	6970	7346	6705	7617	8158
衣着	1536	1508	1822	2128	2300	2014	2073	2256
居住	1043	1598	1067	1182	1328	5789	5902	6168
生活用品及服务	744	994	1032	1166	1188	1308	1395	1554
交通通信	1098	1049	993	936	1085	1051	1121	1175
教育文化娱乐	1880	1945	2578	2797	3566	3314	3789	4107
医疗保健	1827	2067	2334	2424	2443	2382	2446	2793
其他用品和服务	422	477	589	563	641	634	532	605
农村居民								
调查户数（户）	500	500	500	800	800	578	576	577
人均可支配收入	**10751**	**11745**	**13288**	**15381**	**17188**	**20257**	**22404**	**24410**
工资性收入	5291	5832	6714	8169	9183	12768	14546	15950
经营净收入	4762	5134	5666	6327	7004	6015	6039	6455
财产净收入	440	518	614	460	505	660	740	821
转移净收入	258	261	294	425	496	815	1079	1184
消费支出	**7046**	**8058**	**9139**	**10093**	**11077**	**12440**	**14836**	**16112**
食品烟酒	2469	2671	3004	3284	3583	3767	4548	4932
衣着	501	562	644	706	769	796	953	1041
居住	1024	1300	1638	1744	1687	2872	3480	3687
生活用品及服务	379	431	495	515	580	645	961	1048
交通通信	614	751	818	902	980	673	916	1006
教育文化娱乐	1029	1118	1188	1395	1699	2361	2579	2809
医疗保健	899	1077	1196	1357	1570	1161	1177	1336
其他用品和服务	131	148	156	189	209	165	221	253

城乡居民主要收支指标

单位：元

2016 年	2017 年	2018 年	2019 年	2020 年	2021 年	2022 年
616	616	667	669	670	670	
45794	**49934**	**54393**	**59028**	**61743**	**67983**	**60554**
25224	27443	30063	32590	33900	37392	34899
9310	10030	10702	11738	12061	13341	12756
4511	4943	5476	5796	5996	6629	4881
6750	7518	8152	8904	9785	10620	8018
27731	**28962**	**31829**	**34916**	**35488**	**41532**	**38322**
8533	8815	9376	9756	9865	11487	10807
2094	2180	2381	2569	2579	3077	2671
6416	6726	7482	7960	8741	9963	8818
1500	1568	1728	1820	1930	2182	2222
1210	4490	1477	5543	5560	6309	6450
4276	3240	5054	4266	3687	4922	4006
3086	1290	3489	1985	2097	2392	2318
616	653	842	1018	1029	1200	1028
576	576	578	579	580		
26508	**28999**	**31767**	**34803**	**37244**	**41303**	**71044**
17376	18976	20865	22786	24318	26981	38826
6848	7364	7882	8639	9205	10256	13917
913	982	1129	1254	1355	1485	6959
1370	1677	1891	2125	2366	2581	11342
17609	**18665**	**20718**	**22613**	**22984**	**27134**	**44040**
5402	5732	6302	6942	7033	8295	12099
1146	1211	1316	1326	1378	1721	3239
3799	4006	4509	4913	5254	6145	10186
1130	1199	1355	1392	1491	1815	2386
1096	3383	1340	4252	4237	4707	7129
3183	1672	3738	1966	1617	2095	5166
1568	1160	1786	1401	1509	1779	2559
286	303	374	420	465	578	1275

9–7 全市主要年份城乡

指标名称	2008 年	2009 年	2010 年	2011 年	2012 年	2013 年	2014 年	2015 年
城镇居民每百户拥有量								
摩托车(辆)	31.0	36.0	37.0	21.0	23.0	29.0	28.0	25.0
助力车(辆)	54.0	61.0	65.0	79.0	80.0	74.0	75.0	77.0
家用汽车(辆)	14.0	18.0	20.0	29.0	32.0	46.0	47.0	52.0
洗衣机(台)	96.0	98.0	98.0	98.0	98.0	95.0	98.0	99.0
电冰箱(台)	98.0	103.0	104.0	103.0	103.0	100.0	100.0	100.0
微波炉(台)	78.0	83.0	83.0	82.0	82.0	80.0	81.0	84.0
彩色电视机(台)	183.0	203.0	205.0	202.0	196.0	197.0	202.0	216.0
计算机(台)	67.0	82.0	84.0	91.0	94.0	96.0	95.0	94.0
其中:接入互联网(户)								
照相机(架)	37.0	46.0	48.0	51.0	49.0	42.0	41.0	42.0
空调器(台)	179.0	200.0	204.0	217.0	213.0	230.0	227.0	230.0
淋浴热水器(台)	89.0	94.0	95.0	98.0	99.0	100.0	100.0	100.0
固定电话(部)	100.0	104.0	105.0	100.0	99.0	85.0	84.0	84.0
移动电话(部)	167.0	190.0	190.0	197.0	199.0	216.0	218.0	230.0
其中:接入互联网(户)								
洗碗机(台)								
吸尘器(台)								
农村居民每百户拥有量								
摩托车(辆)	119.0	122.0	123.0	80.0	80.0	70.0	70.0	66.0
助力车(辆)	56.0	66.0	75.0	80.0	89.0	89.0	91.0	97.0
家用汽车(辆)	5.0	7.0	9.0	21.0	22.0	28.0	30.0	38.0
洗衣机(台)	100.0	101.0	106.0	93.0	94.0	94.0	98.0	99.0
电冰箱(台)	83.0	90.0	95.0	101.0	103.0	103.0	100.0	100.0
微波炉(台)	23.0	32.0	35.0	35.0	39.0	40.0	43.0	46.0
彩色电视机(台)	166.0	175.0	181.0	184.0	188.0	188.0	190.0	201.0
计算机(台)	28.0	35.0	46.0	44.0	54.0	57.0	60.0	70.0
其中:接入互联网(户)								
照相机(架)	19.0	20.0	21.0	17.0	22.0	16.0	15.0	20.0
空调器(台)	100.0	113.0	122.0	147.0	159.0	159.0	162.0	173.0
淋浴热水器(台)	65.0	70.0	79.0	82.0	85.0	90.0	92.0	95.0
固定电话(部)	114.0	109.0	105.0	96.0	97.0	97.0	94.0	83.0
移动电话(部)	195.0	210.0	227.0	236.0	248.0	236.0	242.0	246.0
其中:接入互联网(户)								
洗碗机(台)								
吸尘器(台)								

居民每百户耐用消费品拥有量

2016 年	2017 年	2018 年	2019 年	2020 年	2021 年	2022 年
24.0	23.0	16.0	12.0	11.0	9.0	9.0
99.0	104.0	100.0	99.0	101.0	104.0	109.0
55.0	57.0	58.0	62.0	69.0	74.0	82.0
100.0	104.0	105.0	104.0	103.0	106.0	107.0
102.0	104.0	109.0	108.0	107.0	109.0	111.0
88.0	82.0	82.0	81.0	75.0	72.0	73.0
218.0	224.0	224.0	220.0	219.0	217.0	218.0
96.0	96.0	98.0	96.0	85.0	88.0	89.0
		92.0	94.0	81.0	86.0	
37.0	31.0	26.0	24.0	23.0	21.0	21.0
232.0	240.0	241.0	243.0	258.0	262.0	267.0
101.0	105.0	118.0	114.0	112.0	113.0	113.0
77.0	67.0	41.0	40.0	32.0	28.0	22.0
246.0	268.0	270.0	270.0	272.0	280.0	283.0
		226.0	227.0	265.0	275.0	
		3.0	4.0	4.0	4.0	6.0
		25.0	25.0	25.0	29.0	31.0
63.0	60.0	44.0	41.0	41.0	40.0	34.0
101.0	105.0	114.0	117.0	105.0	108.0	112.0
42.0	46.0	47.0	51.0	60.0	65.0	68.0
100.0	104.0	104.0	105.0	106.0	107.0	111.0
101.0	104.0	105.0	107.0	112.0	114.0	116.0
52.0	54.0	54.0	54.0	55.0	57.0	60.0
218.0	225.0	225.0	217.0	218.0	220.0	221.0
80.0	84.0	84.0	81.0	74.0	72.0	73.0
		79.0	68.0	72.0	71.0	
18.0	16.0	13.0	12.0	13.0	10.0	10.0
190.0	200.0	202.0	211.0	220.0	224.0	230.0
98.0	105.0	108.0	109.0	111.0	113.0	114.0
75.0	55.0	50.0	42.0	35.0	32.0	28.0
255.0	265.0	275.0	281.0	296.0	303.0	305.0
		235.0	236.0	281.0	291.0	
		1.0	2.0	2.0	3.0	4.0
		10.0	12.0	12.0	13.0	17.0

9-8 历年分县区城镇居民人均可支配收入

单位：元

年 份	全 市	吴兴区	南浔区	德清县	长兴县	安吉县	△市区
1986						1039	1204
1987						1129	1313
1988						1576	1635
1989						1748	1814
1990						1855	1988
1991						1986	2315
1992						2532	2805
1993						3511	3706
1994						4962	5567
1995						5778	6379
1996						6583	7131
1997						7445	7183
1998						7430	7652
1999						7528	7862
2000						8259	8684
2001						9529	9872
2002						10462	11388
2003						11430	12607
2004						12910	13664
2005	15375	15561	15561	15335	15350	14688	15561
2006	17503	17758	17758	16945	17318	16443	17758
2007	19663	20046	20046	19182	19552	18548	20046
2008	21604	21822	21822	21580	21605	20426	21822
2009	23280	23242	23242	23587	23614	22484	23242
2010	25668	25572	25572	26016	26046	25205	25572
2011	29367	29856	27513	29710	29725	28679	29591
2012	32987	33560	30843	33377	33439	32211	33297
2013	35750	36842	34546	36167	35980	34878	
2014	38959	40138	37710	39516	39234	37963	
2015	42238	43535	41008	42662	42512	41132	
2016	45794	47170	44475	46444	46026	44358	
2017	49934	51395	48587	50450	50286	48237	
2018	54393	55996	52743	54863	54985	52617	
2019	59028	60768	57414	59431	59848	56954	
2020	61743	63816	59847	62225	62428	59518	
2021	67983	70166	65733	68619	68444	65750	
2022	60554	65252	57550	60815	60459	56788	

9–9 历年分县区城镇居民人均可支配收入增长速度

单位：%

年 份	全 市	吴兴区	南浔区	德清县	长兴县	安吉县	△市区
1987						8.7	9.1
1988						41.0	24.5
1989						10.9	10.9
1990						6.1	9.6
1991						7.1	16.4
1992						27.5	21.2
1993						38.7	32.1
1994						41.3	50.2
1995						16.4	14.6
1996						13.9	11.8
1997						13.1	0.7
1998						–0.2	6.5
1999						1.3	2.7
2000						9.7	10.5
2001						15.4	13.7
2002						9.8	19.5
2003						9.3	10.7
2004						12.9	8.4
2005						13.8	13.9
2006	13.8	14.1	14.1	10.5	12.8	11.9	14.1
2007	12.3	12.9	12.9	13.2	12.9	12.8	12.9
2008	9.9	8.9	8.9	12.5	10.5	10.1	8.9
2009	7.8	6.5	6.5	9.3	9.3	10.1	6.5
2010	10.3	10.0	10.0	10.3	10.3	12.1	10.0
2011	14.4	16.8	7.6	14.2	14.1	13.8	15.7
2012	12.3	12.4	12.1	12.3	12.5	12.3	12.5
2013	9.8	10.0	9.7	10.2	9.8	9.5	
2014	9.0	8.9	9.2	9.3	9.0	8.8	
2015	8.4	8.5	8.7	8.0	8.4	8.3	
2016	8.4	8.3	8.5	8.9	8.3	7.8	
2017	9.0	9.0	9.2	8.6	9.3	8.7	
2018	8.9	9.0	8.6	8.7	9.3	9.1	
2019	8.5	8.5	8.9	8.3	8.8	8.2	
2020	4.6	5.0	4.2	4.7	4.3	4.5	
2021	17.0	16.5	16.7	17.5	16.9	17.3	
2022	5.3	4.7	6.2	5.1	5.7	5.0	

9-10 年分县区城镇居民人均可支配收入发展指数

（以 1986 年为 100）

年 份	全 市	吴兴区	南浔区	德清县	长兴县	安吉县	△市区
1986							100.0
1987							109.1
1988							135.8
1989							150.6
1990							165.1
1991							192.2
1992							232.9
1993							307.7
1994							462.1
1995							529.6
1996							592.1
1997							596.2
1998							635.0
1999							652.1
2000							720.6
2001							819.3
2002							979.1
2003							1083.9
2004							1174.9
2005	100.0	100.0	100.0	100.0	100.0	100.0	1338.2
2006	113.8	114.1	114.1	110.5	112.8	111.9	1526.9
2007	127.9	128.8	128.8	125.1	127.4	126.2	1723.9
2008	140.5	140.3	140.3	140.7	140.7	139.0	1877.3
2009	151.4	149.4	149.4	153.8	153.8	153.0	1999.3
2010	166.9	164.3	164.3	169.7	169.7	171.5	2199.2
2011	191.0	192.0	176.8	193.7	193.6	195.2	2544.5
2012	214.5	215.8	198.2	217.7	217.8	219.2	2862.6
2013	235.6	237.4	217.4	239.9	239.1	240.0	
2014	256.8	258.5	237.4	262.2	260.6	261.1	
2015	278.4	280.5	258.1	283.2	282.5	282.8	
2016	301.8	303.8	280.0	308.4	305.9	304.9	
2017	328.9	331.1	305.8	334.9	334.4	331.4	
2018	358.2	360.9	332.1	364.1	365.5	361.5	
2019	388.7	391.7	361.5	394.4	397.8	391.3	
2020	406.6	411.3	376.8	412.9	414.9	408.9	
2021	447.7	452.3	413.9	455.4	454.9	451.7	
2022	467.8	471.3	434.6	475.9	476.3	470.3	

9-11 全市城镇居民人均收入结构

单位：元

年 份	人均可支配收入	人均家庭总收入	1.工资性收入	2.经营净收入	3.财产净收入	4.转移净收入
2005	15375	17124	10559	1930	409	4226
2006	17503	18903	11090	2353	707	4753
2007	19663	21149	12952	2933	826	4437
2008	21604	23008	14414	2933	806	4855
2009	23280	24999	15283	3248	953	5514
2010	25668	27610	17249	3401	694	6266
2011	29367	31957	19485	4908	864	6699
2012	32987	35573	21292	5882	745	7654
2013	35750		19608	7874	3698	4569
2014	38959		21302	8505	3839	5313
2015	42238		23273	8949	4085	5931
2016	45794		25224	9310	4511	6750
2017	49934		27443	10030	4943	7518
2018	54393		30063	10702	5476	8152
2019	59028		32590	11738	5796	8904
2020	61743		33900	12061	5996	9785
2021	67983		37392	13341	6629	10620
2022	71044		38826	13917	6959	11342

9-12 历年全市城镇居民人均消费支出

单位：元

年 份	生活消费支出	食 品	衣 着	居 住	生活用品及服务	医疗保健	交通和通讯	教育文化娱乐服务	其他商品和服务
2005	11051	3830	1251	1274	654	815	1406	1457	364
2006	11685	4013	1387	1413	787	922	1203	1534	426
2007	12304	4497	1454	1129	757	946	1368	1771	382
2008	13404	4855	1536	1043	744	1098	1880	1827	422
2009	14602	4965	1508	1598	994	1049	1945	2067	477
2010	16034	5619	1822	1067	1032	993	2578	2334	589
2011	18166	6970	2128	1182	1166	936	2797	2424	563
2012	19898	7346	2300	1328	1188	1085	3566	2443	641
2013	23196	6705	2014	5789	1308	1051	3314	2382	634
2014	24875	7617	2073	5902	1395	1121	3789	2446	532
2015	26815	8158	2256	6168	1554	1175	4107	2793	605
2016	27731	8533	2094	6416	1500	1210	4276	3086	616
2017	28962	8815	2180	6726	1568	4490	3240	1290	653
2018	31829	9376	2381	7482	1728	1477	5054	3489	842
2019	34916	9756	2569	7960	1820	1985	5543	4266	1018
2020	35488	9865	2579	8741	1930	5560	3687	2097	1029
2021	41532	11487	3077	9963	2182	6309	4922	2392	1200
2022	44040	12099	3239	10186	2386	7129	5166	2559	1275

9-13 历年全市城镇每百户居民家庭主要耐用消费品拥有量

年份	摩托车（辆）	助力车（辆）	家用汽车（辆）	洗衣机（台）	电冰箱（台）	微波炉（台）	彩色电视机（台）	计算机（电脑）（台）	其中：接入互联网（户）	照相机（架）	空调（台）	沐浴热水器（台）	固定电话（部）	移动电话（部）	其中：接入互联网（户）	洗碗机（台）	吸尘器（台）
2008	31	54	14	96	98	78	183	67		37	179	89	100	167			
2009	36	61	18	98	103	83	203	82		46	200	94	104	190			
2010	37	65	20	98	104	83	205	84		48	204	95	105	190			
2011	21	79	29	98	103	82	202	91		51	217	98	100	197			
2012	23	80	32	98	103	82	196	94		49	213	99	99	199			
2013	29	74	46	95	100	80	197	96		42	230	100	85	216			
2014	28	75	47	98	100	81	202	95		41	227	100	84	218			
2015	25	77	52	99	100	84	216	94		42	230	100	84	230			
2016	24	99	55	100	102	88	218	96		37	232	101	77	246			
2017	23	104	57	104	104	82	224	96		31	240	105	67	268			
2018	16	100	58	105	109	82	224	98	92	26	241	118	41	270	226	3	25
2019	12	99	62	104	108	81	220	96	94	24	243	114	40	270	227	4	25
2020	11	101	69	103	107	75	219	85	81	23	258	112	32	272	265	4	25
2021	9	104	74	106	109	72	217	88	86	21	262	113	28	280	275	4	29
2022	9	109	82	107	111	73	218	89		21	267	113	22	283		6	31

9-14 历年全市城镇居民生活水平

单位：元

年 份	人均可支配收入	±%	人均消费性支出	食 品	恩格尔系 数	现住房人均建筑面积（平方米）
2005	15375		11051	3830	0.35	29.9
2006	17503	13.8	11685	4013	0.34	31.1
2007	19663	12.3	12304	4497	0.37	33.8
2008	21604	9.9	13404	4855	0.36	33.1
2009	23280	7.8	14602	4965	0.34	36.0
2010	25668	10.3	16034	5619	0.35	36.6
2011	29367	14.4	18166	6970	0.38	36.6
2012	32987	12.3	19898	7346	0.37	36.9
2013	35750	9.8	23196	6705	0.29	36.5
2014	38959	9.0	24875	7617	0.31	37.3
2015	42238	8.4	26815	8158	0.30	38.1
2016	45794	8.4	27731	8533	0.31	38.5
2017	49934	9.0	28962	8815	0.30	38.7
2018	54393	8.9	31829	9376	0.29	41.0
2019	59028	8.5	34916	9756	0.28	41.2
2020	61743	4.6	35488	9865	0.28	42.1
2021	57497	11.0	41532	11487	0.28	43.2
2022	71044	4.5	44040	12099	0.27	43.5

9-15　分县区城镇居民人均收支及每百户主要耐用消费品

单位：元

指标名称	全　市	吴兴区	南浔区	德清县	长兴县	安吉县
人均可收入	**71044**	**73113**	**69020**	**71707**	**71661**	**68446**
#工资性收入	38826	39049	32074	41188	38796	40924
经营净收入	13917	13796	24106	12871	11203	13095
财产性收入	6959	5632	6785	5960	7609	8649
转移性收入	11342	14636	6056	11688	14053	5778
消费支出	**44040**	**46401**	**36282**	**46970**	**43670**	**46351**
食品烟酒	12099	12265	11159	12733	11397	13100
衣着	3239	3532	2730	2846	4161	3539
居住	10186	10145	7072	10503	10525	11807
生活用品及服务	2386	2926	1527	2464	3076	2523
交通通信	7129	8191	6228	8949	5861	8333
教育文化娱乐	5166	5534	4324	5698	5898	4559
医疗保健	2559	2654	2550	3030	1463	1325
其他用品和服务	1275	1155	693	749	1288	1164
每百户拥有量						
摩托车(辆)	9	4	25	16	8	1
助力车(辆)	109	114	101	109	112	93
家用汽车(辆)	82	69	72	90	75	96
洗衣机(台)	107	105	109	107	106	115
电冰箱(台)	111	120	115	106	115	122
微波炉(台)	73	105	89	72	88	57
彩色电视机(台)	218	238	229	216	235	213
计算机(台)	89	112	91	101	92	85
照相机(架)	21	38	17	28	21	22
空调器(台)	267	260	284	265	268	277
淋浴热水器(台)	113	110	117	110	116	121
固定电话(部)	22	60	29	28	22	18
移动电话(部)	283	284	281	310	289	273
洗碗机(台)	6	7	15	10	8	4
吸尘器(台)	31	57	35	30	29	25

9–16 历年分县区农村居民人均可支配收入

单位：元

年 份	全 市	吴兴区	南浔区	德清县	长兴县	安吉县	△市区
1978	221			241	206	184	239
1979	414			476	375	336	448
1980	343			426	331	342	316
1981	358			430	331	323	361
1982	432			416	386	376	492
1983	422			449	370	391	457
1984	549			580	516	535	563
1985	629			621	511	597	721
1986	701			679	602	580	829
1987	824			808	677	761	957
1988	1104			1173	902	866	1313
1989	1210			1296	1028	963	1401
1990	1270			1377	1114	984	1454
1991	1250			1351	1163	1007	1376
1992	1406			1534	1270	1061	1572
1993	1741			1866	1581	1443	1926
1994	2393			2471	2252	2005	2620
1995	3052			3039	2982	2739	3250
1996	3440			3327	3427	3212	3572
1997	3648			3562	3622	3501	3774
1998	3865			3863	3839	3666	3981
1999	4011			4098	3986	3756	4121
2000	4335			4510	4430	4097	4422
2001	4695			4830	4753	4556	4780
2002	5052			5178	5120	4930	5113
2003	5536	5702	5652	5716	5622	5402	5521
2004	6380	6478	6416	6545	6438	6161	6443
2005	7288	7405	7346	7461	7307	7034	7372
2006	8333	8465	8396	8543	8352	8031	8426
2007	9536	9685	9612	9773	9538	9163	9646
2008	10751	10913	10838	11002	10745	10343	10873
2009	11745	11900	11836	12002	11751	11326	11865
2010	13288	13486	13360	13575	13305	12840	13418
2011	15381	15895	15471	15776	15640	14152	15672
2012	17188	17739	17246	17669	17462	15836	17480
2013	20257	20815	20249	20643	20521	19485	
2014	22404	23075	22364	22820	22685	21562	
2015	24410	25142	24342	24934	24672	23556	
2016	26508	27391	26398	27140	26909	25477	
2017	28999	29980	28865	29842	29341	27904	
2018	31767	32693	31564	32723	32114	30541	
2019	34803	35742	34489	36013	35274	33488	
2020	37244	38219	37051	38357	37813	35699	
2021	41303	42275	41146	42548	42110	39495	
2022	44112	44938	43956	45433	45100	42062	

9-17 历年分县区农村居民人均可支配收入增长速度

单位：%

年 份	全 市	吴兴区	南浔区	德清县	长兴县	安吉县	△市区
1979	87.3			97.5	82.0	82.6	87.4
1980	-17.1			-10.5	-11.7	1.8	-29.5
1981	4.4			0.9	0.0	-5.6	14.2
1982	20.7			-3.3	16.6	16.4	36.3
1983	-2.3			7.9	-4.1	4.0	-7.1
1984	30.1			29.2	39.5	36.8	23.2
1985	14.6			7.1	-1.0	11.6	28.1
1986	11.4			9.3	17.8	-2.8	15.0
1987	17.5			19.0	12.5	31.2	15.4
1988	34.0			45.2	33.2	13.8	37.2
1989	9.6			10.5	14.0	11.2	6.7
1990	5.0			6.3	8.4	2.2	3.8
1991	-1.6			-1.9	4.4	2.3	-5.4
1992	12.5			13.5	9.2	5.4	14.2
1993	23.8			21.6	24.5	36.0	22.5
1994	37.4			32.4	42.4	38.9	36.0
1995	27.5			23.0	32.4	36.6	24.0
1996	12.7			9.5	14.9	17.3	9.9
1997	6.0			7.1	5.7	9.0	5.7
1998	5.9			8.5	6.0	4.7	5.5
1999	3.8			6.1	3.8	2.5	3.5
2000	8.1			10.1	11.1	9.1	7.3
2001	8.3			7.1	7.3	11.2	8.1
2002	7.6			7.2	7.7	8.2	7.0
2003	9.6			10.4	9.8	9.6	8.0
2004	15.2	13.6	13.5	14.5	14.5	14.1	16.7
2005	14.2	14.3	14.5	14.0	13.5	14.2	14.4
2006	14.3	14.3	14.3	14.5	14.3	14.2	14.3
2007	14.4	14.4	14.5	14.4	14.2	14.1	14.5
2008	12.7	12.7	12.8	12.6	12.7	12.9	12.7
2009	9.2	9.0	9.2	9.1	9.4	9.5	9.1
2010	13.1	13.3	12.9	13.1	13.2	13.4	13.1
2011	15.8	17.9	15.8	16.2	17.5	10.2	16.8
2012	11.7	11.6	11.5	12.0	11.6	11.9	11.5
2013	10.8	10.7	10.5	10.8	10.8	11.2	
2014	10.6	10.9	10.4	10.5	10.5	10.7	
2015	9.0	9.0	8.8	9.3	8.8	9.2	
2016	8.6	8.9	8.4	8.8	9.1	8.2	
2017	9.4	9.5	9.3	10.0	9.0	9.5	
2018	9.5	9.1	9.4	9.7	9.4	9.5	
2019	9.6	9.3	9.3	10.1	9.8	9.6	
2020	7.0	6.9	7.4	6.5	7.2	6.6	
2021	10.9	10.6	11.1	10.9	11.4	10.6	
2022	6.8	6.3	6.8	6.8	7.1	6.5	

9-18 历年分县区农村居民人均可支配收入发展指数

（以 1978 年为 100）

年 份	全 市	吴兴区	南浔区	德清县	长兴县	安吉县	△市区
1978	100.0			100.0	100.0	100.0	100.0
1979	187.3			197.5	182.0	182.6	187.4
1980	155.2			176.8	160.7	185.9	132.2
1981	162.0			178.4	160.7	175.5	151.0
1982	195.5			172.6	187.4	204.3	205.9
1983	191.0			186.3	179.6	212.5	191.2
1984	248.4			240.7	250.5	290.8	235.6
1985	284.6			257.7	248.1	324.5	301.7
1986	317.2			281.7	292.2	315.2	346.9
1987	372.9			335.3	328.6	413.6	400.4
1988	499.5			486.7	437.9	470.7	549.4
1989	547.5			537.8	499.0	523.4	586.2
1990	574.7			571.4	540.8	534.8	608.4
1991	565.6			560.6	564.6	547.3	575.7
1992	636.2			636.5	616.5	576.6	657.7
1993	787.8			774.3	767.5	784.2	805.9
1994	1082.8			1025.3	1093.2	1089.7	1096.2
1995	1381.0			1261.0	1447.6	1488.6	1359.8
1996	1556.6			1380.5	1663.6	1745.7	1494.6
1997	1650.7			1478.0	1758.3	1902.7	1579.1
1998	1748.9			1602.9	1863.6	1992.4	1665.7
1999	1814.9			1700.4	1935.0	2041.3	1724.3
2000	1961.5			1871.4	2150.5	2226.6	1850.2
2001	2124.4			2004.1	2307.3	2476.1	2000.0
2002	2286.0			2148.5	2485.4	2679.3	2139.3
2003	2505.0	100.0	100.0	2371.8	2729.1	2935.9	2310.0
2004	2886.9	113.6	113.5	2715.8	3125.2	3348.4	2695.8
2005	3297.7	129.8	129.9	3095.9	3547.1	3822.8	3084.5
2006	3770.6	148.4	148.5	3544.8	4054.4	4364.7	3525.5
2007	4314.9	169.8	170.0	4055.2	4630.1	4979.9	4036.0
2008	4864.7	191.3	191.8	4565.1	5216.0	5621.2	4549.4
2009	5314.5	208.6	209.4	4980.1	5704.4	6155.4	4964.4
2010	6012.7	236.3	236.4	5632.8	6458.7	6978.3	5614.2
2011	6959.7	278.6	273.8	6546.1	7592.2	7691.3	6557.3
2012	7777.4	310.9	305.3	7331.5	7658.3	8606.5	7318.8
2013	8617.4	344.3	337.5	8120.4	8482.3	9574.3	
2014	9530.8	381.9	372.5	8973.0	9372.9	10598.8	
2015	10388.6	416.3	405.3	9807.5	10197.7	11573.9	
2016	11282.0	450.9	439.3	10670.6	11125.7	12523.0	
2017	12342.5	493.7	480.2	11737.6	12127.0	13712.6	
2018	13515.1	538.6	525.3	12876.2	13266.9	15015.3	
2019	14806.9	588.8	574.0	14170.8	14572.7	16464.2	
2020	15845.3	629.6	616.7	15092.762	15621.4	17550.9	
2021	17572.0	696.5	684.8	16742.0	17396.6	19417.4	
2022	18767.4	740.3	731.6	17877.3	18631.9	20679.4	

9-19 历年全市农村居民人均可支配收入结构

单位：元

年 份	人 均 可支配 收 入	1.工资性 收 入	2.经 营 净收入	3.财 产 净收入	4.转 移 净收入
1978	221				
1979	414				
1980	343				
1981	358				
1982	432				
1983	422				
1984	549				
1985	629				
1986	701				
1987	824				
1988	1104				
1989	1210				
1990	1270				
1991	1250				
1992	1406				
1993	1741				
1994	2393				
1995	3052				
1996	3440				
1997	3648				
1998	3865				
1999	4011				
2000	4335				
2001	4695				
2002	5052				
2003	5536				
2004	6380	2869	3326	110	75
2005	7288	3397	3521	240	130
2006	8333	3969	3947	271	146
2007	9536	4555	4409	370	202
2008	10751	5291	4762	440	258
2009	11745	5832	5134	518	261
2010	13288	6714	5666	614	294
2011	15381	8169	6327	460	425
2012	17188	9183	7004	505	496
2013	20257	12768	6015	660	815
2014	22404	14546	6039	740	1079
2015	24410	15950	6455	821	1184
2016	26508	17376	6848	913	1370
2017	28999	18976	7364	982	1677
2018	31767	20865	7882	1129	1891
2019	34803	22786	8639	1254	2125
2020	37244	24318	9205	1355	2366
2021	41303	26981	10256	1485	2581
2022	44112	28745	10936	1623	2807

9-20 历年全市农村居民人均消费支出

单位：元

年 份	生活消费支 出	食品烟酒	衣 着	居 住	生活用品及服务	医疗保障	交通通信	教育文化娱 乐	其他用品和服务
1978	204	120	13	44	12	4	5	6	
1979	282	164	19	62	17	5	7	8	
1980	316	180	22	72	18	6	9	9	
1981	330	185	23	77	20	6	9	10	
1982	389	215	28	92	23	8	11	12	
1983	398	217	29	96	25	8	11	12	
1984	506	272	37	123	32	10	15	16	1
1985	563	301	52	121	39	11	20	16	3
1986	651	358	58	136	38	12	21	26	2
1987	767	408	52	191	33	20	22	23	18
1988	1064	533	63	316	47	24	27	31	23
1989	1178	578	70	364	51	29	29	31	26
1990	1131	603	86	273	52	30	31	30	26
1991	1029	559	73	201	62	33	37	29	35
1992	1149	615	83	221	71	34	42	46	37
1993	1283	753	102	119	83	68	48	61	49
1994	1732	971	153	133	97	95	86	130	67
1995	2358	1310	198	289	107	115	97	163	79
1996	2418	1378	205	250	113	106	102	179	85
1997	2551	1409	183	308	124	116	130	184	97
1998	2516	1384	170	343	104	102	109	191	113
1999	2398	1288	149	273	127	106	142	236	77
2000	2677	1305	154	328	156	117	225	278	114
2001	2898	1366	165	306	138	186	288	321	128
2002	3226	1424	187	334	141	246	380	359	155
2003	3696	1573	230	326	210	258	490	490	119
2004	4212	1742	276	432	286	294	531	559	92
2005	4821	1848	322	556	301	668	432	601	93
2006	5327	1993	386	569	321	497	672	767	122
2007	6172	2153	437	881	342	494	907	834	124
2008	7046	2469	501	1024	379	614	1029	899	131
2009	8058	2671	562	1300	431	751	1118	1077	148
2010	9139	3004	644	1638	495	818	1188	1196	156
2011	10093	3284	706	1744	515	902	1395	1357	189
2012	11077	3583	769	1687	580	980	1699	1570	209
2013	12440	3767	796	2872	645	673	2361	1161	165
2014	14836	4548	953	3480	961	916	2579	1177	221
2015	16112	4932	1041	3687	1048	1006	2809	1336	253
2016	17609	5402	1146	3799	1130	1096	3183	1568	286
2017	18665	5732	1211	4006	1199	3383	1672	1160	303
2018	20718	6302	1316	4509	1355	1340	3738	1786	374
2019	22613	6942	1326	4913	1392	1401	4252	1966	420
2020	22984	7033	1378	5254	1491	4237	1617	1509	465
2021	27134	8295	1721	6145	1815	4707	2095	1779	578
2022	29359	8782	1781	6673	1965	5385	2188	1941	643

9-21　历年全市农村每百户居民家庭主要耐用消费品拥有量

年　份	摩托车（辆）	助力车（辆）	家用汽车（辆）	洗衣机（台）	电冰箱（台）	微波炉（台）	彩色电视机（台）	家用电脑（台）	其中：接入互联网（户）	照相机（架）	空调（台）	沐浴热水器（台）	固定电话（部）	移动电话（部）	其中：接入互联网（户）	洗碗机（台）	吸尘器（台）
1985	1			0			2			0							
1986	1			3	1		4			0							
1987	1			4	1		6			0							
1988	1			9	2		10			0							
1989	3			10	4		8			1							
1990	4			18	5		14			2							
1991	6			26	12		20			4							
1992	6			30	14		37			4							
1993	7			34	19		45			5							
1994	15			36	21		46			6	1						
1995	21			37	23		46			6	1						
1996	27			48	26		59			9	2						
1997	28			54	27		61			8	2						
1998	30			52	28		64			10	2						
1999	36			56	33	1	79			12	3	15	43	11			
2000	46			72	37	1	91	1		13	8	16	62	26			
2001	60			75	44	2	101	4		13	15	22	81	44			
2002	70			79	50	3	115	5		15	26	27	91	72			
2003	81		1	83	52	9	122	8		16	38	29	96	103			
2004	90		1	84	53	10	131	8		17	51	33	99	127			
2005	106		2	91	64	13	147	11		18	70	46	115	147			
2006	111		3	95	71	17	155	15		18	84	51	116	168			
2007	115		4	99	78	20	162	22		18	94	61	113	180			
2008	119	56	5	100	83	23	166	28		19	100	65	114	195			
2009	122	66	7	101	90	32	175	35		20	113	70	109	210			
2010	123	75	9	106	95	35	181	46		21	122	79	105	227			
2011	80	80	21	93	101	35	184	44		17	147	82	96	236			
2012	80	89	22	94	103	39	188	54		22	159	85	97	248			
2013	70	89	28	94	103	40	188	57		16	159	90	97	236			
2014	70	91	30	98	100	43	190	60		15	162	92	94	242			
2015	66	97	38	99	100	46	201	70		20	173	95	83	246			
2016	63	101	42	100	101	52	218	80		18	190	98	75	255			
2017	60	105	46	104	104	54	225	84		16	200	105	55	265			
2018	44	114	47	104	105	54	225	84	79	13	202	108	50	275	235	1	10
2019	41	117	51	105	107	54	217	81	68	12	211	109	42	281	236	2	12
2020	41	105	60	106	112	55	218	74	72	13	220	111	35	296	281	2	12
2021	40	108	65	107	114	57	220	72	71	10	224	113	32	303	291	3	13
2022	34	112	68	111	116	60	221	73		10	230	114	28	305		4	17

9-22 历年全市农村居民生活水平

单位：元

年 份	人均可支配收入	± %	人均消费性支出	食品	恩格尔系数	人均年末住宅面积（平方米）
1978	221		204	120	0.59	15.8
1979	414	87.3	282	164	0.58	16.9
1980	343	-17.1	316	180	0.57	18.1
1981	358	4.4	330	185	0.56	19.1
1982	432	20.7	389	215	0.55	20.3
1983	422	-2.3	398	217	0.55	21.3
1984	549	30.1	506	272	0.54	22.4
1985	629	14.6	563	301	0.53	23.5
1986	701	11.4	651	358	0.55	23.5
1987	824	17.5	767	408	0.53	24.6
1988	1104	34.0	1064	533	0.50	26.4
1989	1210	9.6	1178	578	0.49	28.8
1990	1270	5.0	1131	603	0.53	29.2
1991	1250	-1.6	1029	559	0.54	30.5
1992	1406	12.5	1149	615	0.54	30.6
1993	1741	23.8	1283	753	0.59	30.7
1994	2393	37.4	1732	971	0.56	28.4
1995	3052	27.5	2358	1310	0.56	28.2
1996	3440	12.7	2418	1378	0.57	33.2
1997	3648	6.0	2551	1409	0.55	38.1
1998	3865	5.9	2516	1384	0.55	38.9
1999	4011	3.8	2398	1288	0.54	39.6
2000	4335	8.1	2677	1305	0.49	39.8
2001	4695	8.3	2898	1366	0.47	40.3
2002	5052	7.6	3226	1424	0.44	45.0
2003	5536	9.6	3696	1573	0.43	45.7
2004	6380	15.2	4212	1742	0.41	48.2
2005	7288	14.2	4821	1848	0.38	49.8
2006	8333	14.3	5327	1993	0.37	50.6
2007	9536	14.4	6172	2153	0.35	51.8
2008	10751	12.7	7046	2469	0.35	52.1
2009	11745	9.2	8058	2671	0.33	53.9
2010	13288	13.1	9139	3004	0.33	58.0
2011	15381	15.8	10093	3284	0.33	64.0
2012	17188	11.7	11077	3583	0.32	67.9
2013	20257	10.8	12440	3767	0.30	67.9
2014	22404	10.6	14836	4548	0.31	68.1
2015	24410	9.0	16112	4932	0.31	68.7
2016	26508	8.6	17609	5402	0.31	69.0
2017	28999	9.4	18665	5732	0.31	69.0
2018	31767	9.5	20718	6302	0.30	69.0
2019	34803	9.6	22613	6942	0.31	69.0
2020	37244	7.0	22984	7033	0.31	68.5
2021	41303	10.9	27134	8295	0.31	69.2
2022	44112	6.8	29359	8782	0.30	68.2

9-23 分县区农村居民人均收支及每百户主要耐用消费品

单位：元

指标名称	全市	吴兴区	南浔区	德清县	长兴县	安吉县
人均可收入	**44112**	**44938**	**43956**	**45433**	**45100**	**42062**
#工资性收入	28745	32990	28049	32314	28942	23307
经营净收入	10936	8650	13728	9734	12214	13537
财产性收入	1623	1906	1026	2193	301	1531
转移性收入	2807	1391	1154	1192	3642	3688
消费支出	**29359**	**28731**	**28167**	**30990**	**27940**	**29242**
食品烟酒	8782	8653	7698	8405	8032	8751
衣着	1781	2392	1677	1791	1604	2195
居住	6673	5317	4594	6501	7535	5372
生活用品及服务	1965	2421	1260	2100	1689	1864
交通通信	5385	4649	5186	7295	3823	6026
教育文化娱乐	2188	2062	4239	2258	3359	2673
医疗保健	1941	2297	2980	1894	1612	1752
其他用品和服务	643	938	532	746	286	608
每百户拥有量						
摩托车(辆)	34	33	54	48	9	19
助力车(辆)	112	114	128	127	122	108
家用汽车(辆)	68	65	73	80	72	66
洗衣机(台)	111	109	109	114	110	106
电冰箱(台)	116	121	107	128	123	128
微波炉(台)	60	90	79	74	75	36
彩色电视机(台)	221	240	220	252	228	200
计算机(台)	73	93	70	85	76	68
照相机(架)	10	13	8	20	13	10
空调器(台)	230	238	235	265	252	225
淋浴热水器(台)	114	124	109	116	120	116
固定电话(部)	28	39	27	29	10	18
移动电话(部)	305	290	311	352	303	287
洗碗机(台)	4	5	5	3	3	1
吸尘器(台)	17	7	16	24	16	8

9-24　历年市区价格指数

（以上年为 100）

年　份	居民消费价格总指数	商品零售价格总指数
1985	114.9	115.2
1986	106.1	106.1
1987	109.0	109.4
1988	125.1	125.8
1989	115.7	115.7
1990	102.9	102.4
1991	106.8	106.4
1992	109.1	109.2
1993	119.2	118.6
1994	126.7	121.8
1995	116.4	112.6
1996	107.7	104.9
1997	100.3	99.2
1998	100.2	99.4
1999	99.1	98.3
2000	101.4	99.7
2001	100.8	100.3
2002	99.4	99.7
2003	100.0	100.0
2004	104.8	104.4
2005	101.2	101.4
2006	100.0	100.2
2007	104.0	103.8
2008	105.1	106.5
2009	99.2	100.2
2010	104.0	104.1
2011	104.8	105.1
2012	102.0	101.8
2013	102.1	101.7
2014	102.3	100.8
2015	101.0	99.6
2016	101.6	100.5
2017	101.8	101.4
2018	102.2	102.3
2019	103.0	102.9
2020	102.3	101.4
2021	102.1	103.2
2022	102.3	103.7

9-25 主要年份市区居民消费价格指数

（以上年为 100）

项目名称	1985 年	1990 年	1995 年	2000 年	2005 年	2010 年	2011 年	2012 年	2013 年	2014 年	2015 年
居民消费价格总指数	114.9	102.9	116.4	101.4	101.2	104.0	104.8	102.0	102.1	102.3	101.0
一、食品	123.1	101.8	117.9	98.7	104.0	105.6	109.1	105.2	103.7	101.5	101.7
1.粮食		101.1	114.6	77.1	91.2	114.9	113.1	104.5	103.6	100.9	103.6
#大米（粳米）		100.0	114.0	75.9	89.7	116.4	113.5	106.7	102.9	100.5	103.8
面粉		124.4	118.9	100.0	100.8	113.7	108.5	101.7	109.9	101.3	104.9
2.油脂		107.8	108.4	76.4	93.1	102.6	111.9	104.7	98.1	93.6	94.8
#食用植物油		105.5	107.6	75.3	94.9	100.2	114.3	105.3	100.2	92.0	94.1
3.肉禽及其制品		98.4	122.6	98.9	105.0	101.9	117.6	102.9	105.1	101.1	104.7
#猪肉		94.2	128.8	98.1	102.3	101.8	128.1	97.4	99.7	97.5	107.7
鸡		104.8	111.9	100.3	104.9	103.3	108.9	102.4	111.8	105.1	109.2
4.蛋			114.1	84.2	109.2	107.7	112.5	99.5	102.8	111.1	99.4
5.水产品	155.6	106.6	110.8	110.7	111.9	107.0	108.3	110.8	103.2	100.0	98.6
#淡水鱼					104.8	106.5	115.4	110.8	103.0	96.9	98.3
6.鲜菜	180.1	97.4	125.9	109.3	105.0	112.1	106.8	115.7	108.7	96.4	110.8
7.干菜及菜制品					102.5	106.1	103.3	99.9	107.8	104.4	101.4
8.调味品		128.0	114.8	100.1	104.2	102.4	102.6	101.6	103.2	100.5	100.7
9.糖			128.8	100.9	102.3	112.3	107.7	102.4	101.6	101.9	101.2
#食糖		106.5	127.5	101.6	108.4	142.2	115.2	103.8	100.5	104.3	100.0
糖果		114.0	129.5	100.5	100.0	104.8	105.0	101.4	100.0	100.0	102.3
10.茶及饮料					100.5	102.5	99.9	104.7	100.7	101.2	99.8
#饮料					100.6	102.7	99.6	106.1	100.9	103.2	100.1
11.鲜瓜果		98.5	131.6	85.5	115.0	112.2	121.0	105.1	104.9	115.8	97.0
12.干果		103.6	133.9	101.1	91.0	102.2	112.3	104.8	107.0	103.5	103.3
13.糕点饼干面包		117.0	106.4	103.3	97.0	103.9	106.0	100.5	100.8	103.7	100.4
14.液体乳及乳制品		103.0	135.1	100.7	98.1	101.7	104.4	100.8	101.8	102.8	98.2
15.在外用膳食品			132.9	105.5	104.5	101.5	103.0	101.2	102.0	100.4	101.1
二、烟酒及用品					98.3	101.0	102.4	101.8	99.8	100.2	102.5
#烟草		100.4	89.7	94.9	96.9	100.1	100.0	100.0	100.0	100.0	103.4
酒					101.5	103.4	109.6	106.7	99.4	100.7	100.3
三、衣着	102.4	106.7	119.8	100.8	96.9	101.3	103.3	100.0	108.1	106.2	101.0
1.服装			127.9	100.3	94.9	103.1	104.0	100.5	110.1	105.3	100.8

9-25　主要年份市区居民消费价格指数

续 1　　　　　　　　　　　　　　（以上年为 100）

项目名称	1985 年	1990 年	1995 年	2000 年	2005 年	2010 年	2011 年	2012 年	2013 年	2014 年	2015 年
2.衣着材料			104.7	106.9	103.7	112.8	114.1	100.8	104.4	105.7	99.1
3.鞋袜帽			109.2	99.2	100.0	95.0	99.9	98.0	101.3	109.5	101.9
#鞋		112.5	106.3	98.9	100.0	94.1	99.1	97.8	101.3	109.7	101.9
4.衣着加工服务					100.0	100.0	103.7	101.8	102.5	115.8	105.6
四、家庭设备用品及维修服务		104.2	103.4	100.2	98.0	101.1	103.0	102.1	103.1	102.9	101.4
#1.耐用消费品			101.2	99.8	95.7	99.3	100.3	101.3	103.4	101.9	100.4
2.床上用品			117.8	101.0	100.0	102.6	107.2	104.7	105.2	100.2	99.8
3.家庭日用杂品	105.0	124.4	115.7	100.1	100.2	103.1	101.3	100.2	102.2	100.2	102.9
4.家庭服务及加工维修服务					100.0	105.0	115.1	107.0	102.3	114.2	103.3
五、医疗保健及个人用品					99.4	105.4	105.0	102.1	101.4	102.0	102.1
1.医疗保健		98.5	119.9	101.8	98.9	106.9	105.3	102.6	101.9	102.7	103.3
#医疗保健服务		109.4	100.0	100.0	110.3	101.8	100.0	100.3	100.7	113.1	100.0
2.个人用品及服务					100.6	101.6	103.9	100.1	99.9	99.8	97.9
六、交通及通信					98.1	102.4	101.2	99.0	98.7	101.1	98.6
1.交通					100.9	103.6	101.8	98.7	98.3	101.6	98.4
#交通工具			99.9	98.9	97.8	100.7	97.9	96.1	97.7	102.1	104.9
2.通信					95.6	100.9	99.5	99.6	99.7	99.7	99.3
#通信工具			96.3	98.6	83.5	102.4	92.4	96.1	97.5	97.2	93.4
通信服务					100.1	100.6	100.5	100.0	100.0	100.0	100.0
七、娱乐教育和文化用品及服务		94.9	118.1	97.3	98.9	102.3	100.1	99.4	100.4	100.7	102.4
1.文娱用耐用消费品及服务		92.4	101.5	93.4	97.5	101.3	97.0	93.6	95.2	93.3	103.0
2.教育					100.0	100.0	100.0	100.1	100.8	102.4	104.1
#教材及参考书			106.0	107.3	100.2	100.3	100.9	101.3	100.5	99.9	97.9
学杂托幼费		119.3	131.1	139.8	100.0	100.0	100.0	100.1	100.9	102.5	104.4
3.文化娱乐类	100.7	94.9	139.5	99.9	100.0	103.1	101.9	100.9	100.4	99.9	101.2
#文娱费		116.6	133.8	105.5	100.0	104.9	100.0	100.1	100.6	100.0	100.0
4.旅游及外出					96.3	108.5	101.7	100.2	102.3	100.2	96.8
八、居住			123.4	109.6	107.5	106.8	105.9	102.1	101.0	104.0	99.7
#建筑及装修材料		95.5	96.3	99.5	99.9	103.0	102.3	100.3	100.9	100.4	98.7
房租		100.0	192.2	100.0	100.0	106.7	110.3	103.9	101.4	106.1	103.1
水、电、燃料		101.6	110.8	114.0	113.7	109.2	104.3	100.6	100.1	102.7	96.1

9–25　主要年份市区居民消费价格指数（续表）

（以上年为 100）

项目名称	2016 年	2017 年	2018 年	2019 年	2020 年	2021 年	2022 年
居民消费价格总指数	101.6	101.8	102.2	103.0	102.3	102.1	102.3
一、食品烟酒	103.5	100.3	101.8	105.7	107.8	102.4	103.6
1.食品	103.8	99.7	101.9	107.3	109.4	102.5	103.8
(1)粮食	101.8	99.9	102.3	99.6	99.4	102.1	102.2
大米	101.3	100.0	100.0	100.0	100.0	100.6	100.1
面粉	101.5	104.2	112.8	100.2	100.0	102.0	114.0
其他粮食	113.5	99.7	97.9	97.2	104.4	102.8	100.4
粮食制品	101.1	99.2	109.8	98.7	96.5	107.0	107.6
(2)薯类	104.0	101.6	102.8	102.2	105.5	102.4	107.6
薯类	104.0	101.6	102.8	102.2	105.5	102.4	107.6
(3)豆类	99.5	102.9	104.5	107.3	110.3	104.7	100.8
干豆	101.5	100.0	100.0	100.0	102.4	105.7	104.5
豆制品	99.1	103.5	105.4	108.7	111.7	104.6	100.2
(4)食用油	100.4	102.5	100.8	101.4	103.8	109.5	100.6
食用植物油	99.6	102.7	101.2	100.2	100.6	110.7	101.4
食用动物油	122.2	98.4	92.6	129.0	159.8	85.2	80.2
(5)菜	116.6	93.5	106.7	101.4	107.9	106.3	105.0
鲜菜	118.6	92.2	107.4	101.7	109.4	108.1	105.1
干菜及菜制品	102.0	104.1	101.2	99.0	96.0	92.6	102.9
(6)畜肉类	109.4	97.4	97.1	123.9	139.9	82.8	96.6
猪肉	113.4	96.0	95.4	130.9	150.7	73.3	95.2
牛肉	101.3	99.8	100.2	109.2	111.7	104.1	102.0
羊肉	95.6	100.3	103.8	125.3	97.4	106.3	95.6
畜肉副产品	109.8	100.4	95.4	126.4	158.1	80.3	87.1
其他畜肉及制品	104.1	98.7	101.4	103.9	106.9	98.7	104.2
(7)禽肉类	97.1	97.9	104.2	108.4	104.6	95.5	104.7
鸡	97.7	97.5	101.3	109.6	106.5	91.2	103.0
鸭	96.7	95.0	110.3	107.6	94.3	97.6	110.3
其他禽肉及制品	96.4	102.0	103.2	107.2	112.3	100.9	101.8
(8)水产品	103.9	107.3	101.8	97.2	102.4	118.3	102.6
淡水鱼	103.9	108.7	101.3	97.4	108.6	135.1	99.5
海水鱼	108.5	100.7	98.8	103.4	103.4	98.9	103.8
虾蟹类	104.9	109.7	101.3	92.0	94.7	118.4	99.5
其他水产品及制品	98.7	103.7	106.7	103.3	102.9	106.6	116.1
(9)蛋类	97.8	97.4	107.6	103.9	93.4	107.4	103.5
鸡蛋	98.2	97.8	106.3	104.2	91.8	109.1	103.6
其他蛋及制品	96.8	96.7	110.7	103.2	97.2	103.2	103.4
(10)奶类	98.2	100.2	102.9	102.4	104.0	104.0	103.4
鲜奶	95.9	99.5	104.5	101.7	99.4	105.7	103.6
酸奶	100.7	93.6	97.3	105.7	102.0	99.6	103.6
奶粉	100.0	103.2	102.6	99.6	111.9	103.6	103.7
其他奶制品	99.0	103.1	104.1	108.2	102.4	103.8	100.1
(11)干鲜瓜果类	95.3	101.0	101.4	117.2	91.6	111.3	113.6
鲜瓜果	94.8	101.1	100.3	121.5	90.7	114.5	115.9
坚果	96.7	100.8	107.5	103.1	95.6	97.8	103.3
瓜果制品	97.9	100.4	100.2	104.3	94.2	107.6	108.0

9–25　主要年份市区居民消费价格指数（续表）

续 1　　　　（以上年为 100）

项目名称	2016 年	2017 年	2018 年	2019 年	2020 年	2021 年	2022 年
(12)糖果糕点类	99.2	101.0	99.5	100.7	100.7	100.4	104.6
食糖	92.6	114.0	109.3	99.9	99.3	93.0	110.7
糖果	102.4	101.2	100.8	103.6	99.9	102.2	102.9
糕点	97.3	99.2	97.5	100.9	99.7	101.2	105.1
其他糖果糕点	103.0	100.7	99.0	98.4	103.9	99.0	100.9
(13)调味品	101.4	102.7	102.9	100.8	98.5	103.8	104.0
食用盐	100.1	100.3	100.0	100.0	96.5	102.6	102.0
酱油	100.9	113.9	107.8	99.9	99.6	104.3	108.3
食醋	102.9	87.6	102.0	100.0	95.0	101.9	101.4
调味酱	95.2	98.4	96.8	101.0	95.6	102.2	101.5
味精	105.5	99.6	100.0	99.7	99.2		
其他调味品	104.0	104.7	104.2	104.8	101.7	105.2	102.7
(14)其他食品类	102.6	99.4	103.9	100.9	99.9	98.4	105.3
方便食品	102.7	100.3	105.7	100.3	100.1	97.6	104.0
淀粉及制品	102.2	101.7	100.4	100.3	101.8	100.8	107.1
膨化食品	102.5	96.0	100.9	103.0	98.3		
2.茶及饮料	100.6	100.1	102.6	99.3	100.8	102.3	103.2
茶叶	100.2	100.2	101.5	100.4	105.4	104.5	101.4
固体咖啡	95.4	93.7	99.9	100.5	99.9	99.9	101.8
其他固体饮料	102.3	108.4	108.7	94.8	91.6	115.2	103.9
饮用水	104.4	96.1	101.0	97.8	99.6	100.1	109.4
果汁饮料	102.1	97.5	105.4	103.6	105.4	98.0	103.0
其他液体饮料	99.4	101.8	102.0	98.3	97.8	99.9	102.6
3.烟酒	100.6	99.8	100.2	100.2	101.4	100.0	105.6
(1)烟草	101.6	100.0	100.0	100.0	100.2	100.4	107.9
烟草	101.6	100.0	100.0	100.0	100.2	100.4	107.9
(2)酒类	98.5	99.2	100.7	100.7	104.0	99.2	100.2
白酒	97.3	100.1	99.8	103.2	103.3	98.9	100.1
葡萄酒	100.8	95.3	104.2	96.2	114.6	102.0	104.2
啤酒	97.1	100.4	100.2	100.0	95.9	100.0	97.0
其他酒类	100.0	100.0	100.0	100.0	103.1	96.8	100.1
4.在外餐饮	103.9	102.2	101.9	104.1	106.2	103.2	102.4
正餐	102.8	102.5	104.1	105.1	108.0	103.9	104.6
快餐	104.1	101.9	99.0	101.2	103.9	100.1	94.1
地方小吃	112.0	106.4	102.9	109.2	111.0	102.6	99.6
其他在外餐饮	101.9	98.5	101.6	105.4	101.1	103.5	104.0
二、衣着	102.5	101.1	101.6	102.2	99.5	102.2	100.9
1.服装	102.9	101.1	102.3	102.5	98.9	101.2	100.3
(1)男式服装	105.0	105.7	102.7	103.1	101.1	101.8	100.8
男式西服	107.8	108.5	101.8	101.0	99.7		104.8
男式冬衣	102.6	118.8	112.7	103.3	99.5		
男式夹克衫	99.1	110.6	99.4	102.1	105.4		
男式毛线衣	121.7	98.1	107.0	101.9	98.8	103.7	101.4
男式运动装	99.5	90.9	89.2	100.7	102.3		
男式衬衫 T 恤	106.4	103.4	100.0	105.8	100.0	98.0	97.4
男式裤子	105.4	110.8	108.0	102.5	101.2	104.2	97.7
男式内衣	105.4	101.4	108.4	105.6	103.1	101.8	98.2

9–25　主要年份市区居民消费价格指数（续表）

续 2　　　　（以上年为 100）

项目名称	2016 年	2017 年	2018 年	2019 年	2020 年	2021 年	2022 年
(2)女式服装	102.1	98.8	100.6	102.6	97.1	100.7	99.3
女式外套	101.5	99.1	98.3	104.5	94.8	101.0	98.0
女式冬衣	104.1	105.7	102.7	103.4	96.0		
女式毛线衣	105.7	107.0	103.6	100.9	103.1	107.6	98.6
女式运动装	99.6	92.7	90.0	98.9	99.8		
女式衬衫 T 恤	100.6	93.6	102.6	101.4	98.4	97.4	99.5
女式裤子	102.7	101.9	101.3	103.5	91.5	100.2	100.3
女式裙子	101.6	86.5	95.2	99.1	101.9	99.6	103.4
女式内衣	101.5	103.4	108.9	104.5	97.3	96.7	97.1
(3)儿童服装	99.6	95.4	109.0	99.5	98.1	101.2	102.1
婴幼服装	116.9	103.6	110.4	98.6	105.8	102.5	104.2
儿童上衣	94.3	94.7	108.4	97.9	95.7	104.3	104.4
儿童裤子	96.5	88.3	108.5	104.4	96.0	98.3	98.7
儿童裙子	91.7	93.8	108.2	97.6	91.3	96.0	98.9
2.服装材料	100.9	99.4	102.1	118.6	100.0		101.4
服装材料	100.9	99.4	102.1	118.6	100.0		
3.其他衣着及配件	101.2	99.7	98.7	100.6	100.0	100.6	101.4
袜子	100.8	100.1	100.0	100.0	100.3	100.4	101.9
帽子	97.3	107.9	103.4	99.9	99.8	98.6	100.0
其他衣着配件	102.3	97.7	96.6	101.2	99.8	101.4	101.5
4.衣着加工服务费	103.6	104.5	101.9	103.5	100.1	104.2	101.1
衣着洗涤保养	100.5	105.9	100.5	100.0	100.0	104.4	102.1
衣着加工	112.3	101.0	105.8	112.3	100.2		
5.鞋类	101.0	100.9	99.1	100.5	101.7	106.5	103.2
(1)鞋	101.0	100.9	99.1	100.4	101.4	106.7	103.2
男鞋	96.7	106.0	102.0	102.0	103.1	112.4	103.3
女鞋	103.2	97.4	97.1	98.8	100.0	103.4	103.4
童鞋	102.8	107.9	101.7	105.1	104.0	106.9	101.8
(2)鞋类加工服务	100.0	100.0	100.0	106.6	118.6	100.0	105.7
鞋类加工服务	100.0	100.0	100.0	106.6	118.6	100.0	105.7
三、居住	101.1	105.1	104.0	100.9	100.0	100.1	100.7
1.租赁房房租	102.6	106.3	104.9	100.0	99.3	99.9	100.0
公房房租	100.0	100.0	100.0	100.0	100.0	100.0	100.0
私房房租	102.7	106.6	105.1	100.0	99.2	99.9	100.0
2.住房保养维修及管理	99.9	102.7	103.5	105.9	103.5	101.6	103.2
(1)住房装潢材料	99.8	103.6	105.9	103.8	100.1	102.3	103.6
木地板	95.5	103.7	111.2	103.9	101.5	103.3	105.6
瓷砖	98.9	98.1	100.5	106.5	100.0	102.5	100.5
水泥	97.7	114.0	119.0	99.8	95.1	106.6	91.7
涂料	100.0	100.1	100.0	100.0	100.0	102.8	107.9
板材	100.0	102.4	112.5	108.3	100.0	101.5	103.7
管材	100.0	102.6	109.3	100.0	100.0	105.9	110.8
厨卫设备	99.5	104.0	101.2	102.9	100.0	100.0	100.5
门窗	104.6	108.4	98.8	100.0	99.9	101.3	103.1
其他住房装潢材料	100.7	102.5	111.5	108.7	100.4	103.3	108.6
(2)物业管理费	100.0	100.0	100.0	100.0	113.0	100.0	100.0
物业管理费	100.0	100.0	100.0	100.0	113.0	100.0	100.0

9-25 主要年份市区居民消费价格指数（续表）

续 3 （以上年为 100）

项目名称	2016 年	2017 年	2018 年	2019 年	2020 年	2021 年	2022 年
(3)住房装潢维修	100.0	102.7	101.7	113.0	103.9	101.6	102.8
装潢维修费	100.0	103.3	102.0	115.8	104.7	100.9	104.8
其他住房费用	100.0	100.0	100.0	100.0	100.0	100.0	100.0
3.水电燃料	98.6	103.8	101.9	100.5	99.0	100.6	101.8
(1)水	102.5	113.1	105.0	100.0	100.0	100.0	100.0
水	102.5	113.1	105.0	100.0	100.0	100.0	100.0
(2)电	100.0	100.0	100.0	100.0	100.0	100.0	100.0
电	100.0	100.0	100.0	100.0	100.0	100.0	100.0
(3)燃气	92.9	107.5	104.3	102.0	96.2	102.1	107.9
管道燃气	100.0	100.0	100.0	100.0	100.0	100.0	100.0
液化石油气	86.7	115.0	108.1	103.5	93.3	105.7	121.0
(4)取暖费	100.0	100.0	100.0	100.0	100.0		
取 暖 费	100.0	100.0	100.0	100.0	100.0		
(5)其他燃料	100.0	101.2	101.6	100.0	100.0	101.4	100.0
其他燃料	100.0	101.2	101.6	100.0	100.0	101.4	100.0
4.自有住房	101.9	105.9	104.5	100.0	99.6	99.7	99.9
自有住房	101.9	105.9	104.5	100.0	99.6	99.7	99.9
四、生活用品及服务	100.0	100.5	101.3	102.1	101.9	102.6	102.3
1.家具及室内装饰品	100.3	99.8	100.4	101.0	99.9	100.2	102.2
(1)家具	100.3	100.2	100.5	100.8	99.9	100.1	102.7
柜	103.0	101.2	101.6	100.4	99.5	99.8	100.0
床	100.0	100.0	99.9	100.0	100.2	101.3	102.5
桌	100.2	100.5	102.9	100.6	100.0	100.0	102.7
椅	98.3	100.1	99.8	100.0	99.8	96.5	99.4
沙发	99.2	99.7	99.1	101.6	99.7	100.4	105.3
其他家具	101.3	99.6	100.0	102.8	100.5	100.6	104.7
(2)室内装饰品	99.8	97.0	100.1	102.6	100.2	101.0	98.8
灯具	101.1	98.9	98.6	99.1	102.8	101.5	98.4
其他室内装饰品	99.1	95.9	100.9	104.6	98.8	100.6	99.1
2.家用器具	100.0	100.6	100.7	100.8	99.9	104.3	102.7
(1)大型家用器具	100.0	100.5	101.1	100.6	99.7	104.8	102.8
洗衣机	99.6	101.3	100.1	105.2	103.5	106.7	99.7
电冰箱(柜)	98.7	100.6	100.8	101.4	101.1	108.3	99.0
抽油烟机	97.8	101.0	102.7	101.7	100.3	103.8	101.5
空调器	102.5	100.8	102.1	100.9	97.4	104.4	106.3
热水器	105.9	103.5	98.1	98.2	101.0	106.0	108.4
炉具灶具	95.7	103.9	104.6	100.7	100.2	101.9	99.9
微波炉	101.4	100.8	100.5	99.9	103.4		
其他大型家用器具	94.5	96.0	99.8	95.7	99.2	100.6	101.2
(2)小家电	99.9	101.0	99.0	101.7	101.0	102.3	102.5
厨房小家电	100.3	103.2	99.5	101.0	101.7	103.2	101.8
生活小家电	99.4	98.3	98.3	102.7	100.1	101.0	103.4
3.家用纺织品	96.4	95.3	101.7	107.2	108.3	102.7	102.2
(1)床上用品	96.9	94.3	101.6	108.4	110.6	103.1	102.9
被子	95.1	93.4	102.4	116.6	114.8	100.0	99.9
床单被套	97.4	94.0	101.1	100.5	104.7	111.0	106.5
其他床上用品	101.9	97.6	100.0	100.6	109.0	95.4	103.8

9-25 主要年份市区居民消费价格指数（续表）

续 4 （以上年为 100）

项目名称	2016 年	2017 年	2018 年	2019 年	2020 年	2021 年	2022 年
(2)窗帘门帘	94.5	98.1	100.1	101.1	100.7	98.9	100.0
窗帘门帘	94.5	98.1	100.1	101.1	100.7	98.9	100.0
(3)其他家用纺织品	93.4	103.8	105.4	103.4	92.8	102.2	98.8
其他家用纺织品	93.4	103.8	105.4	103.4	92.8	102.2	98.8
4.家庭日用杂品	101.4	102.1	102.0	101.6	101.4	102.9	101.7
(1)洗涤卫生用品	102.3	104.9	102.6	101.3	101.7	102.6	101.9
清洗用品	99.2	104.3	101.3	103.9	108.3	100.3	99.0
清洁用具	99.1	99.2	96.3	98.7	98.8	101.1	98.3
清洁用纸	109.3	109.0	107.5	98.8	93.3	105.9	106.9
(2)厨具餐具茶具	101.0	102.2	103.2	101.4	101.1	100.3	99.8
厨具	101.2	104.5	105.7	100.5	102.8	102.7	101.9
餐具	101.4	99.3	100.0	101.4	99.8	96.1	96.9
茶具	98.4	101.8	102.5	105.1	97.7	101.6	99.4
(3)家用手工工具	100.8	102.4	110.2	102.4	100.4		
家用手工工具	100.8	102.4	110.2	102.4	100.4		
(4)其他家庭日用杂品	100.5	98.6	100.2	102.1	101.3	104.5	102.3
配电附件	98.2	103.8	106.4	100.4	101.2	109.9	105.4
雨具	100.0	96.3	98.4	100.0	97.6	98.5	103.5
其他日用杂品	102.1	95.9	96.5	103.9	102.3	103.1	99.5
5.个人护理用品	98.7	97.2	97.7	101.6	101.7	99.6	102.8
(1)化妆品	99.2	98.5	96.7	100.0	102.0	99.7	102.4
清洁化妆品	97.4	99.2	100.3	101.2	100.7	96.8	103.6
护肤化妆品	99.5	98.0	94.4	99.4	102.7	101.9	101.6
彩妆化妆品	100.0	99.8	99.9	100.5	101.2	96.7	103.1
化妆器具	100.0	95.5	97.8	99.1	101.3	100.0	102.8
(2)其他护理用品类	98.0	95.5	99.0	103.9	101.4	99.3	103.8
清洁类护理用品	95.7	99.3	100.5	108.6	106.1	104.5	104.5
护发美发用品	100.2	100.7	100.5	100.4	98.6	100.8	100.8
护理器具	100.8	101.3	99.8	100.0	100.9	99.1	101.7
其他护理用品	98.8	82.2	94.4	99.6	93.6	90.4	106.3
6.家庭服务	103.2	109.5	107.9	104.4	104.8	105.1	101.7
家政服务	104.4	112.8	110.4	105.6	106.1	107.6	102.1
家庭维修服务	100.0	100.0	100.0	100.0	100.1	107.3	104.7
五、交通和通信	98.1	100.1	101.9	99.9	96.7	104.7	104.8
1.交通	98.1	101.9	104.3	99.5	96.2	105.1	106.3
(1)交通工具	96.3	99.4	100.4	100.7	98.8	100.0	100.3
小型汽车	96.1	99.3	100.4	100.4	98.7	100.2	99.7
新能源小汽车							103.0
电动自行车	99.2	101.7	102.0	110.0	101.7	100.5	99.7
自 行 车	100.0	98.3	99.7	103.1	104.8	102.2	100.8
其他交通工具	100.0	100.0	100.0	100.0	97.1	98.4	100.4
(2)交通工具用燃料	95.8	109.0	112.3	94.2	86.2	116.9	120.7
汽油	95.5	109.3	112.8	94.0	85.8	117.5	121.3
柴油	98.8	108.5	114.1	93.7	84.5	119.4	123.2
其他车用能源	100.0	100.0	100.0	100.0	100.0	100.0	100.5

9-25 主要年份市区居民消费价格指数（续表）

续 5　　　　　　　　（以上年为 100）

项目名称	2016 年	2017 年	2018 年	2019 年	2020 年	2021 年	2022 年
(3)交通工具使用和维修	102.4	99.8	108.5	105.8	102.3	100.9	102.7
停车费	100.0	100.0	113.1	112.1	102.4	100.0	100.0
车辆使用费	100.0	100.0	100.0	100.0	109.8	102.9	103.0
交通工具零配件	100.0	97.3	99.5	103.5	99.8	101.8	101.4
车辆修理与保养	106.4	101.3	117.0	107.4	100.7	99.6	104.6
(4)交通费	102.7	101.1	100.4	99.5	98.1	103.9	98.9
市内公共交通	100.0	100.0	100.0	100.0	100.0	100.0	100.0
出租汽车	100.0	100.0	100.0	100.0	100.0	100.0	100.0
飞机票	111.9	104.1	99.0	95.4	91.9	112.4	91.9
火车票	100.5	100.0	103.3	103.2	100.3	103.1	100.0
长途汽车	100.0	100.4	100.0	100.0	100.1	106.7	106.7
其他交通费	98.2	100.0	100.0	100.0	100.0	101.2	99.4
2.通信	98.1	96.8	97.2	100.8	97.8	102.9	99.4
(1)通信工具	93.2	93.6	98.3	104.3	100.3	110.4	97.8
固定电话机	98.8	99.1	97.0	101.5	100.4		97.8
移动电话机	92.9	93.2	98.3	104.5	100.5		
通信工具零配件	100.1	100.2	100.0	100.0	94.9	98.2	97.9
(2)通信服务	99.7	97.8	96.2	99.7	97.0	100.0	100.0
固定电话费	97.7	99.2	100.0	100.0	100.0		100.0
移动通信费	100.0	100.0	94.7	100.0	100.0		
上 网 费	100.0	90.6	98.7	98.6	85.7	100.0	100.0
其他通信服务	100.0	100.0	100.0	100.0	100.0	100.0	100.0
(3)邮递服务	99.9	100.0	115.1	100.0	98.2	99.4	100.3
邮政邮寄	100.0	100.0	100.0	100.0	100.0		100.3
快递服务	99.8	100.0	118.8	100.0	97.8		
六、教育文化和娱乐	102.2	101.8	101.9	104.1	102.0	103.9	101.0
1.教育	103.1	102.0	102.4	104.9	103.3	103.8	101.2
(1)教育用品	99.7	99.2	100.7	100.8	99.6	101.8	105.8
工具书	100.0	100.0	101.4	102.0	100.0	100.4	100.0
教材	100.0	100.0	100.9	102.2	100.7	101.1	102.2
参考资料	100.0	100.0	101.4	103.7	100.1	102.9	111.9
其他教育用品	98.1	95.1	97.8	90.1	95.4	100.8	96.7
(2)教育服务	103.2	102.1	102.5	105.1	103.4	103.8	101.0
学前教育	108.2	108.1	106.4	104.8	110.3	111.1	100.0
小学初中教育	100.0	101.7	104.5	104.3	105.7	104.7	100.0
高中中职教育	100.0	101.9	103.7	102.6	105.6	102.2	103.1
高等教育	102.6	100.0	100.0	100.0	100.0	100.0	99.6
课外教育	104.0	101.3	102.0	114.1	100.9	106.9	103.4
专业技能培训	105.1	101.4	100.0	105.9	101.1	100.0	100.0
2.文化娱乐	101.1	101.5	101.3	102.9	100.2	104.2	100.8
(1)文娱耐用消费品	98.6	98.3	101.7	99.4	100.4	109.1	99.5
电视机	109.1	93.0	104.8	101.1	101.5	117.8	97.5
照相机	92.4	100.2	91.1	103.1	101.3	99.0	103.7
台式计算机	98.5	98.3	95.9	98.5	99.3	100.2	101.0
笔记本平板	94.8	103.1	105.7	96.3	99.9	98.5	99.2
乐器	100.0	100.0	100.6	106.5	94.7	112.0	104.2
音响	100.4	99.6	97.2	93.6	106.1	100.6	100.8

9–25 主要年份市区居民消费价格指数（续表）

续 6　　　　（以上年为 100）

项目名称	2016 年	2017 年	2018 年	2019 年	2020 年	2021 年	2022 年
可穿戴智能设备						98.8	105.3
其他文娱耐用消费品	85.5	98.1	101.2	101.0	100.3	102.7	95.1
(2)其他文娱用品	98.7	99.6	102.8	102.5	99.3	99.7	100.9
书报杂志	100.0	102.6	109.9	110.1	101.0	100.0	101.9
纸张文具	99.8	97.1	102.3	100.2	98.7	96.9	105.5
体育户外用品	99.7	100.0	100.1	100.0	99.7	99.6	102.4
游戏用品和玩具	100.0	99.6	99.6	100.0	100.0	100.2	99.7
园艺花卉及用品	93.5	90.8	100.0	100.0	97.5	98.1	100.6
宠物及用品	90.4	105.8	102.6	95.4	99.3	101.7	101.6
其他文化娱乐用品	100.1	99.9	101.2	101.7	94.1	101.9	94.9
(3)文化娱乐服务	100.6	103.7	100.7	100.0	100.2	101.1	99.5
电影票	100.0	100.0	100.0	100.0	102.4	105.5	92.5
景点门票	102.6	112.6	100.0	100.0	100.0	100.0	100.0
有线电视	100.0	100.0	100.0	100.0	100.0	100.0	100.0
健身活动	100.4	100.1	100.0	100.0	99.8	99.8	100.0
其他文娱服务	99.5	104.1	105.4	99.9	99.7	100.0	102.0
(4)旅游	103.4	102.6	100.9	105.8	100.3	105.5	102.4
旅行社收费	103.7	102.9	101.0	106.3	100.3	105.3	101.6
其他旅游	100.0	100.0	100.0	100.0	100.0	108.2	111.4
七、医疗保健	101.2	102.8	101.5	104.9	99.1	102.6	101.6
1.药品及医疗器具	103.0	106.9	103.0	106.8	97.9	100.8	104.1
(1)中药	103.9	106.6	102.5	101.2	100.4	101.2	100.8
中药材	99.5	100.0	100.0	100.0	105.6	104.2	94.7
中成药	105.7	109.3	103.4	101.6	98.6	99.9	103.8
(2)西药	99.6	104.1	102.3	100.4	94.7	103.0	110.7
抗微生物药	90.4	100.0	93.4	94.2	94.1		150.5
消化系统用药	113.8	107.8	93.1	97.7	97.8	98.9	103.6
呼吸系统用药	100.0	110.0	120.7	101.1	93.1	99.0	92.9
解热镇痛药	99.3	100.8	100.3	102.4	100.3	98.5	95.6
抗肿瘤药	95.4	118.6	109.7	106.8	100.4	98.6	103.2
激素及影响内分泌药	109.9	103.9	105.3	99.6	100.3	100.2	88.8
心血管系统用药	107.2	102.0	94.2	96.9	65.0	99.1	97.9
血液系统用药	75.8	100.0	157.1	112.2	101.7	108.4	100.0
治疗精神障碍药	97.9	108.5	117.6	114.2	104.8	112.7	100.3
神经系统用药	129.1	99.9	99.9	100.2	102.9	103.8	112.4
消毒防腐及创伤外科用药	100.8	100.0	98.3	99.6	101.9	87.8	99.6
泌尿系统用药	98.6	100.4	94.3	97.7	97.2	103.1	93.5
维生素、矿物质类药	100.6	103.6	112.7	110.7	107.9	99.6	99.7
调节水、电解质及酸碱平衡药	88.6	100.3	100.0	99.8	99.8	103.8	101.9
(3)滋补保健品	111.9	115.5	105.5	122.1	99.7	94.6	94.7
滋补保健品	111.9	115.5	105.5	122.1	99.7	94.6	94.7
(4)医疗卫生器具	99.8	99.9	101.1	103.4	103.3	102.6	99.9
医疗卫生器具	99.8	99.9	101.1	103.4	103.3	102.6	99.9
(5)保健器具	94.7	100.3	100.0	100.0	96.0	99.5	100.2
保健器具	94.7	100.3	100.0	100.0	96.0	99.5	100.2
2.医疗服务	100.0	100.2	100.5	103.5	100.0	103.4	100.5
(1)综合医疗类	100.0	100.8	101.4	106.2	100.0	116.0	103.0

9-25 主要年份市区居民消费价格指数（续表）

续 7　　（以上年为 100）

项目名称	2016 年	2017 年	2018 年	2019 年	2020 年	2021 年	2022 年
一般医疗服务	100.0	101.1	102.4	114.1	100.0	100.0	107.0
一般治疗操作	100.0	100.4	100.4	100.0	100.0	149.6	100.0
护理	100.0	100.7	100.7	100.0	100.0	110.4	100.0
其他综合医疗服务	100.0	100.0	100.0	100.0	100.0	100.0	100.0
(2)诊断类	100.0	100.0	100.2	102.7	100.1	100.0	100.0
病理学诊断	100.0	100.0	100.0	100.0	100.0	118.3	100.0
实验室诊断	100.0	100.0	99.7	96.6	100.2	94.9	100.0
影像学诊断	100.0	100.0	99.6	95.7	100.0	96.8	100.0
临床诊断	100.0	100.0	103.6	138.5	100.0	121.6	100.0
(3)治疗类	100.0	100.0	100.4	104.0	100.0	100.0	98.3
临床手术治疗	100.0	100.0	100.9	110.0	100.0	100.0	96.4
临床非手术治疗	100.0	100.0	100.0	100.0	100.0	100.0	100.0
(4)康复类	100.0	100.0	100.0	100.0	100.0	100.0	100.0
康复医疗	100.0	100.0	100.0	100.0	100.0	100.0	100.0
(5)中医医疗服务类	100.0	100.3	100.3	100.0	100.0	102.2	100.0
中医治疗	100.0	100.3	100.3	100.0	100.0	102.2	100.0
(6)其他医疗服务	100.0	100.0	100.0	100.0	100.0	100.0	107.1
其他医疗服务	100.0	100.0	100.0	100.0	100.0	100.0	107.1
八、其他用品和服务	101.4	100.6	99.3	102.3	103.9	96.2	101.2
1.其他用品类	102.6	100.5	99.3	104.7	108.8	97.9	102.1
(1)首饰手表	104.8	100.2	98.4	107.5	114.3	96.4	101.9
金饰品	109.9	100.8	95.9	112.9	122.3	92.9	102.6
银饰品	106.5	100.6	106.9	100.4	100.2	100.2	103.4
铂金饰品	93.3	100.9	102.2	97.5	99.7	104.2	98.9
手表	100.0	95.3	101.3	100.8	100.4	101.7	101.7
(2)其他杂项用品	99.4	101.1	100.7	100.6	100.2	100.0	101.0
箱包	100.0	100.8	101.1	100.7	99.1	101.0	101.4
母婴用品	98.7	102.3	100.5	101.0	102.0	99.6	105.1
眼镜	99.1	100.0	100.1	99.8	100.0	97.8	100.0
2.其他服务类	100.6	100.6	99.2	100.7	100.3	94.7	100.4
(1)旅馆住宿	100.2	100.7	100.4	100.1	104.2	101.9	101.2
宾馆住宿	99.8	97.1	100.0	102.0	103.5	101.4	103.3
其他住宿	100.9	105.9	101.0	97.4	105.1	104.3	92.1
(2)美容美发洗浴	101.6	102.7	99.0	102.3	105.2	101.1	101.5
美容	100.0	102.3	97.8	100.0	100.0	100.0	100.0
美发	100.4	101.5	100.7	104.7	108.9	101.8	102.5
洗浴	112.5	109.1	95.7	99.3	105.3	101.9	101.9
(3)养老服务	100.0	100.0	100.0	100.0	100.0	100.0	100.0
养老服务	100.0	100.0	100.0	100.0	100.0	100.0	100.0
(4)金融保险	100.0	98.6	98.0	100.0	96.2	87.6	99.6
金融服务	100.0	100.0	100.0	100.0	100.0	97.3	96.1
车辆保险	100.0	97.7	96.8	100.0	93.8	80.2	100.0
旅行保险	100.0	100.0	100.0	100.0	100.0	100.0	100.0
其他保险	100.0	100.0	100.0	100.0	100.0	100.0	100.0
(5)中介法律及其他服务	101.9	105.3	104.1	100.0	99.7	99.7	100.0
中介服务	102.3	106.4	104.9	100.0	99.6	99.6	100.0
法律服务							100.0
其他服务	100.0	100.0	100.0	100.0	100.0	100.0	100.0

9-26　主要年份市区商品零售价格指数

（以上年为 100）

指标名称	1985 年	1990 年	1995 年	2000 年	2005 年	2010 年	2011 年	2012 年	2013 年	2014 年	2015 年
商品零售价格总指数	115.2	102.4	112.6	99.7	101.4	104.1	105.1	101.8	101.7	100.8	99.6
一、食品	123.1	101.8	119.9	97.4	104.2	105.5	108.9	105.1	103.8	101.4	101.6
#1.粮食		101.1	114.6	77.8	91.1	114.9	113.1	104.5	103.7	100.9	103.6
2.油脂		107.8	108.4	76.4	93.1	102.6	111.9	104.7	98.1	93.6	94.8
3.肉禽及其制品					104.9	101.9	117.6	102.8	105.1	101.1	104.7
4.蛋					109.2	107.7	112.5	99.5	102.8	111.1	99.4
5.水产品	155.6	106.6	110.8	110.7	109.5	106.4	106.3	110.7	103.3	99.7	98.3
6.鲜菜	180.1	97.4	126.5	108.7	105.0	112.1	106.8	115.7	108.7	96.4	110.8
7.干菜及菜制品		99.5	104.5	101.8	102.5	106.1	103.3	99.9	107.8	104.4	101.4
8.鲜瓜果		98.5	132.4	88.1	115.0	112.2	121.0	105.1	104.9	115.8	97.0
9.干果		103.6	133.9	101.1	91.0	102.2	112.3	104.8	107.0	103.5	103.3
10.其他食品			120.4	101.1	99.3	101.2	109.8	104.6	101.5	101.0	94.8
11.在外用膳食品			132.9	105.5	104.5	101.3	103.1	101.2	102.0	100.4	101.1
(1)主食			131.4	100.0	100.2	100.5	105.8	101.8	101.4	100.2	101.0
(2)炒菜			131.4	109.1	103.6	100.2	100.1	98.8	101.5	98.6	100.4
(3)地方小吃			137.5	100.0	109.0	107.2	113.0	105.3	101.7	105.2	103.9
二、饮料、烟酒			97.1	96.5	98.1	101.4	102.6	102.7	100.1	100.4	101.7
1.茶及饮料					100.2	102.5	99.8	104.7	100.7	101.3	99.8
#饮料			115.5	98.1	100.7	102.6	99.6	106.1	100.9	103.2	100.1
2.烟草					96.5	100.1	100.0	100.0	100.0	100.0	103.1
3.酒					101.6	103.3	109.2	106.6	99.9	100.7	100.3
三、服装、鞋帽			123.8	99.9	96.6	101.0	103.1	99.9	108.0	106.1	101.0
1.服装			128.7	100.3	94.9	103.0	104.0	100.5	110.1	105.3	100.8
2.鞋袜帽					100.0	95.9	100.0	98.1	101.3	109.4	101.9
#鞋		112.5	106.2	98.9	100.0	94.9	99.1	97.8	101.3	109.7	101.9
3.其他衣着		98.0	144.1	100.3	98.7	100.0	102.7	99.2	97.5	100.4	100.0
四、纺织品			109.6	105.5	101.5	107.3	109.4	103.6	105.1	101.9	99.8
#1.棉布		113.5	135.6	106.2	102.2	113.3	129.4	103.8	100.0	122.1	100.0
2.棉花化纤混纺布		118.5	122.1	141.0	103.4	106.1					
3.化纤布		107.7	99.8	110.0	104.0	121.1	112.2	97.3	104.2	100.5	98.0
4.毛织品		104.2	107.7	91.0	99.7						
5.丝织品		99.8	105.7	101.8	109.8						

9-26 主要年份市区商品零售价格指数

续 1　　（以上年为 100）

指标名称	1985 年	1990 年	1995 年	2000 年	2005 年	2010 年	2011 年	2012 年	2013 年	2014 年	2015 年
五、家用电器及音像器材					95.4	98.9	99.2	99.2	101.3	99.4	100.7
#1.家庭设备					92.9	99.3	100.5	101.2	103.1	101.5	100.6
#洗衣机		96.3	101.2	100.0	93.4	101.5	101.7	101.5	98.5	98.0	99.6
电冰箱（柜）		78.1	96.5	100.0	93.5	100.0	99.8	101.9	105.0	101.8	101.1
抽排油烟机			133.1	97.9	100.5	107.3	99.7	102.5	103.6	104.2	103.3
空调器			94.3	100.4	92.1	95.4	99.5	98.0	102.6	102.2	98.9
热水器					88.0	95.6	100.5	101.8	107.3	102.9	101.4
2.文娱用耐用消费品					98.6	97.5	96.2	95.1	97.9	93.7	103.8
#彩电		86.8	97.7	86.0	99.8	98.1	95.2	92.2	97.0	84.8	102.9
六、文化办公用品					98.4	100.9	99.0	97.6	98.1	99.4	102.1
七、日用品	105.0	104.2	113.6	100.2	99.2	103.0	103.7	101.4	101.1	100.4	101.2
#1.日用百货		107.1	115.2	99.9	98.6	100.3	106.3	101.3	101.0	100.6	100.8
2.日用杂品		124.4	114.1	101.3	100.0	110.8	100.9	100.4	102.7	100.6	104.3
八、体育娱乐用品					98.7	97.9	101.6	100.5	100.8	99.8	98.9
九、交通、通信用品					97.0	101.0	98.1	97.6	98.7	100.9	101.5
1.交通运输机械					98.3	100.9	98.7	97.6	98.7	101.3	102.5
2.通信器材					84.9	101.7	94.5	97.4	98.4	98.3	95.5
十、家具		99.6	103.8	99.8	99.7	99.4	98.9	100.6	104.0	102.8	99.1
十一、化妆品			101.9	100.3	100.0	100.7	104.8	101.2	102.6	101.1	100.0
十二、金银珠宝			97.0	104.3	101.9	108.7	114.9	96.8	88.9	91.2	92.4
十三、中西药品及医疗保健用品	97.6	98.5	120.2	102.2	97.1	108.3	106.7	103.1	101.6	98.8	103.1
#1.医疗器具及用品			134.4	100.0	103.3	102.1	102.9	102.9	100.0	100.0	100.0
2.中药材及中成药		95.6	127.9	105.5	97.7	125.7	114.8	106.4	100.0	97.0	100.0
3.西药		110.1	111.7	98.6	92.4	100.3	99.3	98.4	101.4	96.4	102.3
十四、书报杂志及电子出版物					100.1	100.1	103.8	100.4	100.1	100.2	102.6
#1.教材及参考书					100.2	100.3	100.9	101.3	100.5	100.0	98.1
2.书报杂志	110.3	100.0	109.7	101.6	100.0	100.0	107.9	100.0	100.0	100.4	107.0
十五、燃料	106.0	124.4	113.0	122.8	120.7	114.1	111.8	103.8	99.6	99.5	84.4
十六、建筑材料及五金电料		95.5	101.0	100.3	101.8	104.3	103.7	98.5	99.9	100.9	97.3

9-26 主要年份市区商品零售价格指数（续表）

（以上年为 100）

指标名称	2016 年	2017 年	2018 年	2019 年	2020 年	2021 年	2022 年
商品零售价格指数	100.5	101.4	102.3	102.9	101.4	103.2	103.7
一、食品	103.8	100.3	101.9	106.4	108.4	102.7	103.4
二、饮料、烟酒	100.6	99.9	100.8	100.0	101.2	100.5	105.1
三、服装、鞋帽	102.5	101.0	101.5	102.0	99.4	102.2	100.8
四、纺织品	97.8	95.4	101.7	110.8	108.0	102.4	102.2
五、家用电器及音像器材	100.2	98.7	100.8	100.2	100.4	106.2	101.4
六、文化办公用品	97.2	100.0	101.7	98.8	99.0	104.1	102.2
七、日用品	100.5	101.8	101.6	103.1	102.2	100.6	100.8
八、体育娱乐用品	98.4	99.4	100.4	100.8	98.1	99.9	100.6
九、交通、通信用品	96.5	98.3	99.8	101.4	99.5	102.2	99.9
十、家具	100.3	100.2	100.5	100.8	99.9	100.1	102.7
十一、化妆品	98.6	99.0	97.9	101.8	102.5	100.6	102.6
十二、金银饰品	105.8	100.8	97.9	108.7	116.5	95.3	101.9
十三、中西药品及医疗保健用品	103.4	107.4	103.2	107.1	97.8	100.8	104.2
十四、书报杂志及电子出版物	105.4	100.9	103.9	103.9	100.1	100.5	102.8
十五、燃料	96.0	108.8	109.3	96.7	90.1	113.8	118.2
十六、建筑材料及五金电料	99.7	103.5	106.4	102.9	100.2	103.6	103.6

9-27　主要年份市区居民消费价格分月指数

（以上年为 100）

月　份	1990 年	1995 年	2000 年	2005 年	2010 年	2011 年	2012 年	2013 年	2014 年	2015 年
一　月	103.4	120.8	102.2	100.6	103.3	104.3	104.9	101.5	102.2	100.5
二　月	108.6	121.0	103.9	103.1	103.6	104.7	103.4	102.1	102.1	101.0
三　月	104.2	119.2	103.0	101.6	103.6	104.5	103.9	101.5	102.3	101.0
四　月	101.3	118.0	103.8	101.0	103.9	104.6	102.6	102.3	101.6	101.2
五　月	101.7	118.1	102.0	101.0	104.8	106.5	102.9	102.8	101.9	101.2
六　月	98.8	118.9	102.0	99.9	104.3	105.0	101.4	103.2	102.0	101.2
七　月	98.1	117.7	101.6	100.3	104.5	105.0	100.8	102.8	102.7	100.8
八　月	102.8	113.7	100.1	100.7	104.2	104.8	101.0	101.7	102.9	101.1
九　月	103.1	110.5	97.7	101.8	103.8	105.6	100.3	101.9	102.5	100.9
十　月	102.2	112.6	99.0	102.7	104.4	104.9	100.2	102.2	102.5	100.6
十一月	103.7	111.2	99.9	102.2	105.4	103.6	101.2	101.7	102.6	100.9
十二月	105.5	115.2	101.8	101.9	102.7	104.5	102.0	101.3	102.4	101.3
全　年	102.9	116.4	101.4	101.4	104.0	104.8	102.0	102.1	102.3	101.0

9-27 主要年份市区居民消费价格分月指数

续 1　　（以上年为 100）

月　份	2016 年	2017 年	2018 年	2019 年	2020 年	2021 年	2022 年
一　月	101.2	102.9	101.2	102.3	103.9	101.7	101.1
二　月	101.8	101.5	103.0	101.7	104.0	101.3	101.6
三　月	101.4	101.4	102.1	102.6	103.3	102.1	101.7
四　月	101.1	101.7	102.4	102.5	102.3	102.8	102.5
五　月	100.9	102.1	102.1	103.4	101.2	103.0	102.1
六　月	101.0	101.5	102.5	103.0	101.8	102.7	102.8
七　月	101.3	101.6	102.2	103.2	102.1	102.4	103.0
八　月	101.4	101.6	102.2	103.5	101.9	101.9	102.8
九　月	101.8	101.8	102.3	103.3	102.2	101.5	103.3
十　月	102.3	101.8	102.0	103.6	101.5	102.2	102.6
十一月	102.5	101.7	101.9	104.0	100.9	102.8	102.1
十二月	102.2	101.8	102.1	103.4	102.2	101.7	102.1
全　年	101.6	101.8	102.2	103.0	102.3	102.1	102.3

9-28　主要年份市区商品零售价格分月指数

（以上年为 100）

月　份	1990 年	1995 年	2000 年	2005 年	2010 年	2011 年	2012 年	2013 年	2014 年	2015 年
一　月	102.9	116.5	100.0	100.8	105.1	103.4	104.3	102.1	100.7	99.2
二　月	108.4	116.3	102.2	103.3	105.0	103.9	103.9	101.9	100.9	99.1
三　月	103.7	115.6	101.3	101.2	104.4	104.0	104.7	101.3	101.0	99.2
四　月	100.6	114.1	101.1	100.7	104.4	104.5	103.2	101.9	100.2	99.6
五　月	101.0	114.1	99.4	100.4	104.9	104.6	102.1	102.4	100.5	99.9
六　月	97.9	115.7	99.2	99.9	103.9	106.2	100.5	103.0	100.4	100.2
七　月	97.1	114.6	98.7	100.2	103.5	106.4	100.0	102.8	101.5	99.6
八　月	102.3	110.3	98.2	100.6	103.2	106.7	100.3	101.5	101.3	99.9
九　月	102.6	109.3	97.5	101.7	103.4	106.8	100.1	101.0	101.1	99.4
十　月	101.7	110.0	98.5	102.4	104.1	105.8	100.2	101.4	101.0	99.4
十一月	103.4	108.7	99.3	102.0	105.1	104.3	101.0	100.9	100.9	99.9
十二月	105.3	111.5	100.5	101.7	102.8	104.2	102.0	100.4	100.4	100.3
全　年	102.4	112.6	99.7	101.2	104.1	105.1	101.8	101.7	100.8	99.6

9-28 主要年份市区商品零售价格分月指数

续 1 （以上年为 100）

月 份	2016 年	2017 年	2018 年	2019 年	2020 年	2021 年	2022 年
一 月	99.5	102.3	101.5	101.8	103.9	101.6	102.3
二 月	100.5	101.4	101.8	101.9	103.9	101.7	102.8
三 月	99.8	101.6	101.4	103.0	102.2	102.9	103.1
四 月	99.6	101.9	101.7	102.9	100.9	103.7	104.2
五 月	99.2	102.3	101.7	103.6	99.7	103.8	103.9
六 月	99.6	101.3	102.6	102.8	100.8	103.7	104.8
七 月	100.1	100.7	103.2	102.7	101.2	103.5	104.7
八 月	100.5	100.9	103.1	103.1	101.2	102.6	104.7
九 月	101.2	100.9	103.2	103.0	101.1	102.7	105.0
十 月	101.7	101.3	103.3	102.8	100.5	103.8	103.6
十一月	101.8	101.1	102.8	103.3	99.9	104.7	102.9
十二月	101.9	101.5	101.7	104.0	101.2	103.2	102.8
全 年	100.5	101.4	102.3	102.9	101.4	103.2	103.7

9–29 工业品出厂价格指数

（以上年为 100）

项目名称	2005 年	2007 年	2008 年	2010 年	2011 年	2012 年	2013 年	2014 年	2015 年
全部工业品	**102.5**	**101.8**	**104.9**	**105.1**	**104.1**	**98.1**	**98.5**	**99.0**	**96.6**
1. 按轻重工业分									
#轻工业	102.0	100.7	104.5	103.7	103.7	99.1	98.9	99.6	97.9
以农产品为原料	102.7	98.6	102.2	105.0	104.0	99.5	99.5	100.9	98.6
以非农产品为原料	101.0	105.1	109.1	102.6	103.0	98.4	97.9	97.2	96.5
#重工业	103.2	103.7	105.5	107.3	104.4	97.3	98.1	98.5	95.6
采掘	118.9	101.2	112.1	101.9	106.8	107.2	104.0	109.0	97.9
原料	98.8	105.1	105.2	103.9	102.8	100.4	99.5	99.7	98.8
加工	104.8	103.0	102.7	109.4	104.8	96.1	97.6	97.8	94.5
2. 按生产生活资料分									
#生产资料	103.2	101.4	104.6	106.3	104.5	96.9	98.0	98.2	95.9
采掘	118.9	101.2	112.1	101.9	106.8	107.2	104.0	109.0	97.9
原料	109.3	102.8	101.1	104.6	103.4	98.2	98.3	98.2	97.7
加工	100.8	101.1	104.7	107.0	104.8	96.3	97.8	98.0	95.2
#生活资料	100.5	104.2	106.8	101.8	102.9	101.4	99.9	101.1	98.6
食品	99.2	113.8	113.2	103.3	104.7	102.1	100.8	102.0	98.5
衣着	102.3	100.6	108.3	101.8	102.7	99.8	99.4	102.1	96.9
一般日用品	98.9	100.9	103.2	101.4	102.1	101.6	100.6	101.1	100.1
耐用消费品	103.1	102.5	100.5	101.1	103.1	103.4	98.8	99.0	99.1
3. 按工业部门分									
冶金工业	104.8	108.2	86.1	105.6	104.0	93.3	95.6	96.8	90.6
电力工业	113.6	100.9	105.1	101.2	100.5	100.6	100.6	98.5	98.8
煤炭及炼焦工业	138.2	102.7	103.2	109.6	106.5	101.7	90.4	85.5	84.0
石油工业	112.2		110.4	112.2	106.2	99.5	95.8	102.0	99.6
化学工业	102.5	102.5	105.3	102.5	101.6	98.2	98.5	97.4	96.0
机械工业	103.4	118.9	81.4	106.6	105.0	96.5	97.3	97.1	94.9
建筑材料工业	88.5	106.6	119.6	107.9	108.5	97.3	99.6	100.9	93.9
森林工业	101.1	107.0	99.4	103.0	104.4	102.6	101.0	101.8	101.0
食品工业	97.2	116.4	94.5	104.1	103.5	102.7	101.4	101.9	98.0
纺织工业	103.8	103.7	100.8	109.8	106.3	95.8	99.1	98.9	97.8
缝纫工业	102.3	99.7	104.6	101.9	102.3	99.7	99.4	102.0	96.8
皮革工业	103.3	103.5	110.4	100.2	104.1	101.3	97.9	102.0	103.6
造纸工业	98.7	102.4	94.3	102.8	103.3	100.0	97.0	99.3	99.6
文教艺术用品工业	99.0	100.8	100.3	100.9	100.7	100.9	100.3	100.7	100.1
其他工业	109.2	104.0	104.9	102.1	106.8	100.7	99.7	102.2	100.8
4. 按工业行业大类分									
煤炭开采和洗选业	138.2	104.6	106.4	109.6	106.5	101.7	90.4	85.5	84.0
石油和天然气开采业									

9-29 工业品出厂价格指数

续 1 （以上年为 100）

项目名称	2005 年	2007 年	2008 年	2010 年	2011 年	2012 年	2013 年	2014 年	2015 年
黑色金属矿采选业									
有色金属矿采选业									
非金属矿采选业	96.9	101.0	112.4	100.6	106.8	108.2	106.3	112.7	100.2
其他采矿业									
农副食品加工业	90.7	123.1	123.9	108.2	105.3	103.9	101.8	102.5	96.1
食品制造业	105.0	98.4	98.4	101.5	102.0	100.8	101.2	99.9	100.7
饮料制造业	104.3	104.0	104.1	100.1	100.6	101.8	100.5	103.4	99.4
烟草制品业									
纺织业	103.3	94.6	99.3	108.8	106.2	96.8	99.8	99.7	97.9
纺织服装、鞋、帽制造业	104.4	99.2	112.5	100.7	99.8	99.9	98.0	102.1	95.8
皮革、毛皮、羽毛（绒）及其制品业	103.5	103.6	105.2	100.0	104.1	101.3	97.9	102.0	103.6
木材加工及木、竹、藤、棕、草制品业	101.1	103.5	104.1	103.1	104.4	102.6	101.0	101.8	101.1
家具制造业	103.7	103.2	100.3	101.3	100.4	100.4	101.2	99.8	100.0
造纸及纸制品业	98.7	102.3	102.8	102.8	103.3	100.0	97.0	99.3	99.6
印刷业和记录媒介的复制	99.4	100.0	99.7	100.0		98.5	100.0	100.0	100.0
文教体育用品制造业	98.0	102.7	98.8	101.5	100.7	100.9	100.3	100.7	100.1
石油加工、炼焦及核燃料加工业	112.2	111.3	101.4	115.5	108.6	99.1	90.8	99.1	99.9
化学原料及化学制品制造业	107.2	102.1	120.7	100.3	98.6	100.1	100.4	100.6	97.1
医药制造业	99.9	96.4	99.0	99.0	100.4	98.9	99.8	100.1	100.1
化学纤维制造业	94.9	101.6	96.7	109.2	103.4	90.3	95.6	91.2	88.7
橡胶制品业	100.4	102.1	103.7	99.0	104.2	102.3	98.8	96.8	97.1
塑料制品业	109.4	104.5	102.8	101.0	102.1	102.5	98.9	99.3	99.9
非金属矿物制品业	87.4	105.2	115.7	108.4	109.3	95.0	98.3	98.8	93.4
黑色金属冶炼及压延加工业	101.5	115.6	116.4	106.2	102.4	88.3	87.7	95.8	87.5
有色金属冶炼及压延加工业	112.6	99.1	93.5	109.7	106.0	99.1	99.5	98.4	95.2
金属制品业	105.3	105.3	116.8	100.9	102.2	91.6	96.3	95.3	87.9
通用设备制造业	100.0	101.2	115.4	102.8	103.9	98.8	98.4	99.3	97.5
专用设备制造业	102.0	100.4	103.9	100.5	100.6	100.1	98.5	102.5	96.3
交通运输设备制造业	99.8	99.7	111.0	104.3	105.5	101.5	97.5	97.6	98.0
电气机械及器材制造业	105.1	104.0	99.2	114.0	108.0	89.7	95.2	94.1	89.0
通信设备、计算机及其他电子设备制造业	97.4	101.0	107.3	106.9	100.3	98.8	99.1	95.7	100.6
仪器仪表及文化、办公用机械制造业	97.1	98.6	98.8	100.1	102.0	100.8	99.5	104.4	102.9
工艺品及其他制造业	102.2	104.4	102.2	101.0	108.9	104.2	100.0	101.4	100.5
废弃资源和废旧材料回收加工业				103.4	114.1	82.7	95.8	99.0	91.0
电力、热力的生产和供应业	113.6	102.1	99.6	101.2	100.5	100.6	100.6	98.5	98.8
燃气生产和供应业				102.9	101.1	100.0	106.7	107.4	99.0
水的生产和供应业	118.0	102.8	100.3	113.2	111.8	94.7	98.6	106.0	104.5

9-29 工业品出厂价格指数（续表）

（以上年为 100）

项目名称	2016 年	2017 年	2018 年	2019	2020 年	2021 年	2022 年
全部工业品	**98.7**	**105.2**	**103.9**	**99.2**	**97.7**	**105.0**	**102.5**
1.按轻重工业分							
#轻工业	99.4	105.3	102.2	97.3	95.3	102.7	102.8
以农产品为原料	99.8	104.8	102.7	99.4	97.6	104.0	102.2
以非农产品为原料	99.1	105.9	101.8	95.1	92.9	101.9	103.1
#重工业	98.1	105.1	105.2	100.8	99.5	106.6	102.3
采掘	97.6	102.5	110.7	111.4	106.5	109.1	105.9
原料	98.4	100.5	103.0	101.1	98.5	100.4	108.7
加工	98.0	106.9	105.6	99.9	99.4	108.6	100.0
2.按生产生活资料分							
#生产资料	97.8	106.2	104.9	98.7	96.8	105.8	102.5
采掘	97.6	102.5	110.7	111.4	106.5	109.1	105.9
原料	97.9	104.6	103.3	97.1	93.9	101.9	105.9
加工	97.8	106.9	105.1	98.5	97.2	107.1	101.3
#生活资料	101.1	102.2	100.9	100.7	100.1	101.8	102.5
食品	102.3	102.3	100.8	101.2	100.1	101.2	106.5
衣着	100.3	104.2	100.6	100.1	97.7	100.9	103.5
一般日用品	99.8	100.3	103.2	99.0	100.3	101.7	100.4
耐用消费品	101.2	102.2	100.1	101.5	101.0	102.4	101.6
3.按工业部门分							
冶金工业	96.1	116.3	105.3	98.4	99.4	115.5	102.7
电力工业	99.0	100.4	99.5	99.5	98.8	99.0	106.7
煤炭及炼焦工业							
石油工业	84.8	98.6	102.0	108.0	91.7	97.8	134.4
化学工业	97.0	105.3	106.8	94.6	91.5	103.9	104.3
机械工业	98.9	104.3	101.9	98.0	97.8	106.6	103.0
建筑材料工业	98.8	109.8	118.0	106.8	101.8	104.5	92.9
森林工业	100.1	99.3	99.5	101.0	99.3	101.1	103.5
食品工业	101.7	102.4	100.9	102.1	100.8	101.1	106.7
纺织工业	97.6	106.5	105.7	98.6	95.0	105.7	100.6
缝纫工业	100.0	104.3	101.5	100.5	97.6	101.3	103.7
皮革工业	103.6	103.0	92.5	95.6	100.1	96.8	100.5
造纸工业	102.8	111.7	103.2	91.3	98.2	104.9	98.3
文教艺术用品工业	100.8	102.4	102.2	102.9	100.0	99.8	100.1
其他工业	101.5	102.4	100.6	99.8	99.3	102.1	103.0
4.按工业行业大类分							
煤炭开采和洗选业							
石油和天然气开采业							

9–29 工业品出厂价格指数（续表）

续 1　　（以上年为 100）

项目名称	2016 年	2017 年	2018 年	2019	2020 年	2021 年	2022 年
黑色金属矿采选业							
有色金属矿采选业							
非金属矿采选业	97.6	102.5	110.7	111.4	106.5	109.1	105.9
其他采矿业							
农副食品加工业	99.2	102.8	100.9	103.3	104.4	103.5	107.3
食品制造业	103.3	102.7	101.4	101.7	98.8	98.8	109.4
酒、饮料和精制茶制造业	101.8	101.3	99.7	100.8	99.6	100.3	105.8
烟草制品业							
纺织业	97.6	106.9	105.4	98.0	94.7	105.5	101.1
纺织服装、服饰业	101.2	101.7	100.6	103.6	100.0	100.0	100.7
皮革、毛皮、羽毛及其制品和制鞋业	102.8	102.6	93.5	96.8	100.0	96.8	100.5
木材加工和木、竹、藤、棕、草制品业	100.4	98.9	99.3	101.1	99.2	101.1	103.5
家具制造业	100.4	101.7	98.5	101.1	101.8	102.2	102.5
造纸和纸制品业	102.8	111.7	103.2	91.3	98.2	104.9	98.3
印刷和记录媒介复制业	98.7	100.3	100.6	101.6	96.8	102.3	100.0
文教、工美、体育和娱乐用品制造业	101.2	102.7	102.5	103.1	100.5	99.3	100.1
石油加工、炼焦及核燃料加工业			102.0	108.0	91.7		
化学原料和化学制品制造业	97.0	104.0	106.9	93.6	94.0	102.0	105.8
医药制造业	101.1	97.7	106.4	101.4	102.6	99.7	102.2
化学纤维制造业	95.7	115.7	107.9	89.5	79.1	104.2	102.9
橡胶和塑料制品业	93.6	94.8	104.6	98.3	96.8	109.3	106.1
塑料制品业							
非金属矿物制品业	99.5	113.2	121.0	103.7	99.2	103.9	92.7
黑色金属冶炼和压延加工业	96.2	120.1	108.5	99.4	98.4	116.1	107.7
有色金属冶炼和压延加工业	95.7	108.3	101.3	97.5	100.3	118.3	96.4
金属制品业	96.4	109.8	109.5	100.3	99.9	111.2	100.3
通用设备制造业	98.4	100.2	100.6	100.8	99.7	101.7	100.3
专用设备制造业	102.2	99.8	101.1	101.7	99.4	99.8	109.6
汽车制造业	100.4	100.0	100.3	100.6	98.0	100.0	99.4
铁路、船舶、航空航天和其他运输设备制造业	101.6	101.6	104.6	104.4	101.2	96.6	101.9
电气机械和器材制造业	97.4	109.8	101.9	91.2	93.6	112.7	103.8
计算机、通信和其他电子设备制造业	98.8	102.9	101.5	100.8	99.7	105.2	103.8
仪器仪表制造业	104.4	99.9	102.2	102.0			
其他制造业	99.8	102.7	101.3	99.0	102.1	100.6	92.8
电力、热力生产和供应业	99.5	100.2	99.6	100.6	98.6	99.0	106.7
燃气生产和供应业	84.8	98.6	102.0	108.0	91.7	97.8	134.4
水的生产和供应业	100.4	108.6	105.0	100.2	96.3	102.7	102.1

9-30 工业品出厂价格分月指数

（以上年为 100）

月份	2005年		2008年		2010年		2011年		2012年		2013年		2014年		2015年	
	当月	累计	当月	累计	当月	累计	当月	累计	当月	累计	当月	累计	当月	累计	当月	累计
一　月	103.3	103.3	102.7	102.7	104.8	104.8	104.2	104.2	100.0	100.0	98.7	98.7	98.9	98.9	97.4	97.4
二　月	102.2	102.7	104.9	103.8	105.2	105.0	105.4	104.8	99.6	99.8	98.5	98.6	98.3	98.6	97.3	97.3
三　月	101.4	102.3	107.0	104.9	106.6	105.6	105.6	105.1	98.8	99.4	98.2	98.4	98.2	98.5	97.6	97.4
四　月	101.9	102.2	105.5	105.0	106.6	105.8	105.3	105.1	98.1	99.1	98.0	98.3	98.8	98.6	97.6	97.5
五　月	102.7	102.3	105.8	105.2	106.8	106.0	105.6	105.2	97.6	98.8	98.0	98.3	99.3	98.7	97.3	97.4
六　月	103.6	102.5	106.2	105.4	105.8	106.0	105.8	105.3	97.0	98.5	98.4	98.3	99.6	98.9	96.8	97.3
七　月	103.2	102.6	107.5	105.7	105.4	105.9	105.7	105.4	96.6	98.2	98.5	98.3	100.1	99.0	96.1	97.2
八　月	102.8	102.6	106.8	105.8	104.1	105.7	104.7	105.3	96.8	98.1	98.9	98.4	99.5	99.1	95.9	97.0
九　月	101.6	102.5	106.9	105.9	103.9	105.5	103.8	105.1	97.3	98.0	98.8	98.4	99.1	99.1	95.9	96.9
十　月	102.3	102.5	104.5	105.8	103.7	105.3	102.0	104.8	98.5	98.0	98.6	98.5	98.7	99.1	95.9	96.8
十一月	102.6	102.5	101.6	105.4	105.0	105.3	100.8	104.4	98.2	98.0	98.6	98.5	98.8	99.0	95.8	96.7
十二月	103.3	107.6	99.0	104.9	103.7	105.1	100.0	104.1	98.7	98.1	98.7	98.5	98.4	99.0	95.5	96.6

9-30 工业品出厂价格分月指数（续表）

（以上年为 100）

月 份	2016 年		2017 年		2018 年		2019 年		2020 年		2021 年		2022 年	
	当月	累计	当月	累计	当月	累计	当月	累计	当月	累计	当月	累计	当月	累计
一 月	96.3	96.3	103.9	103.9	105.6	105.6	100.5	100.5	98.2	98.2	99.7	99.7	106.5	106.5
二 月	96.8	96.5	104.6	104.3	104.6	105.1	100.2	100.4	98.7	98.4	99.9	99.8	105.8	106.1
三 月	97.4	96.8	104.7	104.4	103.6	104.6	100.3	100.3	98.1	98.3	102.1	100.6	105.7	106.0
四 月	97.5	97.0	104.1	104.3	104.0	104.4	100.8	100.5	96.5	97.9	104.8	101.6	105.0	105.7
五 月	97.4	97.1	104.1	104.3	104.9	104.5	100.5	100.5	95.8	97.5	106.3	102.5	104.1	105.4
六 月	97.7	97.2	104.4	104.3	105.3	104.7	99.4	100.3	96.4	97.3	105.9	103.1	103.8	105.1
七 月	98.1	97.3	104.9	104.4	104.8	104.7	99.1	100.1	96.9	97.2	106.2	103.5	102.6	104.7
八 月	99.0	97.5	105.7	104.6	104.2	104.6	98.3	99.9	98.1	97.3	106.1	103.8	101.1	104.3
九 月	99.2	97.7	106.9	104.8	103.5	104.5	97.9	99.7	97.8	97.4	106.6	104.1	100.4	103.8
十 月	100.3	98.0	106.8	105.0	103.2	104.4	97.5	99.5	97.9	97.4	107.6	104.5	99.4	103.4
十一月	101.4	98.3	106.5	105.2	102.1	104.1	97.8	99.3	98.3	97.5	108.2	104.8	98.3	102.9
十二月	103.4	98.7	105.4	105.2	101.2	103.9	98.3	99.2	99.3	97.7	106.9	105.0	98.3	102.5

9-31 原材料、燃料、动力购进价格指数

（以上年为 100）

行业分类	2005 年	2007 年	2008 年	2010 年	2011 年	2012 年	2013 年	2014 年	2015 年
全部原材料	**106.0**	**104.4**	**111.0**	**108.6**	**108.5**	**97.8**	**98.1**	**97.9**	**91.7**
1. 按类别分									
燃料、动力类	107.9	104.2	113.0	109.1	103.3	101.2	99.6	100.3	97.2
黑色金属材料类	109.5	106.8	125.6	105.2	105.8	98.0	98.0	95.0	87.7
#钢材	102.7	106.1	122.8	105.2	105.8	97.8	98.0	95.0	87.7
其他	123.8	115.0	133.6	105.4	108.5	105.1	95.9	96.7	88.8
有色金属材料和电线类	114.2	107.4	85.8	124.7	109.6	92.6	94.2	94.6	91.1
化工原料类	108.0	108.8	110.2	107.4	106.8	94.1	100.8	97.6	91.2
木材及纸浆类	101.1	101.2	104.4	106.9	108.6	105.8	102.1	101.7	102.9
建筑材料及非金属矿类	90.8	104.7	105.7	101.4	107.3	93.8	97.0	103.4	83.3
其他工业原材料及半成品类	104.7	102.8	104.0	107.5	114.6	96.9	96.1	97.1	90.3
农副产品类	103.5	103.1	110.3	110.5	109.4	101.0	99.5	98.3	98.7
纺织原料类	102.1	100.4	102.3	110.2	112.7	98.3	100.8	99.3	96.5
2. 按行业分									
农业					106.1	101.6	100.0	100.8	100.3
林业					108.3	107.0	103.5	102.4	99.7
畜牧业					114.3	102.5	102.6	95.5	97.2
煤炭开采和洗选业	101.8	100.0	115.9	103.0	106.6	100.3	90.6	94.8	90.0
石油和天然气开采业									
黑色金属矿采选业									
有色金属矿采选业	100.3				101.5	92.6	96.3	91.2	87.6
非金属矿采选业	109.5	103.1	114.3	108.4	113.8	102.1	95.6	101.1	101.7
其他采矿业	100.0								
农副食品加工业	101.2	106.7	119.7	108.8	104.7	100.9	101.0	98.5	98.0
食品制造业	104.4	105.2	108.4	108.8					
饮料制造业	105.3	98.5	106.2	107.0					
纺织业	102.6	102.2	104.1	111.4	112.7	98.3	100.8	99.3	96.5
纺织服装、鞋、帽制造业	107.7								

9-31 原材料、燃料、动力购进价格指数

续 1　　（以上年为 100）

行业分类	2005 年	2007 年	2008 年	2010 年	2011 年	2012 年	2013 年	2014 年	2015 年
皮革、毛皮、羽毛（绒）及其制品业	109.0	102.7	105.6	103.4	112.5	101.8	101.3	102.4	94.3
木材加工及木、竹、藤、棕、草制品业	111.5	102.9	107.9	103.9	110.1	105.4	101.0	101.3	105.4
家具制造业	102.1								
造纸及纸制品业	104.1	106.5	111.8	110.8	104.4	99.7	98.1	98.7	99.7
印刷业和记录媒介的复制	105.5	101.2	99.9	104.9					
文教体育用品制造业	106.5	99.5	96.7	109.2					
石油加工、炼焦及核燃料加工业	112.5	107.6	106.7	121.7	112.5	103.3	100.6	96.0	77.6
化学原料及化学制品制造业	110.9	114.4	113.4	107.7	106.1	95.6	102.3	98.3	91.3
医药制造业	105.8	103.0	109.0	115.9					
化学纤维制造业	100.6	99.1	98.3	115.8	110.3	87.0	93.4	93.7	90.6
橡胶制品业	104.0	99.4	103.9	111.7					
塑料制品业	102.6	106.1	101.8	105.7	106.9	100.6	100.0	100.0	100.0
非金属矿物制品业	106.1	102.2	111.3	106.3	104.7	90.4	97.6	104.2	75.9
黑色金属冶炼及压延加工业	114.3	113.1	97.6	111.2	105.8	98.0	98.0	95.0	87.7
有色金属冶炼及压延加工业	110.2	99.6	89.8	117.3	110.7	92.6	93.9	95.0	91.5
金属制品业	109.0	103.6	115.2	113.9	108.9	87.6	92.1	91.7	85.1
通用设备制造业	102.6	104.7	106.8	105.5	108.8	98.4	98.3	98.2	94.2
专用设备制造业	103.0								
交通运输设备制造业	106.8	106.3	126.1	107.8					
电气机械及器材制造业	111.7	103.3	102.0	107.7	112.8	89.2	95.9	93.5	87.9
通信设备、计算机及其他电子设备制造业	102.3	110.6	114.6	103.6	103.2	100.7	101.5	99.0	98.8
仪器仪表及文化、办公用机械制造业	111.9	105.5	101.9	102.8					
工艺品及其他制造业	102.3								
废弃资源和废旧材料回收加工业				112.2	110.5	85.6	89.2	93.4	77.2
电力、热力的生产和供应业	107.7	105.5	125.7	116.6	101.3	101.4	100.9	100.6	100.6
燃气生产和供应业				107.9	105.3	100.9	107.2	108.4	97.6
水的生产和供应业	108.0	101.8	100.8	109.6	120.8	106.7	100.0	100.1	100.1

9-31 原材料、燃料、动力购进价格指数（续表）

（以上年为100）

行业分类	2016年	2017年	2018年	2019年	2021年	2021年	2022年
全部原材料	**99.2**	**115.0**	**106.6**	**94.5**	**95.2**	**115.4**	**104.8**
1. 按类别分							
燃料、动力类	98.1	98.5	100.3	101.5	98.4	104.4	111.5
黑色金属材料类	109.6	136.8	110.5	94.5	95.6	122.2	94.6
#钢材	110.0	137.2	110.6	94.5	95.5	122.1	94.6
其他	85.5	113.9	104.7	99.8	99.8	129.6	92.7
有色金属材料和电线类	96.8	121.0	102.8	92.6	96.8	120.8	99.6
化工原料类	96.4	119.5	109.7	82.8	85.9	129.1	113.6
木材及纸浆类	97.9	104.0	101.7	96.6	99.7	102.5	100.7
建筑材料及非金属矿类	100.6	117.8	127.3	109.5	101.8	102.3	87.3
其他工业原材料及半成品类	98.0	105.3	106.8	99.6	97.5	110.2	105.2
农副产品类	99.6	99.0	105.0	136.4	101.2	102.9	110.5
纺织原料类	99.0	104.2	102.1	98.8	97.2	103.2	102.8
2. 按行业分							
农业	99.6	99.0	105.0	136.4	101.2	103.7	114.8
林业							
畜牧业							
煤炭开采和洗选业						139.16	110.19
石油和天然气开采业							
黑色金属矿采选业							
有色金属矿采选业						115.4	105.7
非金属矿采选业	100.0	105.7	109.9	110.6	104.1	106.1	99.0
其他采矿业							
农副食品加工业	101.0	100.6	97.8	91.8	104.0	100.7	98.0
食品制造业						101.3	110.7
饮料制造业							
纺织业	99.0	104.2	102.1	98.8	97.2	103.2	102.8
纺织服装、鞋、帽制造业							

9–31 原材料、燃料、动力购进价格指数（续表）

续 1

（以上年为 100）

行业分类	2016 年	2017 年	2018 年	2019 年	2021 年	2021 年	2022 年
皮革、毛皮、羽毛及其制品和制鞋业	94.8	101.7	90.3	86.8	97.7		
木材加工和木、竹、藤、棕、草制品业	97.9	101.6	100.9	99.5	99.2	100.1	100.8
家具制造业							
造纸和纸制品业	97.9	111.4	103.9	87.9	101.0	108.0	100.7
印刷业和记录媒介的复制							
文教体育用品制造业							
石油加工、炼焦及核燃料加工业	93.9	102.6	117.1	91.7	83.6		
化学原料和化学制品制造业	96.6	122.8	110.9	81.2	87.9	131.2	114.9
医药制造业							
化学纤维制造业	96.3	113.2	106.1	84.9	79.1	120.4	107.5
橡胶和塑料制品业	95.1	103.8	107.6	97.7	94.6	100.8	100.4
塑料制品业							
非金属矿物制品业	101.1	126.4	138.6	107.5	98.7	101.4	84.5
黑色金属冶炼及压延加工业	109.5	136.4	110.4	94.6	95.7	122.1	94.3
有色金属冶炼及压延加工业	96.8	121.0	102.8	92.6	96.8	120.8	99.6
金属制品业	100.4	117.8	105.4	94.1	100.6	121.0	99.9
通用设备制造业	96.1	101.1	104.3	94.7	99.3	101.6	102.9
专用设备制造业							
交通运输设备制造业							
电气机械及器材制造业	98.3	102.7	101.0	98.3	98.5	103.5	103.5
计算机、通信和其他电子设备制造业	99.1	99.3	120.4	108.8	90.1	99.6	111.8
仪器仪表及文化、办公用机械制造业							
工艺品及其他制造业							
废弃资源综合利用业	84.5	115.0	122.2	103.8	101.6	123.9	116.6
电力、热力的生产和供应业	99.1	98.5	99.9	100.8	99.1	100.4	106.1
燃气生产和供应业	85.2	97.9	101.7	112.2	92.5	97.2	143.3
水的生产和供应业	101.7	101.5	102.5	102.3	96.0	98.9	100.0

主要统计指标解释

从业人员劳动报酬　指各单位在一定时期内直接支付给本单位全部从业人员的劳动报酬总额。包括在岗职工工资总额、劳务派遣人员劳动报酬总额和其他从业人员劳动报酬总额。

在岗职工工资总额　指各单位在一定时期内直接支付给本单位全部在岗职工的劳动报酬总额。工资总额的计算应以直接支付给职工的全部劳动报酬为根据。各单位支付给职工的劳动报酬以及其他根据有关规定支付的工资，不论是计入成本的还是不计入成本的，不论是以货币形式支付的还是以实物形式支付的，均应列入工资总额的计算范围。工资总额包括计时工资、计件工资、奖金、津贴和补贴、加班加点工资、特殊情况下支付的工资。在岗职工工资总额从构成角度分解 为四部分：基本工资、绩效工资、工资性津贴和补贴、其他工资。工资总额不包括人员的病假、事假等情况扣款，单位在填报在岗职工工资总额四项构成时，应根据实际情况调整对应项目；如不能确定调整项，可扣减基本工资项。

保险福利费总额　指各单位在工资以外实际支付给在职职工和非在职职工个人以及用于集体的劳动保护和职工福利的费用总额。不包括用于职工的劳动保护费用。从企业来讲，不仅包括由职工福利基金支出的部分，而且还包括由企业营业外支出，企业基金或利润留成，工会文教费，企业管理费支出的部分。预算单位包括由职工福利费、公务费、差额补助费等支出的部分。

非私营单位　指中央和地方各级国家机关、政党机关和社会团体，以及中央和地方所属的各级企业、事业单位。包括国有经济、城镇集体经济、联营经济、股份制经济、外商和港、澳、台投资经济、其他经济单位。不包括个体和私营经济单位。具体鉴定口径为在法人单位基本情况库中同时满足下列条件：①登记注册类型除了私营独资（代码 171）、私营合伙（代码 172）、私营有限责任公司(代码 173)和私营股份有限公司(代码 174)；②行业中不包括寺庙等宗教场所；③从业人员大于 3 人。

可支配收入　指调查户在调查期内获得的、用于支付最终消费支出和储蓄的总和，即调查户可以用来自由支配的收入。

可支配收入 = 工资性收入 + 经营净收入 + 财产净收入 + 转移净收入。其中：

经营净收入 = 经营收入 - 经营费用 - 生产性固定资产折旧 - 生产税

财产净收入 = 财产性收入 - 财产性支出

转移净收入 = 转移性收入 - 转移性支出

工资性收入　指就业人员通过各种途径得到的全部劳动报酬和各种福利，包括受雇于单位或个人、从事各种自由职业、兼职和零星劳动得到的全部劳动报酬和福利。

经营净收入　指住户或住户成员从事生产经营活动所获得的净收入，是全部经营收入中扣除经营费用、生产性固定资产折旧和生产税之后得到的净收入(包括一、二、三产净收入)。

财产净收入　指住户或住户成员将其所拥有的金融资产、住房等非金融资产和自然资源交由其他机构单位、住户或个人支配而获得的回报并扣除相关的费用之后得到的净收入。财产净收入包括利息净收入、红利收入、储蓄性保险净收益、转让承包土地经营权租金净收入、出租房屋净收入、出租其他资产净收入和自有住房折算净租金等。

转移净收入　指国家、单位、社会团体对住户的各种经常性转移支付和住户之间的经常性收入转移等费用后扣除相关费用得到的净收入。转移性收入包括养老金或退休金、社会救济和补助、政策性生产补贴、政策性生活补贴、救灾款、经常性捐赠和赔偿、报销医疗费、住户之间的赡养收入，以及本住户非常住成员寄回带回收入等。

消费支出　指住户用于满足家庭日常生活消费需要的全部支出，包括用于消费品的支出和用于服务性消费支出和用于服务型消费的支出。根据用途不同，消费支出可划分为食品烟酒、衣着、居住、生活用品及服务、交通通信、教育文化娱乐、医疗保健、其他用品及服务八大类。

居民消费价格指数　是反映一定时期内城乡居民所购买的生活消费品价格和服务项目价格变动趋势和程度的相对数。是综合了城市居民消费价格指数和农民消费价格指数计算取得。利用居民消费价格指数，可以观察和分析消费品的零售价格和服务价格变动对城乡居民实际生活支出的影响程度。

商品零售价格指数　是反映城乡商品零售价格变动趋势的一种经济指数。零售物价的调整变动直接影响到城乡居民的生活支出和国家的财政收入，影响居民购买力和市场供需平衡，影响消费与积累的比例。因此，计算零售价格指数，可以从一个侧面对上述经济活动进行观察和分析。

工业品出厂价格指数　是反映全部工业产品出厂价格总水平的变动趋势和程度的相对数。其中除包括工业企业售给商业、外贸、物资部门的产品外，还包括售给工业和其他部门的生产资料以及直接售给居民的生活消费品。通过工业生产价格指数能观察出厂价格变动对工业总产值的影响。

十、科技、教育、文艺、体育、卫生、广电

10-1 主要年份科技事业基本情况

项　目	单位	2005年	2009年	2010年	2014年	2015年	2016年	2017年	2018年	2019年	2020年	2021年	2022年
1. 本年获市级以上政府奖的科技成果	项	37	61	72	100	67	76	79	27		24		18
#省级奖	项	6	17	30	18	22	23	27	27		24		
市级奖	项	31	43	41	82	45	51	50					
2. 年末拥有省级以上高新技术企业	家	110	132	160	377	450	683	969	758	938	1144	1379	1615
#国家级	家	24	132	160	377	450	683	969	758	938	1144	1379	1611
年末拥有省级高新技术研发中心	家	26	73	88	188	223	258	297	352	419	485	485	627
3. 本年列入国家级火炬项目	项	24		42	38	45							
#重点火炬项目	项												
4. 本年经认定登记的技术成交项目	项	778	338	9761	389	240	197	877	847	810	1319	1906	1037
经认定登记的技术成交金额	万元	4914	4059	3231	19804	28394	180000	417734	659693	739762	772822	1331319	1849660
5. 本年新增专利申请受理量	项	1774	6030	7221	19886	21822	23271	28808	37284	23359	29288		
#发明	项	161	867	1254	5705	6193	6662	10662	15725	6821	10057		
实用新型	项	467	1682	2185	7767	10232	12424	14280	18039	13431	16294		
外观设计	项	1146	3481	3782	6414	5397	4185	3866	3520	3107	2939		
本年新增专利申请授权量	项	482	5165	6630	12679	16653	13695	12025	18672	16419	17711	20254	18954
#发明	项	8	92	214	700	1647	2544	2190	1831	1256	1352	2041	2232
实用新型	项	130	1042	2093	6645	9064	8350	7155	13688	12322	12990	15377	13656
外观设计	项	344	4031	4323	5334	5942	2801	2680	3153	2841	3370	2836	3066
6. 县级以上政府部门所属研究与开发机构													
年末机构数	个		6	10	15	15	15	13	14		15	21	22
年末职工总数	人		157	209	327	339	437	420	352		669	1116	1343
#科学家和工程师	人		103	126	231	260	255	244	232		557	986	
本年经费收入	万元		2885	4563	7845	9098	8911	7953	9850		19264	37171	44036
#政府拨款	万元		1621	3226	3459	6310	4155	5522	9315		15436	28888	30090

10-2　分县区科技事业基本情况

项　目	单位	全 市	吴兴区	南浔区	德清县	长兴县	安吉县	南太湖新 区	△市区
1. 本年获市级以上政府奖的科技成果	项	18	1	2	2	2	4	1	10
#省级奖	项	17	9	1	1	1	2	2	4
市级奖	项								
2. 年末拥有省级以上高新技术企业	家								
#国家级	家	1611	214	214	380	379	314	110	538
年末拥有省级高新技术研发中心	家	627	101	93	134	122	125	52	246
3. 本年列入国家级火炬项目	项								
#重点火炬项目	项								
4. 本年经认定登记的技术成交项目	项	1037	420	12	59	98	246	634	
经认定登记的技术成交金额	万元	1849660	393286	265935	272144	393635	296100	887781	
5. 本年新增专利申请授权量	项	18954	3380	2704	3516	3711	4127	1516	7600
#发明	项	2232	356	207	490	560	271	348	911
实用新型	项	13656	2597	2175	2587	2811	2464	1022	5794
外观设计	项	3066	427	322	439	340	1392	146	895
6. 县级以上政府部门所属研究与开发机构									
年末机构数	个	22	4		7	1		8	14
年末职工总数	人	1343	99		330	83		713	930
#科学家和工程师	人								
本年经费收入	万元	44036	2387		10346	197		25231	33494
#政府拨款	万元	30090	2269		5410	109		17136	24571

10-3　主要年份科技活动情况

项　目	单位	2010年	2012年	2013年	2014年	2015年	2016年	2017年	2018年	2019年	2020年	2021年	2022年
一、研究机构和R&D活动人员情况													
研究机构	个	338	447	474	518	649	749	751	821	904	1318	1524	1795
研究与试验发展人员	人	8666	14681	16327	17529	21872	23721	24168	29004	32952	39316	39535	41368
研究与试验发展人员折合全时当量	人年	6812	10553	12941	14057	16982	18963	18807	23470	27053	31085	29986	32846
二、研究与试验发展经费情况													
研究与试验发展经费内部支出	亿元	21.35	36.53	43.64	48.22	53.20	59.18	65.57	76.14	87.01	91.82	106.05	126
#规上工业企业	亿元	20.66	35.89	42.96	47.29	52.37	57.45	63.23	74.51	80.98	91.95	103.87	115.11
#企业资金	亿元	19.88	34.44	41.57	45.41	51.07	56.27	62.15	73.66	80.46	93.03	102.76	114
三、委托外单位研究开发经费情况													
委托外单位研究开发经费支出	万元	7106	6216	6782	11050	9349	9706	12236	10276	12154	24746	82752	112360
#对境内高等院校支出	万元	3240	2668	2355	3304	2752	2275	2436	2394	4244	4101	4452	4544
对境内研究机构支出	万元	2230	2628	2665	3455	1830	5314	5954	1153	1075	6012	4166	18060
对境外支出	万元	200	312	773	2123	2166	430	541	704	975	1756	5602	26323
四、本年度工业企业R&D项目情况													
#研究与试验发展项目数	项	1026	2113	2465	2691	3275	4131	4672	5567				8139
五、科技活动成果情况													
专利申请量	件	2873	4203	5492	5814	6603	5553	5678	7081	7286	8957	9581	10798
发明专利授权量	件	214	506	521	700	1647	2544	2190	1831				2755
六、技术改造与技术获取情况													
技术改造经费支出	万元	112038	84033	69728	62831	61134	81245	63114	45102	45709	97601	74088	56983
引进境外技术经费支出	万元	9467	285	724	3122	1106	1111	1485	561	17	2300	173	133
消化吸收经费支出	万元	7264	1446	845	1992	2173	3275	3479	1459	23	82		
购买境内技术经费支出	万元	5906	1813	3490	3193	1717	2024	2915	4129	2814	3268	4223	4867

10-4 工业企业办研发机构人员情况

单位：人

行业分类	机构人员合计	#博士毕业	硕士毕业
总 计	**40551**	**417**	**1623**
一、按登记注册类型分组	32639	344	1345
内资企业			
有限责任公司	4522	25	209
股份有限公司	4301	88	238
私营企业	23805	231	898
港、澳、台商投资企业	3196	34	109
外商投资企业	4716	39	169
二、按国民经济行业大类分组			
采矿业	133	5	11
非金属矿采选业	133	5	11
制造业	40068	411	1607
农副食品加工业	228	9	15
食品制造业	455	9	15
酒、饮料和精制茶制造业	196	2	21
纺织业	2711	10	156
纺织服装、服饰业	535	6	21
皮革、毛皮、羽毛及其制品和制鞋业	20		1
木材加工和木、竹、藤、棕、草制品业	836	49	33
家具制造业	2450	9	34
造纸和纸制品业	357		17
印刷和记录媒介复制业	201	1	4
文教、工美、体育和娱乐用品制造业	818	2	15

10-4　工业企业办研发机构人员情况

续 1　　　　单位：人

行业分类	机构人员合　计	#博士毕业	硕士毕业
石油加工、炼焦和核燃料加工业	8		
化学原料和化学制品制造业	2464	57	181
医药制造业	1557	39	130
化学纤维制造业	2676	5	6
橡胶和塑料制品业	1075	9	38
非金属矿物制品业	3725	40	177
黑色金属冶炼和压延加工业	846	7	17
有色金属冶炼和压延加工业	484	5	10
金属制品业	1602	12	63
通用设备制造业	5390	37	168
专用设备制造业	1795	11	164
汽车制造业	2141	17	65
铁路、船舶、航空航天和其他运输设备制造业	156		3
电气机械和器材制造业	4793	38	170
计算机、通信和其他电子设备制造业	1858	33	68
仪器仪表制造业	463	4	8
其他制造业	84		2
废弃资源综合利用业	144		5
金属制品、机械和设备修理业			
电力、热力、燃气及水生产和供应业	350	1	5
电力、热力生产和供应业	273		2
燃气生产和供应业	43		2
水的生产和供应业	34	1	1

10-5 规上工业企业研究与试验发展人员和经费支出情况

行业分类	R&D 人员合计（人）	R&D 人员折合全时当量合计（人年）	R&D 经费内部支出合计（万元）
总　计	**41368**	**32846**	**1151070**
一、按登记注册类型分组			
内资企业	33371	26397	889983
国有企业			
有限责任公司	4125	3346	135603
股份有限公司	4512	3680	145248
私营企业	24733	19371	609089
港、澳、台商投资企业	2813	2339	100088
外商投资企业	5184	4111	160999
二、按国民经济行业大类分组			
采矿业	106	95	5028
非金属矿采选业	106	95	5028
制造业	40966	32509	1137541
农副食品加工业	212	147	5996
食品制造业	360	297	5750
酒、饮料和精制茶制造业	165	129	2730
纺织业	2229	1711	38449
纺织服装、服饰业	565	400	8985
皮革、毛皮、羽毛及其制品和制鞋业	11	5	94
木材加工和木、竹、藤、棕、草制品业	1251	1017	32402
家具制造业	4643	3716	77948
造纸和纸制品业	370	320	7334
印刷和记录媒介复制业	139	110	3488
文教、工美、体育和娱乐用品制造业	762	628	13297

10-5 规上工业企业研究与试验发展人员和经费支出情况

续 1

行业分类	R&D 人员合计（人）	R&D 人员折合全时当量合计（人年）	R&D 经费内部支出合计（万元）
石油加工、炼焦和核燃料加工业	20	15	626
化学原料和化学制品制造业	2122	1751	64862
医药制造业	1298	1105	43496
化学纤维制造业	2564	1818	105567
橡胶和塑料制品业	1108	878	30883
非金属矿物制品业	3128	2492	68661
黑色金属冶炼和压延加工业	900	788	27535
有色金属冶炼和压延加工业	670	512	18751
金属制品业	1645	1331	57051
通用设备制造业	5614	4562	157872
专用设备制造业	1440	1132	49941
汽车制造业	2232	1671	56222
铁路、船舶、航空航天和其他运输设备制造业	163	141	2493
电气机械和器材制造业	4613	3718	175550
计算机、通信和其他电子设备制造业	2111	1625	63729
仪器仪表制造业	382	298	7453
其他制造业	57	45	1012
废弃资源综合利用业	188	143	9298
金属制品、机械和设备修理业	4	4	66
电力、热力、燃气及水生产和供应业	296	242	8502
电力、热力生产和供应业	253	206	7186
燃气生产和供应业	5	5	81
水的生产和供应业	38	31	1234

10–6　历年各类学校数

单位：个

年　份	普　通 高　校	普　通 中　专	中等技 工学校	职　业 中　学	普　通 中　学	小　学	幼儿园	特　殊 教　育
1978	1				364	2147		
1979	1				275	2071		
1980	1				246	2027	497	
1981	1				226	2024	312	
1982	1	4			205	1964		
1983	1	5	10		208	1902		
1984	1				191	1831		
1985	1	8	8	9	188	1798	1094	
1986	1	8	8	11	183	1767	769	
1987	1	8	8	9	181	1753	807	
1988	1	7	8	10	180	1755	791	1
1989	1	7	8	10	180	1759	684	1
1990	1	7	8	9	179	1740	279	3
1991	1	7	8	11	175	1717	431	3
1992	1	7	8	11	175	1687	451	3
1993	1	8	7	14	176	1665	407	3
1994	1	8	7	14	178	1639	479	3
1995	1	8	7	19	176	1618	467	3
1996	1	8	7	21	175	1582	130	4
1997	1	8	7	22	177	1526	146	4
1998	1	8	7	23	173	1106	155	4
1999	1	8	7	27	166	827	230	3
2000	2	7	4	26	163	678	171	2
2001	2	6	2	19	155	515	189	2
2002	2	7	2	17	153	392	193	2
2003	4	3	4	17	151	343	180	2
2004	3	3	4	19	141	290	171	2
2005	3	3	2	21	141	262	163	2
2006	3	3	2	22	142	223	174	2
2007	3	3	2	18	134	185	176	2
2008	3	3	2	18	133	167	173	2
2009	3	4	2	14	130	150	175	2
2010	3	4	2	14	130	141	175	5
2011	3	4	2	10	126	133	176	5
2012	3	4	2	8	125	136	180	5
2013	3	4	2	8	125	130	175	5
2014	3	4	2	8	123	128	184	5
2015	3	4	1	8	118	129	185	5
2016	3	4	1	8	120	126	193	5
2017	3	4	1	8	124	127	207	5
2018	3	4	1	8	120	128	216	5
2019	3	4	1	9	119	128	229	5
2020	4	4	1	9	117	131	237	5
2021	4	4	1	9	117	126	252	5
2022	4	4	1	13	117	129	247	5

10-7　历年各级学校在校学生数

单位：人

年份	普通高校	普通中专	中等技工学校	职业中学	普通中学	小学	幼儿园	特殊教育
1978		453	367		129242	298176		
1979	922	668	1211	97	102944	282866		
1980	1067	750	1551	233	95445	271836		
1981	999	850	1149	189	85594	246629		
1982	972	872	725	65	80855	219748		
1983	971	769	552	658	83516	197654		
1984	1027	901	1177	1311	90328	181583		
1985	1100	1477	1347	3332	97455	168785		
1986	1126	2160	1622	4399	98505	163560	47439	
1987	1105	2485	1565	5428	95127	161059	55625	15
1988	878	2816	1534	4751	83967	173503	49461	30
1989	974	2837	1589	4176	70725	193393	41486	48
1990	956	3040	1545	4315	71502	194444	43085	80
1991	921	3091	1781	3348	79648	187778	55826	122
1992	977	3284	2061	3571	90880	184058	65808	490
1993	1240	3894	2216	4626	92593	192781	67031	697
1994	1587	4700	2487	5743	99514	199783	61945	1164
1995	1559	7854	2670	7065	109705	202101	63912	1389
1996	1379	7922	2998	6252	113130	212146	60346	1711
1997	1396	9400	3853	11534	104259	228050	57534	1833
1998	1633	9942	3401	13323	97927	231334	59457	1853
1999	2373	9671	2824	12734	109511	225224	62408	1898
2000	3991	7759	2010	12101	129171	216005	61934	1569
2001	6723	7112	1908	15409	142434	207078	64804	1412
2002	9975	6588	2530	21137	149729	201540	60122	1226
2003	12051	7556	2258	27201	155774	192462	56612	850
2004	14269	9077	2466	29122	155353	190770	57572	703
2005	16406	10770	3005	29346	152551	182604	58503	591
2006	18795	10644	2815	29814	149561	183458	60217	475
2007	21096	10857	2647	28364	149587	178962	61775	470
2008	23468	10372	2726	24489	152523	172028	64946	497
2009	24409	10543	2897	21712	149313	163058	66946	484
2010	24768	11886	2694	19691	146311	160116	72369	519
2011	25329	13332	4055	19390	137321	161634	73316	346
2012	26153	14121	3627	17633	131374	156915	74654	381
2013	26673	13345	2143	18994	125947	156668	75051	686
2014	26988	12249	1794	19538	122014	156102	76658	382
2015	26947	11726	1658	19758	116360	155762	80198	397
2016	26668	11894	1211	16096	110937	157896	82285	415
2017	26383	11880	1515	28732	112452	160299	88878	415
2018	26941	11496	1265	28306	114295	166550	90134	415
2019	28834	10639	1384	17444	116167	172757	89975	428
2020	33770	10973	1564	18860	116898	180744	93131	424
2021	37405	11383	1751	20907	119544	188779	95885	442
2022	40887	12157	2545	32143	123317	193448	97759	484

10-8 历年各级学校专任教师数

单位：人

年 份	普 通 高 校	普 通 中 专	中等技 工学校	职 业 中 学	普 通 中 学	小 学	幼儿园	特 殊 教 育
1978					6326	10215	557	
1979					5348	9844	519	
1980					4905	9489	994	
1981					4623	8942	940	
1982					4512	8740	1014	
1983					4666	8332	1099	
1984					4709	7875	1399	
1985	178	163	144	146	4685	7611	1781	
1986	175	207	152	183	4780	7398	1900	
1987	182	243	171	245	4960	7508	2099	
1988	169	296	174	260	5059	7772	2156	8
1989	167	280	180	240	4955	8271	2144	11
1990	165	258	185	222	4661	7290	2195	15
1991	146	278	194	204	4742	7378	2288	26
1992	140	270	208	211	4880	7301	2453	32
1993	135	304	216	231	4952	7306	2520	37
1994	136	341	221	250	5067	7338	2452	41
1995	138	321	203	309	5431	7459	2540	42
1996	145	334	205	344	5980	7815	2579	53
1997	152	361	221	438	6197	8168	2623	57
1998	177	383	194	516	6266	8343	2887	62
1999	274	344	149	491	6646	8699	2859	46
2000	333	271	145	496	7122	8759	3014	38
2001	524	176	84	631	7544	8530	2537	33
2002	569	179	92	899	8012	8498	2240	35
2003	724	264	76	825	8435	8284	2134	32
2004	819	305	76	1070	8895	8744	2217	36
2005	943	322	96	1189	9173	8654	2241	36
2006	1052	338	113	1291	9371	8935	2381	37
2007	1102	337	97	1231	9401	8914	2442	39
2008	1526	347	96	1115	9591	8860	3328	40
2009	1583	387	111	1019	9755	8874	3508	42
2010	1224	409	116	967	9894	8752	3747	64
2011	1258	540	132	1024	9937	8543	3943	78
2012	1354	735	188	1014	10040	8533	4368	97
2013	1422	772	109	1116	10101	8558	4506	97
2014	1466	779	118	1314	10078	8556	4717	112
2015	1483	772	105	1412	10083	8607	3466	119
2016	1511	780	105	1307	10097	8800	5236	124
2017	1628	784	101	2109	10141	9079	5758	136
2018	1653	778	104	2077	10133	9248	5991	136
2019	1778	772	105	1345	10175	9562	6378	148
2020	1920	774	103	1450	10306	10047	6657	154
2021	1918	795	112	1550	10521	10430	7347	138
2022	2170	804	108	2289	10589	10781	7883	141

10-9 历年各级学校招生数

单位：人

年份	普通高校	普通中专	中等技工学校	职业中学	普通中学	小学	幼儿园	特殊教育
1978					50423	55395		
1979					40043	41695		
1980					37297	38366	14941	
1981					33367	29599	13846	
1982					31211	27420		
1983	364	252		113	33399	29712	14733	
1984					32236	29822		
1985	450	912	561	2170	33427	27925		
1986	343	901	474	2235	33575	30835		
1987	384	858	601	2901	30867	27279	23515	
1988	494	1028	501	2126	23812	35100	13611	16
1989	471	996	546	1894	19762	35713	19438	19
1990	480	1048	560	2047	29496	27712	21863	34
1991	440	1129	749	1443	32379	23042	29379	43
1992	503	1191	814	1428	33189	27611	32793	32
1993	599	1742	808	2628	31535	37629	33299	50
1994	640	2125	1043	2798	39055	41948		134
1995	616	3536	1248	2966	42615	38842	31689	92
1996	578	3267	1351	1760	34439	39165	30405	141
1997	588	3568	1465	5425	30159	38926	28734	102
1998	527	3090	1051	5466	35935	31267	29207	129
1999	1321	3017	773	4209	46490	32133	28535	85
2000	2227	1562	706	4619	49928	32395	27563	107
2001	3312	1751	811	7728	48802	31192	28971	222
2002	4100	2070	1118	11060	53108	33241	26212	134
2003	4147	3764	1667	11057	55447	29604	24348	109
2004	5175	3729	1259	10230	47933	27325	23600	74
2005	5462	3981	1191	11275	50303	23816	22047	57
2006	6222	3967	1225	10974	51505	25792	20333	38
2007	6968	3724	1036	9102	49124	27099	22131	34
2008	7688	3517	932	7824	53436	26776	23024	65
2009	7070	4192	1220	7565	49097	24944	22141	52
2010	7088	4687	416	6773	46605	25359	24344	81
2011	7591	5250	1087	7311	44167	28287	25466	60
2012	7869	4713	1154	6241	42822	25936	25412	64
2013	7617	4366	645	7070	40983	26332	24350	103
2014	7740	3924	448	6785	38906	26548	25752	54
2015	7816	4069	532	6633	37376	26393	26872	104
2016	7301	4420	504	5849	36493	27859	29371	66
2017	7757	3930	434	9737	38974	28623	32322	167
2018	8493	3531	459	9024	38206	32053	31028	60
2019	9737	3594	571	6424	39193	32154	26716	56
2020	12338	4511	659	7398	40193	33672	32823	51
2021	12593	4044	456	7551	40670	32378	30432	35
2022	13465	4125	1378	10050	43041	31316	28497	64

10-10 历年各级学校毕业生数

单位：人

年份	普通高校	普通中专	中等技工学校	职业中学	普通中学	小学	幼儿园	特殊教育
1978					47921	48122		
1979					45295	43351		
1980					26767	43116		
1981					27635	48255		
1982					22852	47373		
1983					20484	49169		
1984					20083	44892		
1985					20811	40811		
1986					26516	36230		
1987					27499	29629		
1988					28039	22418		
1989					27412	15947		
1990	494	831	567	1746	25351	27558	20817	
1991	475	1066	517	1520	21533	29978	17543	
1992	430	982	520	942	18197	30991	23510	
1993	330	1123	621	1120	25350	28648	31778	31
1994	485	1201	822	1342	28064	35067		45
1995	719	1247	935	1225	29887	37205		128
1996	589	1576	765	2309	28335	29417		49
1997	555	2077	856	3030	36175	23214		89
1998	274	2521	1207	3204	39780	27787		214
1999	576	3176	1350	3950	31500	38070		221
2000	593	3360	1261	4442	27617	41990		228
2001	483	2433	841	3864	33462	39352		258
2002	986	2556	619	3861	44134	39467	31097	254
2003	2037	2603	776	3950	47762	39348	27951	245
2004	2802	1936	998	6008	46953	31804	26535	130
2005	3309	1806	623	9732	51785	32887	22971	115
2006	3568	3374	887	9190	53820	33415	22978	53
2007	4574	3147	841	8883	47143	34018	23352	40
2008	5291	3353	849	10034	48314	36164	22810	52
2009	5983	3661	939	8928	49465	32739	22478	54
2010	6544	2858	879	7330	47033	29867	21958	55
2011	6912	3279	1180	6188	50291	26849	25086	44
2012	6825	3545	1229	5592	46764	27149	24240	42
2013	6909	4825	992	6251	44205	27477	25132	90
2014	7193	4654	725	6572	42132	26435	24592	62
2015	7703	4186	651	6604	40836	24718	26096	89
2016	7374	3892	475	6020	39314	24054	26261	58
2017	7782	3678	343	8816	36602	26449	26544	106
2018	7728	3631	377	9119	35589	25049	29617	45
2019	7675	3951	409	5529	35957	25150	30233	48
2020	7470	3582	388	5558	38642	25461	32003	69
2021	8354	3201	304	5136	37156	26418	29816	37
2022	9621	3158	219	9201	38533	28084	29213	44

10-11 全市教育事业基本情况

项 目	学校数 (所)	招生数 (人)	毕业生数 (人)	在校学生数 (人)	教职工人数 (人)	#专任教师
合 计	**517**	**136119**	**120534**	**508770**	**42264**	**34063**
1.高等教育	5	21773	15240	59074	3175	2272
普通高校	4	13465	38533	40887	3036	2170
成人高校	1	8308	5619	18187	0	102
网络教育					139	
2.普通中学	117	43041	38533	123317	12852	10589
初中	87	28304	24481	80002		6466
高中	30	14737	14052	43315		4123
3.中等职业学校	13	10050	9201	32143	2473	2289
普通中专	4	4125	3158	12157		804
成人中专						
职业高中	9	5925	9201	19986		1485
其他机构						
4.小学	129	123317	28084	193448	9584	10781
5.幼儿园	247	10781	29213	97759	13886	7883
6.特殊教育	5	7883	44	484	177	102
7.技工学校	1	141	219	2545	117	108

10-12 市区教育事业基本情况

项　目	学校数(所)	招生数(人)	毕业生数(人)	在校学生数(人)	教职工人数(人)	#专任教师
合　计	**228**	**69172**	**56423**	**248255**	**19973**	**20330**
1.高等教育	5	19437	12571	52287	3501	3036
普通高校	4	13465	9621	40887	2718	3036
成人高校	1	5065	2215	8919	0	
网络教育		907	735	2481	783	
2.普通中学	52	18011	14907	49999	5519	5653
初中	40	12751	10300	34823		
高中	12	5260	4607	15176		
3.中等职业学校	4	3779	2833	11068	809	819
4.小学	47	14500	12612	89078	4068	4266
5.幼儿园	118	13316	13475	45488	5990	6467
6.特殊教育	2	35	25	241	86	89
7.技工学校		94		94		

10-13 分县区基础教育普及情况

指　标	单位	全 市	市直属	吴兴区	南浔区	德清县	长兴县	安吉县	△市区
1.小学情况									
入学率	%	100	100	100	100	100	100	100	100
#女	%	100	100	100	100	100	100	100	100
巩固率	%	100	100	100	100	100	100	100	100
#女	%	100	100	100	100	100	100	100	100
小学升初中比例	%	100	100	100	100	100	100	100	100
2.初中情况									
入学率	%	100	100	100	100	100	100	100	100
#女	%	100	100	100	100	100	100	100	100
巩固率	%	100	100	100	100	100	100	100	100
#女	%	100	100	100	100	100	100	100	100
3.高中情况									
初中毕业生人数	人	24481	399	6465	3436	3950	5618	4613	10300
#升学人数	人	24337	396	6426	3415	3932	5581	4587	10237
普通中学	人	13986	337	3688	1631	2419	3261	2650	5656
中等职业技术学校	人	10351	59	2738	1784	1513	2320	1937	4581
职业高中	人	8099	52	2280	1437	1144	1986	1200	3769
普通中专	人	828	0	298	28	168	334	0	326
成人中专	人	19	0	2	0	17	0	0	2
技工学校	人	1276	0	158	203	178	0	737	361
其他	人	129	7	0	116	6	0	0	123
升学比例	%	99.41	99.25	99.40	99.39	99.54	99.34	99.44	99.39
#普通高中	%	57.13	84.46	57.05	47.47	61.24	58.05	57.45	54.91
职业类学校	%	42.28	14.79	42.35	51.92	38.30	41.30	41.99	44.48
4.十五年教育毛入学率	%	99.82		99.91	99.85	99.83	99.83	99.78	99.84

10-14 分县区普通中学基本情况

项　目	单位	全 市	市直属	吴兴区	南浔区	德清县	长兴县	安吉县	△市区
学校数	所								
完全中学	所	4	3					1	
高级中学	所	30	12	0	0	5	6	7	12
初级中学	所	62	0	13	10	9	15	15	23
九年制	所	25	0	9	8	6	0	2	17
班级数	个	2959	398	503	292	503	675	588	1193
初中	个	1908	37	503	292	296	422	358	832
高中	个	1051	361	0	0	207	253	230	361
毕业生数	人	38533	5006	6465	3436	6837	8854	7935	10300
初中	人	24481	399	6465	3436	3950	5618	4613	10300
高中	人	14052	4607			2887	3236	3322	
招生数	人	43041	5644	8008	4359	7194	9448	8388	12751
初中	人	28304	384	8008	4359	4324	6000	5229	12751
高中	人	14737	5260			2870	3448	3159	
在校学生数	人	123317	16423	22013	11563	20754	28048	24516	34823
初中	人	80002	1247	22013	11563	12321	17796	15062	34823
一年级	人	28304	384	8008	4359	4324	6000	5229	12751
二年级	人	26593	547	7080	3831	4087	5976	5072	11458
三年级	人	25105	316	6925	3373	3910	5820	4761	10614
高中	人	43315	15176			8433	10252	9454	
一年级	人	14744	5265			2871	3448	3160	
二年级	人	13955	4795			2687	3300	3173	
三年级	人	14616	5116			2875	3504	3121	
毕业班学生数	人	5650	222	131	289	1476	1565	1967	477
初中	人	1745	57	131	289	284	387	597	477
高中	人	3905	165			1192	1178	1370	
教职工人数	人	12852	1962	2271	1420	2124	2645	2430	5653
#专任教师	人	12005	1770	2087	1383	2023	2526	2216	5240

10-15　分县区小学基本情况

项　目	单位	全　市	市直属	吴兴区	南浔区	德清县	长兴县	安吉县	△市区
学校数	所	129	0	25	22	22	33	27	47
班级数	个	4828	22	1427	737	765	1013	864	2186
招生数	人	31316	32	10013	4455	4832	6182	5802	14500
#受过学前教育	人	31316	32	10013	4455	4832	6182	5802	14500
在校学生数	人	193448	423	60021	28634	30069	38870	35431	89078
毕业生数	人	28084	233	7901	4478	4270	6003	5199	12612
专任教师	人	9330	0	2877	1298	1363	2112	1680	4175

10–16 分县区中等职业教育基本情况

项　目	单位	全　市	市直属	吴兴区	南浔区	德清县	长兴县	安吉县	△市区
学校数	所	13	4			1	4	4	
毕业生数	人	9201	2833			1024	2953	2391	
#获职业资格证	人	8837	2727			1019	2933	2158	
招生数	人	10050	3779			1182	2921	2168	
在校学生数	人	32143	11068			3980	9112	7983	
预计毕业生数	人	11105	3630			1379	3193	2903	
教职工数	人	2473	819			248	819	587	
#专任教师	人	2305	758			244	746	557	

10-17 分县区幼儿教育基本情况

项　目	单位	全 市	市直属	吴兴区	南浔区	德清县	长兴县	安吉县	△市区
园数	所	247	0	82	36	45	52	32	118
班级数	个	3534	3	1182	485	601	678	585	1670
入园幼儿数	个	28497	5	9287	4024	4777	5652	4752	13316
在园幼儿数	人	97759	18	31247	14223	16187	19954	16130	45488
离园幼儿数	人	29213	9	8943	4523	4826	6084	4828	13475
教职工数	人	13886		4806	1661	2301	2787	2331	6467
#园长	人	247		82	36	45	52	32	118
教师	人	7877		2609	1061	1274	1611	1322	3670
保育员	人	3589		1197	466	601	718	607	1663
其他	人	2173		918	98	381	406	370	1016
占地面积	万平方米	195.9		60.5	29.0	31.8	39.3	35.4	89.4
校舍面积	万平方米	135.9		47.0	18.7	22.4	26.7	21.0	65.7

10-18 分县区文化、艺术事业基本情况

项　目	单位	全　市	市　区	德清县	长兴县	安吉县
一、艺术事业						
㈠艺术表演团体	个	85				
㈡剧院	个	3	2		1	
1.演出场次	场	213	143	0	70	0
2.观众人数	万人次	13	7	0	7	0
3.总收入	千元	19187	16780	0	2407	0
二、图书馆情况						
1.公共图书馆	个	6	3	1	1	1
2.总藏量	千册.件	4483	2560	619	729	575
#图书	千册.件	4119	2415	603	555	546
三、文化馆(艺术馆)情况						
1.文化馆.艺术馆数	个	6	3	1	1	1
2.举办展览个数	个	937	589	33	146	169
3.组织文艺活动次数	次	4701	2167	240	2095	199
4.举办训练班结业人数	人次	231849	125290	12247	48532	45780
四、其他						
1.乡镇文化站	个	72	29	13	15	15
2.博物馆(纪念馆)	个	36	17	6	6	7
3.文物保护单位	个	426	189	88	78	71
4.文物保护管理机构	个	8	3	1	2	2

10-19　历年卫生事业基本情况

单位：人

年　份	卫　生 机构数 （个）	床位数 （张）	#医院 床位	卫生工 作人员	#卫技 人员	#医师	#医士	#护师 护士
1978	398	6574	5883	6860	5572	1347	753	700
1979	429	6670	5944	7085	5674	1347	687	649
1980	432	6789	6080	7609	6074	1495	754	820
1981	443	6492	5260	7829	6250	1597	746	879
1982	455	6668	5431	7975	6431	1660	745	924
1983	459	6791	6040	8155	6589	1723	771	972
1984	467	6831	6312	8219	6668	1304	1132	1033
1985	472	6753	6380	8139	6438	1243	1117	1011
1986	471	6855	6493	8268	6499	1213	1208	1055
1987	489	7022	6671	8443	6651	1217	1266	1153
1988	493	7244	6858	8545	6728	1941	1143	1534
1989	491	7431	7041	8695	6876	2018	1067	1601
1990	492	7395	7005	9051	7201	2054	1038	1709
1991	491	7518	7128	9283	7412	2083	1087	1762
1992	489	7600	7207	9457	7516	2113	1065	1750
1993	489	7841	7361	9589	7678	2139	1157	1792
1994	486	7906	7462	9824	7915	2137	1252	1863
1995	491	7920	7512	9870	8014	2407	1258	1970
1996	490	7820	7710	10486	8654	2598	1391	2281
1997	482	8223	8103	10602	8759	2634	1474	2310
1998	405	8082	7962	10486	8536	2559	1371	2269
1999	410	7624	7514	10467	8493	2738	1301	2397
2000	392	7487	7377	10605	8634	2822	1284	2468
2001	385	7670	7560	10558	8747	2932	1244	2540
2002	364	7809	7809	10263	8620	2754	1048	2625
2003	704	8135	8055	11442	9617	3291	1090	2868
2004	718	8407	8327	11749	9737	3281	1121	3083
2005	819	8721	8641	12717	10859	3564	1140	3269
2006	1069	9005	9005	13763	12019	3659	1132	3386
2007	1288	8985	8985	14615	12703	3886	1171	3439
2008	1262	9294	8800	16040	13949	4000	1204	4052
2009	1284	9794	9304	17651	15199	4440	1250	4722
2010	1321	10129	9639	18510	15973	4683	1188	4966
2011	1359	10599	10337	19474	16240	4882	1060	5626
2012	1349	11265	10982	20613	17738	5079	1183	6148
2013	1335	12079	11694	21113	18216	5411	1158	6698
2014	1359	11632	10674	22079	19027	5665	1154	7319
2015	1377	13254	11896	23820	20556	6260	1110	8124
2016	1391	12836	12418	24932	21407	6510	1109	8657
2017	1393	15669	13962	26420	22762	6979	1101	9405
2018	1460	16873	15532	28677	24660	7573	1274	10452
2019	1506	18276	16925	30151	25830	8147	1275	10989
2020	1496	18420	17080	31484	27120	8504	1347	11685
2021	1596	20087	19258	29008	27120	9451	1537	12747
2022	1634	20159	20155	35460	30572	10029	1592	13551

注：2002 年起按新口径统计，医师为执业医师，医士为执业助理医师，护师、护士为注册护士。

10-20 历年分县区卫生技术人员数

单位：人

年份	全市	吴兴区	南浔区	德清县	长兴县	安吉县	△市区
1978	5572			775	1262	927	2608
1979	5674			793	1262	928	2691
1980	6074			858	1359	100	2857
1981	6250			898	1364	1047	2941
1982	6431			914	1389	1104	3024
1983	6589			937	1423	1134	3095
1984	6668			935	1433	1122	3178
1985	6438			900	1326	1061	3151
1986	6499			903	1363	1080	3153
1987	6651			944	1383	1098	3226
1988	6728			956	1381	1133	3258
1989	6876			969	1460	1141	3306
1990	7201			1025	1495	1226	3455
1991	7412			1046	1550	1257	3559
1992	7516			1060	1573	1264	3619
1993	7678			1105	1616	1268	3689
1994	7915			1187	1663	1289	3776
1995	8014			1237	1572	1315	3890
1996	8654			1273	1974	1356	4051
1997	8759			1329	1945	1342	4143
1998	8536			1361	1859	1353	3963
1999	8493			1369	1789	1365	3970
2000	8634			1380	1767	1352	4135
2001	8747			1424	1782	1351	4190
2002	8620			1454	1632	1444	4090
2003	9617	964	1208	1546	2129	1513	4429
2004	9737	1129	1212	1587	2141	1464	4545
2005	10859	1656	1239	1677	2360	1536	5286
2006	12019	1644	1715	2021	2421	1708	5869
2007	12703	1884	1576	2043	2793	1826	6041
2008	13949	1663	1925	2101	2905	2125	6818
2009	15199	5436	2090	2231	3187	2255	7526
2010	15973	5646	2131	2374	3445	2377	7777
2011	16240	6054	2133	2525	3035	2493	8187
2012	17738	6570	2144	2606	3771	2647	8714
2013	18216	6689	2256	2816	3691	2764	8945
2014	19027	7046	2318	2975	3834	2854	9364
2015	20556	7735	2507	3028	4276	3010	10242
2016	21407	8184	2510	3176	4401	3136	10694
2017	22762	8853	2578	3335	4654	3342	11431
2018	24660	9640	2683	3513	5234	3590	12323
2019	25830	10058	2764	3579	5584	3845	12822
2020	27120	10975	2795	3695	5751	3904	13770
2021	29008	11962	3060	3984	5745	4257	15022
2022	30572	12768	3232	4179	5921	4472	16000

10–21　历年分县区医院床位数

单位：张

年　份	全　市	吴兴区	南浔区	德清县	长兴县	安吉县	△市区
1978	5883			1197	1104	858	2724
1979	5944			1213	1089	801	2841
1980	6080			1229	1147	878	2826
1981	5260			693	1182	827	2558
1982	5431			700	1222	787	2722
1983	6040			1265	1211	807	2757
1984	6312			1264	1156	841	3051
1985	6380			1281	1152	845	3102
1986	6493			1339	1199	834	3121
1987	6671			1276	1256	868	3271
1988	6858			1364	1258	917	3319
1989	7041			1364	1353	917	3407
1990	7005			1356	1352	964	3333
1991	7128			1402	1379	994	3353
1992	7207			1422	1395	1018	3372
1993	7361			1369	1453	1018	3521
1994	7462			1379	1520	1133	3430
1995	7512			1379	1525	1130	3478
1996	7710			1424	1543	1190	3553
1997	8103			1727	1575	1232	3569
1998	8082			1664	1506	1369	3543
1999	7514			1290	1567	1211	3446
2000	7377			1179	1604	1200	3394
2001	7670			1248	1577	1309	3536
2002	7809			1110	1613	1357	3729
2003	8055	580	927	1123	1819	1322	3791
2004	8327	714	977	1211	1862	1282	3972
2005	8641	758	917	1420	1881	1264	4076
2006	9005	753	814	1501	1963	1366	4175
2007	8985	797	853	1477	1913	1326	4269
2008	8800	779	836	1027	1990	1281	4502
2009	9304	3851	847	1096	2212	1298	4698
2010	9639	3832	874	1171	2372	1390	4706
2011	10337	3847	920	1737	2372	1461	4767
2012	10982	4425	866	1793	2399	1499	5291
2013	11694	4748	859	1796	2506	1785	5607
2014	11632	5081	859	1367	2504	1821	5940
2015	13254	5388	1027	1895	3167	1777	6415
2016	12836	5462	1155	1467	2926	1826	6617
2017	14370	5938	1273	1559	3547	2053	7211
2018	16873	6716	1503	2331	3821	2502	8219
2019	18276	7330	1549	2371	4102	2924	8879
2020	18420	7495	1531	2192	4268	2934	9026
2021	19258	8093	1671	2309	4253	2932	9764
2022	20159	8644	1796	2307	4527	2885	10440

10-22 分县区卫生机构与卫生技术人员

项　目	单位	全 市	吴兴区	南浔区	德清县	长兴县	安吉县	△市区
一、全社会卫生单位数	个	1634	478	280	283	365	228	758
卫生院	个	84	14	14	16	24	16	28
医院	个	85	30	8	12	23	12	38
# 等级医院	个	24	8	5	3	3	3	13
三级医院	个	8	5			3		5
门诊部	个	121	73	17	10	12	9	90
妇幼保健院（所、站）	个	4	1		1	1	1	1
县（区）卫生所、医务室	个	620	238	96	109	119	58	334
县（区）社区卫生服务站	个	698	111	142	131	183	131	253
二、卫生工作人员	人	35460	15050	3559	4799	6845	5207	18609
# 卫生技术人员	人	30572	12768	3232	4179	5921	4472	16000
# 执业医师	人	10029	4299	1040	1409	1820	1461	5339
执业助理医师	人	1592	414	249	253	417	259	663
注册护士	人	13551	6136	1191	1660	2701	1863	7327
药剂人员	人	1710	594	228	254	361	273	822
检验人员	人	995	405	92	172	159	167	497
三、卫生机构床位数	张	20159	8644	1796	2307	4527	2885	10440
# 医院、卫生院床位数	张	20155	8640	1796	2307	4527	2885	10436
# 等级医院	张	11917	5156	1302	1366	2392	1701	6458
# 卫生院	张	1112	137	204	153	311	307	341
医院（含妇保院）	张	19043	8503	1592	2154	4216	2578	10095
疗养院	张	470			470			
四、全年住院总人次	人次	626262	256216	70855	65139	133755	100297	327071
病床使用率	%	79.26	81.40	79.82	71.26	79.47	77.54	161.22

10–23　历年体育运动情况

单位：人

年　份	举办各级运动会（次）	参加比赛运动员	省以上运动会获奖数（枚）			发展等级运动员	发展等级裁判员
			金牌	银牌	铜牌		
1983	50	7461	13	9	4	202	68
1984	74	12163				123	74
1985	674	103667				166	124
1986	148	17603	27	19	19	519	94
1987	123	16522	41	32	37	425	141
1988	272	25920	30	26	38	333	66
1989	247	16901	35	33	35	458	181
1990	692	65588	24	35	40	549	145
1991	637	53197	30	21	29	266	110
1992	53	10087	18	26	20	150	153
1993	132	11705	30	24	26	111	93
1994	99	11694	17	28	25	195	77
1995	153	17664	22	21	24	201	77
1996	154	14169	25	21	28	106	124
1997	155	30746	57	44	41	214	112
1998	138	22164	30	40	43	56	48
1999	177	70751	73	75	78	223	75
2000	167	44036	61	43	48	17	47
2001	171	21787	45	44	44	43	44
2002	29	28750	24	21	30	21	17
2003	67	40400	33	43	34	28	6
2004	78	170000	79	73	38	20	31
2005	65	47168	29	25	45	88	13
2006	812	165562	61	19	42	29	69
2007	691	497210	39	49	68	63	41
2008	210	56472	37	35	43	121	247
2009	139	148952	22	32	43	90	311
2010	221	110687	65	15	46	32	143
2011	177	57297	36	48	47	28	277
2012	166	72000	40	49	68	35	54
2013	176	77151	50	60	67	46	62
2014	46	12670	94	38	48	52	72
2015	141	37270	129	69	98	45	158
2016	172	73456	183	212	158	50	264
2017	191	266302	178	167	153	24	135
2018	93	46335	703	506	525	56	12
2019	402	218267	230	198	197	61	145
2020	124	42188	162	169	177	69	39
2021	133	19595	67	64	68	86	109
2022	55	11797	158	80	139	161	255

注：1985 年、1990 年、1991 年运动会次数、参赛运动员范围为乡镇以上,其余年份为县以上。

10-24 分县区体育运动基本情况

项　目	单位	全　市	吴兴区	南浔区	德清县	长兴县	安吉县	市　区
一、县以上体委系统举办运动会	次	55	21	1	3	2	2	12
参加比赛的运动员人数	人	11797	7271	451	1560	1602	913	7722
二、省级以上运动会获奖牌数	枚	377	164	28	18	128	39	192
金牌	枚	158	53	13	7	73	12	66
银牌	枚	80	31	1	3	35	10	32
铜牌	枚	139	80	14	8	20	17	94
三、等级运动员发展人数	人	161	72	14	6	48	21	86
#二级	人	161	72	14	6	48	21	86
四、等级裁判员发展人数	人	255	225	6	7	10	7	231
#二级	人	255	225	6	7	10	7	231

10-25 分县区广播、电视基本情况

项 目	单位	全 市	市 区	德清县	长兴县	安吉县
一、无线广播情况						
节目套数	套	7	4	1	1	1
平均每日播音时间	时：分	145	78：00	19	24：00	24：00
#自办节目	时：分	92：15	42：00	10：15	18：0	22：00
制作广播节目	小时	31906：51	15330	5968	1843：51	8765：00
二、无线电视基本情况						
平均每周播出时间	时：分	664：44	336：00	95：44	119：00	114：00
制作电视节目	时：分	0	0	0	0	0
三、电视用户情况						
年末有线电视用户	户	664247	251772	91717	199577	121181
#年末数字电视用户	户	754014	330154	91717	210962	121181
年末有线电视入户率	%	94.4	100	100	100	77.9
#年末数字电视入户率	%	94.4	100	100	100	77.9
四、广播电视覆盖范围						
广播覆盖人口数	万人	472.03	158.15	44.30	64.00	47.43
电视覆盖人口数	万人	472.03	158.15	44.30	64.00	47.43

主要统计指标解释

艺术表演团体 指从事戏曲、音乐、舞蹈、杂技等专业艺术表演，有独立账户，实行单独核算的团体。不包括半工半艺、半农半艺的业余剧团。

公共图书馆 指文化系统所属的独立举办的对社会开放的图书馆。不包括文化馆的图室，也不包括文化系统以外的图书馆。

博物馆 指搜集、保管、研究、陈列、展览有关革命、历史、文化、艺术、自然科学、技术等方面的文物或标本的机构。

艺术表演场所 指具有观众厅、舞厅、灯光设备、经常供专业艺术表演团体演出，公开售票营业的场所，但不包括茶馆、茶社等兼营艺术表演的场所。

艺术表演观众人数 指售票包场演出或民族地区免费演出的艺术表演观众人次数。不包括彩排审查和内部观摩演出的观众人次数。

等级运动员人数 指经考核正式批准授予等级运动员称号的人数。运动员等级分为国际级运动健将、运动健将、一级、二级、三级、少年级。

等级裁判员人数 指经考核正式批准授予等级裁判员称号的人数。裁判员等级分为国际裁判、国家级、一级、二级、三级。

医院 指名称为医院，设有固定床位能收容病人住院并能为病人提供医疗和护理服务的医疗机构。包括县及县以上医院、农村乡卫生院、其他医院三部分。

卫生技术人员 指卫生事业机构中现任职务为卫生技术工作的人员。包括中医师、西医师、中西医结合高级医师、护师、中药师、西药师、检验师、其他技题、中医士、西医士、护士、助产士、中药剂士、西药剂士、检验员、其他初级卫生技术人员。

医生 指经卫生部门审查合格，从事医疗工作的专业人员，分为中医医生和西医医生，包括中医师、西医师、中西医结合高级工程师医师、中医士、西医士和其他中医。

普通高等学校 指按照国家规定的审批程序批准举办，通过全国统一招生考试，招收高级中学学校毕业生和具有同等学历者，实施高等教育，培养高等专门人才的学校。包括大学、专门学院、专科学校和短期职业大学。

技工学校 指招收初中（或部分高中）毕业生或具有同等学历者，实施专业技术教育、培养中级技术工人的学校。包括中央在地方单位办、各级劳动部门办、各级其他部门办和厂矿企业办。其在校学生数不包括培训的在职职工人数。

招生数 指新学年开始时，按照国家招生计划实际招收入学的新生数。不包括留级学生和复读学生数。

在校学生数 指学年初开学以后，具有学籍的全部在校学习的学生总数。

毕业生数 指上学年度内，具有学籍的学生学完教学计划规定的全部课程，考试及格，获得毕业证书的学生数。不包括结业生和肄业生数。

教职员工数 指在学校中工作的固定教职工人数。包括校本部、科研机构、校办工厂、农（林）场和附属机构的人员。不包括下列人员：离休、退休、退职人员；学校办的集体所有制单位和学校附属机构中，属于集体所有制的职工；代课教师和各种临时工。

专任教师 指主要从事教育工作的人员。包括临时（一年以内）调去帮助做其他工作的教学人员。不包括调离教学岗位，担任行政领导工作或其他工作的原教学人员；不包括兼任教师和代课教师。

小学学龄儿童入学率 指调查范围内已入小学学习的学龄儿童占校内外学龄儿童总数（包括智力障碍儿童在内，但不包括盲聋哑儿童）的比重。计算公式是：

$$\text{小学学龄儿童入学率}=\frac{\text{已入学的小学学龄儿童数}}{\text{校内外小学学龄儿童总数}}\times 100\%$$

科技活动 指在自然科学、农业科学、医药科学、工程与技术科学、人文与社会科学领域（简称科学技术领域）中与科技知识的产生、发展、传播和应用密切相关的有组织的活动。为核算科技投入的需要，科技活动可分为科学研究与试验发展（R&D）、科学研究与试验发展成果应用及相关的科技服务三类活动。

科技经费投入 指科技内部支出、科研基建、外部支出、购买国内技术、引进专利、图纸、配方等经费支出；统计范围为：农业企事业单位、规模以上工业企业、民营科技企业、软件开发单位、普通高等院校、科研机构。

研究与试验发展（R&D） 指在科学技术领域，为增加知识总量，以及运用这些知识去创造新的应用而进行的系统的、创造性的活动，包括基础研究、应用研究、试验发展三类活动。

十一、城建、环保、水利、气象、林业、民政福利、社保、公积金、治安、档案、技术监督

11-1 分县区市政、公用事业情况

项　目	单位	全 市	市 区	德清县	长兴县	安吉县
一、建成区面积	平方公里	263.54	134.92	41.42	48	39.2
二、城市建设						
城市环境基础设施建设投资额	万元					
#燃气	万元	4728	3289	1354	0	85
排水	万元	58538	29426	7397	15776	5939
园林绿化	万元	43132	5085	3584	0	34463
市容环境卫生	万元	19130	1404	2632	0	15094
三、园林绿化						
绿化覆盖面积	公顷	13786	6280	2566	2417	2523
#建成区	公顷	11933	5916	1911	2300	1806
建城区绿化覆盖率	%	45.28	43.85	46.13	47.92	46.07
公园个数	个	126	54	24	13	35
公园面积	公顷	1870	1077	243	177	373
公园绿地面积	公顷	3044	1814	295	462	473
人均公园绿地面积	平方米	17.46	18.19	16.87	14.65	18.48
四、供水和供气						
排水管道长度	公里	4024.7	2101.7	600.3	762.5	560
供水综合生产能力(包括自备水源)	万吨/日	114.85	70	14.5	15	15
供水总量	万吨	27001.19	13750.29	3772.82	3917.48	5560.6
售水量	万吨	23881.03	12332.14	3360.51	3442.78	4745.6
#居民家庭用水	万吨	11507.35	6007.81	1739.97	1615.47	2144.1
生产用水	万吨	6706.53	3102.64	681.23	1036.86	1885.8
用水人口	万人	174.38	99.72	17.5	31.56	25.6
人均日生活用水量	升	245.84	238.12	361.06	208.95	242.62
用水普及率	%	100	100	100	100	100
供气总量(人工、天然气)	万立方米	84042.4	33362.92	3172.68	36672.25	10834.55
#家庭用量	万立方米	9406.88	5661.1	855.73	1684.11	1205.94
液化石油气供气总量	吨	19979.45	10882	3520	640.23	4937.22
#家庭用量	吨	11587	6731	450	482	3924
用液化气人口	万人	17.02	9.73	0.77	1.07	5.45
城市燃气普及率	%	100	100	100	100	100
五、公共交通						
公共交通营运车辆	辆	2079	1075	325	260	338
公共交通客运总量	万人次	10336	5907	1448	1502	1701
年末公交车路数（含城乡公交）	路	501	193	70	113	125
出租车	辆	1496	975	163	150	208
六、环境卫生						
垃圾处理站数	个	9	2	2	3	2
污水处理厂数	个	15	7	3	3	2
生活垃圾清运量	万吨	78.55	44.83	10.12	15.96	7.64
垃圾无害化处理量	万吨	78.55	44.83	10.12	15.96	7.64
城镇生活垃圾无害化处理率	%	100	100	100	100	100
城市污水排放量	万立方米	20788	9536	3018	3370	4864
城市污水处理量	万立方米	20485	9392	2985	3328	4779

11–2 主要年份

项目	单位	2003年	2005年	2007年	2008年	2010年	2014年
一、城市化水平							
市域	%	44.1	48.4	52.4	54.3	58.0	61.4
市本级	%	51.0	53.5	55.4	56.8	60.0	64.0
德清	%	42.9	48.0	52.0	53.7	57.4	61.4
长兴	%	40.0	44.0	50.0	52.1	55.8	58.5
安吉	%	39.5	42.0	48.6	50.4	52.9	58.0
二、建成区面积							
中心城市	平方公里	52.9	65.0	74.4	78.8	88.0	99.2
中心城区(含织里)	平方公里	43.9	53.2	61.6	65.5	72.5	80.5
织里	平方公里	7.7	10.7	11.7	11.7	13.7	14.9
南浔区	平方公里	9.0	11.8	12.8	13.3	15.5	18.7
三、城市人口							
中心城市	万人	51.5	57.6	63.9	71.9(43.3)	83.6(50)	88.5(52.3)
中心城区(含织里)	万人	42.5	46.7	52.0	59.9(36.4)	70.1(42.2)	73.8(44.0)
织里	万人	6.0	9.2	13.0	18.7(3.7)	21.3(5.5)	24.1(5.7)
南浔区	万人	9.0	10.9	11.9	12(6.9)	13.5(7.8)	14.7(8.3)
四、道路							
1.总面积							
中心城市	万平方米	587.60	876.40	1444.89	1573.60	1711.80	2172.65
中心城区(含织里)	万平方米	472.20	761.00	1258.19	1314.80	1385.80	1749.57
织里	万平方米	94.20	153.20	225.00	239.10	248.20	263.82
南浔区	万平方米	115.40	115.40	186.70	258.80	326.00	423.08
2.人均面积							
中心城市	平方米	11.4	15.2	22.6(34.1)	21.9(36.3)	20.5(34.2)	24.32
中心城区(含织里)	平方米	11.1	16.3	24.2(35.3)	22.0(37.5)	19.77(32.8)	23.71(39.76)
织里	平方米	15.7	16.7	17.3(64.3)	12.8(64.6)	11.65(45.1)	17.71(46.28)
南浔区	平方米	12.8	10.6	15.7(27.5)	21.6(37.5)	23.7(41.8)	28.78(50.97)

中心城市建设情况

2015 年	2016 年	2017 年	2018 年	2019 年	2020 年	2021 年	2022 年
62.2	62.9	63.7					
64.9	65.8	66.8					
62.2	64.7						
59.3	60.9						
59.2	60.0						
102.9	106.0			125.15	126.38	131.62	134.92
83.4	85.8						
15.5	15.9						
19.5	20.3						
90.2(52.8)	91.5(53.5)	93.3(54.2)	95.1(55.52)	94.35(55.44)	99.74(55.42)	99.98(48.28）	99.72(48.31)
75.1(44.3)	76.2(44.9)	77.7(45.5)	70.04(37.0)				
24.6(5.8)	25.0(6.0)	25.7(6.1)					
15.1(8.4)	15.3(8.6)	15.6(8.7)	25.06(18.6)	14.5(8.37)	18.57(8.45)	18.59(8.46)	18.61(8.47)
2348.23	2462.19	2605.61	2675.56	2773.31	2852.18	2913.24	3021.88
1923.92	2014.29	2140.85	2194.99				
267.72	267.72	270.50	278.80				
424.31	447.90	464.76	480.49				
26.03	26.91(46.02)	27.93	28.13	29.39	28.6	29.14	30.3
25.62(43.43)	26.43(44.86)	27.55	21.57				
10.88(46.16)	10.71(44.62)	10.53					
28.1(50.5)	29.27(52.08)	29.79	21.53				

续 1

项　目	单位	2003 年	2005 年	2007 年	2008 年	2010 年	2014 年
五、城市绿化							
1.绿化总面积							
中心城市	万平方米	1495.60	1843.80	2410.60	2684.80	3293.50	4188.44
中心城区(含织里)	万平方米	1407.00	1710.00	2193.00	2441.20	3014.22	3836.63
织里	万平方米	200.90	243.70	253.40	255.40	271.68	282.62
南浔区	万平方米	88.60	133.80	217.60	243.60	280.28	351.81
2.公共绿地							
中心城市	万平方米	359.20	438.20	541.15	610.90	980.47	1290.49
中心城区(含织里)	万平方米	324.60	390.60	465.15	524.20	885.47	1165.08
织里	万平方米	43.70	67.70	69.90	70.20	73.30	76.01
南浔区	万平方米	34.60	47.60	76.00	86.70	96.00	125.41
3.城市绿地率							
中心城市	%	28.3	28.2	32.4	34.1	37.4	42.23
中心城区	%	32.0	32.2	35.6	37.3	41.5	47.66
南浔区	%	9.9	11.3	17.0	18.3	18.1	18.81
4.绿化覆盖率							
中心城市	%	32.4	32.3	36.6	38.7	42.1	47.26
中心城区	%	37.0	37.2	40.2	42.8	47.1	53.57
南浔区	%	14.0	15.4	19.6	21.3	21.5	22.3
5.人均公共绿地							
中心城市	平方米	7.0	7.6	8.4(12.8)	8.5(14.1)	11.45(19.6)	14.58(24.67)
中心城区	平方米	7.6	8.4	8.9(13.1)	8.8(14.4)	12.33(20.98)	15.79(26.5)
南浔区	平方米	3.9	4.4	6.4(11.2)	7.2(12.6)	7.0(12.3)	8.53(15.11)
六、城市供水							
1.供水能力							
中心城市	万吨/日	27	27	27	47	47	47
中心城区(含织里)	万吨/日	21	21	21	41	41	41
织里	万吨/日	5	5	5	5	5	5
南浔区	万吨/日	6	6	6	6	6	6

中心城市建设情况

2015年	2016年	2017年	2018年	2019年	2020年	2021年	2022年
4418.31	4684.17	4983.67	5317.89	5442.67	6223.17	6245.08	6280
4054.18	4227.28	4506.30	4676.37				
296.04	305.52	323.11	341.88				
364.13	456.89	477.37	642.48				
1345.32	1500.28	1611.32	1686.41				
1217.03	1298.53	1408.59	1458.35				
76.51	76.51	89.09	105.47				
128.29	201.75	202.73	208.43				
42.94	44.19	42.52	42.86	42.89	43.1	41.52	40.88
48.61	49.27	46.88	45.96				
18.67	22.62	22.66	28.78				
48.06	49.31	50.98	46.36	46.38	46.33	44.64	43.85
54.57	55.23	52.84	54.51				
22.54	26.49	26.53	33.92				
14.91(25.48)	16.40(28.04)	50.98	17.73				
16.21(27.47)	17.04(28.92)	52.84	20.82				
8.5(15.27)	13.19(23.46)	26.53	8.32				
47	56	56	56	56	78.3	72	70
41	56	56					
5	56	56					
6	56	56					

续 2

项　目	单位	2003 年	2005 年	2007 年	2008 年	2010 年	2014 年
2.日均供水量							
中心城市	万吨/日	18.60	17.15	21.45	21.60	23.15	24.05
中心城区(含织里)	万吨/日	13.50	14.45	18.15	18.50	19.65	20.90
织里	万吨/日	2.50	3.00	3.00	3.00	5.00	4.38
南浔区	万吨/日	5.10	2.70	3.40	3.10	3.50	3.15
七、污水处理							
1.处理能力							
中心城市	万吨/日	10.0	14.0	23.5	24.5	24.5	27.5
中心城区	万吨/日	10.0	11.0	20.5	21.5	21.5	24.5
南浔区	万吨/日		3.0	3.0	3.0	3.0	3.0
2.实际处理率							
中心城市	%		51.56	79.70	82.50	85.10	93.66
中心城区	%		62.18	81.60	83.80	86.18	94.70
南浔区	%			67.20	73.80	77.90	86.50
3.日综合污水处理量							
中心城市	万吨		5.66	12.08	13.90	15.16	18.02
中心城区	万吨		5.66	10.48	12.10	13.04	15.84
南浔区	万吨			1.60	1.80	2.10	2.18
八、住宅面积							
1.总面积							
中心城市	万平方米	1272.00	1493.40	1687.50	1745.22	2070.16	2705.97
中心城区(含织里)	万平方米	1006.00	1204.10	1356.40	1394.12	1673.53	2209.75
织里	万平方米	70.30	96.50	136.50	152.50	235.74	316.38
南浔区	万平方米	203.00	284.80	331.10	351.10	396.63	496.22
2.人均面积							
中心城市	平方米	32.0	35.9	39.8	40.3	41.4	51.74
中心城区(含织里)	平方米	29.5	34.5	38.1	38.3	39.7	50.22
织里	平方米	29.3	37.1	39.0	41.2	42.9	54.55
南浔区	平方米	29.3	42.5	49.0	50.9	50.9	59.79

注：以上数据除人均住宅面积只以常住人口计算外，其余数据以总人口和常住人口两个口径统计，括号内为常住人口。2016 年起，由于口径调整，实际处理率调整为集中式处理率。

中心城市建设情况

2015 年	2016 年	2017 年	2018 年	2019 年	2020 年	2021 年	2022 年
24.71	26.29	26.66	28.87				
21.61	23.08	23.46	25.55				
4.80	5.98	5.50	4.56				
3.10	3.21	3.20	3.33				
27.5	27.5	27.5	27.0	29	37	37	37
24.5	24.5	24.5	24.0				
3.0	3.0	3.0	3.0				
93.80	94.25	94.66	96.66	97.91	98.3	98.4	98.5
95.14	95.66	95.35	96.66				
89.56	89.86	93.57	96.66				
20.56	22.30	21.94	23.53	24.55			
18.20	19.76	19.35	20.52				
2.36	2.54	2.59	3.01				
2891.80	3025.30						
2368.69							
343.53							
535.11							
54.77	56.60						
53.47							
59.23							
63.70							

11-3 主要年份

指　标	单位	1990 年	1995 年	2000 年	2005 年	2008 年	2009 年
一、工业废水							
工业废水排放总量	万吨	8326	5519	8830	9518	10706	10518
二、工业废气							
工业废气排放总量	亿标立方米	264.00	316.00	458.00	1214.06	1398.56	1591.42
工业二氧化硫排放量	吨	53602	58813	58508	60688	48823	58695
工业烟（粉）尘排放量	万吨	94300	59600	151300	39500	33179	29290
三、工业固体废物							
工业固体废物产生量	万吨	79.90	109.02	87.19	203.01	232.61	225.62
工业固体废物综合利用量	万吨	33.45	51.74	81.95	199.70	227.90	225.30
工业固体废物利用率	%			93.99	98.37	99.00	96.86
四、工业锅炉、炉窑数							
工业锅炉数	台	1307	318	343	357	466	470
工业炉窑数	座	279	99	202	159	216	258
五、环境质量(市区)							
建成区区域环境噪声平均值	分贝			56.8	56.7	58.6	54.7
城市环境空气质量标准级别	级				2	2	2
城市水域功能区水质达标率	%				53.30	68.90	77.30
城市集中式饮用水源地水质达标率	%				96.20	97.50	98.30

环境保护情况

2010 年	2014 年	2015 年	2016 年	2017 年	2018 年	2019 年	2020 年	2021 年	2022 年
10888	10020	8611	8532	8470	8280	7786	6069	5793	5479
1647.91	1978.86	2100.89	1983.23	2497.12	2341.77	2163.86	2465.68	3324.60	3656.85
50976	36521	38149	28298	22117	18757	15298	5575	4136	3768
24082	31655	28855	19565	15039	14289	11223	8618	7566	7481
210.94	185.93	191.50	174.01	212.43	246.04	249.59	268.20	272.46	288.57
211.28	179.60	187.44	172.70	211.35	245.32	248.91	268.18	272.64	288.61
96.49	96.59	97.87	99.25	99.25	99.64	99.69	99.97	100.00	99.99
459	552	511	518	471	439	438	368	295	310
288	389	408	361	338	339	553	411	474	442
54.3	53.2	53.0	52.9	53.7	51.5	55.3	54.8	55.8	53.6
2	未达到二级	未达到二级	未达到二级	劣二级	劣二级	二级	二级	二级	二级
94.44	100.00	100.00	100.00	100.00	100.00	100.00	100.00	100.00	100.00
84.85	100.00	100.00	100.00	100.00	100.00	100.00	100.00	100.00	100.00

11-4 分县区

指　标	单位	全　市	吴兴区
一、水环境			
1.废水排放总量	万吨	20164.04	961.12
工业废水排放量	万吨	5478.86	961.12
城镇生活污水排放量	万吨	14685.18	
2.化学需氧量(COD)排放量	吨	6230.84	
工业废水中 COD 排放量	吨	1498.15	266.11
城镇生活污水中 COD 排放量	吨	4732.69	
3.氨氮排放量	吨		
工业废水中氨氮排放量	吨	23.24	5.85
农业废水中氨氮排放量	吨		
生活污水中氨氮排放量	吨	289.65	
二、大气环境			
1.工业废气排放总量	亿标立方米	3656.85	400.80
2.二氧化硫(SO_2)排放量	吨	3790.26	204.88
工业 SO_2 排放量	吨	3767.69	204.88
城镇生活 SO_2 排放量	吨	17.54	
集中式治理设施 SO_2 排放量	吨	5.04	
3.氮氧化物排放量	吨	8513.92	494.52
工业氮氧化物排放量	吨	8345.43	494.52
城镇生活氮氧化物排放量	吨	99.10	
集中式治理设施氮氧化物排放量	吨	69.39	
机动车氮氧化物排放量	吨		

南浔区	德清县	长兴县	安吉县	南太湖新区
1120.35	864.91	1430.12	873.19	229.18
1120.35	864.91	1430.12	873.19	229.18
347.61	206.65	298.12	152.63	57.25
2.80	4.24	3.82	1.99	0.88
621.80	460.60	1618.18	337.49	217.99
403.37	765.57	2161.82	222.43	14.65
403.37	765.57	2156.88	222.43	14.56
		4.95		0.09
1001.12	1177.50	5238.64	340.64	162.40
1001.12	1177.50	5201.52	340.64	130.13
		37		32

11-4 分县区

续 1

指　标	单位	全　市	吴兴区
4.颗粒物排放量	吨	7544.32	1386.62
工业颗粒物排放量	吨	7481.37	1386.62
城镇生活颗粒物排放量		58.58	
集中式治理设施颗粒物排放量	吨	4.37	
机动车颗粒物排放量	吨		
5.城市空气质量达到优良天数的比率	%	77.8	77.8
三、固体废物			
1.一般工业固体废物产生量	万吨	288.57	22.44
一般工业固体废物综合利用量	万吨	288.61	22.45
一般工业固体废物综合利用率	%	99.99	99.99
2.危险废物产生量	吨	35.38	3.75
危险废物利用处置量	吨	35.24	3.75
危险废物利用处置率	%	99.49	99.55
危险废物本年末贮存量	吨	0.19	0.02
四、工业锅炉			
工业锅炉数	台	310	57
工业炉窑数	座	442	55
五、工业污染治理投资			
工业污染源治理投资	万元	12304.00	3949.00
#治理废水	万元	5150.00	1260.00
治理废气	万元	7114.00	2684.00
治理其他	万元	40.00	5.00
完成环保验收项目环保投资	万元	394230.33	85532.77

环境保护情况

南浔区	德清县	长兴县	安吉县	南太湖新区
894.23	2789.05	1937.17	230.46	248.21
894.23	2789.05	1934.73	230.46	246.28
		2		2
77.3	81.1	86.6	89.6	77.3
46.43	40.13	146.65	18.22	14.71
46.45	40.15	146.64	18.21	14.70
100.00	100.00	99.99	100.00	99.95
3.80	4.45	19.55	2.05	1.76
3.77	4.46	19.45	2.05	1.77
99.15	100.00	99.39	99.73	99.59
0.04	0.00	0.12	0.01	0.01
64	61	38	83	7
82	46	140	111	8
5532.00	900.00	1600.00	8.00	315.00
3750.00	40.00			100.00
1782.00	860.00	1600.00	8.00	180.00
				35.00
25821.15	48792	45608	41782	40555.91

11-5 分县区

项 目	单位	全 市	吴兴区
全年水资源总量	万立方米	344971	50047
#地表水资源量	万立方米	333448	47427
地下水资源量	万立方米	89397	13288
地表水和地下水资源重复量	万立方米	77874	10668
人均水资源	立方米	1011	483
供水总量	万立方米	124081	25021
用水总量	万立方米	124081	25021
#农田灌溉	万立方米	47942	7896
林牧渔畜	万立方米	20487	3826
工业	万立方米	22750	3985
居民生活	万立方米	16942	4882
城镇公共用水	万立方米	11770	3269
生态环境补水	万立方米	4190	1163
水库数量	座	155	21
#大中型水库	座	11	1
水库总库容	万立方米	89276	11138
水库蓄水量	万立方米	20877	2750
#大中型水库	万立方米	19331	2639

水利情况

南浔区	德清县	长兴县	安吉县	△市区
40856	53446	67825	132797	90903
35170	50229	67825	132797	82597
11743	14460	18813	31093	25031
6057	11243	18813	31093	16725
748	965	997	2228	574
23988	24803	30165	20104	49009
23988	24803	30165	20104	49009
7872	10920	12239	9015	15768
6483	4209	3922	2047	10309
3916	4422	7148	3279	7901
2640	2756	3602	3062	7522
1748	1984	2574	2195	5017
1329	512	680	506	2492
	16	35	82	22
	1	4	5	1
	15299	19966	42853	11158
	2736	2790	12590	2761
	2620	2496	11576	2639

11-6 历年气象资料

单位：摄氏度

年 份	平均气温	最低气温	最高气温	年降雨天数（天）	年降水总量（毫米）	年日照总时数（小时）
1978	16.2	-3.5	38.9	119	761.7	2137.6
1979	16.0	-9.3	36.6	125	985.5	2191.9
1980	15.1	-7.3	37.8	152	1529.4	1917.4
1981	15.4	-6.7	36.1	153	1555.3	1726.6
1982	15.7	-6.4	36.4	149	1150.0	1720.9
1983	15.7	-5.6	38.5	141	1708.4	1782.4
1984	15.3	-8.0	36.4	140	1313.3	1860.9
1985	15.7	-5.8	37.0	152	1411.5	1715.4
1986	15.7	-6.0	37.4	125	1205.1	1980.8
1987	15.9	-5.4	36.8	147	1491.2	1948.9
1988	16.0	-5.3	38.9	126	1075.7	1987.6
1989	15.9	-3.6	36.3	152	1471.5	1841.5
1990	16.7	-6.0	38.1	158	1365.1	1969.0
1991	15.8	-8.5	37.7	152	1345.2	1822.0
1992	15.9	-4.2	38.3	133	1113.0	2013.3
1993	15.7	-5.7	36.5	149	1637.5	1802.4
1994	17.1	-2.4	37.5	147	1055.1	1984.9
1995	16.1	-4.5	37.8	118	1168.7	1978.5
1996	15.9	-5.3	35.8	145	1422.1	1753.8
1997	16.6	-4.8	36.0	152	1064.3	1698.1
1998	17.3	-5.8	38.2	149	1557.3	1805.0
1999	16.3	-6.8	35.8	183	1780.6	1465.0
2000	16.9	-5.4	35.7	141	1023.3	1613.3
2001	16.9	-4.9	38.0	143	1267.4	1682.3
2002	17.0	-3.8	37.1	152	1514.3	1466.1
2003	16.8	-5.4	39.1	134	938.6	1741.8
2004	16.9	-5.7	37.7	116	1126.1	1859.0
2005	16.5	-6.6	37.7	124	1075.4	1788.3
2006	17.2	-5.7	37.5	127	1042.9	1735.8
2007	17.4	-3.9	37.9	131	1195.4	1827.6
2008	16.6	-6.5	37.8	142	1465.0	1865.6
2009	17.1	-7.1	39.2	136	1235.0	1918.1
2010	16.6	-5.5	38.9	143	1312.4	1975.3
2011	16.3	-6.9	37.8	134	930.4	1880.2
2012	16.3	-5.7	38.2	159	1608.6	1810.2
2013	17.3	-5.8	40.9	119	1075.8	2048.5
2014	16.8	-5.5	36.2	143	1443.6	1756.5
2015	16.8	-5.5	38.8	161	1548.8	1586.8
2016	17.5	-8.8	39.6	164	2115.6	1651.1
2017	17.6	-4.7	40.7	152	1267.3	1862.2
2018	17.6	-7.8	37.7	158	1496.8	1819.1
2019	17.5	-2.1	39.0	139	1448.2	1636.9
2020	17.7	-6.6	38.0	163	1798.5	1550.4
2021	18.2	-7.1	38.0	139	1348.8	1724.2
2022	18.0	-4.6	40.7	135	1236.4	1751.5

11-7 分县区林业建设情况

指　标	单位	全　市	吴兴区	南浔区	德清县	长兴县	安吉县	△市区
年末有林地面积	公顷	233544	27386	2973	30355	55169	117661	30359
#人工造林	公顷	755	67	64	111	259	254	131
森林覆盖率	%	47.55	37.74	9.86	42.26	47.04	69.10	
活立木总蓄积量	万立方米	986.51	164.10	21.92	111.36	272.36	416.76	186.02
森林蓄积量	万立方米	945.00	158.91	10.07	97.94	269.87	408.21	168.98
自然保护区个数	个	3			2	1		
#国家级自然保护区	个	2			1	1		
自然保护区面积	公顷	1650				408	1242	
生态保护小区个数	个							
生态保护小区面积	公顷							
湿地示范区个数	个							
湿地示范区面积	公顷							
本年完成营林投资额	万元	20857	1386	4421	4619	5586	4286	5807

11-8 主要年份民

指　标	单位	2005 年	2010 年	2014 年	2015 年
一、婚姻登记情况					
结婚登记	对	16463	20927	22437	21112
内地居民准予登记结婚	对	16421	20904	22384	21068
#初婚人数	人	28438	24398	34891	34967
再婚人数	人	4488	6354	8257	9391
#恢复结婚	人	298	1276	2020	1136
涉外及华侨.港澳台居民登记结婚	对	42	23	53	44
离婚登记	对	3326	5209	6317	6353
#内地居民准予离婚	对	3323	5201	6317	6353
二、社会救济情况					
城镇居民最低生活保障家庭数	户	4210	5663	3735	3673
城镇居民最低生活保障人数	人	7637	10159	5931	5687
城镇临时救济人数	人	8281	5288	2256	4339
农村居民最低生活保障家庭数	户	15278	19454	16815	15137
农村居民最低生活保障人数	人	29386	35585	28076	25051
农村临时救济人数	人	44034	16152	8651	18422
三、社会福利事业					
社会福利机构数	个	79	82	98	53
福利机构床位数	张	4978	10052	12110	9030
1.国家办光荣院数	个	2	3	2	2
职工人数	人	3	14	5	4
床位数	张	20	81	48	36
年末收养人数	人	8	27	7	6
2.社会福利院数	个	4	5	12	11
职工人数	人	55	118	233	154
床位数	张	485	1782	2109	2511
年末收养人数	个	299	590	871	742
3.城镇收养性老年福利机构	个	10	12	14	19
职工人数	人	163	179	124	456
床位数	张	1170	2386	1976	3935
年末收养人数	人	575	1020	727	1227
4.农村收养性老年福利机构	个	63	62	85	94
职工人数	人	277	320	379	359
床位数	张	3303	5803	9643	11389
年末收养人数	人	2400	2715	2500	2070
5.社区服务设施数	个	153	966	4130	2042

政与社会福利事业

2016 年	2017 年	2018 年	2019 年	2020 年	2021 年	2022 年
20326	20082	18479	16849	15622	14582	15578
20287	20044	18426	16797	15593	14564	15553
30944	29241	28624	23590	22168	20817	23862
7430	7809	8227	7210	9076	6095	7294
2843	3038	1544	2794	1274	2216	917
39	38	53	52	29	18	25
7197	8096	7531	7751	7408	4527	5015
7186	8093	7521	7739	7401	4521	5010
4138	4190	3307	2707	2595	2754	2677
6265	6449	5735	3621	3428	3513	3311
5757	4327	1503	7144	4634	1067	3589
18577	20475	15723	15543	13593	14152	13438
30370	32884	24531	24601	22266	22067	20130
14539	12364	1699				
100	129	138	167	181	174	
17348	20993	21957	28656	30570	30921	
3	3	3	1			
4	2	2	2			
39	39	37	36			
6	11	11	1			
12	11	4	3	2	2	3
193	222	112	89	78	91	141
2921	2975	1538	558	544	484	916
958	1050	533	238	214	194	
25	24	30	40	62	61	67
537	704	797	993	1711	1542	1667
5178	5955	6965	8423	12802	12738	9684
1986	2107	2588	2967	3589	3339	3493
72	69	71	88	116	112	31
448	509	643	514	3426	3371	485
10644	113423	11687	14068	17012	17699	3433
3014	2370	2609	2574	4890	4655	1325
2237	2294	2661				

11-9 分县区民政与社会福利事业

指　标	单位	全　市	吴兴区	南浔区	德清县	长兴县	安吉县	△市区
一、婚姻登记情况								
结婚登记	对	15578	4167	1767	2521	4235	2863	5959
内地居民准予登记结婚	对	15553	4167	1767	2521	4235	2863	5934
#初婚人数	人	23862	6475	2613	3840	6746	4157	9119
再婚人数	人	7294	1859	921	1202	1724	1569	2799
#恢复结婚	人	917	242	110	164	214	187	352
涉外及华侨.港澳台居民登记结婚	对	25						25
离婚登记	对	5015	1399	592	774	1229	1016	1996
#内地居民准予离婚	对	5010	1399	592	774	1229	1016	1991
二、社会救济情况								
城镇居民最低生活保障家庭数	户	2677	884	445	287	449	325	1616
城镇居民最低生活保障人数	人	3311	1078	534	350	559	415	1987
城镇临时救济人数	人	3589	745	496	476	935	732	1241
农村居民最低生活保障家庭数	户	13438	1368	3116	1337	4013	3361	4484
农村居民最低生活保障人数	人	20130	2184	4639	2144	5953	4861	6823
农村临时救济人数	人							
三、社会福利事业								
社会福利机构数	个							
福利机构床位数	张							
1.国家办光荣院数	个							
职工人数	人							
床位数	张							
年末收养人数	人							
2.社会福利院数	个	3			1		1	1
职工人数	人	141			50		64	27
床位数	张	916			238		574	104
年末收养人数	个							
3.城镇收养性老年福利机构	个	67	12	1	13	20	17	17
职工人数	人	1667	491	23	237	408	299	723
床位数	张	9684	2091	80	2219	2187	1966	3312
年末收养人数	人	3493	1064	64	794	625	305	1769
4.农村收养性老年福利机构	个	31	4	13	1	2	10	18
职工人数	人	485	66	194	18	21	176	270
床位数	张	3433	421	1858	158	230	693	2352
年末收养人数	人	1325	195	618	88	125	287	825
5.社区服务设施数	个	2977	516	503	406	703	629	1239

11-10 主要年份社会保险

指 标	单位	2005年	2010年	2014年	2015年	2016年	2017年	2018年	2019年	2020年	2021年	2022年
一、基本养老保险												
基本养老保险参保人数	万人	47.37	74.10	127.39	133.33	135.55	143.84	151.82	161.71	169.67	178.69	184.45
#企业	万人	25.15	43.53	62.23	65.41	68.29	73.25	79.08	84.55	89.16	99.40	101.38
机关事业	万人	6.77	7.28	8.24	8.14	10.34	9.84	10.16	10.38	10.59	10.84	11.10
其他	万人	15.45	23.29	56.91	59.78	56.93	60.75	62.58	66.78	69.92	68.45	71.97
基本养老保险缴费人数	万人	33.67	56.40	99.19	90.78	94.45	98.80	103.48	110.53	116.78	124.39	127.34
#企业	万人	18.15	36.04	53.66	56.16	58.77	63.67	69.18	74.25	78.28	87.65	88.79
机关事业	万人	4.93	5.05	5.43	5.51	6.86	6.60	6.71	6.82	6.96	7.15	7.29
其他	万人	10.59	15.31	40.09	29.12	28.82	28.53	27.58	29.47	31.55	29.60	31.27
基本养老保险金发放额	亿元	10.20	22.00	68.62	88.97	110.01	130.40	147.79	164.92	180.94	196.42	208.91
二、农村养老保险												
年末在保人数	万人	9.14	7.92	3.09								
本年保险金收入	万元	69	148	43								
本年保险金支出	万元	33	435	166								
年末积累基金总额	万元	4654	3971	1881								
三、医疗保险												
城镇职工基本医疗保险参保人数	万人	30.37	60.08	104.14	111.01	116.95	124.78	135.18	144.77	154.79	161.50	167.30
城乡居民基本医疗保险参保人数	万人			160.32	151.95	147.52	143.57	139.55	133.02	130.98	122.54	120.46
四、工伤保险												
工伤保险参保人数	万人	17.57	59.33	75.53	75.88	78.33	83.57	95.19	112.73	129.81	136.77	133.47
五、生育保险												
生育保险参保人数	万人	13.83	40.75	60.28	62.85	66.33	71.64	75.68	80.06	115.42	96.26	118.94
六、失业保险												
失业保险参保人数	万人	22.21	40.84	61.62	64.49	65.61	72.32	77.17	82.70	87.97	93.40	95.02
发放失业保险金人次	万人次	6.71	4.88	9.63	9.50	5.55	4.87	8.40	9.03	8.64	11.62	16.17
发放失业保险金额	万元	2778	3154	12367	15812	6668	5903	11590	12451	11910	17469	28281

注：2015 年起，农村养老保险停止开展,已和城乡居民养老合并。

11-11 分县区社会保险

项 目	单位	全 市	市 区	德清县	长兴县	安吉县
一、基本养老保险						
年末参保人数（含离退休人员）	人	1844521	353523	403461	340015	747522
#企业	人	1013766	182829	211897	169793	449247
机关事业	人	111035	16587	19699	18253	56496
其他	人	719720	154107	171865	151969	241779
年末参保人数（不含离退休人员）	人	1285336	235984	281923	243212	524217
#企业	人	887856	157309	190918	160180	379449
机关事业	人	75287	11146	13269	12535	38337
其他	人	322193	67529	77736	70497	106431
年末缴费人数	人	1273436	232454	281624	241186	518172
#企业	人	887856	157309	190918	160180	379449
机关事业	人	72895	10823	12970	12128	36974
其他	人	312685	64322	77736	68878	101749
本年保险金发放额	万元	2089053	408150	420724	330304	929875
#企业	万元	574116	105483	84056	41274	343303
机关事业	万元	316260	49876	57917	48241	160226
其他	万元	1198677	252791	278751	240789	426346
二、被征地农民生活保障						
年末参保人数	人	67006	47379		18897	730
领取基本生活保障补助金人数	人	53058	35919		16419	720
三、城乡居民养老保险						
参保人数	万人	49.23	24.42	5.83	10.96	8.02
领取养老金人数	万人	33.96	17.09	4.49	7.17	5.21
本年养老金发放额	亿元	17.40	8.89	2.70	3.37	2.44
四、其他养老保险						
年末农民工参加城镇职工养老保险人数	万人	84.82	30.40	16.77	20.07	17.58
五、城镇职工基本医疗保险						
年末参保人数	万人	167.30	68.50	32.94	39.05	26.80
六、工伤保险						
年末参保人数	人	1334739	554866	263432	270022	246419
年末享受人数	人	12604	5443	2680	2380	2101
全年工伤认定人数	人	10848	4241	2341	2374	1892
七、生育保险						
年末参保人数	人	1189409	493426	217750	264726	213507
年末享受人数(人次）	人	28257	11420	4318	6476	6043
八、其他医疗保险						
参加企业医疗保险人数	万人	167.30	68.50	32.94	39.05	26.80
九、城乡居民基本医疗保险						
年末参保人数	万人	120.46	55.63	15.84	25.25	23.75
十、失业保险						
失业保险参保人数	人	950171	412556	166416	201689	169510
发放失业保险金人次	人次	161665	65246	28498	34399	33522
发放失业保险金额	万元	28281	11413	4982	5987	5899

11–12 历年住房公积金情况

单位：亿元

年 份	年末正常缴存人数（万人）	全 年 归集额	年末归集 余 额	全年贷款 发放额	年末贷款 余 额
1998	15.94	0.95	2.16	0.13	0.12
1999	17.20	1.29	3.41	0.93	1.01
2000	14.90	1.75	4.59	1.69	2.48
2001	15.02	2.33	6.37	2.36	4.42
2002	11.59	2.98	8.45	3.06	6.66
2003	10.91	4.48	11.36	3.74	9.06
2004	11.59	6.07	14.70	5.50	12.60
2005	12.59	7.96	18.97	7.53	17.08
2006	13.63	10.12	23.95	8.29	21.28
2007	15.02	11.44	24.99	9.89	23.71
2008	16.32	13.88	33.30	9.47	28.61
2009	17.16	16.30	37.15	14.15	34.61
2010	18.65	19.65	45.77	15.00	42.10
2011	20.85	22.95	58.20	16.30	51.54
2012	22.86	27.23	70.80	16.33	60.02
2013	24.58	29.70	83.06	22.53	74.24
2014	26.38	33.36	97.64	25.79	92.98
2015	28.32	38.59	108.86	41.23	121.79
2016	30.47	43.22	121.55	57.84	142.01
2017	33.76	48.22	133.13	35.43	157.17
2018	37.79	55.37	148.40	24.32	163.66
2019	43.88	65.69	170.62	34.71	179.58
2020	47.82	83.10	198.67	51.04	197.04
2021	52.21	89.16	224.77	52.88	223.26
2022	63.39	96.98	253.72	56.16	252.39

11-13 分县区住房公积金情况

指　标	单位	全　市	吴兴区	南浔区	德清县	长兴县	安吉县	△市区
年末正常缴存人数	万人	63.39	20.11	7.39	12.21	13.13	10.55	27.50
本年归集额	亿元	96.98	39.56	9.76	14.85	17.87	14.94	49.32
年末归集余额	亿元	253.72	100.74	25.45	43.05	47.26	37.22	126.19
本年贷款发放额	亿元	56.16	25.06	4.85	7.31	10.41	8.53	29.91
年末贷款余额	亿元	252.39	115.07	15.82	39.61	45.55	36.34	130.89
本年末公积金运用率	%	99.48			92.00	96.38	97.64	103.72

11-14 主要年份社会治安

项 目	单位	2005年	2010年	2014年	2015年	2016年	2017年	2018年	2019年	2020年	2021年	2022年
一、一般以上道路交通事故												
事故次数	次	2847	1256	941	942	865	856	839	786	744	692	664
死亡人数	人	484	361	301	301	300	284	272	258	242	220	215
受伤人数	人	3296	1329	867	862	787	781	719	655	616	608	658
经济损失	万元	527	254	187	137	139	138	134	116	107	102	77
二、公安刑事案件												
立案件数	件	21391	19816	19063	24271	17894	12277	11654	11576	11699	11715	10433
补立年前案件数	件	702	681	951	684	508	397	543	901	726	821	785
破案	件	12170	11540	12144	11184	8142	5329	5307	4420	4191	4363	3757
破案年前案件	件	2361	4120	6464	5348	3467	1895	2117	1808	897	698	843
破案外省区市案件	件	1594	782	862	480	202	315	632	55	60	4	3
直接受害人	人	19336	15259	11775	16245	12710	9161	9459	9239	8580	8713	8311
#死亡	人	283	213	195	195	237	217	205	201	201	199	206
受伤	人	479	494	364	429	411	280	258	172	242	225	293
财物损失价值	万元	8839	7788	9281	10597	11230	8598	9017	10133	22703	26901	29863
三、法院												
刑事案件立案数	件			4570	4669	4783	3757	4021	3879	3368	3317	2765
犯罪人数	人			5631	5613	6449	5018	4674	5416	4294	4937	4257
#青少年人数	人			1408	1212	1314	1018	808	846	750		
民事案件发案数	件			31430	36296	34832	38696	34999	31398	30039	30170	31873
四、消防												
大小火灾	起	293	116	2234	1155	719	709	607	367	285	228	2127
火灾损失折款	万元	486	408	4615	2372	2107	1797	1389	1104	898	2289	3718
火灾死亡人数	人	5	9	2			4	1			1	3

注：2013年起大小火灾为全口径统计数据。

11-15 分县区社会治安

项　目	单位	全　市	吴兴区	南浔区	德清县	长兴县	安吉县	△市区
一、一般以上道路交通事故								
事故次数	次	664	191	101	103	97	111	353
死亡人数	人	215	42	39	34	49	41	91
受伤人数	人	658	181	118	123	77	95	363
经济损失	万元	77	13	19	18	17	7	36
二、公安刑事案件								
立案件数	件	10433	2175	1574	1350	2025	1734	5324
补立年前案件数	件	785	168	100	60	161	218	346
破案	件	3757	457	679	530	705	708	1814
破案年前案件	件	843	206	127	93	169	208	373
破案外省区市案件	件	3		1	2			1
直接受害人	人	8311	1940	1242	1125	1624	1178	4384
#死亡	人	206	3	29	47	42	43	74
受伤	人	293	6	195	24	1	15	253
财物损失价值	万元	29863	3047	4602	4470	7420	5359	12615
三、法院								
刑事案件立案数	件	2765	641	419	431	467	445	21
犯罪人数	人	4257	988	521	615	779	712	68
民事案件发案数	件	31873	7060	4310	4538	7262	5522	156
四、消防								
大小火灾	起	2127	480	327	378	387	350	1012
火灾损失折款	万元	3718	306	375	478	1588	607	1045
火灾死亡人数	人			1	1		1	1

注：大小火灾为全口径统计数据。

11-16　主要年份档案馆情况

项　目	单位	2005 年	2008 年	2010 年	2014 年	2015 年	2016 年	2017 年	2018 年	2019 年	2020 年	2021 年	2022 年
一、馆藏全部档案													
全宗	个	1093	890	912	1070	1089	1102	1117	1129	1136	1166	1188	1202
案卷	卷	256132	544112	647051	846958	592557	619322	697153	1048805	1171473	1525790	1697269	1845823
案卷排架长度	米	4623	6206	6718	8483	7599	8116	8608	10776	11511	13167	13726	15866
以件为单位档案	件	13490	97662	131608	656397	762973	940894	1138317	1241687	1321849	1584992	1772673	2129758
以件为单位档案排架长度	米	49	194	270	1531	1727	1877	2114	2294	2577	2952	3995	4140
录音.录像.影片档案	盘	1199	1432	1425	1164	1168	1183	1241	3446	3454	4256	9671	10027
照片档案	张	16763	32206	43583	40738	42665	52804	66599	75901	99594	120158	129573	183565
底图	张	322	322	322	322	322	322	322	322	322	8182	8182	8182
微缩卷片	米	13	22	13	13	13	13	13	13	13	13	13	13
磁带	盘	46	47	57	98	101	101	134	134	134	134	134	158
光盘	盘	81	390	463	1219	1229	1439	1520	1612	1987	1987	1989	2034
二、本年进馆档案													
案卷	卷	9510	14334	88416	110080	84923	26714	75922	350965	121644	337446	171131	146201
以件为保管单位档案	件				165614	106093	177486	180353	181283	76467	248543	191158	355030
照片档案	卷	3778	15221	5020	555	2127	10100	11278	9302	23535	23327	5354	62570
征集档案	卷	160	871	1065	597	16	51			2339	3698	5127	30620
光盘	盘				7	3	59	95	18	338		2	45
接受寄存档案	卷	1292		16133	4441	12169	15915	21250	453	115509		2	13
三、本年移出档案	卷				6	12	5	7	6	7	20	26	6
四、馆藏资料册数	册	70843	81773	92321	108981	110597	112188	116035	117369	120581	130776	133820	135852
五、本年利用档案资料													
利用档案人次	人次	15231	10966	13522	22033	20849	19482	19057	34908	14019	12165	24073	21315
利用档案卷次	卷次	30428	74744	37739	114576	51134	82759	71658	132373	158785	308517	181200	119000
六、档案馆面积													
总建筑面积	平方米	9114	15306	25132	25932	27195	42348	42348	42348	42348	42148	42148	42948
#库房	平方米	7155	6606	7307	7337	7537	12140	12140	12140	12240	12709	12944	13344
综合面积	平方米	1959	8700	17825	18595	19658	30208	30208	30208	30108	29808	29573	30773

11-17 分县区档案馆基本情况

项 目	单位	全 市	吴兴区	南浔区	德清县	长兴县	安吉县	△市区
档案馆个数	个	6	1	1	1	1	1	3
一、馆藏全部档案								
全宗	个	1202	461	73	201	187	202	612
案卷	卷	1845823	214982	128629	394223	217349	224246	1010005
案卷排架长度	米	8034	988	1170	3985	2266	1581	8034
以件为单位档案	件	2129758	110676	323982	713724	420796	230358	764880
以件为单位档案排架长度	米	4140	180	292	1541	555	669	1375
录音.录像.影片档案	盘	10027	19	7894	835	880	11	8301
照片档案	张	183565	49	121129	5107	36556	5409	136493
底图	张	8182				8182		
微缩卷片	米	13						13
磁带	盘	158				13		145
光盘	盘	2034	96	232		919	96	1019
二、本年进馆档案								
案卷	卷	146201	14816	8338	78612	19552		48037
以件为保管单位档案	件	355030	24868	119575	27314	101854	7845	218017
照片档案	卷	62570		54014	310	6647	1389	54224
征集档案	卷	30620		30386		29	205	30386
光盘	盘	45					1	44
接受寄存档案	卷	13		13				13
三、本年移出档案	卷	6			3	3		
四、馆藏资料册数	册	135852	2094	3278	20386	36037	22777	56652
五、本年利用档案资料								
利用档案人次	人次	21315	1211	1606	6427	8870	2062	3956
利用档案卷次	卷次	119000	945	2153	92609	8507	9353	8531
六、档案馆面积								
总建筑面积	平方米	42948	2048	5600	6600	7000	5200	24148
#库房	平方米	13344	890	1200	1619	1235	2400	8090
综合面积	平方米	30773	1158	5200	5350	5765	2800	16858

11-18 主要年份标准计量、质量监督情况

项　目	单位	2005年	2008年	2010年	2014年	2015年	2016年	2017年	2018年	2019年	2020年	2021年	2022年
一、机构与人员													
机构数	个	17	14	14	14	18	14	19	22	68	37	37	38
年末在职人员数	人	257	221	250	243	1093	1091	1121	1123	1918	2087	2022	2069
二、经费收入	万元	3522	5143	7734	9749	14653	16378	42587	30050	52472	77491	73074	72752
#财政拨款	万元	874	1787	2291	4617	25799	27500	38753	37892	51056	71941	67190	64336
行政事业性收费	万元	449	1698	4731	4562	654	854	367		96	47	0	0
经营收入	万元	1069	1657	712	621	105	230	627	683	1320	1038	1082	3404
三、固定资产总额	万元	7242	8032	9721	7180	26067	25409	39009	41467	58456	59247	61247	63945
#仪器设备	万元	1315	1700	2939	2471	1223	1268	7238	6870	4122	5016	10090	10511
四、业务情况													
计量器具检定总数	台件	43433	88702	129459	148884	175197	647725	202119	215743	216787	236528	290474	209669
#长度鉴定	台件	6692	8033	9436	13127	13065	11941	11653	10511	10627	6958	12173	4522
温度鉴定	台件	2840	11120	2910	9709	10454	11722	11145	12826	10789	9173	18103	6246
力学鉴定	台件	28883	53807	67368	75162	122194	169500	164459	174745	188301	207128	217475	179439
#衡器	台件	3971	9600	9200	10633	10647	12087	11407	22907	12961	11793	14948	13001
电磁	台件	41	2174	38165	44739	1543	2411	2350	2179	2211	4901	2592	595
化学	台件	1001	3919	4196	1892	4671	2747	4360	3802	2547	2562	6343	970

11–19 分县区标准计量、质量监督基本情况

项　目	单位	全 市	吴兴区	南浔区	德清县	长兴县	安吉县	△市区
一、机构与人员								
机构数	个	38	4	4	6	8	7	9
年末在职人员数	人	2069	251	237	304	382	315	554
二、经费收入	万元	72752	9724	9508	554	13688	13176	45333
#财政拨款	万元	64336	9724	9508	180	12770	13176	38210
行政事业性收费	万元							
经营收入	万元	3404			374	820		2209
三、固定资产总额	万元	63945	3444	2559	1596	11763	11744	38841
#仪器设备	万元	10511	756		714	2218	3738	3841
四、业务情况								
计量器具检定总数	台件	209669			35635	50184	38352	85498
#长度鉴定	台件	4522			871	2068	1019	564
温度鉴定	台件	6246			2646	3054	388	158
力学鉴定	台件	179439			28914	39847	36637	74041
#衡器	台件	13001			3050	4500	2260	3191
电磁	台件	595				405	12	178
化学	台件	970			154	310	296	210

十二、长三角城市主要经济指标

12-1 长三角各城市主要经济指标

指　标	单位	杭州市	宁波市	温州市	嘉兴市	湖州市
土地面积	平方公里	16850	9816	12103	4237	5820
年末总人口	万人	1237.60	961.80	967.90	551.10	341.30
生产总值(GDP)	亿元	18753.1	15704.3	8029.8	6739.4	3850.0
第一产业增加值	亿元	346.0	382.0	177.5	144.0	161.1
第二产业增加值	亿元	5619.9	7413.5	3380.8	3719.6	1966.2
第三产业增加值	亿元	12787.24	7908.84	4471.47	2875.83	1722.66
居民人均可支配收入	元	70281	68348	63033	62626	60554
城镇居民人均可支配收入	元	77043	76690	73326	72096	71044
农村居民人均可支配收入	元	45183	45487	38482	46276	44112
居民消费价格指数	%	102.4	102.3	101.9	102.1	102.3
固定资产投资额增幅	%	6.0	10.4	7.8	7.2	9.1
#工业投资	%	21.1	14.5	13.3	14.8	8.4
房地产开发增幅	%	7.2	2.7	6.9	-2.0	3.1
规模以上工业增加值	%	0.3	3.8	4.7	3.9	3.0
规模以上工业利润总额	亿元	1465.0	1413.7	343.5	686.6	352.9
商品房销售额	亿元	4532.4	1937.6	1056.6	823.7	677.4
一般公共预算收入	亿元	2450.61	1680.13	573.85	596.47	387.30
一般公共预算支出	亿元	2542.09	2187.73	1137.74	827.71	601.92
金融机构本外币存款余额	亿元	69592.03	31302.66	19140.41	13707.78	7898.00
金融机构本外币贷款余额	亿元	62306.30	32986.07	18116.77	14345.45	8797.87
全社会用电量	亿千瓦时	949.85	972.66	536.45	653.34	360.21
#工业用电量	亿千瓦时	422.04	674.67	286.15	495.84	247.24
实到外资	亿美元	78.12	37.27	6.12	31.58	15.77
进出口总额	亿元	7564.81	12671.26	2949.55	4399.99	1629.57
#出口额	亿元	2424.16	4440.67	447.55	1186.92	129.44
社会消费品零售总额	亿元	7293.60	4896.70	3944.10	2342.70	1594.70

12-1 长三角各城市主要经济指标（续表 1）

指 标	单位	绍兴市	金华市	舟山市	台州市	上海市
土地面积	平方公里	8279	10942	1459	10050	6341
年末总人口	万人	535.30	712.70	117.00	667.80	2475.89
生产总值(GDP)	亿元	7350.6	5562.5	1951.3	6040.7	44652.8
第一产业增加值	亿元	243.6	161.8	170.9	330.1	97.0
第二产业增加值	亿元	3597.8	2328.5	950.4	2639.1	11458.4
第三产业增加值	亿元	3509.25	3072.22	829.99	3071.56	33097.42
居民人均可支配收入	元	65760	58080	63848	58040	79610
城镇居民人均可支配收入	元	76199	69626	71965	70737	84034
农村居民人均可支配收入	元	45709	35630	45924	37700	39729
居民消费价格指数	%	101.7	101.9	101.7	101.6	102.5
固定资产投资额增幅	%	11.0	13.5	4.0	6.5	-1.0
#工业投资	%	36.4	22.3	-12.0	22.3	0.6
房地产开发增幅	%	4.0	9.0	-2.9	1.1	-1.1
规模以上工业增加值	%	10.0	3.6	21.0	0.3	-0.6
规模以上工业利润总额	亿元	539.9	264.3	100.3	399.5	2788.2
商品房销售额	亿元	1163.7	841.2	136.7	1019.6	7467.5
一般公共预算收入	亿元	540.09	489.16	156.15	440.75	7608.19
一般公共预算支出	亿元	804.86	830.40	354.27	834.93	9393.16
金融机构本外币存款余额	亿元	14339.47	14227.22	3310.63	13937.42	192293.06
金融机构本外币贷款余额	亿元	13866.10	13694.56	3703.86	13764.78	103138.91
全社会用电量	亿千瓦时	526.32	505.19	182.61	410.87	1745.55
#工业用电量	亿千瓦时	383.30	312.01	142.27	251.02	809.84
实到外资	亿美元	10.18	4.68	4.63	2.41	239.56
进出口总额	亿元	3691.93	6838.74	3381.78	2771.84	41902.75
#出口额	亿元	282.96	882.17	2226.28	245.15	24768.53
社会消费品零售总额	亿元	2585.90	2965.30	575.20	2586.00	16442.14

12-1　长三角各城市主要经济指标（续表 2）

指　标	单位	南京市	无锡市	常州市	苏州市	南通市
土地面积	平方公里	6587	4627	4372	8657	10549
年末总人口	万人	949.11	749.08	536.62	1291.06	774.35
生产总值(GDP)	亿元	16907.9	14850.8	9550.1	23958.3	11379.6
第一产业增加值	亿元	315.6	133.7	172.4	193.0	510.0
第二产业增加值	亿元	6069.6	7177.4	4664.5	11521.4	5611.1
第三产业增加值	亿元	10522.65	7539.78	4713.23	12243.95	5258.50
居民人均可支配收入	元	69039	65823	59514	70819	49093
城镇居民人均可支配收入	元	76643	73332	68578	79537	59605
农村居民人均可支配收入	元	34664	41934	37852	43785	30819
居民消费价格指数	%	102.2	102.1	101.9	102.1	102.1
固定资产投资额增幅	%	3.5	2.2	2.2	1.5	-2.9
#工业投资	%	11.0	0.2	8.7	6.4	-4.3
房地产开发增幅	%	1.4	-11.6	-11.6	-6.2	-17.5
规模以上工业增加值	%	2.4	5.4	9.2	2.4	5.1
规模以上工业利润总额	亿元	825.9	1460.3	939.7	2383.9	740.9
商品房销售额	亿元	2428.1	1962.0	738.4	3513.4	1333.1
一般公共预算收入	亿元					
一般公共预算支出	亿元					
金融机构本外币存款余额	亿元	49531.31	24438.57	15907.57	47430.56	18293.56
金融机构本外币贷款余额	亿元	48760.23	19879.67	13844.17	46923.26	16059.54
全社会用电量	亿千瓦时	724.46	833.30	609.37	1661.73	585.43
#工业用电量	亿千瓦时	355.25	600.40	456.39	1213.31	388.12
实到外资	亿美元	48.50	38.26	28.31	74.18	29.52
进出口总额	亿元	6292.13	7373.07	3228.45	25721.11	3665.25
#出口额	亿元	2464.22	2520.44	721.09	10246.07	1314.87
社会消费品零售总额	亿元	7832.41	3337.60	2856.16	9010.71	3956.87

12-1 长三角各城市主要经济指标（续表 3）

指 标	单位	盐城市	扬州市	镇江市	泰州市	合肥市	芜湖市
土地面积	平方公里	17718	6591	3840	5788	11445	6009
年末总人口	万人	668.97	458.29	322.22	450.56	963.40	373.10
生产总值(GDP)	亿元	7079.8	7105.0	5017.0	6401.8	12013.1	4502.1
第一产业增加值	亿元	793.8	326.6	163.9	334.4	379.2	179.3
第二产业增加值	亿元	2927.8	3470.0	2471.6	3158.0	4394.4	2135.6
第三产业增加值	亿元	3358.20	3308.34	2381.56	2909.35	7239.40	2187.30
居民人均可支配收入	元	38798	44828	52615	46363	48820	43145
城镇居民人均可支配收入	元	45896	53673	61552	56576	56177	51481
农村居民人均可支配收入	元	27794	29332	33129	29417	28727	29210
居民消费价格指数	%	102.5	102.2	102.0	102.3	102.4	102.4
固定资产投资额增幅	%	9.4	10.0	0.1	9.4	9.1	5.4
#工业投资	%	10.5	25.2	6.0	11.4	25.8	7.0
房地产开发增幅	%	-6.7	-14.8	-18.6	-0.2	-0.6	-1.0
规模以上工业增加值	%	9.3	8.7	5.6	8.5	6.3	6.6
规模以上工业利润总额	亿元	444.6	262.5	239.5	551.9	438.8	376.0
商品房销售额	亿元	679.5	729.2	452.3	643.4	1811.6	460.5
一般公共预算收入	亿元					909.25	388.60
一般公共预算支出	亿元					1380.18	582.80
金融机构本外币存款余额	亿元	9917.02	9030.06	7470.40	9739.35	23096.64	5848.44
金融机构本外币贷款余额	亿元	9607.86	8129.45	7940.38	8649.46	23565.55	5285.24
全社会用电量	亿千瓦时	448.92	313.61	298.47	362.22	500.92	253.08
#工业用电量	亿千瓦时	293.99	200.15	211.30	254.53	239.87	173.90
实到外资	亿美元	11.83	15.35	5.68	11.39	12.05	2.39
进出口总额	亿元	1372.38	1101.19	1038.82	1307.33	3610.95	906.97
#出口额	亿元	446.33	230.37	264.22	411.51	1309.11	274.69
社会消费品零售总额	亿元	2700.59	1518.91	1364.02	1588.36	5021.62	1995.12

12-1 长三角各城市主要经济指标（续表4）

指 标	单位	马鞍山市	铜陵市	安庆市	滁州市	池州市	宣城市
土地面积	平方公里	4044	2945	13538	13516	8399	12313
年末总人口	万人	218.60	130.10	415.60	405.00	132.80	249.50
生产总值(GDP)	亿元	2521.0	1209.9	2767.5	3610.0	1078.5	1914.4
第一产业增加值	亿元	109.7	61.9	262.7	301.5	98.1	179.6
第二产业增加值	亿元	1239.4	602.8	1215.2	1808.0	502.7	937.3
第三产业增加值	亿元	1171.92	545.29	1289.50	1500.46	477.71	797.53
居民人均可支配收入	元	49377	34136	28802	29910	30964	35897
城镇居民人均可支配收入	元	59420	46445	41454	41043	41035	48596
农村居民人均可支配收入	元	30363	20264	18130	18630	20602	22060
居民消费价格指数	%	101.8	102.0	102.2	102.1	101.7	102.3
固定资产投资额增幅	%	13.2	8.8	12.3	16.5	15.0	10.0
#工业投资	%	23.3	22.5	18.7	34.8	35.5	20.3
房地产开发增幅	%	-14.3	-29.3	2.4	-0.1	2.8	-24.5
规模以上工业增加值	%	7.7	4.9	1.0	10.1	13.7	9.2
规模以上工业利润总额	亿元	130.9	106.9	151.3	278.9	72.5	138.1
商品房销售额	亿元	156.8	79.0	218.4	523.7	51.8	177.4
一般公共预算收入	亿元	204.88	103.78	174.86	277.85	83.13	188.5
一般公共预算支出	亿元	317.82	200.67	531.43	512.88	201.80	348.3
金融机构本外币存款余额	亿元	3415.81	2101.47	4678.21	4051.80	1553.29	2779.6
金融机构本外币贷款余额	亿元	2911.08	1681.42	3488.76	4027.76	1247.63	2411.1
全社会用电量	亿千瓦时	250.57	114.00	151.95	283.12	103.82	186.1
#工业用电量	亿千瓦时	199.90	89.12	85.74	205.72	80.07	132.2
实到外资	亿美元	1.44	0.09	0.40	1.63	0.15	0.6
进出口总额	亿元	444.22	653.84	263.66	417.11	115.05	222.1
#出口额	亿元	233.55	579.57	55.64	71.34	82.06	18.0
社会消费品零售总额	亿元	958.24	403.02	1306.94	1555.97	465.64	776.15